中国地质大学（武汉）实验教材项目（SJC-202409）
湖北省自然科学基金一般面上项目（2023AFB651）
国家自然科学基金青年项目（42101275）

国土空间规划实习指导书
GUOTU KONGJIAN GUIHUA SHIXI ZHIDAOSHU

杨建新　龚　健　张　顼　等编著

图书在版编目（CIP）数据

国土空间规划实习指导书/杨建新等编著. —武汉：中国地质大学出版社，2025.4.
ISBN 978-7-5625-6093-7

Ⅰ.F129.9

中国国家版本馆 CIP 数据核字第 20257V56M2 号

国土空间规划实习指导书	杨建新　龚　健　张　頔 等编著
责任编辑：李焕杰　　　　选题策划：李焕杰	责任校对：徐蕾蕾

出版发行：中国地质大学出版社（武汉市洪山区鲁磨路388号）	邮编：430074
电　　话：(027)67883511　　传　　真：(027)67883580	E-mail:cbb@cug.edu.cn
经　　销：全国新华书店	http://cugp.cug.edu.cn
开本：787mm×1092mm　1/16	字数：512千字　印张：20.5
版次：2025年4月第1版	印次：2025年4月第1次印刷
印刷：武汉市籍缘印刷厂	
ISBN 978-7-5625-6093-7	定价：68.00元

如有印装质量问题请与印刷厂联系调换

前　言

《国土空间规划实习指导书》是一本旨在引导学生通过实际操作和实践深入探索与学习国土空间规划领域相关理论及技术方法的实习教材。国土空间规划不仅关系到经济发展的战略布局，更涉及粮食安全、生态保护、社会公平与文化传承等多个方面。特别是随着我国新型城镇化和可持续发展战略的深入推进，国土空间规划的重要性也日益凸显。因此，培养专业技能精深的新时代国土空间规划人才，对于推动国土空间向着更加和谐、可持续的方向发展具有重要意义。

我国空间规划体系经历计划经济时期的土地利用规划、改革开放后的城乡规划、21世纪初的国土规划以及"多规合一"的探索与实践，目前已全面进入国土空间规划时期。2019年，中共中央、国务院发布《中共中央　国务院关于建立国土空间规划体系并监督实施的若干意见》(以下简称《意见》)，提出建立国土空间规划体系并监督实施，将主体功能区规划、土地利用规划、城乡规划等空间规划融合为统一的国土空间规划，实现"多规合一"，强化国土空间规划对各专项规划的指导约束作用。《意见》确定了到2025年健全国土空间规划法规政策和技术标准体系，形成以国土空间规划为基础、以统一用途管制为手段的国土空间开发保护制度；到2035年，全面提升国土空间治理体系和治理能力现代化水平，基本形成生产空间集约高效、生活空间宜居适度、生态空间山清水秀，安全和谐、富有竞争力和可持续发展的国土空间格局。《意见》同时提出，"要研究加强国土空间规划相关学科建设""加强专业队伍建设和行业管理"。

国土空间规划作为一项"多规合一"的系统工程，与原土地利用规划、城乡规划等既有深厚渊源，又有明显区别，它不是对传统各类空间规划的颠覆和摒弃，而更多是继承与发扬。国土空间规划相对于过去各类空间规划，在规划理论、内容和技术方法上已发生明显转变，这就要求从业者要充实和革新规划知识、思维逻辑及技术方法，对从事规划编制、实施、监督、管理等工作人员提出了更高要求。当前各级各类国土空间规划编制工作主要由土地资源管理、城乡规划、人文地理与城乡规划、测绘工程、地理信息科学等专业背景的"存量"人才完成，不同学科背景的从业人员依托各自专业特色，在规划编制中体现出不同的侧重点、规划思维、术语体系及技术方法，规划成果既各有所长，也各存偏颇。

立足当下，"存量"人才为了适应工作需要，需要及时更新知识及提升技术能力；放眼未来，建立完整的国土空间规划学科体系，培养专门的国土空间规划"增量"人才更是迫在眉睫，是时代所需。当前国土空间规划学科体系建设和人才培养工作仍难以满足行业需求，且严重滞后于规划实践。加强国土空间规划学科建设和培养"增量"人才，回答国土空间规划行业"培养什么人？怎样培养人？"的问题是开设土地资源管理、城乡规划、人文地理与城乡规划等专业高校的职责所在。我国国土空间规划体系改革经过多年探索，已从探索期步入深水区，推进其相关理论和技术方法发展的关键问题也初步显现，比如理论和技术方法体系不完善、理论与实践结合不紧密、行业从业人员技术能力难以满足实践需求等。本教材的编写正是缘起于对现有国土空间规划编制技术方法和教育方式的反思。虽然理论学习为学生提供了坚实的知识基础，但缺少了对实际操作技能的培养。为此，我们设计了这一实习教材，旨在通过理论与实践结合的学习方式，增强学生的实践能力和解决问题能力，使他们在未来的职业生涯中能够更好地应对规划挑战。

在编写过程中，我们深入分析了国土空间规划的相关理论和技术要求，同时借鉴了国内外规划编制技术和最新进展，并结合了编写人员的丰富规划经验。教材内容围绕 ArcGIS 等专业软件，涵盖了从空间数据处理到规划方案设计的全过程。本书编写过程注重创新思维的培养，鼓励学生在实践中发现问题、分析问题，并寻找解决问题的新方法，以期为国土空间规划的技术发展贡献新的知识和智慧。通过本教材的学习，我们希望学生能够掌握国土空间规划的基本理论和技术方法，熟练使用专业软件进行规划设计与制图，增强分析和解决实际规划问题的能力，激发创新思维，培养终身学习的态度。本教材面向国土空间规划及相关专业的大学生、研究生以及在职规划师。无论是初学者还是有一定基础的学习者，都能在本教材中找到适合自己的学习路径。

《国土空间规划实习指导书》共分为 13 章。第一章为概述，介绍国土空间规划的实习目的、安排与要求，强调学生通过本课程能够掌握的核心技能及相关注意事项，由龚健、杨建新、张頔共同完成。第二章介绍实习所需的软件环境设置，包括 ArcGIS 软件的安装与基本操作方法等，确保学生具备实践操作的基础条件，由杨建新、杨圣兵、赵博雯、王英格共同完成。第三章探讨土地分类系统、土地利用现状及其转换方法，教授学生如何在规划中应用这些基本知识，由朱江洪、杨建新、杨圣兵、宋代伊、王悦完成。第四章介绍国土空间规划制图规范及制作流程，由杨建新、刘志玲、吴伟共同完成。第五章、第六章介绍国土空间开发保护现状评估和国土空间开发适宜性评价的主要内容、基本要求及技术流程等，由张頔、渠丽萍、吴伟、李蕊、雷雯钰等共同完成。第七至九章主要介绍生态保护红线划定、永久基本农田划定与调整补划，以及城市开发边界划定的基础概念、核心技术、基本要求和技术流程等，由杨建新、叶菁、李曼、陈光、王警若等共同完成。第十至十三章分别涉及国土空间规划分区划定、中心城区用地布局调整、国土空间规划数据库制作及国土空间规划文本与说明书编制的相关内容，由张頔、阔冬冬、李红润、黄文俊、熊芸等共同完成。

在此，我们衷心感谢本书的所有参编人员，感谢他们的宝贵意见和无私奉献。同时，我们也期待每位学习本教材的学生能够在实习的过程中收获知识、技能和灵感，成为未来国土空间规划领域的佼佼者。愿每一位走上国土空间规划之路的学者和实践者，都能在这个不断变化的世界中找到自己的位置，为创造更美好的国土空间贡献自己的力量。

杨建新
2024 年 10 月 8 日

目 录

第一章 概 述 ··· (1)
  第一节 实习目的 ·· (1)
  第二节 实习安排与要求 ·· (2)
  第三节 课程考核与成绩评定 ·· (4)
  第四节 注意事项 ·· (5)

第二章 实习环境及基本操作 ·· (6)
  第一节 实习目的与要求 ·· (6)
  第二节 数据准备 ·· (6)
  第三节 ArcGIS 软件准备 ·· (6)
  第四节 ArcMap 基本操作 ··· (11)

第三章 国土空间规划基数转换与用地转换 ·· (69)
  第一节 实习目的与要求 ··· (69)
  第二节 数据准备 ··· (69)
  第三节 基础知识点 ·· (70)
  第四节 实习内容 ··· (77)
  第五节 实习作业与要求 ·· (106)

第四章 国土空间总体规划制图 ·· (107)
  第一节 实习目的与要求 ·· (107)
  第二节 数据准备 ··· (107)
  第三节 基础知识点 ·· (108)
  第四节 实习安排与要求 ·· (111)
  第五节 实习作业与要求 ·· (132)

第五章 国土空间开发保护现状评估 ··· (133)
  第一节 实习目的与要求 ·· (133)
  第二节 数据准备 ··· (133)
  第三节 基础知识点 ·· (133)
  第四节 实习内容 ··· (136)
  第五节 实习作业与要求 ·· (152)

第六章 国土空间开发适宜性评价 ·· (153)
  第一节 实习目的与要求 ·· (153)

  第二节 数据准备 …………………………………………………………………… (153)

  第三节 基础知识点 ………………………………………………………………… (154)

  第四节 实习内容 …………………………………………………………………… (156)

  第五节 实习作业与要求 …………………………………………………………… (174)

第七章 生态保护红线划定 ……………………………………………………………… (175)

  第一节 实习目的与要求 …………………………………………………………… (175)

  第二节 数据准备 …………………………………………………………………… (175)

  第三节 基础知识点 ………………………………………………………………… (176)

  第四节 实习内容 …………………………………………………………………… (181)

  第五节 实习作业与要求 …………………………………………………………… (206)

第八章 永久基本农田划定与调整补划 ………………………………………………… (207)

  第一节 实习目的与要求 …………………………………………………………… (207)

  第二节 数据准备 …………………………………………………………………… (207)

  第三节 基础知识点 ………………………………………………………………… (208)

  第四节 实习内容 …………………………………………………………………… (210)

  第五节 实习作业与要求 …………………………………………………………… (246)

第九章 城市开发边界划定 ……………………………………………………………… (247)

  第一节 实习目的与要求 …………………………………………………………… (247)

  第二节 数据准备 …………………………………………………………………… (247)

  第三节 基础知识点 ………………………………………………………………… (248)

  第四节 实习内容 …………………………………………………………………… (252)

  第五节 实习作业与要求 …………………………………………………………… (261)

第十章 国土空间规划分区划定 ………………………………………………………… (262)

  第一节 实习目的与要求 …………………………………………………………… (262)

  第二节 数据准备 …………………………………………………………………… (262)

  第三节 基础知识点 ………………………………………………………………… (263)

  第四节 实习内容 …………………………………………………………………… (266)

  第五节 实习作业与要求 …………………………………………………………… (271)

第十一章 中心城区用地布局调整 ……………………………………………………… (272)

  第一节 实习目的与要求 …………………………………………………………… (272)

  第二节 数据准备 …………………………………………………………………… (272)

  第三节 基础知识点 ………………………………………………………………… (272)

  第四节 实习内容 …………………………………………………………………… (275)

  第五节 实习作业与要求 …………………………………………………………… (290)

第十二章　国土空间规划数据库制作 …………………………………………………（291）
　第一节　实习目的与要求 ………………………………………………………………（291）
　第二节　数据准备 ………………………………………………………………………（291）
　第三节　基础知识点 ……………………………………………………………………（291）
　第四节　实习内容 ………………………………………………………………………（292）
　第五节　实习作业与要求 ………………………………………………………………（298）

第十三章　国土空间规划文本与说明书编制 …………………………………………（299）
　第一节　实习目的与要求 ………………………………………………………………（299）
　第二节　基础知识点 ……………………………………………………………………（299）
　第三节　实习内容 ………………………………………………………………………（301）
　第四节　实习作业与要求 ………………………………………………………………（306）

附　表 ……………………………………………………………………………………（309）

第一章 概 述

第一节 实习目的

本教材旨在加深学生对国土空间规划理论知识和技术方法的理解与掌握，并通过上机实习的方式提升其应用能力。教材中的上机实习侧重于国土空间总体规划的核心和强制性内容，突出地理信息系统(geographic information system，GIS)的使用以及空间数据分析技术，目的在于培养学生以下几个方面的能力。

(1)国土空间规划理论的实践应用能力。通过上机实习，使学生能将国土空间总体规划的基础理论与实际操作相结合，深化对国土空间规划体系、核心内容及基础理论的理解，并能够在实际规划工作中运用相关理论，增强学生将理论知识应用于解决实际规划问题的能力。实习内容涵盖国土空间总体规划的主要核心内容，包括但不限于基数转换、"双评价"及"双评估"、国土空间规划分区、"三条控制线"划定、城市布局设计等。通过数据分析、问题讨论和上机实操，使学生置身于规划情景中，模拟开展数据收集、现状分析、规划设计等规划工作。这不仅能够提升学生的规划技能，更重要的是能够培养学生综合运用国土空间规划理论解决实际问题的能力。学生将学习如何根据情况选择适当的规划理论和技术方法，制定出切实可行的规划方案。

(2)GIS辅助规划设计能力。在自然资源和国土空间统一管理的背景下，地理信息系统是国土空间规划编制过程中不可或缺的技术工具，能够有效地处理、分析并可视化地理空间数据。本教材的一个重要目的就是培养和提升学生使用GIS专业软件辅助规划设计的能力。学生将学习如何利用ArcGIS软件存储、分析、可视化各类空间数据，包括遥感影像、地形数据、土地利用数据等，此外，还将掌握如何整理和管理这些数据，确保数据的准确性和可用性。学生将被引导通过ArcGIS进行基本的空间数据处理，包括相交、合并、擦除、栅格分类等。这些GIS技能使学生能够对空间数据进行深入分析，提取有价值的现状和规划信息。利用ArcGIS中的各种工具和功能，学生将学习如何制作专业的规划设计方案，包括使用软件进行国土空间适宜性分析、国土空间开发保护现状评估、国土空间规划分区、城市开发边界划定等。ArcGIS还具有强大的数据可视化功能，学生将学会如何创建图表和地图，这些可视化成果能够直观展示数据、信息和成果，便于规划方案沟通和展示。

(3)主动探索和解决实际规划问题，培养批判性思维能力。通过分析空间数据、设计规划方案的过程，培养学生的规划思维和创新思维，鼓励他们提出新的解决方案。

实习的最终目标是让学生通过实际操作，不仅能掌握国土空间规划的基本操作技能和专业软件使用技巧,还能培养综合运用所学知识解决实际问题的能力,为未来的规划职业生涯奠定基础。

第二节 实习安排与要求

1. 实习安排

实习时间安排:本实习课程安排为期5周,每周不少于8个学时的上机操作时间,以确保学生有足够的实习时间和实际操作经验去深入理解和掌握课程内容。实习内容建议按表1-1分配。

表1-1 实习内容安排

周次	章节内容	实习内容	主要目标与要求
第一周	第一章 概述	了解实习目的、课程安排、考核要求及注意事项等	理解实习课程目的及期望达到的能力目标
	第二章 实习环境及基本操作	(1)熟练掌握ArcGIS的基本操作与环境配置。 (2)掌握ArcMap常用功能(界面布局、工作环境配置、常用工具应用)	掌握ArcGIS软件操作,完成数据加载、符号化及基础操作
	第三章 国土空间规划基数转换与用地转换	(1)学习国土空间规划基数转换的基础知识点(用地现状分类、国土调查、规划用地分类等)。 (2)掌握基数转换及用地转换的操作方法	(1)掌握不同类型的用地分类方法。 (2)学会在ArcGIS中应用基数转换的技术方法
第二周	第四章 国土空间总体规划制图	(1)学习国土空间规划图件的制图规范与制作流程。 (2)制作国土空间规划底图,并完成图例框、图幅大小的设置。 (3)绘制国土空间规划相关图件,并输出	(1)理解国土空间规划图件的类型与特点。 (2)掌握国土空间总体规划图件的制图流程与规范
	第五章 国土空间开发保护现状评估	(1)掌握国土空间开发保护现状评估的内涵及分析方法。 (2)利用ArcGIS进行国土空间开发保护现状与特征分析、开发强度分析及结构演变分析	(1)学会利用GIS工具进行国土空间现状与开发强度分析。 (2)掌握国土空间结构演变的分析方法
	第六章 国土空间开发适宜性评价	(1)了解国土空间开发适宜性评价的目标、原则及技术流程。 (2)进行生态保护重要性、农业生产适宜性、城镇建设适宜性评价	(1)掌握国土空间适宜性评价的基本方法与技术流程。 (2)能独立完成开发适宜性评价的分析操作

续表 1-1

周次	章节内容	实习内容	主要目标与要求
第三周	第七章 生态保护红线划定	(1)学习生态保护红线的概念、划定原则、划定方法与调整方法。 (2)在 ArcGIS 中完成生态保护红线初步划定与划定调整	(1)理解生态保护红线划定的意义与划定方法。 (2)掌握 GIS 中红线划定与调整的技术流程
	第八章 永久基本农田划定与调整补划	(1)学习永久基本农田划定的原则、方法及调整补划内容。 (2)在 GIS 中进行永久基本农田的划定与补划调整	(1)掌握永久基本农田划定的技术要求。 (2)完成 GIS 中基本农田的划定与调整补划操作
	第九章 城市开发边界划定	(1)学习城市开发边界的划定原则、划定流程与要点。 (2)在 GIS 中完成城市开发边界划定及检查	(1)掌握城市开发边界的划定原则与流程。 (2)能独立完成城市开发边界的划定与图件制作
第四周	第十章 国土空间规划分区划定	(1)了解国土空间规划分区的主体功能、类型及一般规定。 (2)在 GIS 中完成规划分区的划定与图件绘制	(1)掌握规划分区划定与绘制的方法。 (2)完成规划分区图的绘制
	第十一章 中心城区用地布局调整	(1)掌握中心城区用地布局调整的概念、内容与标准。 (2)在 ArcGIS 中进行规划路网面绘制、用地分割与修改	(1)掌握中心城区用地布局调整的操作流程与调整规范。 (2)能在 GIS 中完成用地布局调整
第五周	第十二章 国土空间规划数据库制作	(1)学习国土空间规划数据库的概念、类型及制作要求。 (2)在 ArcGIS 中建立数据库、导入矢量数据并进行表格完善	(1)理解国土空间规划数据库的基本要求。 (2)掌握数据库创建与数据管理的操作流程
	第十三章 国土空间规划文本与说明书编制	(1)学习国土空间规划文本与说明书的编制要求与格式。 (2)完成国土空间规划文本与说明书编制,并进行文本编制与说明书的对比	(1)掌握规划文本与说明书的编制规范。 (2)能完成规划文本与说明书的编制

实习地点:实习将在计算机实验室进行,每位学生将配备一台计算机,计算机需安装有 ArcGIS(10.2 版本)、Microsoft office(或 WPS)等必要软件。

2. 实习要求

知识储备:为保证学生更好地完成实习内容,加深其对国土空间规划理论和技术方法的理解,建议将"国土空间规划原理""城乡规划原理""地理信息系统"等作为本实习的前置课程。若课程体系中无相关前置课程,建议学生在实习开始前完成相关知识的学习,包括国土空间规划的基本知识、ArcGIS基础操作等。

出勤要求:学生必须按时参加实习,特殊情况请假需提前通知实习指导老师。无故缺勤超过3次将影响最终成绩。

实习纪律:实习期间,要求学生遵守实验室规章制度,爱护实验室设备。实习中发现的问题及时与指导老师或助教沟通。

作业与项目:每章会有相应的作业任务,需要在规定时间内完成。作业任务要求独立完成,且完成情况是评定学生实习成绩的重要组成部分。

成果展示:实习结束时,每个学生须提交一份完整的实习报告,并进行口头报告和成果展示,以此作为实习成绩的期末评价部分。

第三节　课程考核与成绩评定

1. 考核目的

课程考核旨在评估学生在国土空间规划实习中的学习进度、知识点掌握程度以及规划思维能力和解决问题能力。考核过程中,将综合考虑学生的理论知识掌握、软件操作技能、作业完成情况及实习成果展示与报告质量。

2. 成绩构成

平时成绩(30%):包括课堂表现、平时作业以及课堂出勤情况。此部分旨在评价学生的课程准备、基础知识掌握以及课堂参与情况。

项目作业(40%):根据实习期间完成的项目作业质量进行评分,包括作业的完成度、结果的合理性、图件的美观性、成果的创新性、数据分析的准确性及报告呈现质量等。

期末考核(30%):期末考核将包括实习报告展示和口头报告。评价标准将基于最终实习报告的综合质量、展示技巧以及对规划的理解和分析能力。

3. 考核细则

平时作业:要求学生按时提交,作业内容须体现对课堂知识的理解和应用。迟交作业将根据延迟时间减少相应分数。

实习报告:项目需要反映学生对国土空间规划理论和ArcGIS软件的综合运用能力。实习报告内容包括但不限于项目背景、数据处理、数据分析、规划设计、结果展示等部分。

期末考核:①实习成果展示。评价学生实习成果展示的清晰度、逻辑性以及对国土空间规划理论和技术方法的掌握程度。优秀的展示应包括对现状分析、规划目标、过程和结果的清晰说明,并能够回答老师的提问。②口头答辩。重点评估学生对项目的理解深度及问题解决过程中的思路。学生应能够准确回答与实习成果相关的问题,并展现出创新和逻辑思维能力。

第四节 注意事项

在国土空间规划实习过程中,教师和学生应注意以下几点,以确保上机实习课程顺利进行。

(1)软件使用规范:所有参与实习的学生必须遵守软件的使用条款和许可协议。未经授权不得使用盗版软件,以免触犯法律规定和校规。

(2)数据管理:对于实习过程中使用和产生的所有数据,学生应负责妥善管理,包括但不限于原始数据的备份、分析过程的记录以及最终结果的整理。数据丢失导致实习无法进行或作业无法按期完成将影响实习成绩。

(3)实验室纪律:教师和学生应遵守实验室规章制度,保持实验室安全、清洁以及遵守实验室的开放时间。

(4)成果归属与保密:对于实习期间产生的所有成果,包括但不限于报告、设计方案、地图和数据分析结果,教师和学生享有同等权利。对于涉及敏感数据或信息的项目,学生应听从老师安排,并遵守相关的保密协议和条款。

(5)求助与反馈:遇到问题时,应及时向老师或助教求助。实习结束后,鼓励学生提供反馈信息,包括课程内容、实习安排和个人学习体验等,以帮助持续改进课程。

第二章　实习环境及基本操作

第一节　实习目的与要求

【实习目的】①下载实习课程需要使用的数据集;②认识 ArcGIS 软件;③学习 ArcGIS 软件中 ArcMap 的基本操作,为完成实习课程内容做好技术准备。

【实习要求】①了解 ArcGIS 软件中不同组件的功能和用途;②初步掌握 ArcMap 的使用方法以及基本工具的操作流程。

第二节　数据准备

在国土空间规划实习课程中,学生将使用到多种类型的空间和非空间数据集,包括土地利用、地形地貌、交通网络、行政区划、遥感影像以及统计数据等。各章节的数据彼此独立、自成体系,且不存在相互依赖关系。因此,尽管实习内容是按照国土空间规划编制的技术流程进行组织的,但先前章节的完成情况并不会影响后续章节的学习进度。本教材所有数据都已经过脱敏处理,不涉及任何敏感信息。需要说明的是,经过脱敏处理后的数据会丢失部分原始数据信息,比如土地调查数据的部分属性字段会被删除。因此,脱敏后的数据可能已不符合其生产时所要求的数据规范标准。各章节所使用的数据将在相应内容中进行详细介绍。所有数据可通过网址 https://pan.baidu.com/s/1N5IsLuKu8Z5X0kUzk0QTLQ? pwd=2025 按实习进度分章节下载。

第三节　ArcGIS 软件准备

国土空间规划实习过程中需要使用一系列文字、图形、空间数据处理软件,包括 Microsoft Word、Excel 以及 ArcGIS Desktop 等。本节主要介绍 ArcGIS Desktop 软件的安装方法。其他相关软件的安装方法,学生可自行查找网络教程。

ArcGIS 是美国环境系统研究所(Environmental Systems Research Institute,ESRI)开发的对地理信息进行编辑、创建以及分析的 GIS 软件,现有 ArcGIS Desktop 和 ArcGIS Pro 两个版本。ArcGIS Desktop 是 ESRI 的 ArcGIS 产品家族中传统桌面端软件产品,包含了 ArcMap、ArcCatalog 等组件。此软件提供了一系列的工具用于空间数据采集和管理、空间建模和分析、可视化以及高级制图,已被许多 GIS 专业人员应用于日常工作。ArcGIS Pro 是

ESRI 推出的下一代 GIS 桌面软件,旨在继承和超越 ArcGIS Desktop 的功能。它采用了更加现代的 64 位架构,支持多线程处理和 GPU 加速,因此在数据处理和渲染速度上有显著提升。ArcGIS Pro 集成了地图和场景的三维视图,可以更直观地展示空间数据,并且支持更多的数据格式和在线服务。此外,ArcGIS Pro 的用户界面设计更加现代化和直观,支持标签页式的多窗口工作流,便于同时处理多个项目。

一、ArcGIS Desktop 组件介绍

ArcGIS Desktop 作为 ESRI 公司开发的一款功能强大的地理信息系统软件套件,其中包括多个组件,每个组件都专注于不同的 GIS 任务。这些 ArcGIS Desktop 组件协同工作,为用户提供了一个强大的平台来执行多样化的 GIS 任务,从简单的地图制作到复杂的空间分析。以下是 ArcGIS Desktop 的主要组件介绍。

(1)ArcMap。ArcMap 是 ArcGIS Desktop 的核心应用,用于创建、查看、编辑和分析地理数据,用户可以在 ArcMap 中加载各种空间数据,如矢量数据(点、线、面)、栅格数据(影像数据)以及表格数据。ArcMap 提供了丰富的地图符号化、标注和布局设计工具,用户可以使用这些工具生成高质量的地图。此外,ArcMap 还包含强大的地理处理工具,用于空间分析、数据转换和建模。ArcMap 是实习过程中用于空间数据处理分析的主要组件。

(2)ArcCatalog。ArcCatalog 是用于管理和组织 GIS 数据的组件,它提供了一个类似文件资源管理器的界面,用户可以浏览、预览、管理和组织各种类型的 GIS 数据集,如 shapefile、地理数据库、栅格数据和元数据。ArcCatalog 支持数据的导入和导出、数据属性的编辑,以及元数据的创建和维护。

(3)ArcToolbox。ArcToolbox 是 ArcGIS Desktop 中的地理处理工具箱,集成了大量的工具用于空间分析、数据管理、数据转换、空间统计和地理建模。用户可以通过 ArcToolbox 执行各种复杂的 GIS 分析任务,并且可以将多个工具链接起来创建自定义的工作流程或模型。

(4)ModelBuilder。ModelBuilder 是 ArcGIS Desktop 提供的一个可视化建模环境,用于将多个地理处理工具组合成一个自动化工作流程。用户可以通过拖拽工具和数据集,将其连接成模型,以此来重复执行某些分析任务或数据处理流程。ModelBuilder 允许用户创建复杂的空间分析模型,并且可以将这些模型保存为工具,以便其他用户使用。

(5)ArcScene。ArcScene 是一个三维可视化和分析工具,适用于小范围内的三维数据展示。用户可以在 ArcScene 中加载和查看三维地形模型、建筑物模型和其他三维数据,并进行视图旋转、缩放和平移等操作。ArcScene 支持三维分析,如视域分析和剖面分析。

(6)ArcGlobe。ArcGlobe 是另一个三维 GIS 应用程序,适用于全球范围内的三维可视化。与 ArcScene 不同,ArcGlobe 主要用于展示大范围的地理数据,如全球地形、影像和其他矢量数据。它能够处理大规模的三维数据,并提供全球范围内的三维可视化和分析功能。

(7)ArcGIS Online。ArcGIS Desktop 还与 ArcGIS Online 密切集成,允许用户直接从 ArcGIS Desktop 访问和发布数据到 ArcGIS Online。这使得用户能够利用在线服务和资源来扩展其 GIS 工作的范围和影响。

(8)Arcpy。Arcpy 是一个用于自动化 GIS 任务的 Python 库。通过 Arcpy,用户可以编

写脚本来自动执行 ArcGIS Desktop 中的各种操作，如地图制作、数据分析和批量处理。Arcpy 提供了对地理处理工具和 Map Document（MXD）的访问，使得用户可以定制化和自动化其 GIS 工作流程。

二、ArcGIS Desktop 安装

鉴于 ArcGIS Desktop 目前已被广泛应用于 GIS 相关的教学、科研和生产环节中，相比 ArcGIS Pro 有更广泛的使用群体，因此本实习选择使用 ArcGIS Desktop 作为空间数据分析工具，同时也鼓励探索使用 ArcGIS Pro 完成实习内容。在"00 第二章软件安装包"目录下，包含 ArcGIS Desktop 的安装程序。下面重点介绍 ArcGIS Desktop 软件的安装和配置。

ArcGIS 10 发布于 2010 年，最终版本 10.8.2 于 2021 年 12 月发布，十几年间陆续发布了 10 余个版本，在工作和学习过程中，应根据使用需求选择稳定、好用的版本安装。本书推荐安装 10.4.1 版本，主要因为该版本相对稳定，有针对打开标注和修改字体符号卡顿的修复补丁（适用于 10.4.1~10.6.1 版本，详情查看 https://support.esri.com/en/download/7678），且对 1920×1080 分辨率以上的显示屏适配良好。

1. 安装 ArcGIS 10.4.1 License Manager

ArcGIS 10.4.1 License Manager 安装步骤如图 2-1 所示。

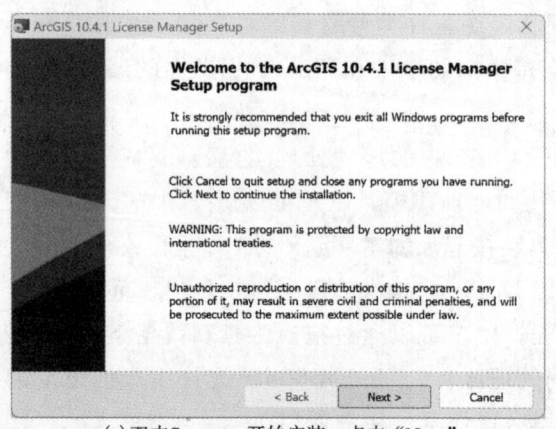

(a) 双击Setup.exe开始安装，点击"Next"

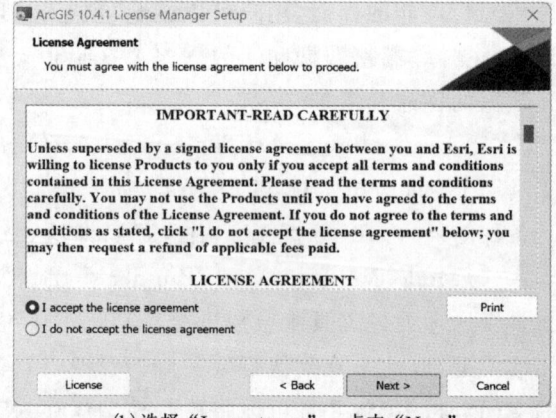

(b) 选择"I accept……"，点击"Next"

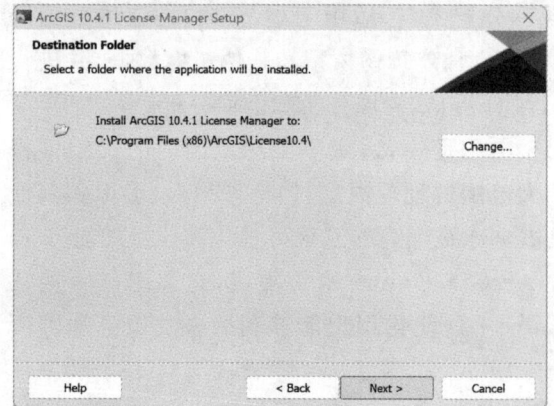

(c) 点击"Change"更改安装目录，然后点击"Next"

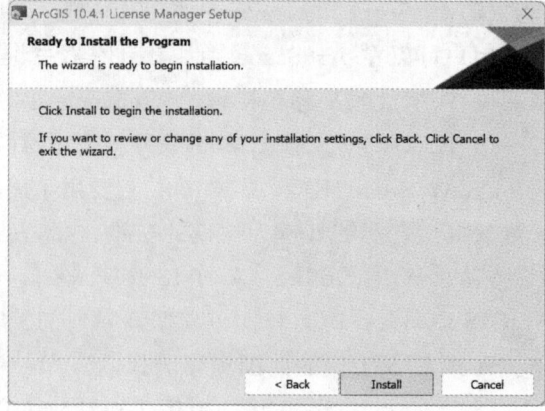

(d) 点击"Install"开始安装

第二章　实习环境及基本操作

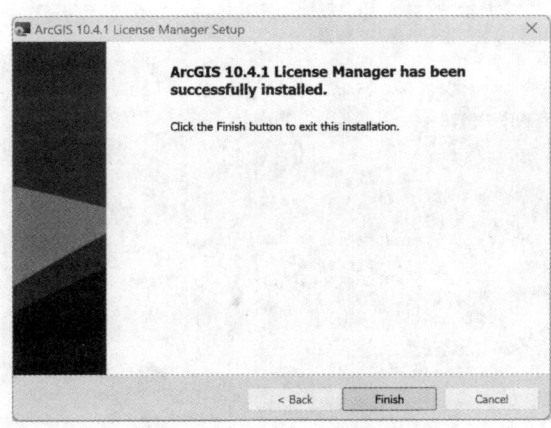
(e) 完成安装，点击"Finish"

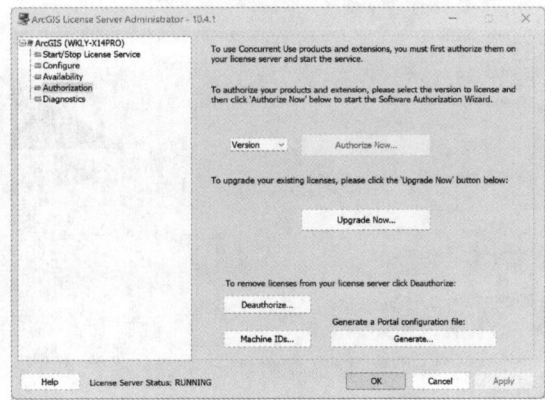
(f) 弹出的窗口，点击"OK"关闭

图 2-1　安装 ArcGIS 10.4.1 License Manager 步骤

2. 安装 ArcGIS 10.4.1 for Desktop

安装 ArcGIS 10.4.1 for Desktop 安装步骤如图 2-2 所示。

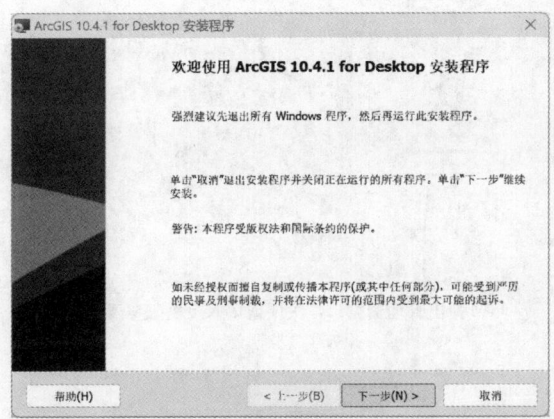
(a) 双击Setup.exe开始安装，点击"下一步(N)"

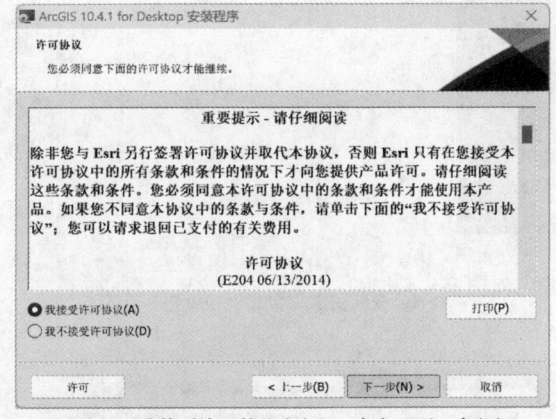
(b) 选择"我接受许可协议(A)"，点击"下一步(N)"

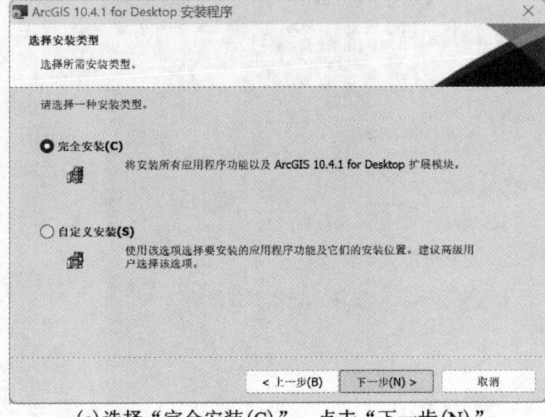
(c) 选择"完全安装(C)"，点击"下一步(N)"

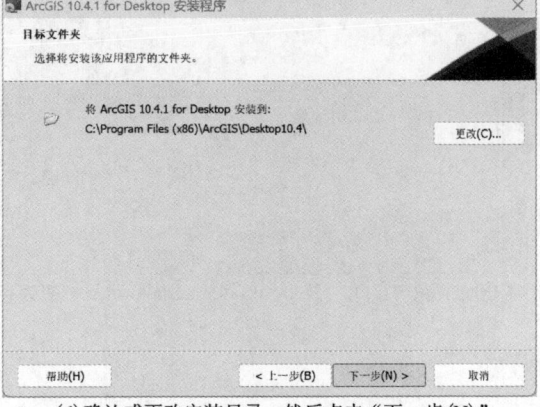
(d) 确认或更改安装目录，然后点击"下一步(N)"

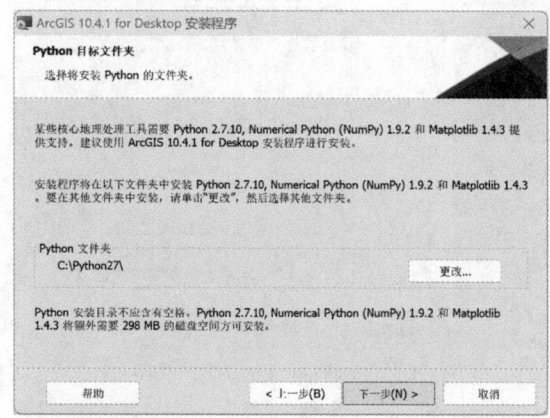

(e)确认或更改Python2.7安装目录,点击"下一步(N)"

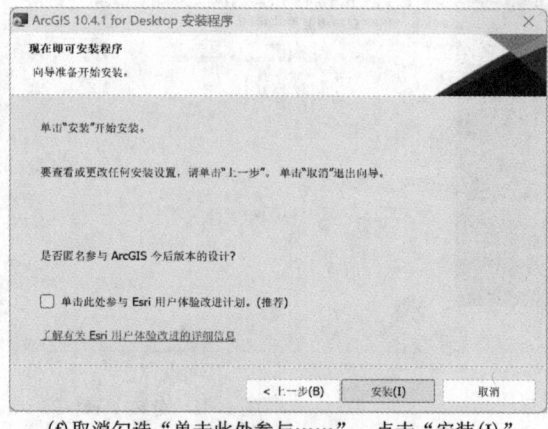

(f)取消勾选"单击此处参与……",点击"安装(I)"

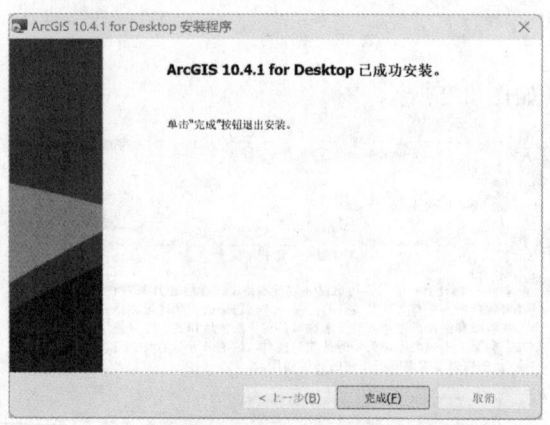

(g)安装完成,点击"完成(F)"

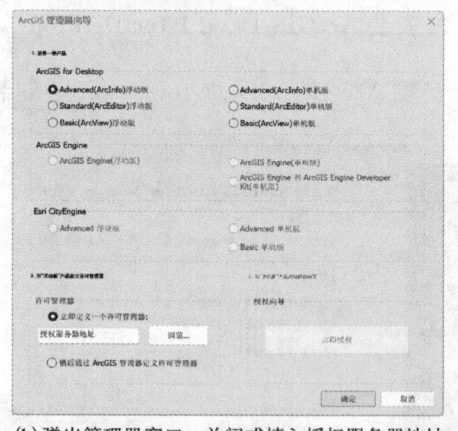

(h)弹出管理器窗口,关闭或填入授权服务器地址

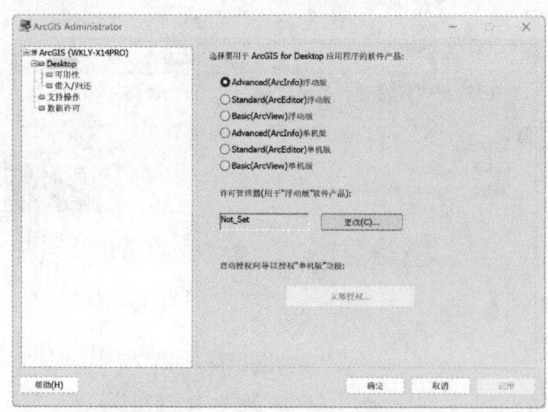

(i)若(h)选择关闭窗口,打开ArcGIS Administrator,点击"更改(C)"

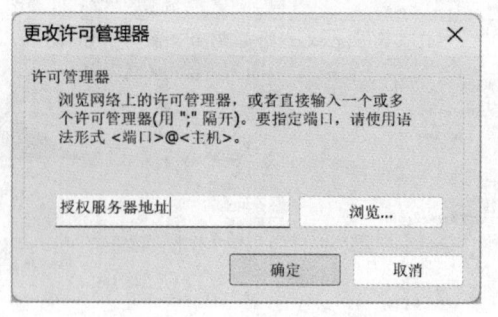

(j)填入授权服务器地址

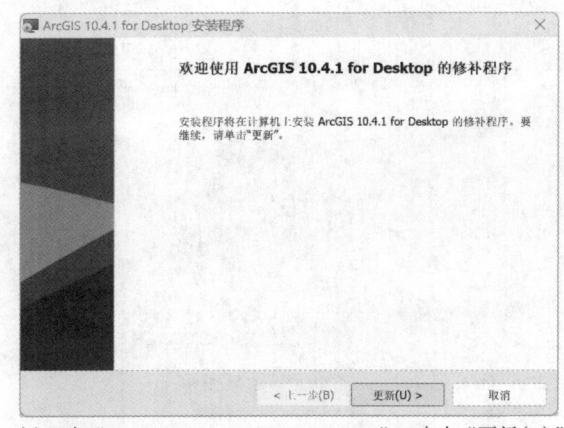
(k)双击"ArcGIS-1041-DT-DIP-Patch.msp",点击"更新(U)"

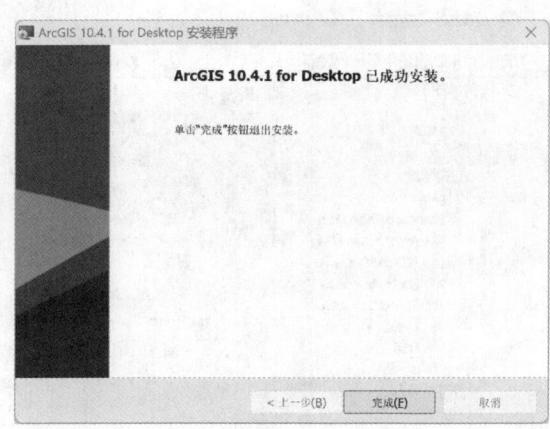
(l)完成补丁安装,点击"完成(F)"

(m)打开ArcMap组件

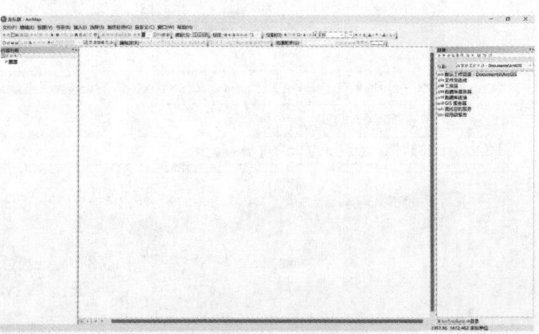
(n)ArcMap工作界面

图 2-2　ArcGIS 10.4.1 for Desktop 安装步骤

第四节　ArcMap 基本操作

一、ArcMap 界面概览

ArcMap 可以通过在桌面上双击 ArcMap 图标" "或从开始菜单中单击 ArcMap 图标启动。加载后,点击"确定"(图 2-3)进入 ArcMap 主界面(图 2-4)。

ArcMap 主界面是用户与 ArcMap 进行交互的核心区域,它提供了访问各种功能和操作的入口,以及展示地图和数据的平台。主界面由菜单栏、工具条、内容窗格、地图窗口等几个主要部分组成。

1. 菜单栏

菜单栏位于 ArcMap 主界面的顶部,它提供了各种功能和操作的菜单选项以及对 ArcGIS 的设置与配置。用户可以通过菜单栏来执行特定的操作,如打开或保存地图文档、管理图层、进行分析等。菜单栏包括"文件""编辑""视图""书签""插入""选择""地理处理""自定义""窗口""帮助"10 个部分(图 2-5)。

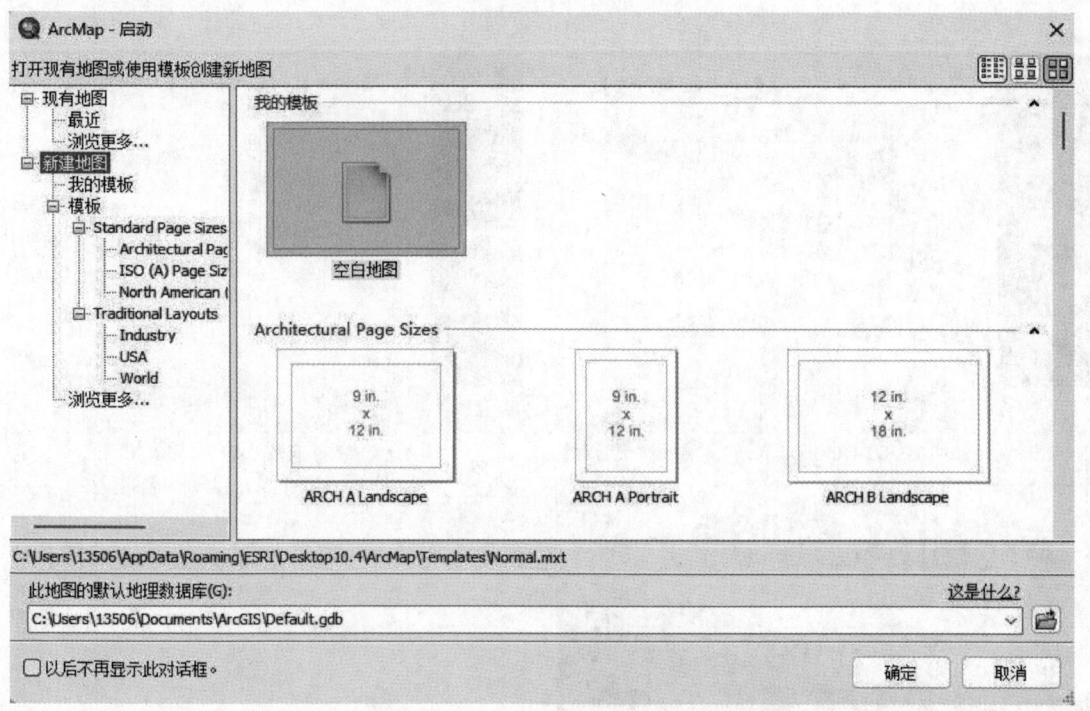

图 2-3　ArcMap 软件打开界面

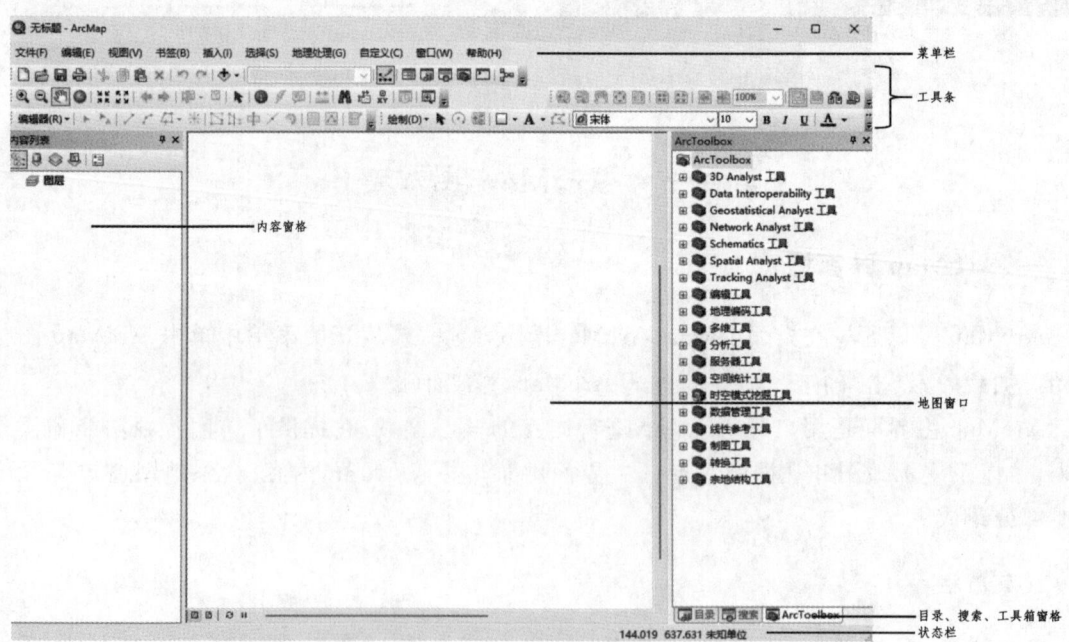

图 2-4　ArcMap 主界面

| 文件(F) | 编辑(E) | 视图(V) | 书签(B) | 插入(I) | 选择(S) | 地理处理(G) | 自定义(C) | 窗口(W) | 帮助(H) |

图 2-5　ArcMap 主界面菜单栏构成

1) 文件

"文件"命令栏主要提供与地图文档和项目管理相关的功能与操作。"新建""打开""保存""另存为""保存副本"可进行地图文档的存储和读取;"页面和打印设置""打印预览""打印""导出地图"可进行地图成果的导出和打印(图2-6)。

2) 编辑

"编辑"命令栏提供与地图编辑相关的功能和操作。"撤销""恢复"可对编辑操作进行撤销或恢复;"剪切""复制""粘贴""选择性粘贴""删除"可对选中数据进行对应的操作;"复制地图到剪贴板"可以将当前地图视图中的内容复制到计算机的剪贴板中,以便进一步粘贴到其他应用程序中;"选择所有元素""取消选择所有元素"用于选择和取消选择数据;"缩放至所选元素"用于调整地图视图以使得当前选定的要素完全显示在地图窗口中(图2-7)。

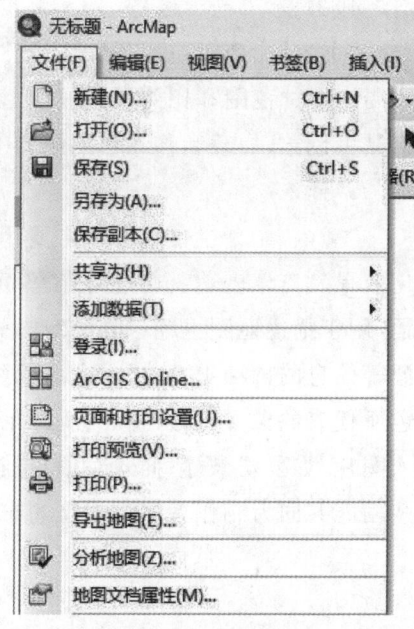

图2-6 "文件"命令栏

3) 视图

"视图"命令栏包括"数据视图"和"布局视图"两种视图模式(图2-8)。"数据视图"是查看和编辑地理数据时的视图模式,主要用于地图制作、数据编辑、空间分析等任务;"布局视图"是设计和制作地图布局的视图模式,主要用于完成地图输出、制作地图产品、制作报告等任务。

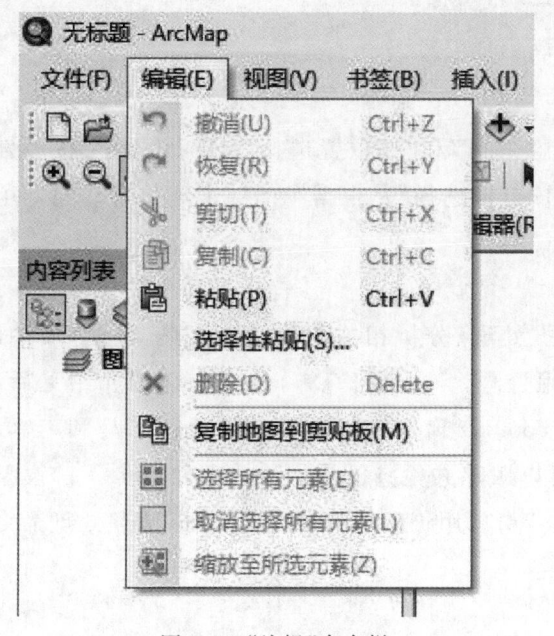

图2-7 "编辑"命令栏

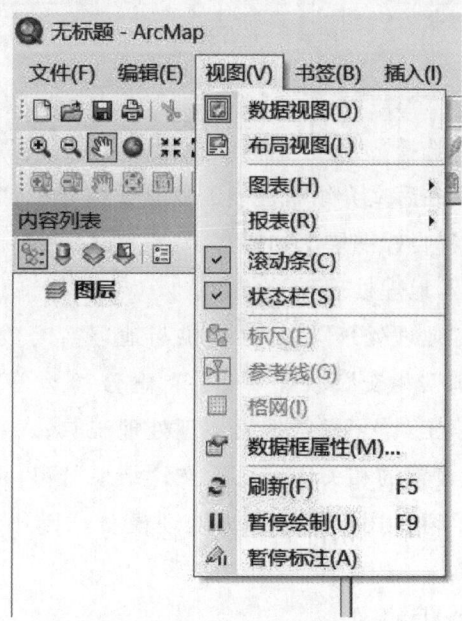

图2-8 "视图"命令栏

4) 书签

"书签"命令栏包括"创建书签"和"管理书签"工具(图 2-9)。"创建书签"工具可记录当前布局视图的范围和比例尺,在后续操作误挪布局视图时可快速回到原布局视图;"管理书签"工具可创建、加载和移除已创建的书签。

5) 插入

"插入"命令栏(图 2-10)主要用于在布局视图中向地图添加各种元素,以增强地图的可视化效果和信息表达。通过该菜单,可以插入数据框,展示其他区域或不同地图视图;插入标题,用于描述地图主题;插入文本,添加说明或注释信息;插入动态文本,实现如日期、数据来源等信息的自动更新;插入内图廓线,美化地图边缘;插入图例,帮助读者理解地图符号和颜色所代表的含义;插入指北针,标示地图方向;插入比例尺或比例文本,显示地图比例关系;插入图片,如公司徽标;插入对象,包括图表可视化展示数据,表格直接展示相关属性数据。这些功能共同为制作者提供丰富的布局编辑工具,提升地图作品的专业性和可读性。

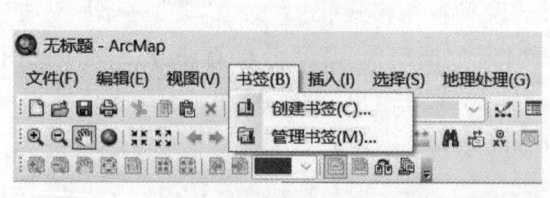

图 2-9 "书签"命令栏

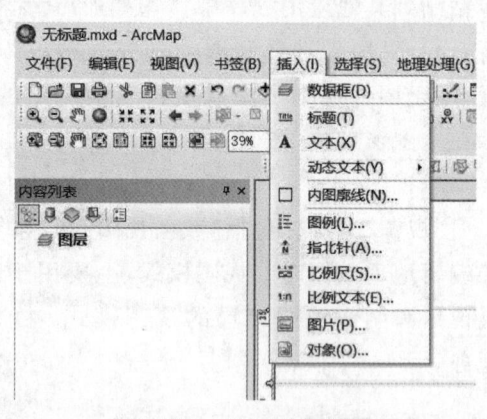

图 2-10 "插入"命令栏

6) 选择

"选择"命令栏的两个常用命令是"按属性选择"和"按位置选择"(图 2-11)。"按属性选择"会在后文介绍属性表工具时详细介绍;"按位置选择"是根据源图层地理位置或空间范围来选择目标图层上的要素。

7) 地理处理

"地理处理"命令栏提供与地理空间数据处理、分析相关的功能和工具,包括"缓冲区""裁剪""相交""联合""合并""融合"6 个常用处理命令(图 2-12),各命令详细介绍见后文。"搜索工具"可用于搜索地理处理工具;ArcToolbox 窗口可以访问地理处理工具和工具箱;环境设置的相关内容见后文;"结果"窗口可以跟踪并检查已执行的地理处理步骤;"模型构建器"窗口用于创建地理处理模型;"Python"窗口用于编写和执行 Python 地理处理命令与脚本。

8) 自定义

"自定义"命令栏主要用于加载 ArcMap 工具条、扩展模块等(图 2-13)。

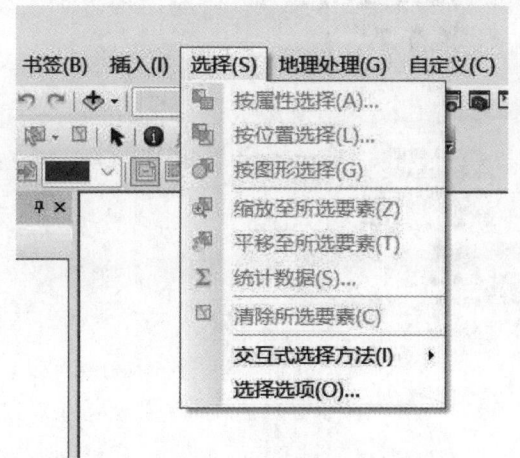
图 2-11 "选择"命令栏

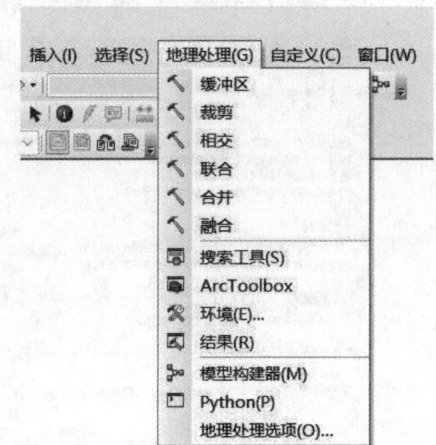
图 2-12 "地理处理"命令栏

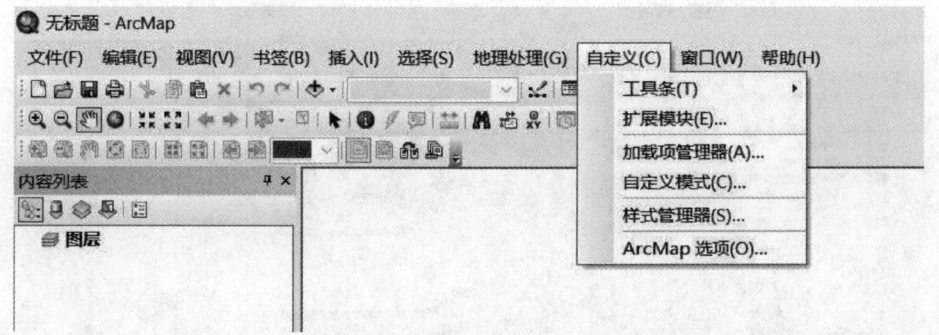
图 2-13 "自定义"命令栏

"ArcMap 选项"工具栏(图 2-14)是一个重要的设置和配置工具,允许用户为 ArcMap 和地图文档建立多个首选项。设置后,这些选项将被另存为地图文档的属性,并且在后续会话中每次打开地图文档时都会使用,直到做出更改。在"ArcMap 选项"工具栏的"常规"选项卡中可以设置应用程序选项(包括定义 ArcMap 启动行为、更改新添加图层的默认可见性、设置识别要素时的默认图层等);"数据视图"选项卡可在处于数据视图时设置用户使用地图的方式;"布局视图"选项卡可启用应用于页面布局的选项,包括设置布局视图外观、自定义标尺、自定义格网、启用捕捉属性等;"栅格"选项卡可以定义多个选项来修改栅格数据的显示方式,启用栅格数据集、栅格目录、栅格图层和镶嵌数据集的属性等。这些选项允许用户根据其工作需求和个人偏好来定制 ArcMap 的使用体验。适当地调整这些设置可以提高工作效率,并确保 ArcMap 的行为与用户的工作流程相一致。

9) 窗口

"窗口"命令栏用于调用查看器窗口和开关"内容列表""目录""搜索"等窗口(图 2-15)。

10) 帮助

"帮助"命令栏(图 2-16)中集成了 ArcGIS 操作说明,以供用户查阅。

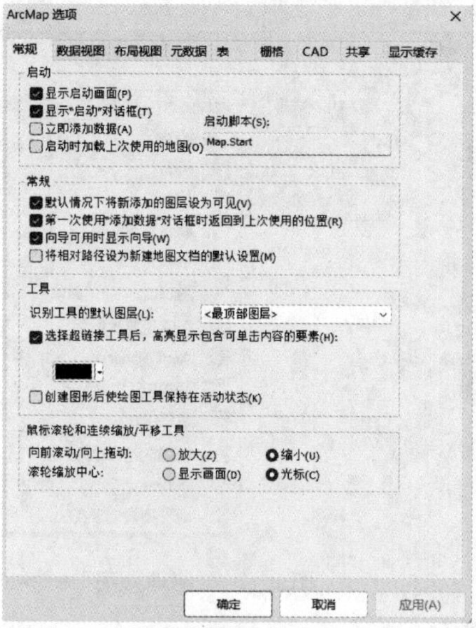

(a)"常规"选项卡 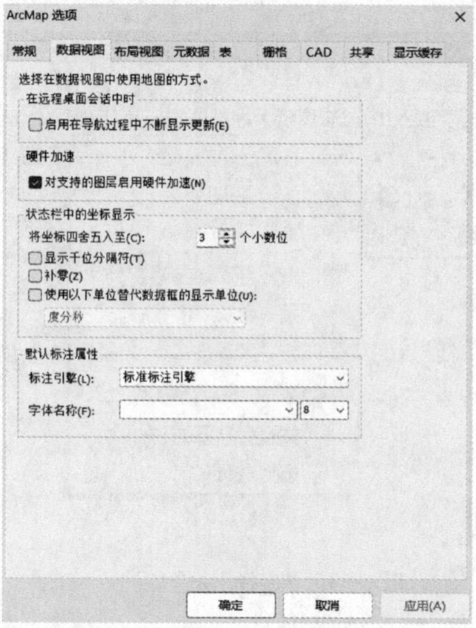　　　　　　　　　(b)"数据视图"选项卡

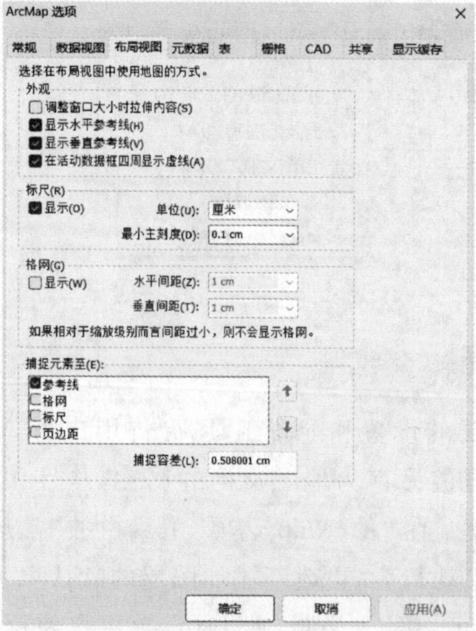

(c)"布局视图"选项卡 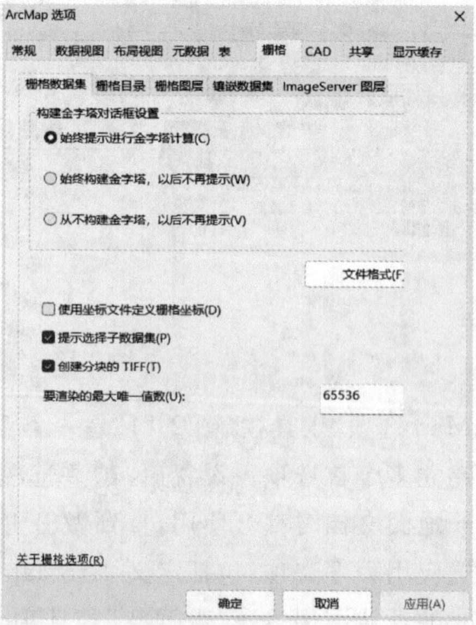　　　　　　　(d)"栅格"选项卡

图 2-14　"自定义"命令栏中"ArcMap 选项"选项卡

图 2-15　"窗口"命令栏

图 2-16 "帮助"命令栏

2. 工具条

工具条通常位于菜单栏下方,包含了各种常用的工具按钮(图 2-17),用户可以通过点击这些按钮来执行特定的操作。常见的工具包括放大、缩小、平移、选择、绘制、编辑器等,将鼠标置于工具图标上会自动显示功能名称和简要说明。工具栏的布局和内容可以根据用户的需求进行自定义调整。通过右键单击工具条空白处可以根据工作需要打开或关闭特定工具条。

图 2-17 ArcMap 主界面工具条面板

3. 内容窗格

内容窗格(图 2-18)通常位于主界面的左侧,用于显示当前地图文档中的图层、数据源和布局等内容。有"按绘图顺序列出""按源列出""按可见性列出"和"按选择列出"4 种图层顺序按钮。用户可以通过内容窗格来管理地图中的各个要素,包括显示、隐藏、修改显示顺序、设置符号样式等操作。

图 2-18 ArcMap 主界面内容窗格

4. 地图窗口

地图窗口(图 2-19)是主界面的核心部分,通常占据主界面的大部分区域。在地图窗口中,用户可以查看和操作地图数据,进行地图浏览、编辑、分析等操作。

5. 状态栏

状态栏(图 2-20)位于主界面底部,显示有关当前地图状态、坐标和其他信息的信息栏。用户可以通过状态栏了解地图的坐标单位、数据加载状态等信息,以便更好地进行地图操作和分析。

二、工作环境配置

1. 配置默认文件夹

配置默认文件夹可以设置 ArcGIS 软件在执行各种操作时的默认文件路径。在窗口菜单栏中调出"目录"窗格(图 2-21),点击最右边的"目录选项"命令。

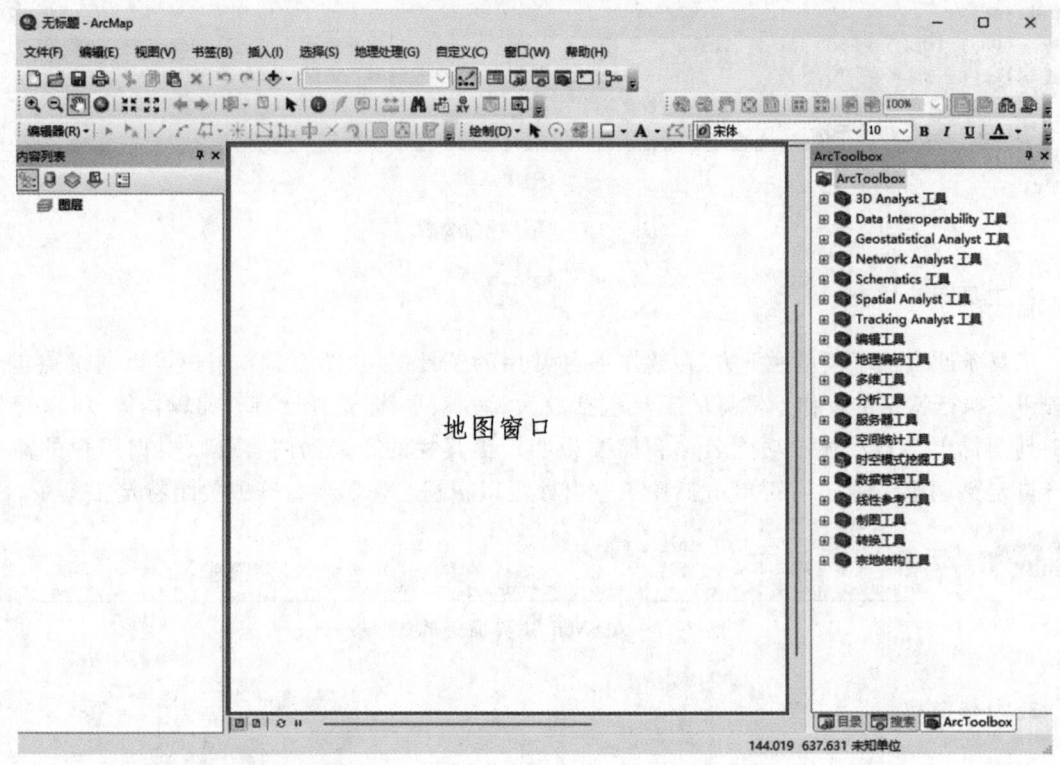

图 2-19　ArcMap 主界面地图窗口

图 2-20　ArcMap 主界面状态栏　　　　　　　　图 2-21　"目录"选项命令栏

在弹出的"目录选项"中,选择"主目录文件夹",设置主目录文件夹路径(图 2-22),此文件夹即为操作过程中的默认文件夹。

2. 环境设置

ArcGIS"地理处理"菜单栏下的"环境"选项可以设置地理处理环境,如对最常用的"工作空间""输出坐标系""处理范围""栅格分析"进行设置(图 2-23),其他选项一般保持默认设置,如有需要也可自行修改。通过"环境"选项设置的地理处理环境会影响当前 ArcMap 会话中的所有操作。重启 ArcMap 会话,地理处理环境将恢复默认设置。

在某些地理处理任务中,例如重采样、裁剪、栅格计算或空间分析时,输入的数据可能来自不同的源,或者具有不同的空间分辨率和像元起点。这些差异可能导致输出的栅格数据与输入数据在空间上不对齐,从而影响分析的准确性。此时,可以通过正确设置"处理范围"选项卡中的"捕捉栅格"选项,提高地理处理操作中输出栅格数据的精度和一致性,确保分析结果的可靠性。"捕捉栅格"选项通过指定一个参考栅格,确保所有输出栅格数据的像元网格与该参考栅格的数据对齐。

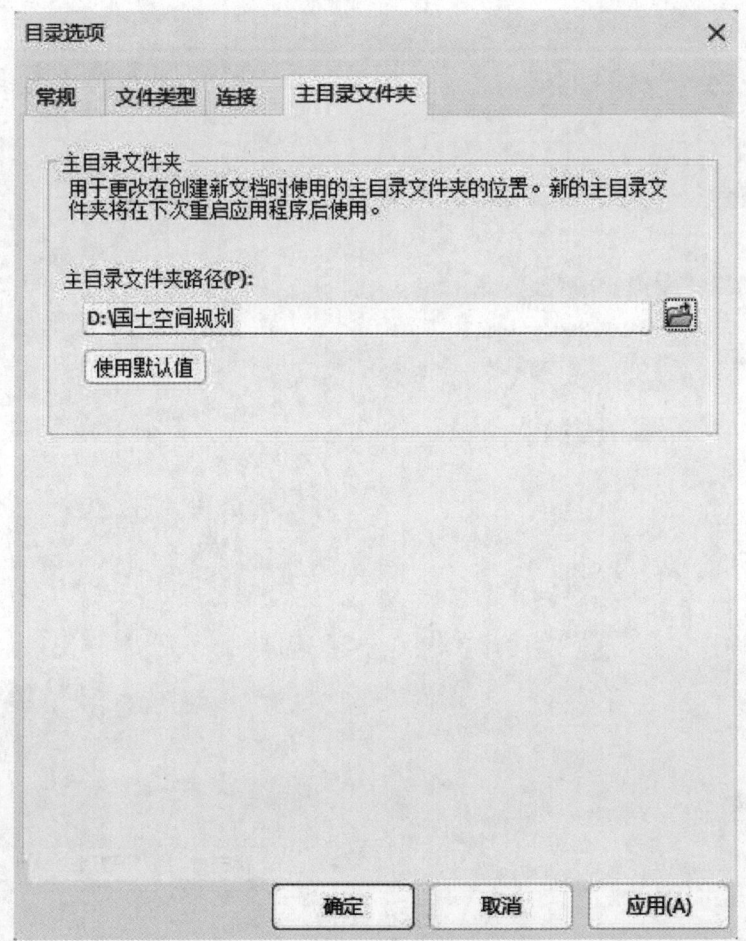

图 2-22 设置主目录文件夹路径

3. 文件夹连接

右键单击"目录"窗格下的"文件夹连接",选择"连接到文件夹"(图 2-24),在后续弹出的对话框中,选择数据所在的位置进行连接,即可导入地图数据,进行处理、分析。

4. 创建数据库

ArcGIS 中可以创建个人地理数据库和文件地理数据库,两者都是用于存储地理空间数据的方式,其主要区别在于数据库的大小。文件地理数据库最大可以达到 1TB,可以存储多个数据集,还能对存入其中的矢量数据进行压缩;个人地理数据库支持的点数据最多不超过 2000 万个,或者文件大小不超过 2GB,有效数据库大小在 300～500MB 之间。因此,个人地理数据库适用于小型项目或个人使用,而文件地理数据库更适合于数据共享和跨平台交互。下面以文件地理数据库为例,叙述创建过程。

右键点击连接好的文件夹,点击"新建"→"文件地理数据库"(图 2-25),建立文件地理数据库。

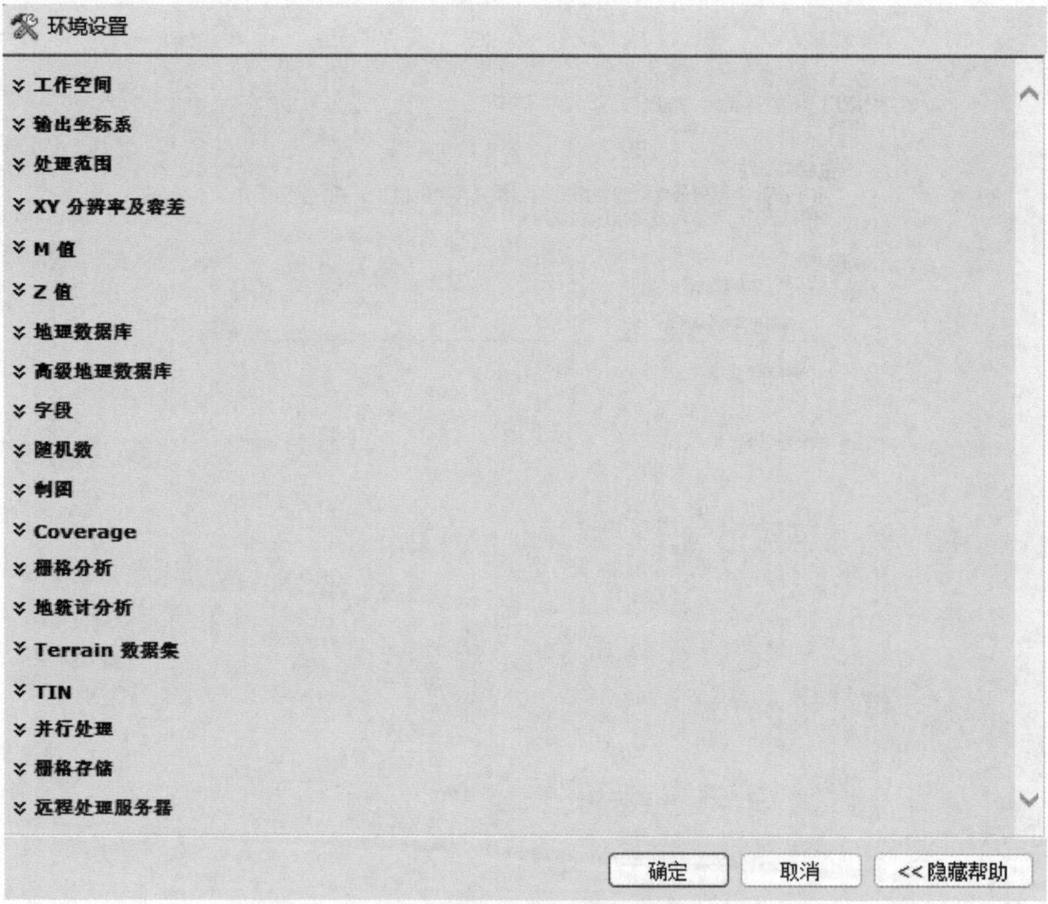

图 2-23 "环境设置"打开界面

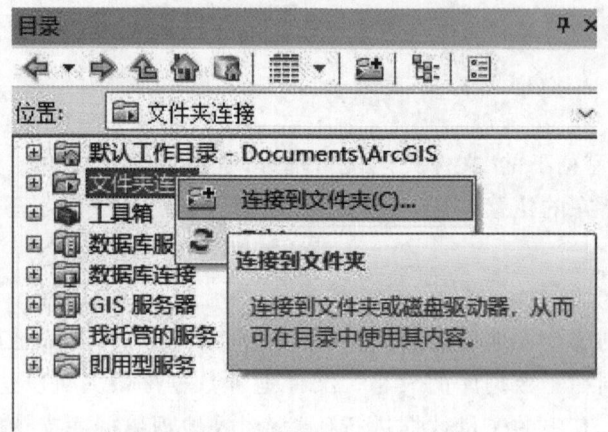

图 2-24 "文件夹连接"操作界面

右键点击创建好的数据库可以进行"重命名""设为默认地理数据库"等操作(图 2-26)。创建好文件地理数据库后可以将各种类型的数据导入文件地理数据库中,包括要素类、栅格数据、表格、要素数据集等。若需要导入数据,可右键点击"文件地理数据库",然后选择"导入",根据需要选择导入数据的类型。

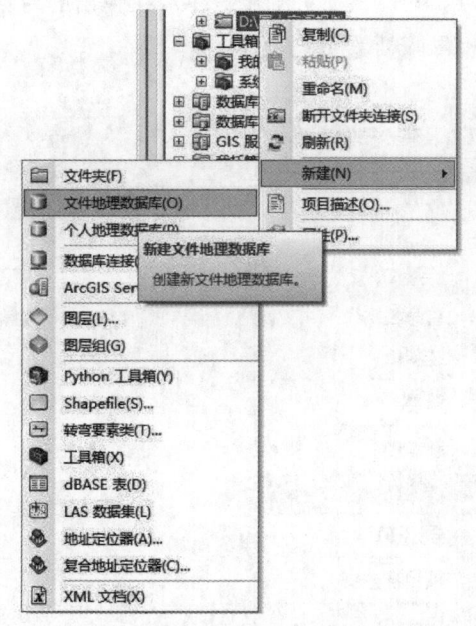

图 2-25 文件地理数据库创建界面

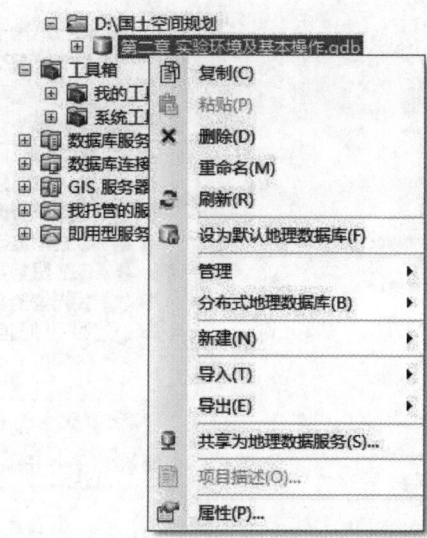

图 2-26 "文件地理数据库"操作界面

5. 创建要素数据集和文件导入

要素数据集是 ArcGIS 中的一种矢量数据存储结构,可将相同的要素集成在一起,便于后续的组织和管理。右键点击新建好的文件数据库,选择"新建"→"要素数据集"(图 2-27),在弹出的对话框中设置要素数据集的名称、坐标系等属性(图 2-28)。

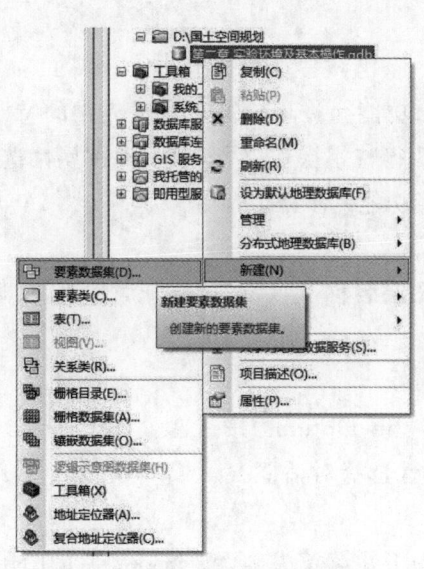

图 2-27 要素数据集新建界面

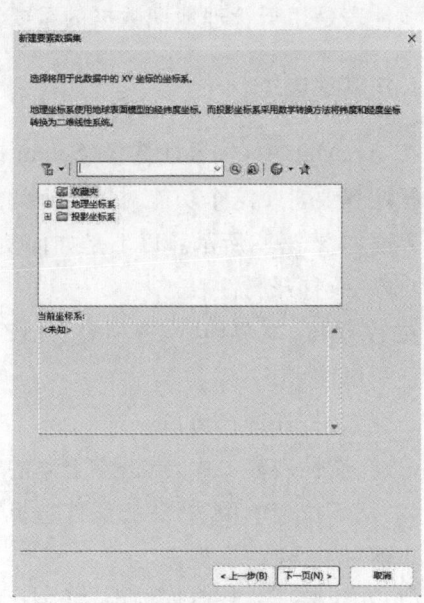

图 2-28 "新建要素数据集"操作界面

右键点击要素数据集,选择"导入"→"要素类(单个)/(多个)"(图 2-29),在弹出的对话框中选择输入要素、设置输出要素的名称,即可将数据导入要素数据集中。

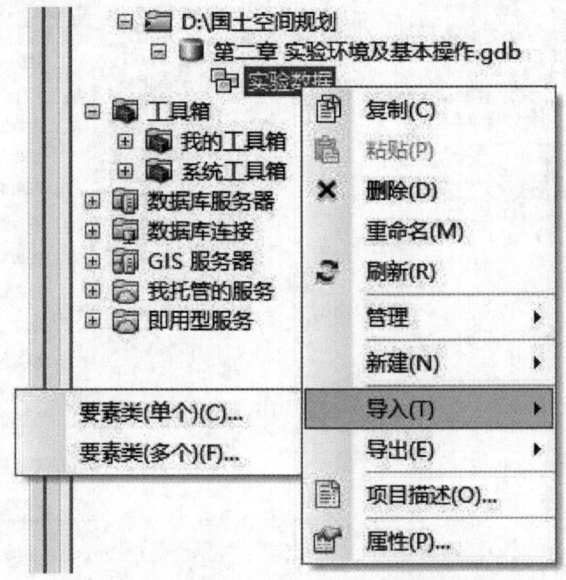

图 2-29 将数据导入要素数据集操作界面

三、ArcMap 常用功能

(一)属性表基本工具

属性表是用于管理地理数据的重要工具,以下介绍属性表的一些基本操作。

1. 按属性选择

在 ArcMap 中,按属性选择(Select by Attributes)功能允许用户基于属性表中的特定条件选择地理要素。这个功能对执行查询、分析数据和执行特定操作非常有用。"按属性选择"操作界面如图 2-30 所示。以下是如何使用按属性选择功能的步骤。

步骤一:打开属性表

在 ArcMap 主界面"内容列表"目录下,右键点击图层名称,然后选择打开属性表,将显示该图层的属性表。

步骤二:打开选择窗口

(1)在属性表窗口中,点击左上角的"表格选项"(Table Options)按钮 。

(2)从下拉菜单中选择"按属性选择",将打开按属性选择对话框。

步骤三:构建查询规则

(1)在按属性选择对话框中,首先在"图层"(Layer)下拉菜单中确认要选择要素的图层。

(2)在"方法"(Method)下拉菜单中,选择适合选择方法,如"创建新选择"(Create a New Selection)、"添加到当前选择"(Add to Current Selection)等。

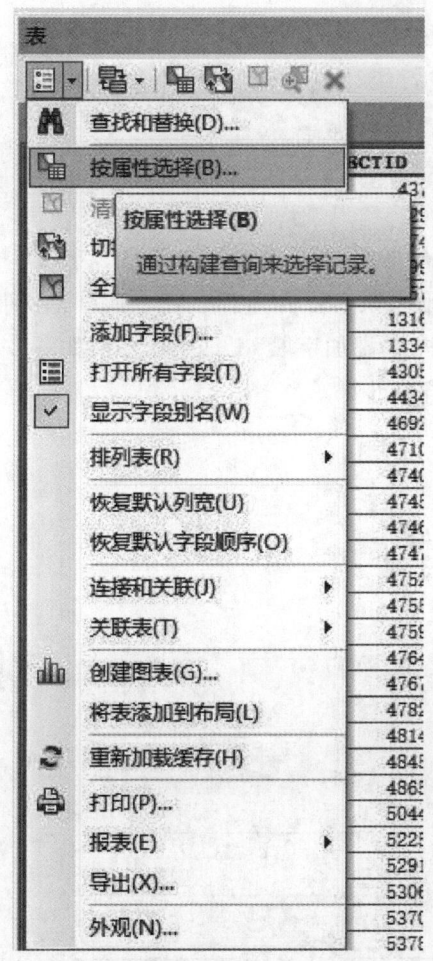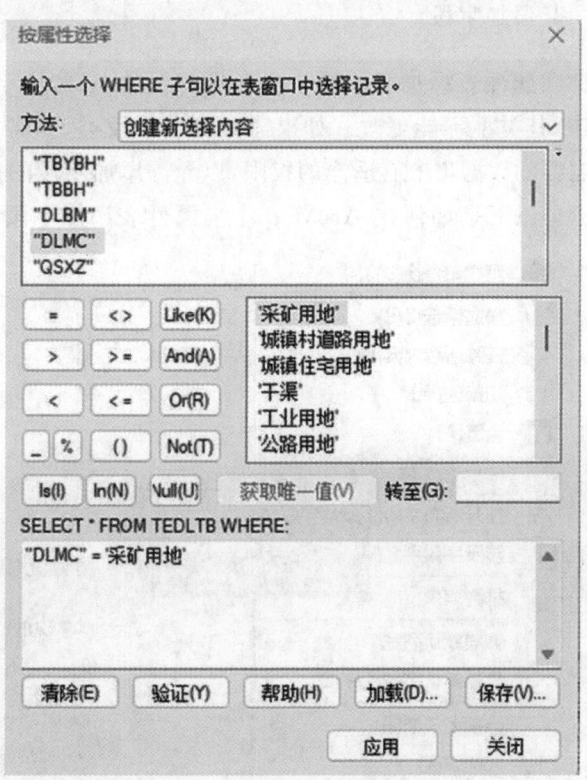

图 2-30 "按属性选择"操作界面

（3）在"字段"（Fields）列表中，双击要基于其选择要素的字段，将把字段名称添加到"查询"（Query）窗口中。

（4）使用操作符（Operators）按钮（如"＝""＜＞""Like"等），以及适当的值来构建查询。例如，如果想选择土地利用数据图层中地类名称（DLMC 字段）为"采矿用地"的所有要素，可以构建如下查询："DLMC"='采矿用地'。注意：查询语句必须使用英文状态下的标点符号。

（5）也可以使用"获取唯一值"（Get Unique Values）按钮来查看该字段中存在的所有唯一值，然后选择适当的值来构建查询。

（6）如果想选择 DLMC 字段等于多个特定值的所有要素，可以构建如下查询："DLMC"in ('采矿用地' '工业用地' '公路用地')。

步骤四：执行选择

（1）构建完查询后，点击"应用"（Apply）按钮，将根据构建的查询选择满足条件的要素。

（2）所选要素将在属性表中高亮显示，同时也会在地图视图中以指定的颜色进行高亮显示。

步骤五:查看选择结果

(1)关闭按属性选择对话框后,可以在属性表中查看被选择的记录。

(2)如果想要进一步操作,比如导出选择的要素、进行统计或其他分析,可以在属性表中右键点击选择的记录,并选择相应的操作。

2.添加字段

向属性表添加字段是一项常见的任务,通常用于扩展数据集以包含新的信息。字段一旦创建,其类型不能更改。如果需要更改字段类型,需要删除该字段并重新创建。此外,应确保在需要的数据集上有适当的权限,以允许添加字段的操作。"添加字段"工具操作界面如图2-31所示。以下是如何在 ArcMap 中向属性表添加字段的详细步骤。

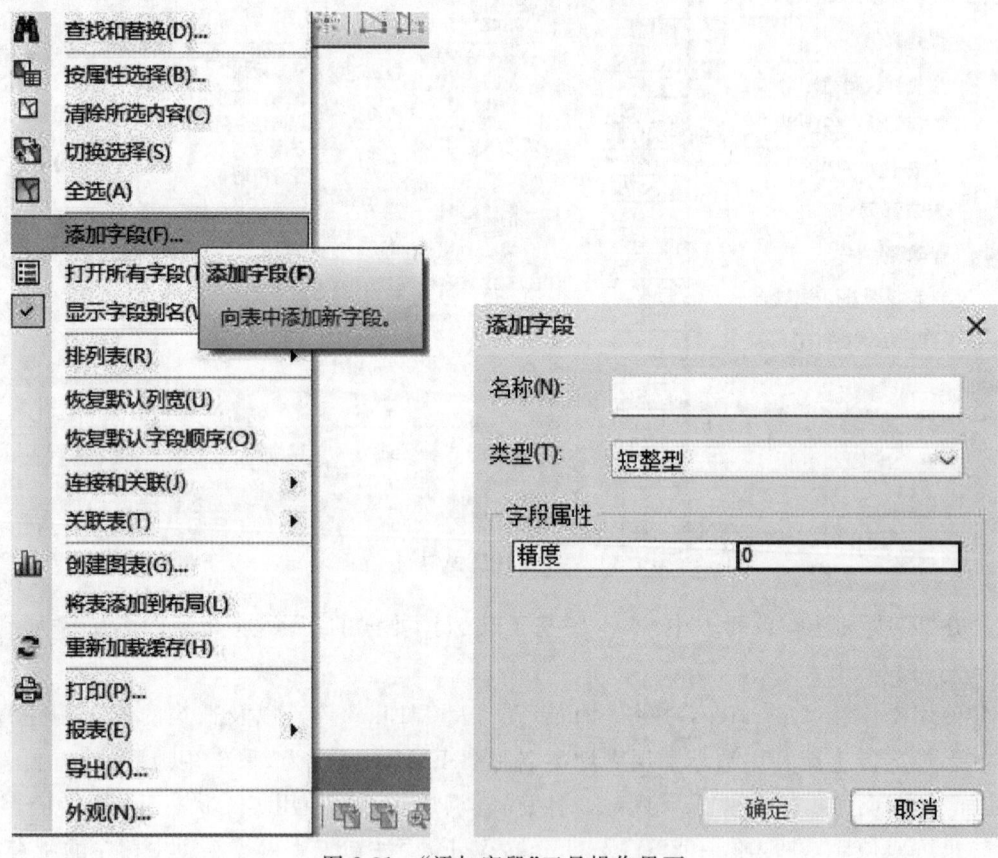

图 2-31 "添加字段"工具操作界面

步骤一:打开属性表

右键点击想要编辑的图层,然后选择"打开属性表"(Open Attribute Table),将显示该图层的属性表。

步骤二:开启编辑模式(可选)

如果要在现有的字段中添加数据或进行修改,建议开启编辑模式。点击 ArcMap 上方的"编辑器"(Editor)工具栏,然后选择"开始编辑"(Start Editing)。

步骤三：添加新字段

(1)在属性表窗口中，点击左上角的"表格选项"(Table Options)按钮⊞▾。
(2)从下拉菜单中选择"添加字段"(Add Field)，打开"添加字段"对话框。

步骤四：配置字段属性

(1)在"添加字段"对话框中，为新字段输入一个名称。字段名称应简短且无空格或特殊字符。
(2)从"类型"(Type)下拉菜单中选择字段的数据类型。

常见的数据类型如下。

短整型(Short Integer)：存储整数值，范围较小。

长整型(Long Integer)：存储较大范围的整数值。

浮点型(Float)：存储单精度浮点数，用于小数。

双精度(Double)：存储双精度浮点数，用于更精确的小数。

文本(Text)：存储文本字符串。

日期(Date)：存储日期和时间信息。

(3)配置其他属性，如"字段属性"(Field Properties)，根据所选的数据类型进行调整。例如，文本字段的长度，或者小数位数的设置。

步骤五：保存字段并完成

(1)配置完成后，点击"确定"，新字段将被添加到属性表中。
(2)如果处于编辑模式中，完成所有编辑后，记得点击"编辑"→"停止编辑"并选择"保存编辑"以保存更改。

3. 字段计算器

ArcMap 的字段计算器(Field Calculator)用于在属性表中计算和更新字段值。它支持数学运算、字符串操作、日期计算、条件语句等操作，可以使用 Python 或 VBScript 语言编写表达式。以下是如何使用字段计算器的详细步骤。

步骤一：打开属性表

在 ArcMap 中，右键点击想要编辑的图层，然后选择"打开属性表"(Open Attribute Table)，将显示该图层的属性表。

步骤二：选择要计算的字段

(1)在属性表中，右键点击想要计算或更新的字段列标题。
(2)从下拉菜单中选择"字段计算器"，打开字段计算器对话框(图 2-32)。

步骤三：构建计算表达式

(1)字段选择：在字段计算器对话框中会看到左侧列出了该图层的所有字段，可以双击这些字段，将其添加到表达式窗口中。
(2)操作符和函数：字段计算器对话框下方有常见的运算符和函数(如加减乘除、字符串连接、日期函数等)，可以直接点击这些按钮，将其插入表达式中。
(3)编写表达式：在"表达式"(Expression)窗口中，编写计算逻辑。例如，①计算面积字段

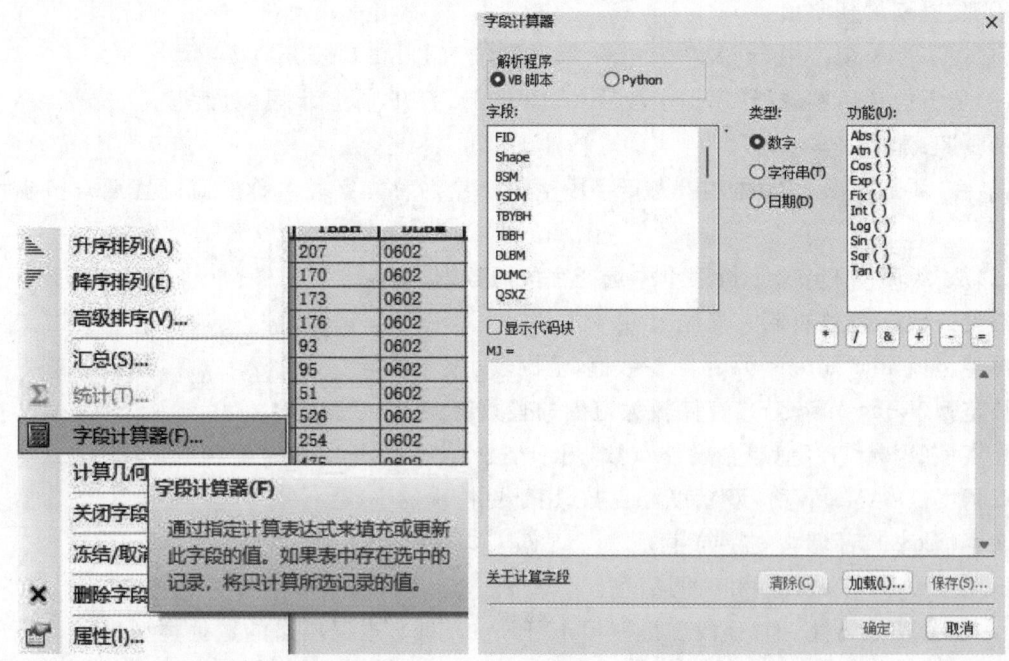

图 2-32 字段计算器对话框

(假设图层为多边形图层):[Shape_Area] * 0.0001(将面积单位从平方米转换为公顷);②字符串拼接:[FirstName]+" "+[LastName];③使用条件语句:If([Population]>10000, "Large","Small")。

(4)选择计算语言:可以选择使用 Python 或 VBScript 作为计算语言。通常,Python 更强大且灵活。

(5)高级表达式:如果需要编写更复杂的表达式,可以点击进入"高级"(Advanced)选项,使用更高级的计算环境。

步骤四:字段计算

(1)完成表达式编写后,点击"确定"按钮,ArcMap 将会根据表达式计算并更新所选字段中的值。

(2)计算完成后,新的值将显示在属性表中。

以下是一些示例表达式:

数学运算:([Field1]+[Field2]) * 100(将 Field1 和 Field2 的值相加然后乘以 100)。

日期计算:datetime.datetime.now()−datetime.timedelta(days=7)(计算当前日期前 7 天的日期)。

条件语句:If([Field1]>100,[Field2] * 2,[Field2]/2)(如果表格记录的 Field1 取值大于 100,则将 Field2 的值乘以 2,否则除以 2)。

此外,在使用字段计算器需要注意确保计算的结果与目标字段的数据类型匹配。例如,不要将文本结果赋值给数值字段。如果在编辑模式中进行计算,记得在操作完成后保存编辑。

4. 计算几何

属性表中计算几何(Calculate Geometry)功能允许基于空间要素的几何属性(如面积、周长、长度、坐标等)来计算字段值。这个功能对于处理和分析空间数据非常有用。比如,可以使用该工具计算土地利用数据图层中每个多边形(如土地块)的面积,还可以计算道路网络中每段道路的长度,也可获取要素质心坐标,用于分析要素的地理中心位置。以下是如何使用计算几何功能的详细步骤。

步骤一:打开属性表

右键点击需要计算几何属性的图层,然后选择"打开属性表"打开该图层的属性表。

步骤二:选择或创建目标字段

(1)如果已有一个字段用于存储几何属性的值,直接使用即可。

(2)如果没有一个字段用于存储几何属性的值,可以先创建一个新的字段来存储计算结果。例如,右键点击属性表的表头,选择"添加字段"(Add Field),然后根据需要设置字段名称和类型(如 Float 或 Double 类型适合存储面积、周长等数值)。

步骤三:打开"计算几何"工具

在属性表中,右键点击要填充的字段的列标题,然后选择"计算几何(Calculate Geometry)",将打开"计算几何"工具操作界面(图 2-33)。

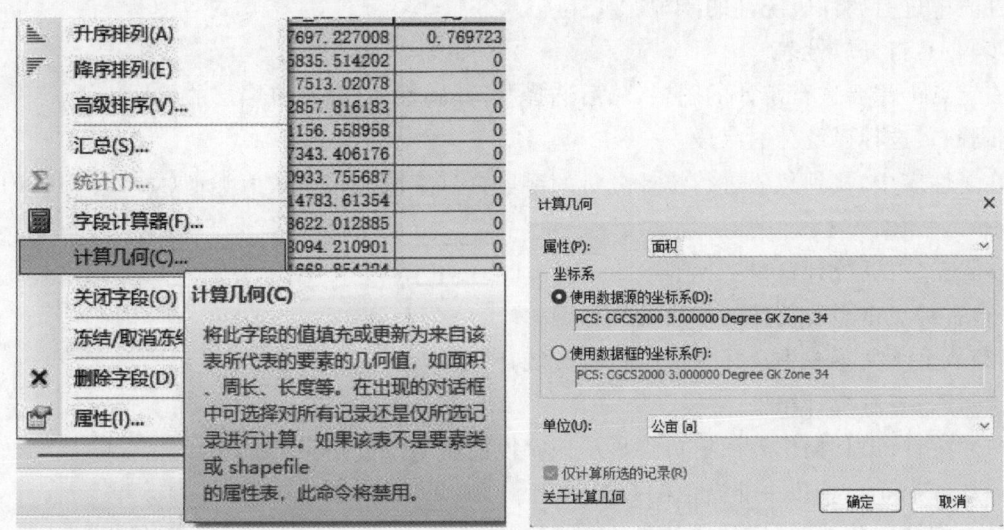

图 2-33 "计算几何"工具操作界面

步骤四:设置几何计算参数

(1)属性(Property):选择想要计算的几何属性。

常见几何属性如下。

面积(Area):计算多边形要素的面积。

周长/长度(Perimeter/Length):计算多边形的周长或线要素的长度。

质心 X 坐标(X Coordinate of Centroid):计算要素质心的 X 坐标。

质心的 Y 坐标(Y Coordinate of Centroid)：计算要素质心的 Y 坐标。

(2)坐标系(Coordinate System)：确保选择了正确的坐标系。通常，坐标系是默认选择图层的坐标系，但也可以根据需要选择另一个坐标系进行计算。

(3)单位(Units)：选择几何属性的计算单位。例如，面积单位可以选择为平方米、平方公里、英亩等，长度单位可以选择为米、公里、英里等。

步骤五：应用计算

(1)设置完所有参数后，点击"确定"按钮，ArcMap 将根据选择的几何属性计算并更新字段中的值。

(2)计算完成后，结果将显示在属性表中。

需要说明的是，几何计算的结果会受到图层投影和坐标系的影响。特别是在计算面积和长度时要选择合适的投影坐标系。另外，需要根据计算结果的用途选择适当的字段类型和单位，以确保数据的精度和有效性。

5. 统计

属性表统计(Statistics)功能允许用户对属性表中的数值字段进行基本统计分析，如求和、平均值、最小值、最大值、标准差等。这对于快速了解数据分布和基本特征非常有用。例如，在土地利用分析中，可以利用该工具统计某一类土地的总面积、平均面积等。以下是如何在属性表中进行属性表统计的步骤。

步骤一：打开属性表

右键点击想要进行统计的图层，然后选择"打开属性表"显示该图层的属性表。

步骤二：选择要统计的字段

在属性表中，找到想要进行统计分析的字段。该字段应该是数值类型(如 Integer、Float、Double)。

步骤三：打开统计窗口

(1)右键点击想要统计的字段的列标题，弹出一个上下文菜单。

(2)从上下文菜单中选择"统计"，打开"统计"窗口。

步骤四：查看统计结果

(1)"统计"工具操作界面窗口将显示该字段的基本统计信息(图 2-34)。

计数(Count)：字段中非空值的数量。

最小值(Minimum)：字段中的最小值。

最大值(Maximum)：字段中的最大值。

总和(Sum)：所有数值的和。

平均值(Mean)：数值的平均值。

标准差(Standard Deviation)：数值的标准差。

(2)窗口的左侧显示一个直方图，用于可视化字段中的数据分布情况。

步骤五：使用统计结果

(1)统计结果可以帮助快速了解数据的基本分布和趋势，可以使用这些信息来支持进一

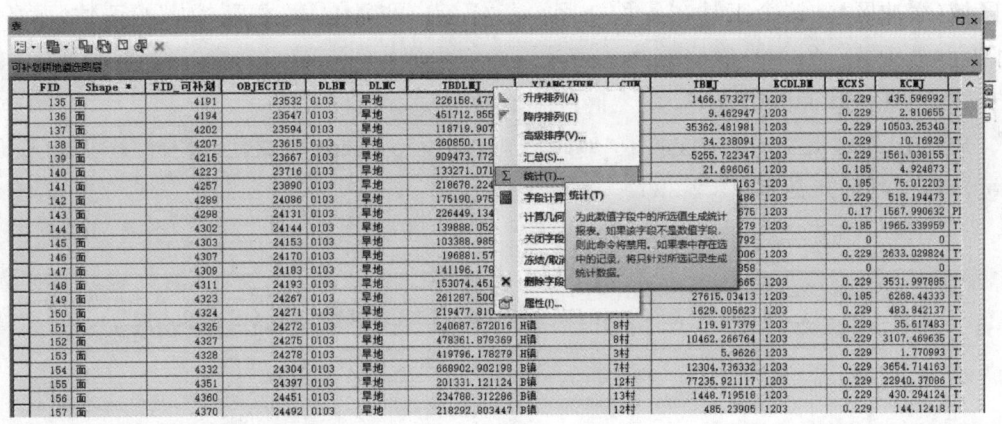

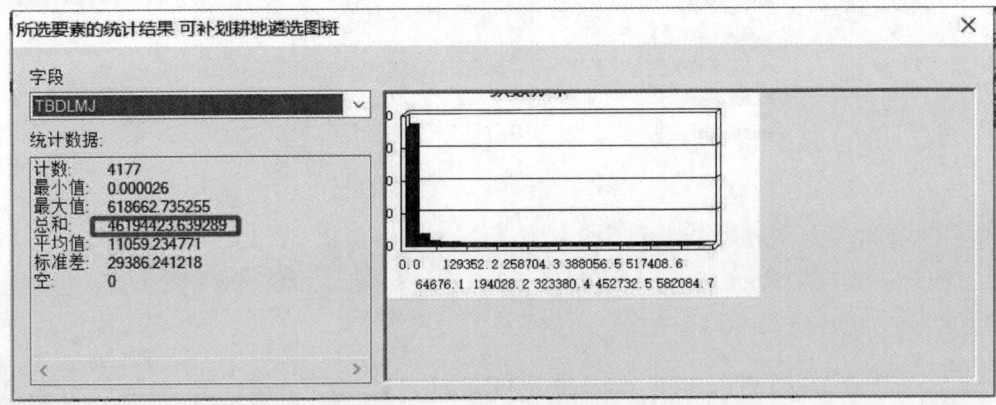

图 2-34 "统计"工具操作界面

步的数据分析和决策。

（2）如果想导出统计结果或直方图，可以使用窗口中的导出功能，保存结果用于报告或进一步分析。

使用统计工具时需要注意以下事项。

数值字段：统计功能只能用于数值类型的字段（如整数或浮点数）。文本字段、日期字段等无法直接进行统计。

选择集统计：如果在进行统计前对图层进行了要素选择，那么统计结果将仅针对当前选择的要素进行计算，而不是整个图层。

数据分布可视化：直方图可以帮助快速了解数据的分布情况，尤其是识别数据中的偏差或异常值。

（二）常用地理处理工具

本部分将介绍实习课程中常用地理处理工具的操作方法。

1. 缓冲区工具

ArcMap 的缓冲区工具（Buffer Tool）用于创建距离输入要素（如点、线或多边形）指定距离的区域(缓冲区)。这个工具在各种空间分析任务中非常有用,如环境影响评估、服务区分析、邻近度分析等。以下是使用缓冲区工具的详细步骤。

步骤一:打开缓冲区工具

(1)在 ArcMap 的菜单栏中,点击"地理处理(Geoprocessing)",然后选择"缓冲区(Buffer)"打开缓冲区工具的对话框(图 2-35)。

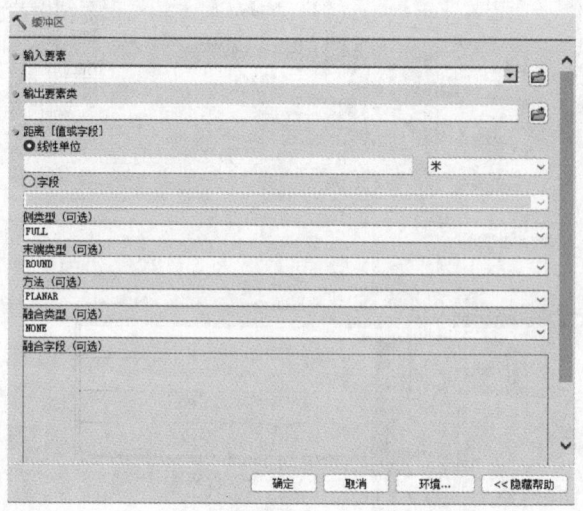

图 2-35 "缓冲区"工具操作界面

(2)也可以通过 ArcToolbox 找到缓冲区工具,路径为"ArcToolbox"→"分析工具"(Analysis Tools)→"邻近性"(Proximity)→"缓冲区"。

步骤二:设置输入要素

在"输入要素"(Input Features)框中,选择想要创建缓冲区的图层,可以是点、线或多边形图层。

步骤三:设置输出位置

在"输出要素类"(Output Feature Class)框中指定输出缓冲区要素的存储位置和名称,用户可以将其保存到文件地理数据库或保存为 shapefile。

步骤四:设置缓冲距离

在"距离"(Distance)框中,指定缓冲区的距离,即缓冲区的半径,可以使用地图单位(如米、公里)或指定线性单位。

线性单位(Linear unit):直接输入一个距离值,并从下拉菜单中选择单位。

字段(Field):如果要为每个要素应用不同的缓冲距离,则可以选择一个包含距离值的字段。

步骤五:设置缓冲区选项

(1)边类型(Side Type):选择缓冲区生成在哪一侧。边类型的选项如下。

全(Full):在输入要素的两侧创建缓冲区(适用于线要素)。

左(Left):仅在要素的左侧创建缓冲区(适用于线要素)。

右(Right):仅在要素的右侧创建缓冲区(适用于线要素)。

(2)端类型(End Type):选择缓冲区的端部形状。端类型的选项如下。

圆形(Round):缓冲区的端部为圆形(适用于线要素)。

平面(Flat):缓冲区的端部为平面(适用于线要素)。

(3)溶解类型(Dissolve Type):选择是否将相邻或重叠的缓冲区合并。溶解类型的选项如下。

无(None):不合并缓冲区,保持独立。

全部(All):将所有缓冲区合并为一个多边形。

按字段(By Field):按指定字段合并缓冲区。

步骤六:运行缓冲区工具

设置完成后,点击"确定"运行工具。ArcMap 将生成缓冲区,并将其作为新的图层添加到地图中。

2. 裁剪工具

裁剪工具(Clip Tool)是一种用于裁剪矢量数据的地理处理工具。它可以将输入要素(如点、线、多边形)裁剪到指定的多边形范围内,输出结果仅保留在该多边形范围内的部分。这个工具通常用于将数据限制到特定区域,如将数据裁剪到某个城市或行政区的边界内。输入要素和裁剪要素的图层类型可以是点、线或多边形,但通常裁剪要素是一个多边形图层。另外,需要确保输入要素和裁剪要素使用相同的投影系统,以避免不准确的裁剪结果。以下是如何使用裁剪工具的详细步骤。

步骤一:打开裁剪工具

(1)在 ArcMap 的菜单栏中,点击"地理处理"(Geoprocessing),然后选择"裁剪"(Clip)打开裁剪工具的对话框(图 2-36)。

(2)也可以通过 ArcToolbox 打开裁剪工具,路径为"ArcToolbox"→"分析工具"(Analysis Tools)→"提取"(Extract)→"裁剪"。

步骤二:设置输入要素

在"输入要素"框中,选择想要裁剪的图层。这个图层可以是点、线或多边形图层。

步骤三:设置裁剪要素

在"裁剪要素"框中,选择用于裁剪的多边形图层。这个多边形图层将定义裁剪的范围,只有输入要素中位于这个多边形范围内的部分会保留下来。

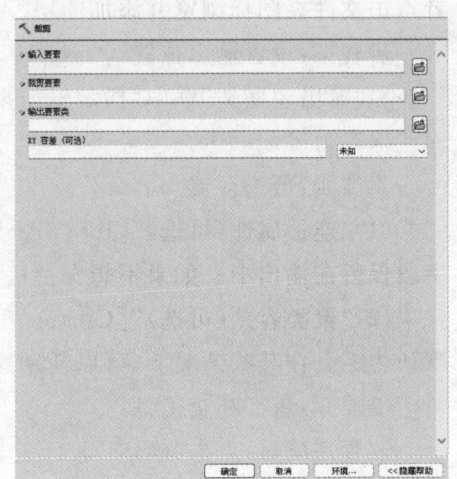

图 2-36 "裁剪"工具操作界面

步骤四:设置输出位置

在"输出要素类"框中,指定输出裁剪结果的存储位置和名称,可以将其保存到文件地理数据库中或保存为 shapefile。

步骤五:可选设置

"XY 容差"(XY Tolerance)是一个可选的参数,设置输入要素和裁剪要素之间允许的最小距离。如果要素之间的距离小于该值,它们将被认为是相交的,通常保持默认值即可。

步骤六:运行裁剪工具

设置完成后,点击"确定"运行工具。ArcMap 将执行裁剪操作,并将结果作为新的图层添加到地图中。

3. 相交工具

相交工具(Intersect Tool)用于提取两个或多个图层之间的交集区域。它将多个输入要素类或图层的重叠部分保留下来,并生成一个新的要素类。相交工具适用于点、线和多边形要素类的相交分析任务。以下是使用相交工具的详细步骤。

步骤一:打开相交工具

(1)在 ArcMap 的菜单栏中,点击"地理处理",然后选择"相交"(Intersect)打开相交工具的对话框(图 2-37)。

(2)也可以通过 ArcToolbox 找到相交工具,路径为"ArcToolbox"→"分析工具"→"叠加"(Overlay)→"相交"。

步骤二:设置输入要素

在"输入要素"框中,添加想要相交的图层,可以添加多个图层(点、线、多边形的组合),这些图层之间的重叠区域将被提取。点击"输入要素"旁边的下拉箭头,选择要相交的图层,或者点击文件夹图标浏览并添加图层。

步骤三:设置输出位置

在"输出要素类"框中,指定输出要素的存储位置和名称,可以将其保存到文件地理数据库或保存为 shapefile。

步骤四:可选设置

(1)"连接属性(可选)"[Join Attributes (optional)]:选择是否将所有输入图层的属性表字段保留在输出中。如果不想保留所有属性,可以选择"NO_FID"来移除非重叠区域的字段。

(2)"聚类容差(可选)"[Cluster Tolerance (optional)]:设置输入要素之间的最小距离,默认为零。在某些情况下,可以使用这个选项来调整相交结果的精度。

步骤五:运行相交工具

设置完成后,点击"确定"运行工具。ArcMap 将计算所有输入图层的交集,并将结果作为新的图层添加到地图中(图 2-37)。

使用相交工具需要注意以下事项:

输入要素类型:相交工具可以处理点、线、多边形的组合,但输出要素类型取决于输入要素的几何复杂度。例如,点与线相交会得到点,线与多边形相交会得到线。

数据投影:确保所有输入图层使用相同的投影系统,以避免不准确的结果。

结果复杂性:相交多个复杂图层可能会生成许多小而复杂的要素,需要谨慎管理输出结果。比如,可能需要重算这些要素的几何属性(如面积、长度等)。

4. 联合工具

联合工具(Union Tool)用于将两个或多个多边形图层的所有几何和属性信息合并在一起,生成一个包含所有输入图层的几何组合和属性的输出图层。联合工具特别适用于多边形数据的叠加分析,保留所有可能的空间区域,并且输出要素将包含每个输入图层的属性。以下是使用联合工具的详细步骤。

步骤一:打开联合工具

(1)在 ArcMap 的菜单栏中,点击"地理处理",然后选择"联合"(Union)打开联合工具的对话框(图 2-38)。

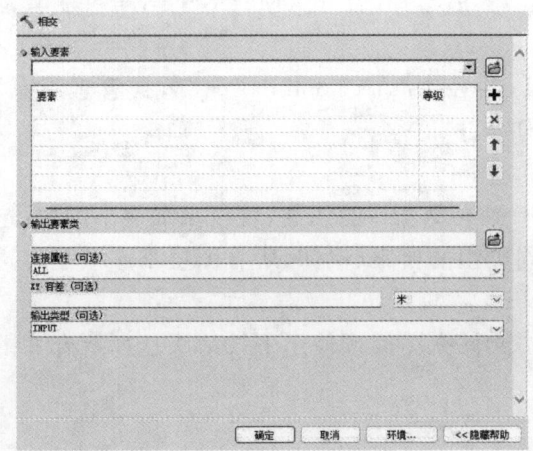

图 2-37 "相交"工具操作界面

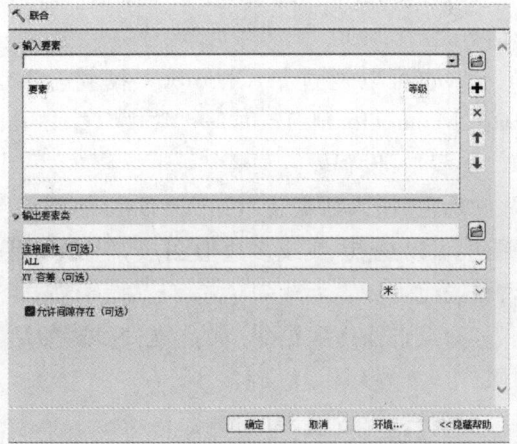

图 2-38 "联合"工具操作界面

(2)也可以通过 ArcToolbox 找到联合工具,路径为"ArcToolbox"→"分析工具"→"叠加"→"联合"。

步骤二:设置输入要素

在"输入要素"框中,添加想要联合的多边形图层,可以添加两个或更多的图层。点击输入要素旁边的下拉箭头,选择要联合的图层,或者点击文件夹图标浏览并添加图层。

步骤三:设置输出位置

在"输出要素类"框中,指定输出要素的存储位置和名称,可以将其保存到文件地理数据库中或保存为 shapefile。

步骤四:可选设置

Join Attributes(连接属性):通常情况下,所有输入图层的属性表字段都会保留在输出中。用户可以通过设置来决定如何处理这些属性。

Gaps Allowed(允许间隙):如果输入图层之间没有完全重叠的区域,则该选项允许在输出中保留这些间隙。默认情况下,该选项是选中的。

Cluster Tolerance(聚类容差):设置输入要素之间的最小距离,如果输入要素之间距离小于该值,它们将被认为是相交的。通常保持默认值即可。

步骤五:运行联合工具

设置完成后,点击"确定"运行工具。ArcMap 将合并所有输入图层的几何和属性信息,并将结果作为新的图层添加到地图中。

5. 合并工具

合并工具(Merge Tool)用于将两个或多个图层的要素合并为一个新的图层。合并工具可以处理点、线和多边形类型的要素。与联合工具不同的是,合并工具不进行空间叠加分析,只是简单地将多个图层中的要素放在一起,生成一个包含所有输入要素的单一图层。以下是使用合并工具的详细步骤。

步骤一:打开合并工具

(1)在 ArcMap 的菜单栏中,点击"地理处理",然后选择"合并"(Merge)打开合并工具的对话框(图 2-39)。

(2)也可以通过 ArcToolbox 找到合并工具,路径为"ArcToolbox"→"数据管理工具"(Data Management Tools)→"常规"(General)→"合并"。

步骤二:设置输入要素

(1)在"输入数据集"(Input Datasets)框中,添加想要合并的图层,可以添加多个图层,这些图层可以是点、线或多边形图层,但必须是相同类型的要素(例如,所有图层都必须是多边形、点或线)。

(2)点击输入数据集下的空白区域,然后点击文件夹图标或使用下拉箭头选择要合并的图层。

步骤三:设置输出位置

在"输出数据集"(Output Dataset)框中,指定输出合并结果的存储位置和名称,可以将其保存到文件地理数据库中或保存为 shapefile。

步骤四:设置字段映射(可选)

字段映射(Field Map):合并工具会自动将输入图层中的字段映射到输出图层中。如果输入图层的字段名称不同,可以使用字段映射功能将它们映射到统一的字段名称上。这个步骤是可选的,适用于输入图层的字段不一致时。点击"字段映射(可选)"区域,可以手动调整字段映射方式,确保所有输入图层的字段正确合并到输出图层中。

步骤五:运行合并工具

设置完成后,点击"确定"运行工具。ArcMap 将所有输入图层的要素合并为一个新的图层,并将结果添加到地图中。

使用合并工具时需要注意以下事项:

确保要素类型一致性:所有输入图层必须具有相同的要素类型(如点、线或多边形)。例如,不能将一个点图层和一个多边形图层合并在一起。

确保投影系统一致性:为了确保数据准确,所有输入图层应该使用相同的投影系统。如果投影系统不一致,可能会导致合并后的数据出现位置偏差。

字段管理:如果输入图层的字段不一致,可以通过字段映射功能来管理字段的合并方式,以确保输出的属性表符合预期。

6. 融合工具

融合工具(Dissolve Tool)用于将具有相同属性值的要素合并为一个单一的要素。这在清理数据、简化图层结构或进行空间分析时非常有用。融合工具可以减少数据的复杂性,生成更为简洁的输出图层。以下是使用融合工具的详细步骤。

步骤一:打开融合工具

(1)在 ArcMap 的菜单栏中,点击"地理处理",然后选择"融合"(Dissolve)打开融合工具的对话框(图 2-40)。

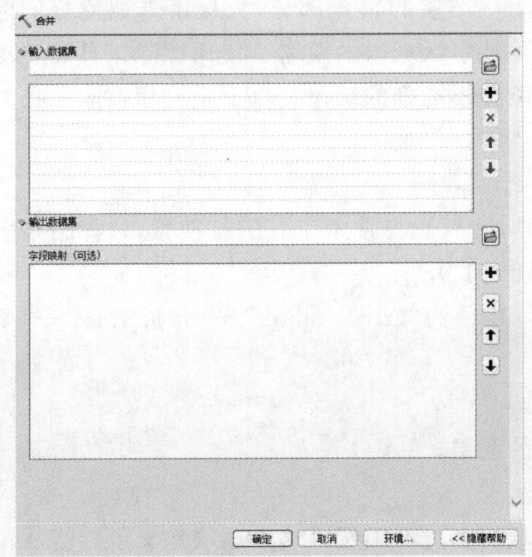

图 2-39 "合并"工具操作界面

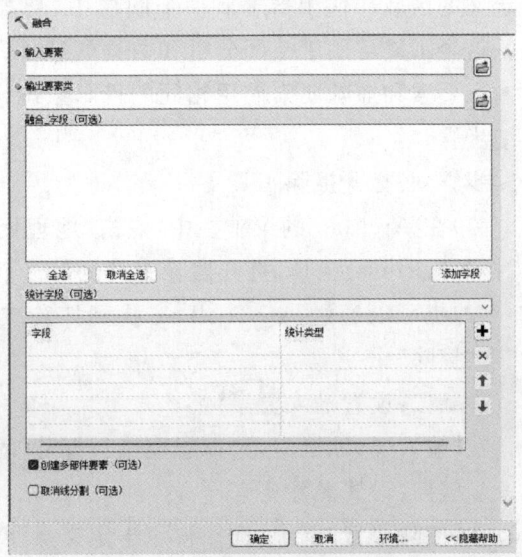

图 2-40 "融合"工具操作界面

(2)也可以通过 ArcToolbox 找到融合工具,路径为"ArcToolbox"→"数据管理工具"→"概括"(Generalization)→"融合"。

步骤二:设置输入要素

在"输入要素"框中,选择想要融合的图层,通常是一个多边形图层,但融合工具也可以应用于线和点图层。

步骤三:设置输出位置

在"输出要素类"框中,指定输出要素的存储位置和名称,可以将其保存到文件地理数据库中或保存为 shapefile。

步骤四:设置融合字段

在"融合字段"(Dissolve Fields)列表中,选择用于决定要素是否融合的字段。如果要素在这些字段中的值相同,它们将被融合为一个要素。例如,如果有一个代表不同土地利用类型的图层,并且希望将所有相同土地利用类型的多边形合并在一起,可以选择"土地利用类型"字段作为融合字段。

步骤五:设置统计字段(可选)

统计字段(Statistics Fields):可以选择一个或多个字段,并指定统计操作(如求和、平均值、最小值、最大值等），以便在融合过程中对这些字段进行统计计算。这个步骤是可选的，通常用于需要在融合的同时对属性数据进行汇总的情况。

步骤六：运行融合工具

设置完成后，点击"确定"运行工具。ArcMap 将处理输入要素，并将结果作为新的图层添加到地图中。

7. 擦除工具

擦除工具（Erase Tool）是一种地理处理工具，用于从输入要素中移除由另一个多边形图层定义的区域。这相当于从一个图层中"剪掉"另一图层的覆盖部分，只保留未被覆盖的区域。这个工具常用于空间分析和数据处理，以清除特定区域内的要素。使用擦除工具需要确保输入要素和擦除要素使用相同的投影系统，以避免不准确的结果。以下是使用擦除工具的详细步骤。

步骤一：打开擦除工具

（1）在 ArcMap 的菜单栏中，点击"地理处理"，然后选择搜索工具进行搜索，选择结果中的"擦除"（Erase）工具，打开擦除工具的对话框（图 2-41）。

（2）也可以通过 ArcToolbox 找到擦除工具，路径为"ArcToolbox"→"分析工具"→"叠加"→"擦除"。

步骤二：设置输入要素

在"输入要素"框中，选择想要进行擦除操作的图层。

步骤三：设置擦除要素

在"擦除要素"框中，选择将用于定义擦除区域的多边形图层。这个图层定义了希望从输入要素中移除的区域。

步骤四：设置输出位置

在"输出要素类"框中，指定输出结果的存储位置和名称，可以将其保存到文件地理数据库中或保存为 shapefile。

步骤五：可选设置

"XY 容差"：这是一个可选的参数，设置输入要素和擦除要素之间允许的最小距离。如果要素之间的距离小于该值，它们将被认为是相交的。通常，"XY 容差"可保持默认值。

步骤六：运行擦除工具

设置完成后，点击"确定"运行工具。ArcMap 将执行擦除操作，并将结果作为新的图层添加到地图中。

8. 山体阴影工具

山体阴影工具（Hillshade Tool）是一种用于创建地形的阴影效果的工具，它通过计算太阳光照在地形表面的角度和方向，生成一个灰度图像，显示地形的起伏。这种阴影图像通常用于增强地形图的可视化效果，使山脉、山谷等地形特征更加明显。以下是使用山体阴影工具的详细步骤。

步骤一：打开山体阴影工具

（1）在 ArcMap 的菜单栏中，点击"地理处理"，然后选择搜索工具进行搜索，选择结果中的"山体阴影"（空间分析）工具，打开山体阴影工具的对话框（图2-42）。

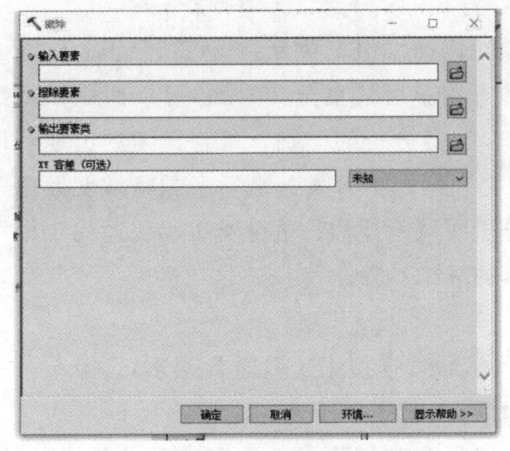

图2-41 "擦除"工具操作界面

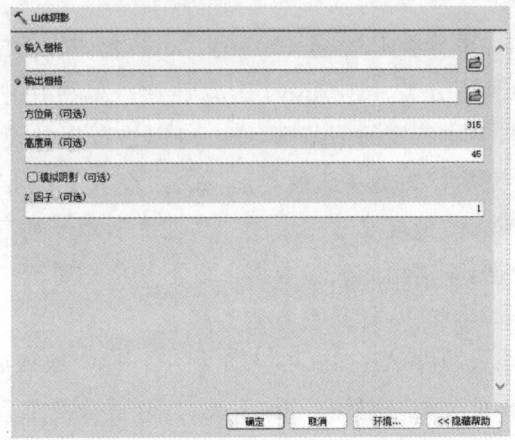

图2-42 "山体阴影"工具操作界面

（2）也可以通过 ArcToolbox 找到山体阴影工具，路径为"ArcToolbox"→"空间分析工具"→"表面"（Surface）→"山体阴影"。

步骤二：设置输入栅格

在"输入栅格"（Input Raster）框中，选择一个数字高程模型（DEM）栅格图层。这个图层表示地形的高度数据，是生成山体阴影图的基础。

步骤三：设置输出位置

在"输出栅格"（Output Raster）框中，指定输出结果的存储位置和名称，可以将其保存到文件地理数据库中或保存为 TIFF、IMG 等栅格格式。

步骤四：设置山体阴影参数

（1）方位角（Azimuth）：设置太阳光的方向，单位为度（°）。默认值为315°（即西北方向）。这个值影响光线的投射方向，从而影响阴影效果。

（2）高度角（Altitude）：设置太阳光的高度角，单位为度。默认值为45°。这个值决定太阳光在地平线上的角度，高度角越大，阴影越短。

（3）Z因子（Z Factor）：设置 Z 因子，用于调整 DEM 的垂直比例，尤其在水平和垂直单位不一致时。通常情况下，Z 因子默认为1，如果数据单位（如米或英尺）一致，则无需调整。

（4）模拟阴影（Model Shadows）：选择是否在输出中包含地形阴影。勾选此选项可以生成更真实的山体阴影效果，尤其在光照方向与地形特征的关系较为复杂时。

步骤五：运行山体阴影工具

设置完成后，点击"确定"运行工具。ArcMap 将生成一个新的栅格图层，显示地形的阴影效果，并将其添加到地图中。

山体阴影效果的精度依赖于输入 DEM 数据的分辨率和精度。更高分辨率的 DEM 数据将生成更精细的阴影效果。根据分析需求，用户可以调整方位角和高度角来模拟不同时间、不同季节的太阳照射效果,从而生成不同的阴影图。在地图中使用山体阴影时,通常会与其他图层叠加,并调整透明度,使阴影效果与其他地理信息协调显示。

9. 重分类工具

重分类工具(Reclassify Tool)允许将栅格数据中的像元值重新分类或重新分组。这在土地利用分类、风险分析、适宜性建模等应用中非常有用。通过重分类,用户可以简化栅格数据、突出特定的值范围,或者将栅格数据转换为适合特定分析的类别。可将详细的土地利用类型简化为更一般的类别,如将"商业""工业""住宅"合并为"开发区域",又如将坡度数据重分类为"低坡度""中坡度""高坡度",用于适宜性分析或风险评估。重分类工具仅适用于栅格数据,不适用于矢量数据。以下是使用重分类工具的详细步骤。

步骤一:打开重分类工具

(1)在 ArcMap 的菜单栏中,点击"地理处理",然后选择搜索工具进行搜索,选择结果中的"重分类"(空间分析)工具,打开重分类工具的对话框(图 2-43)。

(2)也可以通过 ArcToolbox 找到重分类工具,路径为"ArcToolbox"→"空间分析工具"→"重分类"(Reclass)→"重分类"(Reclassify)。

步骤二:设置输入栅格

在"输入栅格"框中,选择想要重分类的栅格图层。这个图层通常是一个表示连续数值或离散类别的数据集,如高程、坡度或土地利用类型。

步骤三:选择重分类字段

在"重分类字段"(Reclass field)下拉菜单中,选择要用于重分类的字段。通常是栅格图层中的像元值(Value),表示要根据其值进行重分类。

步骤四:设置重分类规则

(1)在"新值"(New Values)列表中,可以指定如何将输入栅格的像元值重新分类。默认情况下,工具会自动生成一个重分类表格,也可以手动调整每个值或值范围对应的新值。

唯一值(Unique values):直接将每个唯一值分配给一个新值。

范围(Range):可以将连续的值范围分配到一个新的值。例如,将所有 0~100 的值重新分类为 1,101~200 的值重新分类为 2,等等。

Set to NoData:可以选择将某些值设置为 NoData,表示这些区域将不包括在分析中。

(2)如果需要,可以使用"分类"(Classify)按钮,将输入数据划分为指定数量的类别,然后自动生成新的分类值。

步骤五:设置输出位置

在"输出栅格"框中,指定输出重分类结果的存储位置和名称,可以将其保存到文件地理数据库或保存为 TIFF、IMG 等栅格格式。

步骤六:运行重分类工具

设置完成后,点击"确定"运行工具。ArcMap 将根据设置的重分类规则生成新的栅格图层,并将其添加到地图中。

10. 重采样工具

重采样工具(Resample Tool)用于改变栅格数据的分辨率或像元大小。在需要统一多个栅格图层的分辨率，或者在栅格数据转换、空间分析时优化数据的精度时，会用到重采样工具。通过重采样，用户可以在数据分析中更加灵活地处理栅格数据。

步骤一：打开重采样工具

（1）在 ArcMap 的菜单栏中，点击"地理处理"，然后选择搜索工具进行搜索，选择结果中的"重采样"（数据管理）工具，打开重采样工具的对话框（图 2-44）。

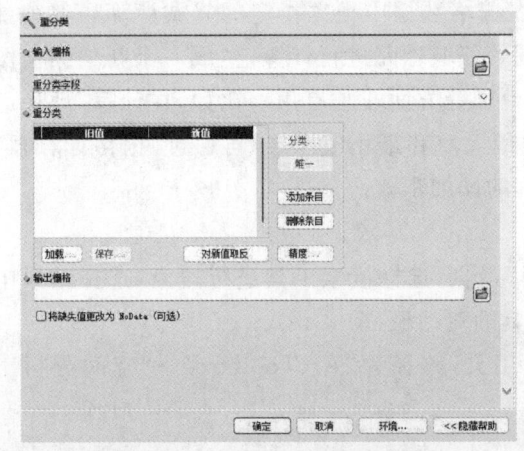

图 2-43 "重分类"工具操作界面

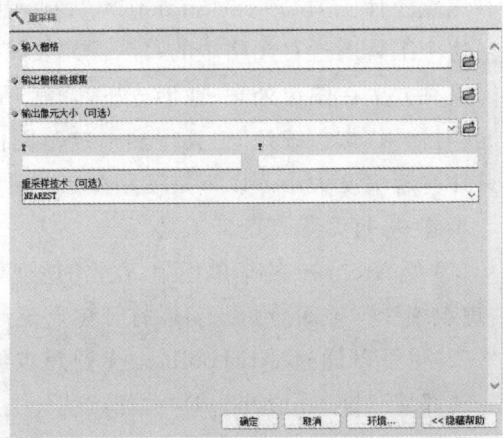

图 2-44 "重采样"工具操作界面

（2）也可以通过 ArcToolbox 找到重采样工具，路径为"ArcToolbox"→"数据管理工具"→"栅格"→"栅格处理"→"重采样"。

步骤二：设置输入栅格

在"输入栅格"框中，选择需要重采样的栅格图层。这个图层通常是一个包含高程、土地利用等数据的栅格图。

步骤三：设定输出分辨率

在"输出像元大小"（Output Cell Size）框中，设定希望生成的栅格图层的分辨率，可以指定新的像元大小（如 10m、30m），这将决定最终输出图层的精细度。例如，如果将输出像元大小设置为比输入栅格更小的值，图层的分辨率将提高，数据将更加精细。

步骤四：选择重采样技术

在"重采样技术"（Resampling Technique）下拉菜单中，选择以下适当的重采样方法。

最近邻（Nearest）：适用于离散数据或分类数据，如土地利用类型。它保留了原始像元值，不会生成新的值。

双线性（Bilinear）：适用于连续数据，如高程、温度。该方法通过插值计算新的像元值，生成更加平滑的图像。

立方卷积（Cubic）：适用于需要高质量图像的连续数据，生成最平滑的输出，但计算量更大。

步骤五：设置输出位置

在"输出栅格"(Output Raster)框中，指定输出重采样结果的存储位置和名称。可以将其保存到文件地理数据库中或保存为 TIFF、IMG 等常见栅格格式。

步骤六：运行重采样工具

设置完成后，点击"确定"运行工具。ArcMap 将根据选择的参数和方法重新计算栅格数据，并生成一个新的栅格图层。

11. 焦点统计工具

焦点统计工具(Focal Statistics Tool)用于在栅格数据中根据指定的邻域计算局部统计值。这个工具通过对栅格中的每个像元及其周围的邻域像元进行计算，生成一个新的栅格图层。这种方法在图像处理、地形分析、降噪、平滑处理等方面非常有用。比如，在计算"地形起伏度"时使用"焦点统计"工具得到指定范围内的最大值和最小值图层，再通过"栅格计算器"工具计算起伏度大小。以下是使用焦点统计工具的详细步骤。

步骤一：打开焦点统计工具

(1) 在 ArcMap 的菜单栏中，点击"地理处理"，然后选择搜索工具进行搜索，选择结果中的"焦点统计"(空间分析)工具，打开焦点统计工具的对话框(图 2-45)。

(2) 也可以通过 ArcToolbox 找到焦点统计工具，路径为"ArcToolbox"→"空间分析工具"→"邻域"(Neighborhood)→"焦点统计"。

步骤二：设置输入栅格

在"输入栅格"框中，选择要进行焦点统计的栅格图层。这通常是一个包含连续数据的栅格图层，如高程、温度或密度。

步骤三：定义邻域大小和形状

在"邻域"设置中，选择统计计算时要使用的邻域大小和形状。

常见的邻域形状如下。

矩形(Rectangle)：定义矩形邻域的行数和列数。

圆形(Circle)：定义圆形邻域的半径。

环形(Annulus)：定义环形邻域的内外半径。

楔形(Wedge)：定义楔形邻域的方向、角度和半径。

不规则(Irregular)：定义一个不规则的形状，基于特定的需求进行自定义。

步骤四：选择统计方法

在"统计类型"(Statistics type)下拉菜单中，选择要在邻域内计算的统计类型。

常见的统计类型如下。

平均值(Mean)：计算邻域内像元值的平均值。

中位数(Median)：计算邻域内像元值的中位数，适用于减少极值影响。

最小值(Minimum)：返回邻域内的最小像元值。

最大值(Maximum)：返回邻域内的最大像元值。

范围(Range)：计算邻域内的最大值与最小值之差。

标准差(Standard deviation):计算邻域内像元值的标准差,衡量数据的离散程度。

总和(Sum):计算邻域内所有像元值的总和。

种类数(Variety):计算邻域内不同像元值的数量。

步骤五:设置输出位置

在"输出栅格"框中,指定输出栅格的存储位置和名称,可以将其保存到文件地理数据库中或保存为常见的栅格格式(如 TIFF、IMG 等)。

步骤六:运行焦点统计工具

设置完成后,点击"确定"运行工具。ArcMap 将根据指定的邻域和统计方法生成新的栅格图层,并将其添加到地图中。

12. 栅格计算器

栅格计算器(Raster Calculator)是一种强大栅格数据处理工具,用于执行栅格数据的数学计算和分析。用户可以使用栅格计算器对一个或多个栅格图层进行各种操作,如加、减、乘、除,以及进行条件语句处理。栅格计算器在空间分析、环境建模、资源评估等领域有广泛应用。比如,将多个因素图层按权重组合,以进行综合评价或适宜性分析,或者对栅格数据中的特定范围进行筛选或分类处理。以下是使用栅格计算器的详细步骤。

步骤一:打开栅格计算器

(1)在 ArcMap 的菜单栏中,点击"地理处理",然后选择搜索工具进行搜索,选择结果中的"栅格计算器"(空间分析)工具,打开栅格计算器的对话框(图 2-46)。

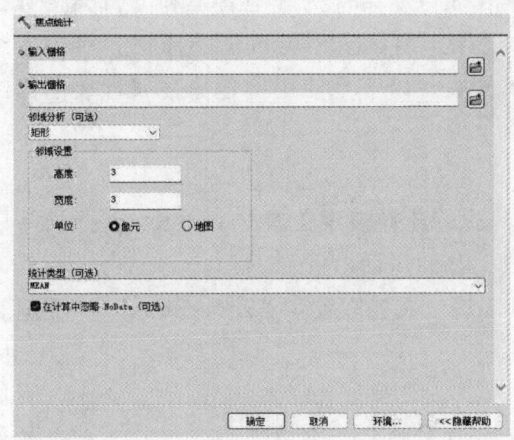

图 2-45 "焦点统计"工具操作界面

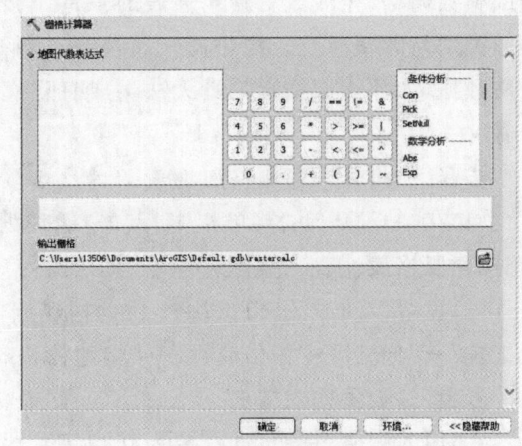

图 2-46 "栅格计算器"对话框

(2)也可以通过 ArcToolbox 找到栅格计算器,路径为"ArcToolbox"→"空间分析工具"→"地图代数"(Map Algebra)→"栅格计算器"。

步骤二:构建计算表达式

(1)在栅格计算器的表达式框中,可以输入数学公式或逻辑条件,用于对栅格数据进行计算。可以使用工具栏中的按钮和下拉菜单来快速插入运算符、栅格图层以及函数。

(2)添加栅格图层:点击栅格图层名称,它们将自动插入表达式中,可以选择多个栅格图层进行计算。例如,[Raster1]+[Raster2]会将两个栅格图层的像元值相加。

(3)使用运算符:可以使用基本的算术运算符,如加(+)、减(-)、乘(*)、除(/)来进行栅格计算。例如,([Raster1]-[Raster2])/[Raster3]将执行一个组合计算。

(4)使用条件语句:可以使用条件语句来创建基于逻辑条件的计算。例如,Con([Raster1]>100,1,0)会对栅格1中的像元值进行测试,如果大于100,则输出1,否则输出0。

(5)内置函数:栅格计算器支持许多内置的空间分析函数,如 Sin、Cos、SquareRoot、Log等,可以使用这些函数对栅格数据进行更复杂的操作。

步骤三:设置输出位置

在"输出栅格"框中,指定计算结果的存储位置和名称,可以将其保存到文件地理数据库中或保存为常见的栅格格式(如 TIFF、IMG 等)。

步骤四:运行栅格计算器

设置完成后,点击"确定"运行工具。ArcMap 将执行表达式中的所有计算,并生成一个新的栅格图层作为输出结果。

在使用栅格计算器处理栅格图层时,最好确保参与计算的栅格图层具有相同的像元大小、投影系统和空间范围,以避免计算结果的误差或异常。此外,在运行复杂表达式之前,可以先进行简单测试,确保计算表达式的正确性。

13. 构建栅格属性表

构建栅格属性表(Build Raster Attribute Table)是一种用于为离散栅格数据(如分类数据或整数栅格)生成或更新属性表的工具。栅格属性表可以帮助更好地管理和分析栅格数据中的类别与频率信息。构建栅格属性表工具通常适用于离散或分类数据的栅格。对于连续栅格数据(如浮点栅格),工具无法生成有意义的属性表。以下是使用构建栅格属性表的详细步骤。

步骤一:打开构建栅格属性表工具

(1)在 ArcMap 的菜单栏中,点击"地理处理",然后选择搜索工具进行搜索,选择结果中的"构建栅格属性表"(数据管理)工具,这将打开该工具的对话框(图 2-47)。

(2)也可以通过 ArcToolbox 找到构建栅格属性表工具,路径为"ArcToolbox"→"数据管理工具"→"栅格"→"栅格属性"→"构建栅格属性表"。

步骤二:设置输入栅格

在"输入栅格"框中,选择要为其构建属性表的栅格图层。这个栅格应该是一个离散数据的栅格(通常是整数栅格),如土地利用类型、分类影像等。

步骤三:设置允许覆盖选项

在"覆盖现有表格"(Overwrite existing table)选项中,可以选择是否覆盖现有的栅格属性表。如果选中此选项,工具将删除现有的属性表并重新生成一个新的属性表。

步骤四:运行工具

设置完成后,点击"确定"运行工具。ArcMap 将为指定的栅格图层生成一个新的属性表,表中通常包含每个唯一栅格值及其对应的像元数(频率)。

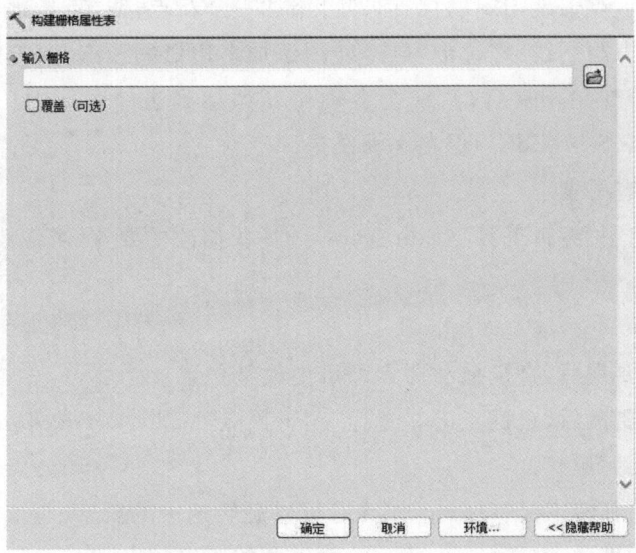

图 2-47 "构建栅格属性表"工具操作界面

(三)编辑要素

编辑要素功能是用于创建、修改和管理空间要素(如点、线、多边形)的核心工具集。编辑要素功能在制图、地理数据更新、空间分析等应用中非常重要。以下是使用 ArcMap 编辑要素功能的详细说明。

步骤一:启动编辑会话

(1)在 ArcMap 的菜单栏中,点击"编辑器"(Editor)工具栏(图 2-48)。如果没有看到这个工具栏,可以通过工具栏"自定义"(Customize)→"工具条"(Toolbars)中启用编辑器工具栏。

图 2-48 "编辑器"工具栏

(2)点击"开始编辑"(Start Editing)按钮。这将启动编辑会话,并允许对当前地图中的要素进行编辑。系统会提示选择要编辑的图层所在的数据源(如 shapefile、地理数据库),然后进入编辑模式。

步骤二:选择要编辑的要素类

(1)在编辑会话启动后,可以选择要编辑的图层。点击界面右侧"创建要素"(Create Features)窗口中的图层名称,或直接在地图上选择要编辑的要素。

(2)"创建要素"窗口中还会显示可用的几何类型(如点、线、多边形)及其相关工具。

步骤三:创建新要素

(1)选择工具:选择相应的几何工具,如点、线、多边形工具。

(2)绘制要素:点,点击地图中的位置,即可添加一个新点;线,点击地图中的起点,继续点击添加顶点,双击结束绘制线;多边形,点击地图添加多边形的顶点,双击结束并关闭多边形。

(3)保存要素:绘制完要素后,系统会自动将其添加到当前图层中。用户可以通过点击"编辑"→"保存编辑"(Save Edits)保存编辑结果。

步骤四:编辑现有要素

(1)选择要素:使用"编辑工具"(Edit Tool)选择要修改的要素,可以点击地图中的要素进行选择。

(2)修改几何:

移动要素:选择要素后,直接拖动要素即可更改其位置。

修改顶点:选择要素后,右键点击并选择"编辑顶点"(Edit Vertices),然后可以移动、添加或删除顶点来修改几何形状。

旋转要素:使用"旋转工具"(Rotate Tool)可以旋转选中的要素。

缩放要素:使用"缩放工具"(Scale Tool)可以调整要素的大小。

(3)属性编辑:双击选中的要素,或在属性表中找到该要素,可以编辑其属性值。

步骤五:使用捕捉功能

(1)启用捕捉:捕捉功能可以帮助用户在编辑时将新要素的顶点对齐到其他要素的顶点、边或中点。用户可以通过"编辑"→"捕捉"(Snapping)启用捕捉。

(2)设置捕捉环境:在"捕捉"工具栏中,可以指定捕捉到顶点、边、中心点等,并可以调整捕捉的优先级和精度。

步骤六:结束编辑会话

完成编辑后,点击"编辑"→"停止编辑"(Stop Editing)。系统会提示是否保存编辑,如果一切正常,点击保存。

(四)设置字段别名

受限于文件地理数据库名称的字段长度,第三次全国国土调查等土地利用基础数据的字段都为缩写的英文字段,而进行数据输出和汇总分析时,如果导出中文字段名称会更为方便,这就需要使用设置字段别名工具在英文字段名称的基础上设置字段别名。

设置字段别名是一种用于改善属性表可读性和理解性的操作。字段别名可以替换原始字段名称,使之更加直观和易于理解。设置字段别名不会改变原始数据结构,但在属性表和相关工具中会显示为新的名称。以下是设置字段别名的详细步骤。

步骤一:打开图层属性

在 ArcMap 中,找到想要设置字段别名的图层。右键点击该图层,然后选择"属性"(Properties),打开图层属性对话框。

步骤二:进入字段别名设置

在图层属性对话框中,点击"字段"(Fields)选项卡,将看到一个字段列表,显示该图层中所有字段的名称和属性。

步骤三：设置字段别名

(1)在"字段"列表中，找到想要设置别名的字段。

(2)在"别名"(Alias)列表中，点击对应字段的空白区域或现有别名区域，然后输入想要的字段别名。例如，可以将字段名 DLMC 设置别名为"地类名称"。

步骤四：应用设置并关闭

(1)完成别名设置后，点击"确定"，关闭图层属性对话框(图 2-49)。

(2)此时，当打开属性表时，或者在其他工具中使用时，用户会看到字段显示为设置的别名，而不是原始的字段名称。

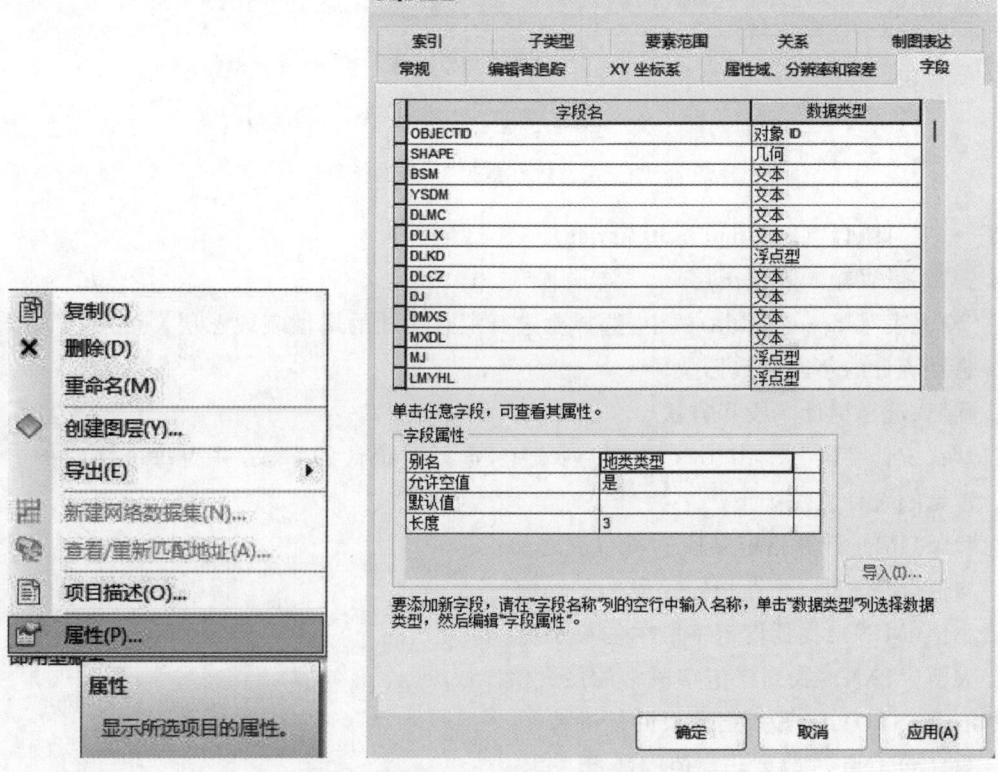

图 2-49 "要素类属性"设置字段别名操作界面

(五)汇总统计数据

汇总统计数据(Summary Statistics)是一种用于对属性表中的数据进行统计分析的工具。它允许用户计算多个字段的汇总统计值，如总和、平均值、最小值、最大值、标准差等，还可以按特定字段进行分组统计。以下是使用汇总统计数据工具的详细步骤。

步骤一：打开汇总统计数据工具

(1)在 ArcMap 的菜单栏中，点击"地理处理"，然后选择搜索工具进行搜索，选择结果中的"汇总统计数据(分析)"工具，这将打开汇总统计数据工具的对话框(图 2-50)。

(2)也可以通过 ArcToolbox 找到汇总统计工具，路径为"ArcToolbox"→"分析工具"→

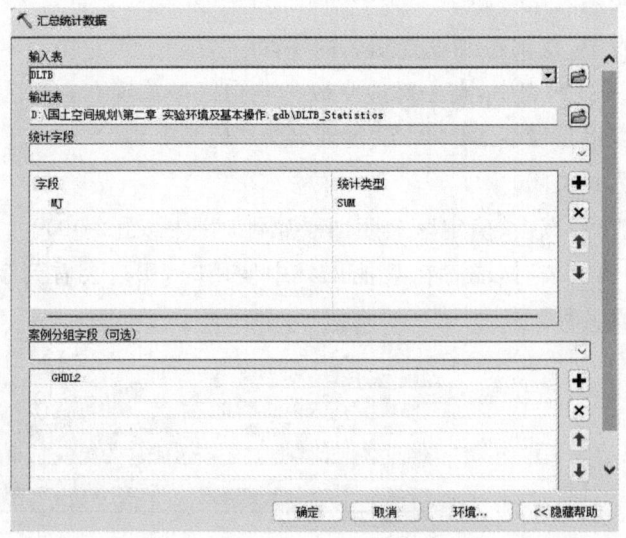

图 2-50 "汇总统计数据"工具操作界面

"统计"→"汇总统计"(Summary Statistics)。

步骤二:设置输入表或图层

在"输入表"(Input Table)框中,选择要进行汇总统计的属性表或图层。该图层可以是一个包含想要统计的字段的数据集。

步骤三:选择统计字段和方法

(1)在"统计字段"(Statistics Field)列表中,选择要统计的字段,并为每个字段指定统计方法。常见的统计方法如下。

总和(SUM):计算指定字段的所有值之和。

平均值(MEAN):计算指定字段的平均值。

最小值(MIN):找到指定字段中的最小值。

最大值(MAX):找到指定字段中的最大值。

标准差(STD):计算指定字段的标准差。

计数(COUNT):计算非空值的数量。

(2)点击"添加字段"(Add Field)按钮可以添加更多字段和统计方法。

步骤四:设置分组字段(可选)

如果想按特定字段进行分组统计,可以在"案例分组字段"框中添加一个或多个字段。这样,工具将根据分组字段的值进行分类,并对每个类别进行独立的统计计算。例如,如果想按区域对人口总数进行汇总,可以将区域字段添加为分组字段。

步骤五:设置输出位置

在"输出表"框中,指定输出结果的存储位置和名称,可以将其保存为文件地理数据库表格或 DBF 文件等格式。

步骤六:运行工具

(1)设置完成后,点击"确定"运行工具。ArcMap 将根据指定的统计字段、方法和分组字段计算统计结果,并将其保存为新的表格。

(2)完成后,可以在地图文档中打开新生成的表格,查看统计结果。这个表格将显示每个分组的汇总统计信息(图 2-51)。

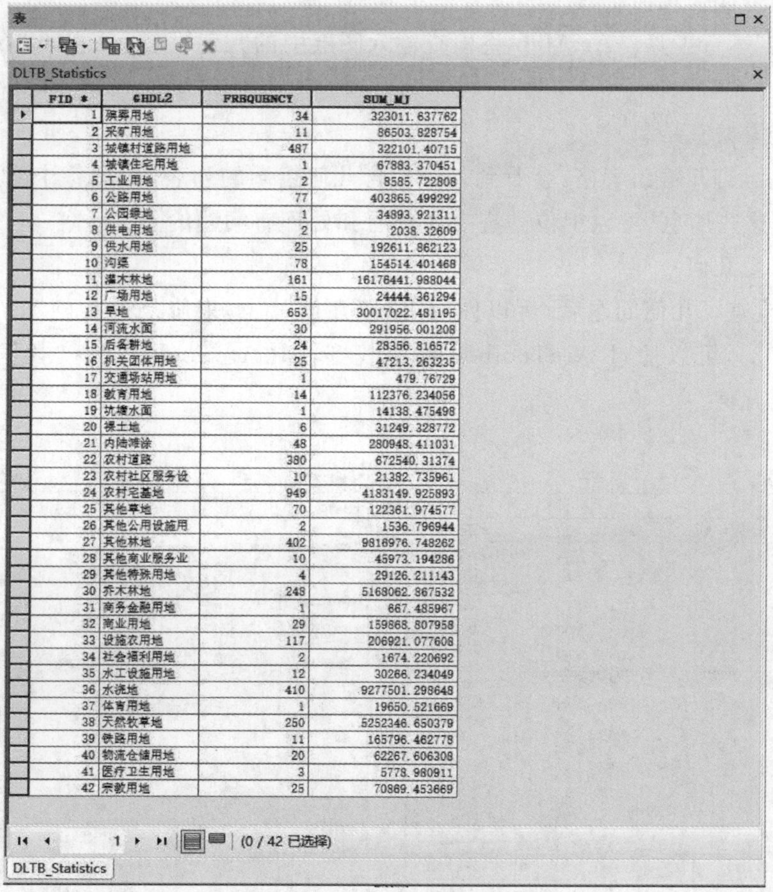

表

DLTB_Statistics

FID *	GHDL2	FREQUENCY	SUM_MJ
1	殡葬用地	34	323011.637762
2	采矿用地	11	86503.828754
3	城镇村道路用地	487	322101.40715
4	城镇住宅用地	1	67883.370451
5	工业用地	2	8585.722808
6	公路用地	77	403865.499292
7	公园绿地	1	34893.921311
8	供电用地	2	2038.32609
9	供水用地	25	192611.862123
10	沟渠	78	154514.401468
11	灌木林地	161	16176441.988044
12	广场用地	15	24444.361294
13	旱地	653	30017022.481195
14	河流水面	30	291956.001208
15	后备耕地	24	28356.816572
16	机关团体用地	25	47213.263235
17	交通场站用地	1	479.76729
18	教育用地	14	112376.234056
19	坑塘水面	1	14138.475498
20	裸土地	6	31249.328772
21	内陆滩涂	48	280948.411031
22	农村道路	380	672540.31374
23	农村社区服务设	10	21382.735961
24	农村宅基地	949	4183149.925893
25	其他草地	70	122361.974577
26	其他公用设施用	2	1536.796944
27	其他林地	402	9816976.748262
28	其他商业服务业	10	45973.194286
29	其他特殊用地	4	29126.211143
30	乔木林地	248	5168062.867532
31	商务金融用地	1	667.485967
32	商业用地	29	159868.807958
33	设施农用地	117	206921.077608
34	社会福利用地	2	1674.220692
35	水工设施用地	12	30266.234049
36	水浇地	410	9277501.298648
37	体育用地	1	19650.521669
38	天然牧草地	250	5252346.650379
39	铁路用地	11	165796.462778
40	物流仓储用地	20	62267.606308
41	医疗卫生用地	3	5778.980911
42	宗教用地	25	70869.453669

(0 / 42 已选择)

DLTB_Statistics

图 2-51　汇总统计结果表

(六)检查几何和修复几何

检查几何(Check Geometry)和修复几何(Repair Geometry)是两个用于确保矢量数据几何结构完整性的工具。这些工具非常有用,尤其在处理复杂的多边形、线或点要素时,能够识别和修复可能影响空间分析或数据操作的几何问题。以下是使用这些工具的详细步骤。

步骤一:打开检查几何工具

(1)在 ArcMap 的菜单栏中,点击"地理处理",然后选择搜索工具进行搜索,选择结果中的"检查几何"(数据管理)工具,打开检查几何工具的对话框(图 2-52)。

(2)也可以通过 ArcToolbox 找到检查几何工具,路径为"ArcToolbox"→"数据管理工具"→"要素"→"检查几何"。

步骤二:设置输入要素类

在"输入要素"框中,选择要检查几何的图层。该图层可以是一个点、线或多边形图层。

步骤三：设置输出表位置

在"输出表"框中，指定检查结果的存储位置和名称。这个表格将记录找到的几何问题（如自相交、多重部分、多边形的悬挂节点等）。

步骤四：运行检查几何工具

点击"确定"运行工具。ArcMap 将检查输入图层中的几何问题，并在输出表中列出所有发现的问题。

步骤五：查看检查结果

运行完成后，打开输出表格，会看到一个包含几何错误的列表，包括每个问题的描述和要素的 ID。通过这些信息，可以定位并进一步查看和处理有问题的要素。

步骤六：修复几何

在确定并检查了几何问题后，可以使用"修复几何"工具来修复这些问题。打开"修复几何"工具（图 2-53），可以通过 ArcToolbox 路径找到，即"ArcToolbox"→"数据管理工具"→"要素"→"修复几何"。

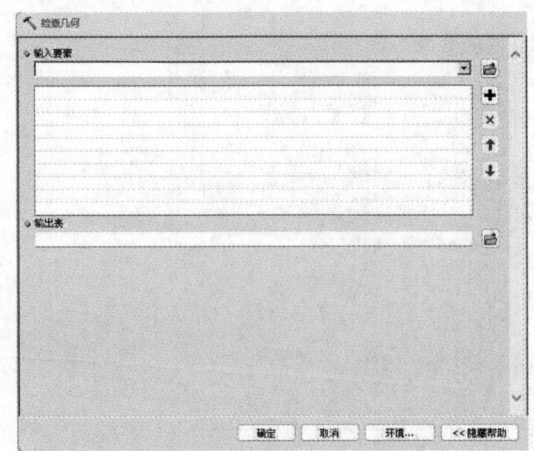

图 2-52　"检查几何"工具操作界面

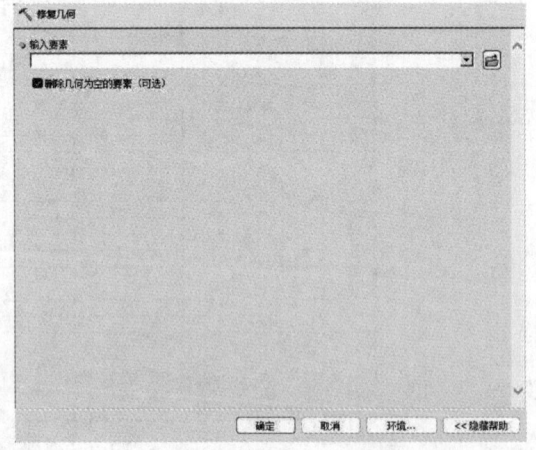

图 2-53　"修复几何"工具操作界面

步骤七：设置输入要素类

在"输入要素"框中，选择要修复几何的图层。这通常是之前已经通过"检查几何"工具发现了问题的图层。

步骤八：运行修复几何工具

点击"确定"运行工具。ArcMap 将自动修复图层中的几何问题，如修正自相交、移除重复的部分、修复悬挂节点等。使用检查和修复几何工具需要注意以下事项。

备份数据：在执行修复操作之前，建议备份原始数据，以防修复过程出现意外问题。

检查修复结果：修复几何后，建议再次检查修复结果，确保所有问题都已解决。

理解修复方式：修复几何工具会自动处理一些常见的几何问题，但并不是所有问题都能自动修复，特别是复杂的几何形状。

(七)定义投影和投影

1. 定义投影

定义投影(Define Projection)是一个用于为没有空间参考的图层指定投影信息的工具。当用户导入数据时发现图层没有定义投影或者投影信息丢失时,可以通过这个工具为图层赋予正确的投影系统。需要注意的是,定义投影不会改变图层的坐标数据,只是为其赋予空间参考信息。

步骤一:打开定义投影工具

(1)在 ArcMap 的菜单栏中,点击"地理处理",然后选择搜索工具进行搜索,选择结果中的"定义投影"(数据管理)工具,打开定义投影工具的对话框(图 2-54)。

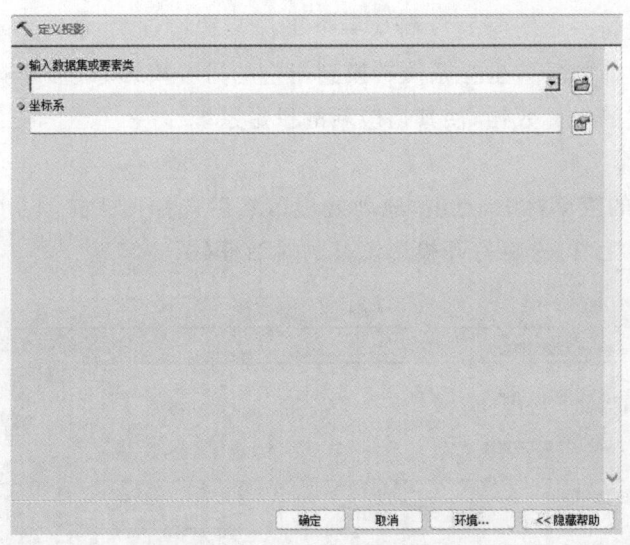

图 2-54 "定义投影"工具操作界面

(2)也可以通过 ArcToolbox 找到定义投影工具,路径为"ArcToolbox"→"数据管理工具"→"投影与转换"(Projections and Transformations)→"定义投影"。

步骤二:设置输入数据

在"输入数据集或要素类"(Input Dataset or Feature Class)框中,选择要定义投影的图层。这可以是一个矢量图层(如 shapefile)或栅格图层。

步骤三:选择投影系统

在"坐标系"(Coordinate System)部分,点击"选择"(Select)按钮,打开"投影文件夹"对话框。在这里,可以选择适合的数据投影系统。常用的坐标系包括地理坐标系(如 WGS 1984)和投影坐标系(如 UTM)。

可以通过以下方式选择投影系统。

如果数据使用的是地理坐标系(如经纬度),选择地理坐标系(Geographic Coordinate Systems)。

如果数据使用的是投影坐标系（如 UTM、State Plane），选择投影坐标系（Projected Coordinate Systems）。

收藏夹（Favorites）：快速选择之前收藏的常用投影系统。

导入（Import）：如果想要导入一个已有图层的投影系统，可以选择导入。

选择合适的投影系统后，点击"确定"返回到定义投影工具对话框。

步骤四：运行定义投影工具

（1）确认所有设置正确后，点击"确定"运行工具。ArcMap 将为选定的图层定义投影信息。

（2）运行完成后，可以在图层属性中查看和验证定义的投影是否正确。

2. 投影

投影（Project）是将一个图层的数据从一个坐标系转换到另一个坐标系的过程。投影工具用于将图层从其当前的投影坐标系转换到指定的另一投影系统。与定义投影不同，投影工具会实际改变图层的坐标数据，使其适应新的投影系统。

步骤一：打开投影工具

（1）在 ArcMap 的菜单栏中，点击"地理处理"，然后选择搜索工具进行搜索，选择结果中的"投影"（数据管理）工具，这将打开投影工具的对话框（图 2-55）。

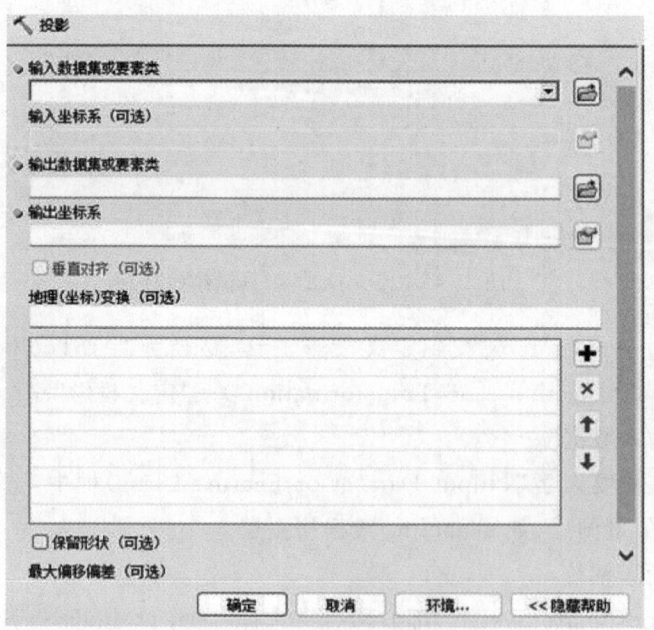

图 2-55 "投影"工具操作界面

（2）也可以通过 ArcToolbox 找到投影工具，路径为"ArcToolbox"→"数据管理工具"→"投影与转换"→"投影"。

步骤二：设置输入数据

在"输入数据集或要素类"框中，选择要投影的图层，可以是一个矢量图层（如 shapefile）。

步骤三:设置输出位置

在"输出数据集或要素类"框中,指定投影后的图层的存储位置和名称,可以将其保存到文件地理数据库或保存为新的 shapefile。

步骤四:选择输出投影系统

在"输出坐标系"(Output Coordinate System)部分,点击"选择"按钮,打开"选择坐标系"对话框。

可以从"地理坐标系"或"投影坐标系"中选择合适的投影系统。

如果知道所需的坐标系,可以直接选择相应的系统,如 WGS 1984、UTM、State Plane 等。

如果想使用与另一个图层相同的投影系统,可以点击"导入"(Import)按钮,从现有图层中导入投影系统。

选择完成后,点击"确定"返回到投影工具对话框。

步骤五:设置地理转换(如果适用)

如果输入和输出坐标系之间存在地理坐标系差异,用户可能需要设置"地理转换"(Geographic Transformation)。

在"地理转换"下拉菜单中,选择适当的转换方法。如果不确定选择哪种转换方法,可以参考 ArcGIS 帮助文档,或者使用默认设置。

步骤六:运行投影工具

确认所有设置正确后,点击"确定"运行工具。ArcMap 将根据指定的输出投影系统投影输入图层,并生成新的图层。

投影会改变图层的实际坐标数据,因此在执行前应明确所需的目标投影系统和转换需求。如果需要跨地理坐标系转换(如从 NAD 1927 转换到 NAD 1983),确保选择合适的地理转换方法,以保证转换的精度。此外,投影可能会影响数据的精度,特别是在处理高分辨率数据时,应仔细选择投影系统和转换方法。

(八)拓扑检查

拓扑检查(Topology Check)是用于检查和维护地理数据完整性的关键工具。拓扑规则用于定义要素类之间的空间关系,确保数据符合一定的地理逻辑,如无重叠、无空隙等。通过拓扑检查,可以识别并修复数据中的拓扑错误,以确保数据在空间分析和地图制图中的准确性。

步骤一:创建拓扑

(1)打开 ArcCatalog 或 Catalog 窗口:在 ArcMap 中,点击"Catalog"窗口,或者打开 ArcCatalog 独立应用程序。

(2)导航到要编辑的地理数据库:找到存储要素类的文件地理数据库或个人地理数据库。

(3)创建拓扑:①右键点击目标要素数据集,选择"新建"(New)→"拓扑"(Topology),打开拓扑创建向导。②按照向导的步骤操作,首先为拓扑命名并设置容差值(定义多少距离内的错误将被视为拓扑错误)。

(4)添加要素类:选择要在拓扑中包含的要素类,通常是相互之间有空间关系的要素类,如道路和河流、建筑物和土地边界等。

(5)定义拓扑规则:在向导中,为每个要素类或要素类对定义拓扑规则(图2-56)。

"不能重叠(Must Not Overlap)":用于多边形要素类,确保它们之间没有重叠。

"不能有空隙(Must Not Have Gaps)":用于多边形要素类,确保它们之间没有空隙。

"必须被覆盖(Must Be Covered By)":例如,道路必须被道路缓冲区覆盖。

添加完成后,点击"完成"(Finish),创建拓扑。

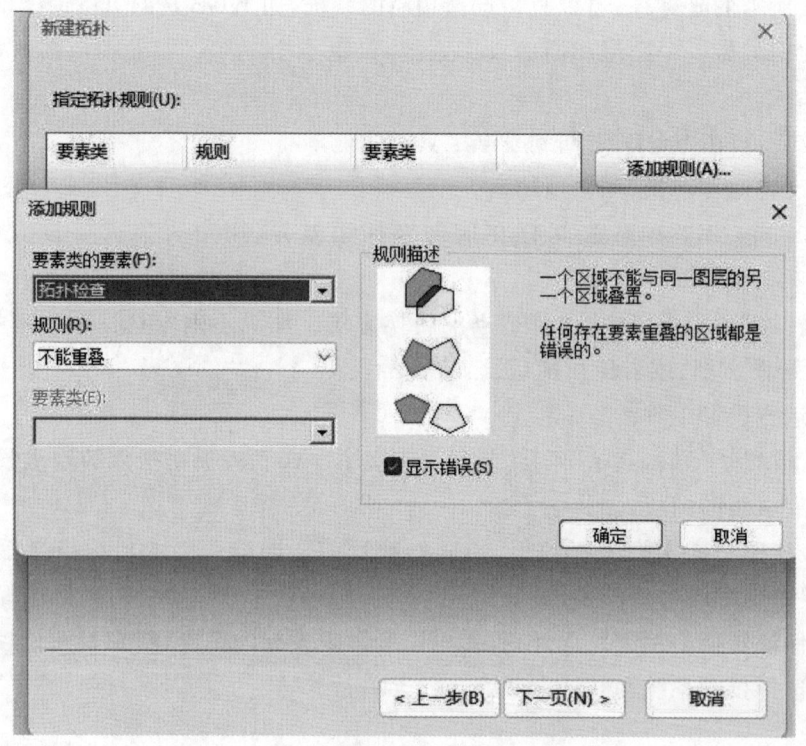

图2-56 指定拓扑规则操作界面

步骤二:检查拓扑错误

(1)加载拓扑到 ArcMap:将刚创建的拓扑图层拖入 ArcMap 窗口。拓扑图层将显示为一个图层,包含已定义的要素类及其拓扑规则。

(2)打开拓扑工具栏:①在 ArcMap 的菜单栏中,点击"自定义"(Customize)→"工具栏"(Toolbars),选择"拓扑"工具栏。②在工具栏中,点击"错误检查器"(Error Inspector)按钮,打开拓扑错误检查器窗口。

(3)检查拓扑错误:①在错误检查器中,选择要检查的拓扑规则和要素类,点击"立即搜索"(Search Now)按钮,系统将列出所有违反规则的错误。②通过错误检查器窗口中的错误列表,可以定位和查看每个拓扑错误(图2-57)。

步骤三:修复拓扑错误

(1)选择和检查错误。在错误检查器中,选择要修复的错误。ArcMap 会高亮显示地图中的错误位置。

(2)修复工具。使用拓扑工具栏中的修复工具,可以对拓扑错误进行如下修复。

合并(Merge):合并重叠的要素。

修剪(Trim):修剪延伸出边界的要素。

填充空隙(Fill Gaps):填补要素之间的空隙。

另外,也可以手动编辑要素,以修复错误。

(3)保存编辑。修复完成后,点击"编辑"→"保存编辑(Save Edits)"保存所有修改。

在进行拓扑检查时应合理设置拓扑规则,拓扑规则应根据数据的实际用途和地理逻辑设定,避免设置不必要的规则导致过多的错误。此外,拓扑检查可能发现大量错误,应分批次修复,避免一次性修改过多数据引发问题。在进行拓扑检查和修复之前,建议备份原始数据,以防操作过程中出现意外。

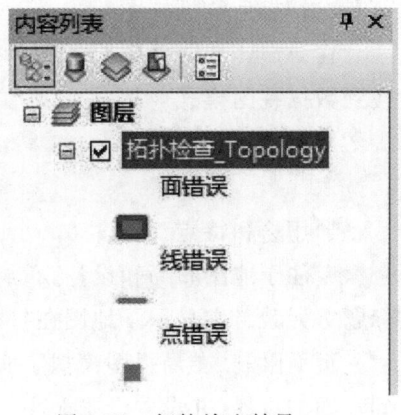

图 2-57　拓扑检查结果

(九)视图设置和图纸导出

ArcMap 中有两个视图选项,即数据视图(Data View)和布局视图(Layout View)。在地图窗口左下角可以对两种视图进行切换,如图 2-58 框中左侧图标为数据视图,右侧图标为布局视图。数据视图和布局视图是两种不同的工作模式,分别用于数据分析和地图设计。数据视图用于操作和分析地理数据,灵活显示地图内容,没有页面限制,是处理和分析地理信息的工作环境。布局视图用于设计地图的最终展示效果,包含页面大小、排版和制图元素,是创建可打印地图的工作环境。下面对两种视图进行简单介绍。

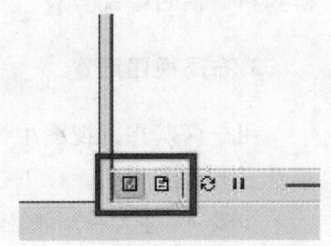

图 2-58　数据视图和布局视图

1. 数据视图

1)用途和特点

聚焦地理数据本身:数据视图主要用于查看、编辑和分析地理数据。数据视图专注于地图的内容本身,而不是地图的呈现方式。

无页面限制:数据视图中,地图显示在一个无限的空间内,不受页面大小的限制。用户可以自由缩放和移动地图,查看不同的地理区域和要素。

适合数据操作:在数据视图中,用户可以进行各种数据操作,如选择、查询、编辑要素,执行空间分析等。数据视图是所有数据操作和分析的基础工作环境。

单一数据框架:在数据视图中,用户只能看到一个数据框架。多个数据框架需要在布局视图中进行管理。

2)切换到数据视图

在 ArcMap 界面底部,点击"数据视图"按钮,或在菜单栏中选择"视图"→"数据视图"切换到数据视图模式。

2. 布局视图

1)用途和特点

专注于地图布局和设计:布局视图用于设计最终地图的布局,添加图例、比例尺、指北针、标题等元素。它显示了地图在打印页面上的预览效果。

页面限制:布局视图模拟了实际打印页面的大小和方向,地图显示在页面上,用户可以看到页面的边界,并设置纸张大小、方向等。

多数据框架支持:布局视图允许用户在一个页面上同时显示多个数据框架,便于创建对比地图、插图或在一个页面上显示多个区域。

适合制图输出:布局视图是创建和导出地图的最终步骤,所有地图设计和排版工作都在布局视图完成,适合生成高质量的地图文件用于打印或数字展示。

2)切换到布局视图

在 ArcMap 界面底部,点击"布局视图"按钮,或在菜单栏中选择"视图"→"布局视图"切换到布局视图模式。

3. 布局视图配置

用户可以在此视图中设置地图的页面尺寸、添加图例、比例尺、指北针、标题等元素,以创建专业的地图布局。以下是设置布局视图的基本步骤。

步骤一:进入布局视图

(1)在 ArcMap 中,打开需要进行布局设置的地图文档。

(2)在地图窗口的底部,点击"布局视图"按钮,或者在菜单栏中选择"视图"→"布局视图"切换到布局视图,显示地图在打印页面上的预览。

步骤二:设置页面大小和方向

(1)在菜单栏中,选择"文件"(File)→"页面和打印设置"(Page and Print Setup)。

(2)在页面设置窗口中选择页面大小(如 A4、A3 等)和方向(纵向或横向)。

打印机纸张(Printer Paper):如果打算直接打印,可以选择打印机的纸张尺寸。

地图页面(Map Page Size):用于设置布局中地图的页面尺寸和方向,确保页面大小适合地图内容。

(3)确认设置后,点击"确定"保存更改。

步骤三:添加地图元素

(1)添加图例:①在菜单栏中,选择"插入"(Insert)→"图例"(Legend),打开图例向导;②选择要包含在图例中的图层,并按照向导的步骤设置图例样式、标题、格式等;③完成后,图例将被添加到布局中,可以用鼠标拖动图例到合适的位置。

(2)添加比例尺:①在菜单栏中,选择"插入"(Insert)→"比例尺"(Scale Bar);②选择比例尺样式并进行自定义设置，然后点击"确定"将其添加到布局中；③用户可以调整比例尺的大小和位置。

（3）添加指北针：①在菜单栏中，选择"插入"→"指北针"(North Arrow)；②选择指北针样式并进行必要的设置，然后点击"确定"将其插入布局中。

（4）添加标题：在菜单栏中，选择"插入"→"标题"(Title)。

输入地图标题文本，并点击"确定"。标题将被添加到布局中，可以拖动调整其位置和大小。

（5）添加文本：在菜单栏中，选择"插入"→"文本"(Text)。输入需要显示的文本内容，并点击"确定"。文本框将被添加到布局中，用户可以根据需要调整其位置和样式。

步骤四：设置地图框架

（1）在布局视图中，用户会看到一个表示地图区域的"数据框架"(Data Frame)。通过拖动数据框架的边缘，可以调整地图区域在布局中的大小和位置。右键点击数据框架，选择"属性"(Properties)，在"数据框架"选项卡中可以设置数据框架的边框、背景颜色等属性。

步骤五：预览和导出地图

（1）预览布局：在布局视图中，用户可以直接查看地图的预览效果。如果需要调整页面尺寸或布局元素，可以重复前面的步骤进行修改。

（2）导出地图：在菜单栏中，选择"文件"→"导出地图"(Export Map)。选择导出格式（如PDF、JPEG、PNG等），设置分辨率和输出文件路径，然后点击"导出"(Export)生成地图文件。

1）设置页面大小和方向

设置页面大小和方向是布局视图设计的重要步骤，直接影响到地图的排版和打印效果。用户可以根据项目需求调整页面尺寸和方向，以确保地图在展示时清晰、美观。以下是如何设置页面大小和方向的基本步骤。

步骤一：打开页面和打印设置

（1）打开 ArcMap，并确保处于"布局视图"中。

（2）在菜单栏中，点击"文件"→"页面和打印设置"。这将打开页面和打印设置对话框（图2-59）。

步骤二：设置页面大小

（1）打印机纸张：①如果打算直接打印地图，可以在 Printer Paper 部分选择打印机的纸张尺寸。纸张尺寸的选择取决于打印机支持的纸张大小，如 A4、A3 等。②如果打印机的纸张尺寸选项不能满足需求，也可以在"地图页面大小"中自定义尺寸。

（2）地图页面：在"地图页面"部分可以设置地图的实际页面大小，这通常用于导出地图时的页面设置。在"宽度"(Width)和"高度"(Height)框中，输入所需的页面尺寸。用户可以根据需要选择合适的单位（如英寸、毫米、厘米等），如对应 A4 尺寸，可以设置宽度为 297mm（即毫米），高度为 210mm。

步骤三：设置页面方向

在"方向"(Orientation)部分选择页面的方向。

纵向(Portrait)：页面高度大于宽度，适用于垂直布局。

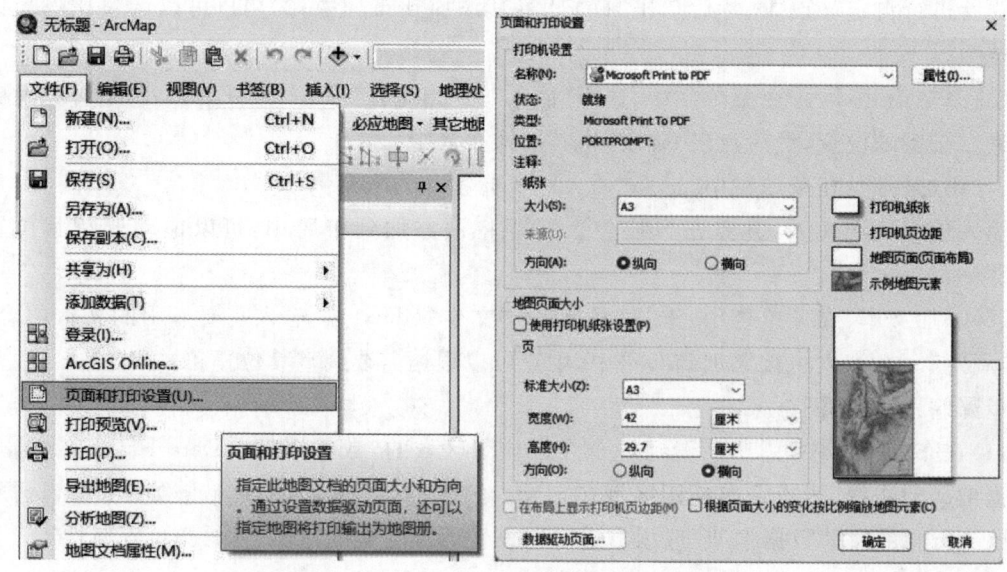

图 2-59 "页面和打印设置"打开和操作界面

横向(Landscape):页面宽度大于高度,适用于水平布局。

步骤四:应用设置并查看效果

(1)确认页面大小和方向设置无误后,点击"确定"。

(2)返回到布局视图会看到页面的大小和方向已经调整,可以通过移动和缩放地图框架、图例、标题等元素来调整它们的位置和大小,使其适应新的页面设置。

在设置页面大小和方向之前应注意检查打印机设置。如果打算打印地图,应确保打印机支持所选择的页面大小和方向,并在打印时调整打印机的设置以匹配页面。设置页面大小时,应考虑地图内容的比例关系,以确保地图在打印或展示时不会变形。在导出或打印地图之前,可以通过布局视图预览最终效果,确保所有元素正确排列并显示在页面内。

2)图例设计

图例设计是地图绘制过程中的关键步骤,能够帮助读者理解地图上的符号、颜色和数据层次。一个设计良好的图例不仅要清晰地展示地图内容,还要与地图整体风格保持一致。以下是在 ArcMap 布局视图中设计图例的基本步骤。

步骤一:添加图例到布局视图

插入图例:打开 ArcMap,并切换到"布局视图"。在菜单栏中,选择"插入"(Insert)→"图例"(Legend)打开图例设置向导。

步骤二:配置图例向导

(1)选择图层:在图例向导的第一步,选择希望在图例中显示的图层(图 2-60)。图层列表会显示在左侧框中,已选择的图层将显示在右侧框中。使用向上和向下按钮调整图层在图例中的顺序。完成后点击"Next"。

(2)图例标题:在图例标题部分,可以输入一个适当的标题,或者选择不显示标题(图 2-61)。还可以设置图例的标题字体、大小和颜色。完成后点击"Next"。

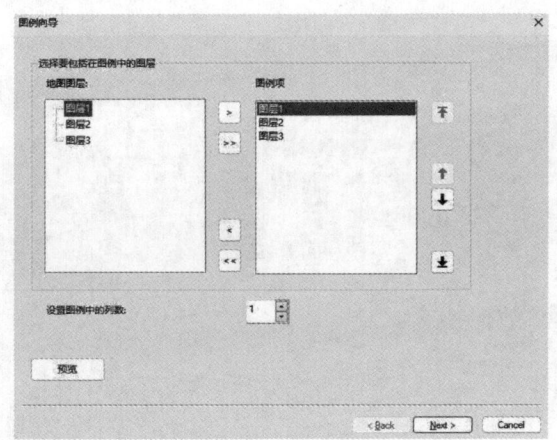 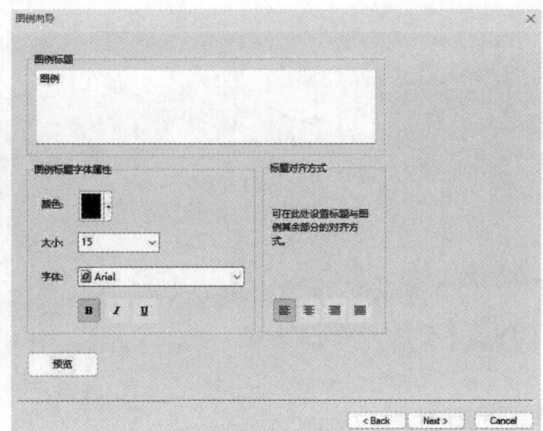

图 2-60　图例设置向导——选择要包括在图例中的图层　　图 2-61　图例设置向导——图例标题

（3）图例项目：还可以进一步自定义每个图层在图例中的显示方式（图 2-62）。例如，可以调整符号样式、文本大小、图例项之间的间距等。如果某个图层符号复杂，可能需要在"面"(Patch)选项中选择不同的形状（如矩形、圆形）来更好地展示符号。完成后点击"Next"。

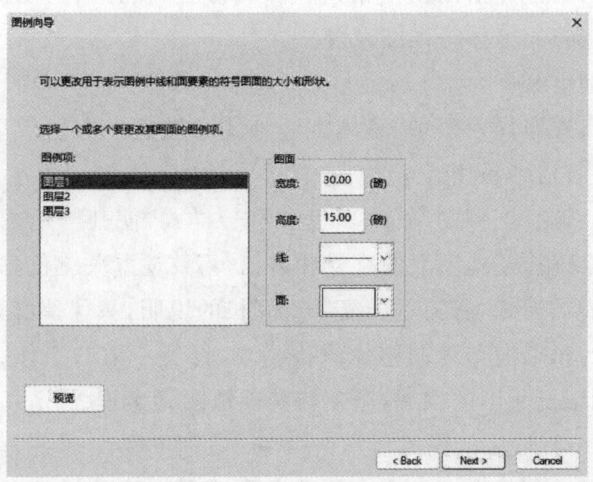

图 2-62　图例设置向导——设置图例符号的大小和形状

（4）图例框和间距：设置图例的边框、背景颜色（图 2-63）以及图例项之间的间距（图 2-64）。用户可以选择添加或删除边框和背景颜色，以匹配地图的整体风格。还可以调整图例内部元素的间距，使其更加紧凑或宽松。完成后点击"Next"。

（5）图例位置和布局：设置图例在页面上的位置和大小，可以手动调整图例框架的大小，以确保它在页面上的位置合适。在图例向导的最后一步可以预览图例效果。确认无误后点击"Finish"。

步骤三：手动调整图例

（1）调整图例位置：在布局视图中，选中图例框架。通过拖动框架，可以将图例移动到页面上合适的位置。

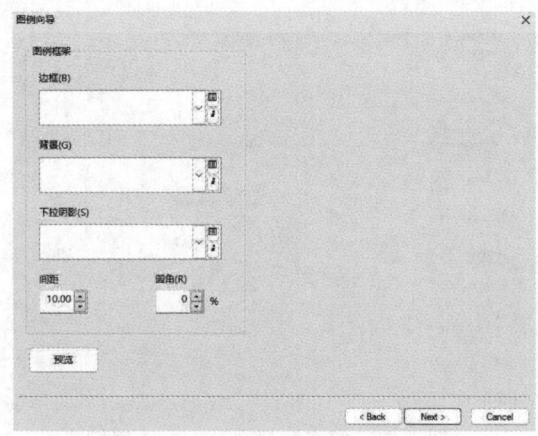 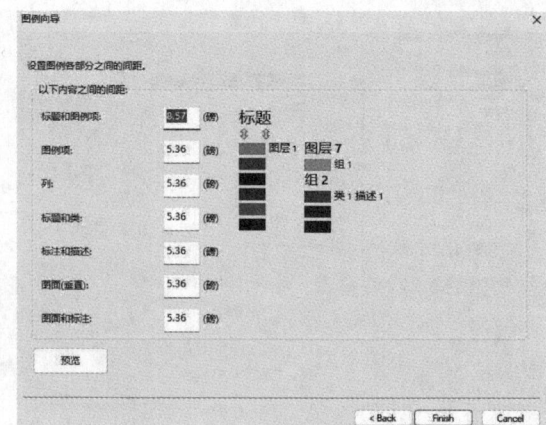

图 2-63　设置图例的边框、背景颜色　　　图 2-64　调整图例内部元素的间距

(2)调整图例大小:选中图例框架后,拖动四周的控制点可以调整图例的大小,以确保它在页面上看起来适合且不会与其他地图元素重叠。

(3)修改图例内容:右键点击图例框架,选择"属性"。在弹出的图例属性窗口中,用户可以进一步修改图例项、布局、字体等详细设置。

步骤四:预览和优化图例

(1)预览整体效果:在布局视图中,整体查看地图和图例的布局效果,确保图例与地图的风格一致,并且图例内容清晰易读。

(2)优化图例设计:调整图例的字体、颜色和符号样式,使其与地图内容保持协调。确保图例的每个部分都能准确描述地图上的符号和数据,不要遗漏关键信息。

图例的内容应该简洁清晰,避免过于复杂或冗长的说明,只保留必要的信息,确保读者能快速理解。图例的设计风格应与地图整体风格一致,保持一致的字体、颜色和符号样式。在布局视图中,应为图例留出足够的空间,避免与其他地图元素重叠。

3)比例尺设计

设计和添加比例尺是创建专业地图布局的重要步骤。比例尺可以帮助读者理解地图上的距离和实际地理距离之间的关系。以下是在 ArcMap 布局视图中设计和添加比例尺的基本步骤。

步骤一:添加比例尺

插入比例尺:打开 ArcMap,并确保处于"布局视图"中。

在菜单栏中,选择"插入"→"比例尺",打开比例尺选择窗口。

步骤二:选择比例尺样式

选择比例尺样式:在比例尺选择窗口中可以看到多个比例尺样式(图 2-65)。选择一个适合地图风格的比例尺样式,如简单比例尺、双线比例尺、刻度比例尺等。然后,点击"属性"按钮,可以进一步自定义比例尺的外观和设置(图 2-66)。

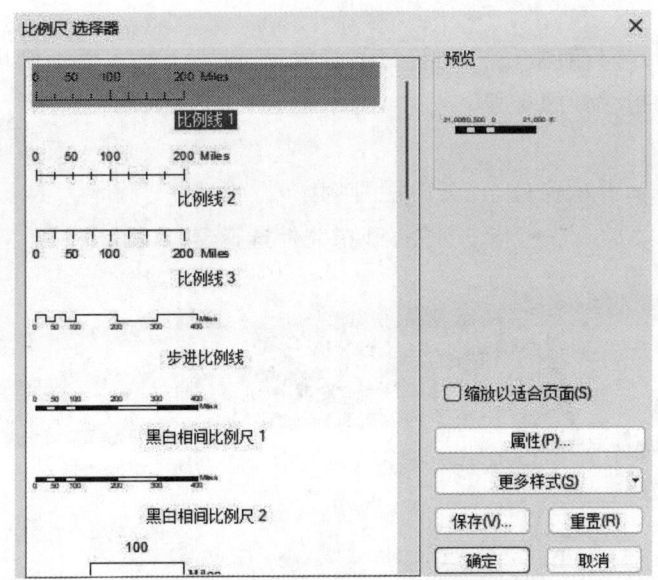

图 2-65　比例尺样式选择界面

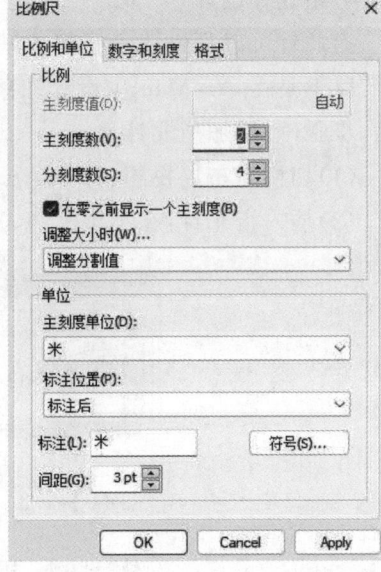

图 2-66　比例尺属性设置界面

步骤三：自定义比例尺属性

(1)比例和单位(Scale and Units)：①在比例尺属性窗口中(图 2-66)，首先设置比例尺的单位和长度，如可以选择米、公里、英里等。②设置划分单位(Division Units)和划分值(Division Value)。划分单位决定了比例尺上每个刻度的长度，划分值决定了刻度的数量和具体数值。

(2)数字和刻度(Numbers and Marks)：设置比例尺上刻度线的数量和显示方式。用户可以选择显示主要刻度、次要刻度，以及刻度线的长度和位置。

(3)格式(Format)：设置比例尺的颜色、线条样式和填充样式。确保比例尺的外观与地图整体风格一致。

(4)调整比例尺(Adjust the Scale)：通过调整比例尺的长度和划分值，使其适应地图的具体比例。例如，如果地图比例是 1∶100 000，可以将比例尺设置为每个刻度代表 10km。

(5)预览和调整：在比例尺属性窗口中，实时预览比例尺的效果，确保设置符合要求。

步骤四：添加和调整比例尺

(1)添加比例尺：设置完成后，点击"OK"，将比例尺添加到布局视图中。

(2)调整比例尺位置和大小：在布局视图中，选中比例尺框架，通过拖动比例尺将其移动到页面上的合适位置。通过拖动比例尺框架的边缘，可以调整比例尺的大小，确保它在页面上清晰可见且不与其他地图元素重叠。

步骤五：预览和优化比例尺

(1)预览整体效果：在布局视图中，整体查看地图和比例尺的布局效果，确保比例尺与地图的风格一致，并且比例尺内容清晰易读。

(2)优化比例尺设计：调整比例尺的字体、颜色和符号样式，使其与地图内容保持协调。确保比例尺的每个部分都能准确描述地图上的距离关系，不遗漏关键信息。

4)指北针设计

指北针可以帮助读者了解地图的方向,通常位于地图的角落位置,以不干扰主要地图内容。以下是在 ArcMap 中设计和添加指北针的步骤。

步骤一:添加指北针

(1)切换到布局视图:打开 ArcMap,并确保处于"布局视图"中。

(2)插入指北针:在菜单栏中,选择"插入"→"指北针"打开指北针选择窗口(图 2-67)。

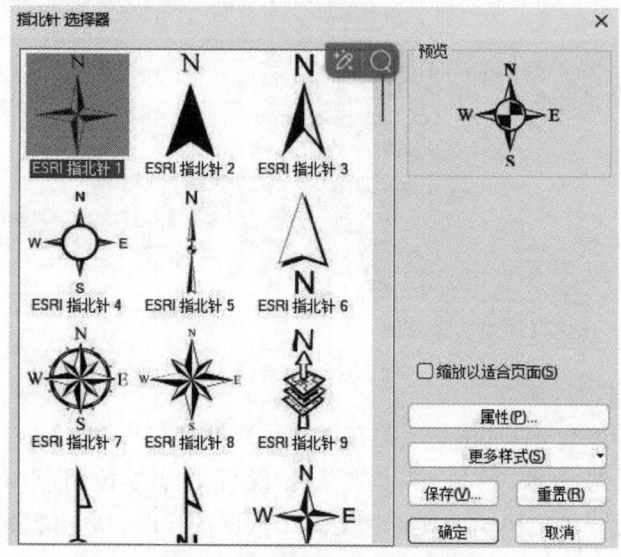

图 2-67　指北针选择窗口

步骤二:选择指北针样式

(1)选择指北针样式:在指北针选择窗口中可以看到多种不同风格的指北针样式。选择一个与地图风格匹配的样式。可以滚动浏览列表,查看不同的样式,并选择最适合的一个。

(2)设置指北针属性:选择样式后,点击"属性"按钮可以对指北针进行自定义设置(图 2-68),如可以调整指北针的大小和颜色等。

大小(Size):设置指北针的大小,使其适合地图布局。

颜色(Color):调整指北针的颜色,以匹配地图的整体色调。

校准角度:如果需要调整指北针的方向,可以在这里设置校准角度。

(3)确认添加:设置完成后,点击"OK"将指北针添加到地图布局中。

步骤三:调整指北针位置和大小

(1)调整位置:在布局视图中,选中指北针框架,通过拖动它可以将指北针移动到页面上的合适位置。通常,指北针放置在地图的右上角或左上角,以不遮挡主要地图内容。

(2)调整大小:通过拖动指北针框架的边缘,可以调整指北针的大小,确保它在页面上清晰可见且不与其他地图元素重叠。

步骤四:预览和优化指北针设计

(1)预览整体效果:在布局视图中,查看指北针与地图整体布局的效果。确保指北针与地

图 2-68 指北针属性设置窗口

图风格一致,并且在不干扰地图主要内容的情况下,清晰地显示出来。

(2)优化指北针设计:如果指北针的颜色或样式不匹配地图的整体设计,可以返回"属性"进行调整,直到满意为止。

5)地图文本设计

地图文本设计是指在地图布局中添加和设计文本元素,如标题、注释、说明、数据来源等。这些文本元素有助于增强地图的可读性和信息传达效果。

步骤一:添加地图标题

(1)插入标题:打开 ArcMap,并确保处于"布局视图"中;在菜单栏中,选择"插入"→"标题";系统会提示输入地图的标题文本。输入标题后,点击"OK",此时标题会被添加到布局视图中,通常会放置在地图的顶部。

(2)调整标题位置和大小:在布局视图中,选中标题文本框,通过拖动文本框可以将标题移动到合适的位置。通过拖动文本框的边缘,可以调整标题的大小。

(3)设置标题样式:右键点击标题文本框,选择"属性"。在 Text 选项卡中可以调整字体、字号、颜色和对齐方式。设置完成后,点击"OK",标题的样式会根据设置进行调整。

步骤二:添加其他文本元素

(1)插入文本:在菜单栏中,选择"插入"→"文本"。在弹出的文本框中输入想添加的文本内容,如数据来源、注释或制图日期等,点击"OK"将文本添加到布局视图中。

(2)调整文本位置和大小:在布局视图中,选中文本框,通过拖动文本框将文本移动到页面上的合适位置;通过拖动文本框的边缘,可以调整文本框的大小。

(3)设置文本样式:右键点击文本框,选择"属性"。在"文本"选项卡中,调整字体、字号、颜色和对齐方式,以匹配地图的整体风格。

步骤三:添加动态文本

(1)插入动态文本:在菜单栏中,选择"插入"→"动态文本"(Dynamic Text),然后选择需要的动态文本类型,如可以插入当前日期、地图比例、图层名称等动态信息。选择好类型后,动态文本会被添加到布局中,显示为地图生成时的动态内容。

(2)调整动态文本:与普通文本一样,可以调整动态文本的大小、位置和样式。

步骤四:预览和优化文本设计

(1)预览整体效果:在布局视图中,查看文本元素与地图整体布局的效果,确保文本内容清晰易读,并且不会遮挡或干扰地图的主要信息。

(2)优化文本设计:调整文本的字体、颜色、对齐方式和间距,使其与地图整体设计风格一致。如果地图文本过多或过少,可以适当增减文本内容,使信息量适中,保持地图的简洁性和信息性。

地图文本应使用易读的字体,确保地图在不同打印尺寸和分辨率下仍然清晰可读。常用的字体包括 Arial、Times New Roman 等。文本颜色应与地图背景形成良好的对比,以确保可读性。避免使用过多的颜色,以免造成视觉混乱。同时,应确保文本元素与地图其他元素(如图例、比例尺、指北针等)在样式上协调一致,保持地图的整体美观性。

6)使用标尺和参考线

在 ArcMap 的布局视图中,标尺工具可以帮助用户精确地排列和调整地图元素,如图例、标题、比例尺和文本框等。标尺通常显示在布局视图的顶部和左侧,用于测量页面上的距离,并且可以与参考线(Guides)一起使用,以确保元素对齐和分布均匀。

步骤一:显示标尺

(1)切换到布局视图:打开 ArcMap,并确保处于"布局视图"中。如果当前在数据视图,可以通过点击界面底部的"布局视图"按钮,或在菜单栏中选择"视图"→"布局视图"进行切换。

(2)显示标尺:默认情况下,标尺应该在布局视图中显示(图 2-69)。如果没有看到标尺,可以通过菜单栏中的"视图"→"标尺"(Rulers)进行显示或隐藏标尺。

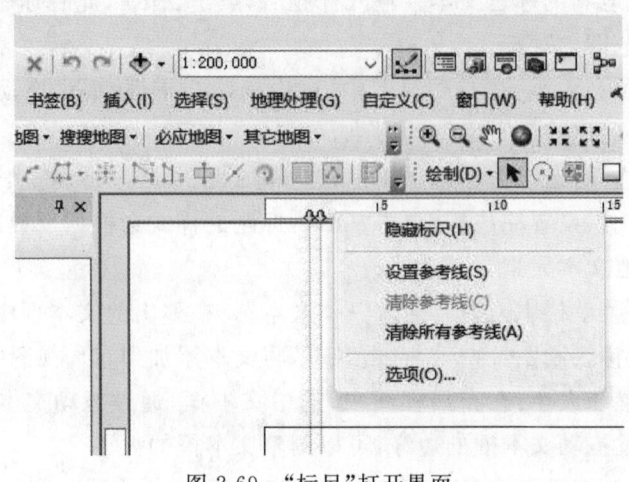

图 2-69 "标尺"打开界面

步骤二:使用标尺测量和对齐

(1)查看标尺单位:标尺会根据页面设置显示单位(如英寸、厘米等),这些单位与在页面设置中选择的单位一致。

(2)对齐元素:当在布局视图中移动地图元素时,标尺可以帮助用户看到它们相对于页面边缘的精确位置。用户可以通过标尺上的刻度线来判断元素的位置,并使其对齐到特定的参考位置。

步骤三:使用参考线

(1)创建参考线:将鼠标指针放在标尺上,按住左键并将鼠标向布局视图中拖动,就会从标尺上拖出一条参考线。可以从水平标尺拖动参考线来创建水平参考线,从垂直标尺拖动来创建垂直参考线。

(2)调整参考线位置:拖动参考线可以将它放置在页面的任何位置。用户可以使用参考线来标记页面中的特定区域,帮助对齐和排列布局元素。

(3)锁定参考线:可以锁定参考线的位置,避免在移动其他元素时意外移动参考线。右键点击参考线,选择"锁定"(Lock)选项即可。

(4)删除参考线:将参考线拖回标尺,或者右键点击参考线并选择"删除"(Delete),可以删除不再需要的参考线。

步骤四:使用标尺和参考线优化布局

(1)对齐元素:使用参考线可以帮助对齐多个布局元素。例如,用户可以在布局中设置多个参考线,将图例、比例尺和指北针等元素与这些参考线对齐,从而保持布局整齐。

(2)统一元素间距:通过标尺和参考线,可以确保布局中的元素间距一致。例如,图例和文本框之间的距离相等,这样可以使布局更加美观和协调。

确保标尺的单位与地图布局需求一致。如果需要更改单位,可以在"文件"→"页面和打印设置"中调整页面设置。参考线不会在最终导出的地图中显示,它们仅用于布局视图中帮助对齐元素,所以可以灵活使用,达到最佳布局效果。

7)导出地图工具

导出地图是将地图布局保存为图像文件、PDF 或其他格式,以便打印、展示或与他人分享。导出地图时,可以选择多种格式和设置,以确保地图以最佳质量保存。

步骤一:打开导出地图窗口

(1)打开 ArcMap,并确保处于"布局视图"中。

(2)检查布局确保所有地图元素(如图例、比例尺、指北针、文本等)都已正确放置,并且地图的布局和内容符合要求。

(3)在菜单栏中,点击"文件"→"导出地图",打开导出地图对话框(图 3-70)。

步骤二:选择导出格式

选择文件格式:在导出地图对话框中,选择希望导出的文件格式。

常见的文件格式如下:

PDF:适合高质量打印和分享,保留所有矢量信息。

JPEG:常用的图像格式,适合网络展示。

图 2-70 "导出地图"打开和操作界面

PNG：支持透明背景的图像格式，适合网络展示和叠加使用。
TIFF：高分辨率栅格格式，适合印刷。
EPS：适合出版和高质量打印，保留矢量信息。
AI：用于 Adobe Illustrator 的矢量格式。
BMP：位图格式，不推荐用于高质量展示。
步骤三：设置导出选项
（1）文件路径和名称：在"保存类型"（Save as type）下方的"名称"（Name）框中，为导出的文件选择保存路径并输入文件名。
（2）设置导出参数。
分辨率（Resolution）：对于图像格式，如 JPEG、PNG、TIFF，设置导出的分辨率（dpi，dots per inch，每英寸点的数目）。常见的分辨率设置为 300 dpi 用于打印，72 dpi 用于屏幕显示。
颜色模式（Color Mode）：选择 RGB 用于屏幕显示，选择 CMYK 用于印刷。
压缩（Compression）：对于 PDF 和 TIFF 格式，可以选择是否启用压缩，以减少文件大小。
矢量选项（Vector Options）：对于矢量格式，如 PDF、EPS、AI，选择是否嵌入字体或将文本转换为图形，以确保字体显示一致。
（3）地图比例和剪切：在"常规"（General）选项卡中可以设置是否保持地图的比例，以及是否剪切空白区域。
步骤四：导出地图
（1）检查导出设置：在点击导出按钮之前，确认所有设置都符合要求。用户可以使用"选项"（Options）按钮查看和调整导出的高级设置。

(2)导出地图:点击"导出"按钮,ArcMap 将开始导出地图。

(3)检查导出结果:导出完成后,导航到保存文件的路径,打开文件以检查导出结果。如果导出效果不符合预期,可以调整设置后重新导出。

(十)使用绘图工具

绘图工具(Drawing Tools)提供了一组用于在地图上添加自定义图形、线条、文本和符号的工具。这些工具可以帮助在地图上注释、标注特定区域、添加自定义内容或进行临时标记。

步骤一:显示绘图工具栏

启用绘图工具栏:在 ArcMap 的菜单栏中,点击"自定义"(Customize)→"工具栏"(Toolbars),然后选择"绘图"(Draw)工具栏,显示绘图工具栏(图 2-71),通常会出现在 ArcMap 窗口的顶部。

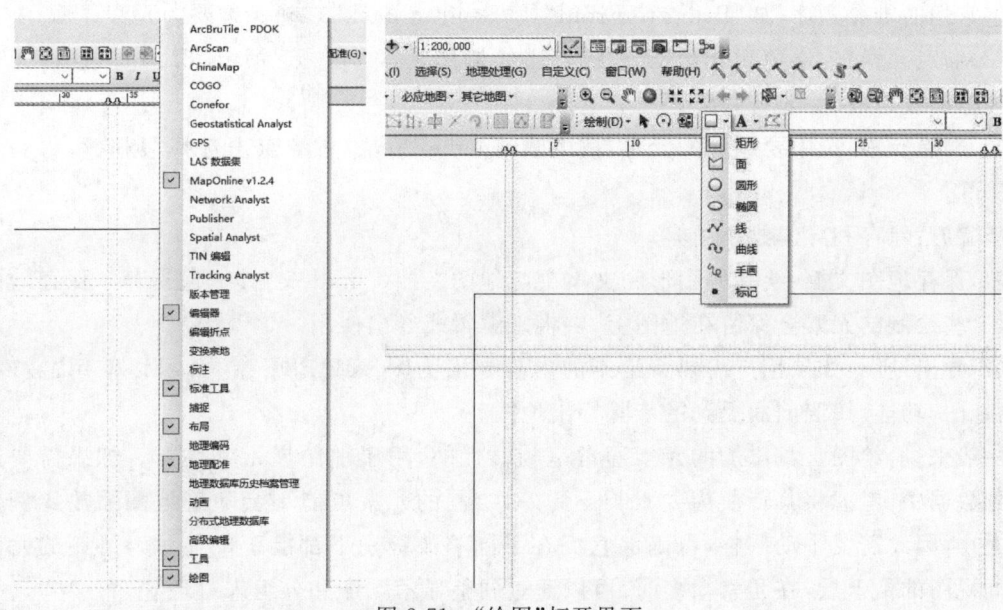

图 2-71 "绘图"打开界面

步骤二:使用绘图工具

(1)选择绘图工具:绘图工具栏包含多种绘图选项,包括绘制点、线、矩形、多边形、椭圆、箭头、文本等。用户可以通过点击相应的图标来选择要使用的工具。

(2)绘制图形:

点(Point):点击地图上的任意位置,即可添加一个点符号。

线(Line):点击地图以确定起点,拖动鼠标并点击确定终点,绘制一条直线。

矩形(Rectangle):点击并拖动鼠标以绘制一个矩形。

多边形(Polygon):点击以添加顶点,双击结束绘制多边形。

椭圆(Ellipse):点击并拖动鼠标以绘制椭圆或圆形。

箭头(Arrow):绘制方向箭头,指示地图上的特定方向或位置。

(3)添加文本:选择"文本"工具,然后在地图上点击所需位置。输入文本内容后,点击

"OK",文本将被添加到地图中。用户可以使用文本工具标注地图上的特定区域、添加注释或说明。

步骤三:编辑和格式化绘制的元素

(1)选择和编辑元素:使用"选择元素"(Select Elements)(绘图工具栏中的箭头图标)点击绘制的元素,可以选择并进行编辑。选中后,可以拖动元素移动位置或使用边框控制点调整大小。

(2)格式化元素:右键点击选中的图形或文本,选择"属性"。在弹出的属性对话框中,用户可以调整元素的颜色、线型、填充样式、透明度等。对于文本元素,用户可以在属性对话框中调整字体、字号、颜色和对齐方式。

步骤四:组织绘图元素

(1)管理绘图顺序:如果绘制了多个元素,可以通过右键点击元素并选择"顺序"(Order)来调整它们的堆叠顺序(如"Bring to Front"或"Send to Back"),确保重要的元素显示在前面。

(2)锁定元素:为避免意外移动,右键点击绘制的元素并选择"锁定"(Lock),这样元素将无法被拖动或修改,除非将它解锁。

(3)删除元素:选中要删除的元素,按电脑"Delete"键,或右键点击选择"删除",将其从地图中移除。

步骤五:保存和导出绘制内容

(1)保存地图文档:绘制的图形和文本会与地图文档(.mxd 文件)一起保存。保存地图文档后,这些绘制的元素会保留在地图上,供将来编辑或导出使用。

(2)导出地图:如果用户需要将绘制的内容导出为图像或 PDF 文件,可以使用"文件"→"导出地图"功能,按照前面提到的步骤导出地图。

一般来说,绘图工具添加的元素通常是临时性的,用于地图展示和注释。如果需要永久添加到数据中,考虑将其转换为要素类。此外,绘制的元素可能不会随着地图缩放比例自动调整大小,因此需要手动调整,以确保它们在不同缩放级别下都能正确显示。绘制的元素位于布局视图的最上层,在元素众多时,可以通过调整显示顺序和分组来管理它们。

(十一)使用书签工具

书签(Bookmarks)工具允许保存和管理地图的特定视图位置,以便快速返回到这些位置,尤其是在处理大范围的地图或多个感兴趣区域时,可以让用户快速导航到预定义的区域,而不必每次手动缩放和移动地图。以下是书签工具的使用方法。

步骤一:设置地图视图

(1)打开地图:打开 ArcMap,并加载要创建书签的地图数据。

(2)调整地图视图:使用缩放工具和移动工具,调整地图到希望保存为书签的位置和比例,可以是一个特定区域的视图,如某个城市、区域或地理特征。

步骤二:创建书签

(1)打开书签管理器:在 ArcMap 菜单栏中,点击"书签"→"创建"(Create)打开一个对话框,允许用户为当前视图创建书签(图 2-72)。

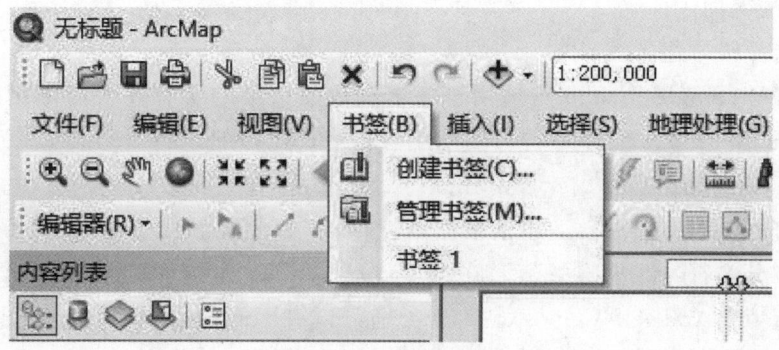

图 2-72 "书签"打开界面

(2)命名书签：在弹出的对话框中，为书签输入一个描述性的名称。例如，如果将书签保存为某个城市的视图，可以将其命名为"City View"。输入名称后，点击"OK"保存书签。

步骤三：使用书签

访问书签：在菜单栏中，点击"管理书签"（Manage Bookmarks），将看到一个下拉列表显示创建的所有书签。点击任意一个书签名称，地图视图将自动调整到与保存时相同的位置和比例。

步骤四：管理书签

(1)编辑书签：如果想更改书签的名称或更新书签位置，可以在菜单栏中选择"书签"→"管理书签"，这将打开"管理书签"对话框。在管理书签对话框中可以选择一个书签并点击"属性"按钮来编辑书签的名称和位置。

(2)删除书签：在管理书签对话框中选择想删除的书签，然后点击"删除"按钮。删除后，这个书签将不再出现在书签列表中。

(3)导入/导出书签：可以将书签导出为 XML 文件以备份，或者导入其他项目的书签。使用"导入/导出"按钮来执行这些操作，这样用户可以在不同的地图项目之间共享视图位置。

步骤五：使用书签进行导航

(1)快速导航：使用书签列表，用户可以在不同的区域之间快速切换，这对于需要反复查看多个位置的项目特别有用。

(2)结合书签进行分析：当进行空间分析或地图编辑时，使用书签可以快速定位到特定的工作区域，节省时间。

(十二)图层符号化

图层符号化（Layer Symbology）是指通过设置符号、颜色和样式来直观表示地图上的地理数据。符号化可以帮助有效传达信息，使地图内容更易理解。

步骤一：打开图层属性

(1)选择图层：在"内容列表"（Table of Contents）中，右键点击要符号化的图层，然后选择"属性"。

(2)打开符号化选项：在图层属性对话框中，点击"符号化"（Symbology）选项卡。这将显示符号化选项的界面。

步骤二:选择符号化方法

(1)单一符号(Single Symbol):适用于简单表示图层中的所有要素使用相同的符号。在符号化面板中选择"要素"→"单一符号",然后点击"符号"按钮选择符号样式,可以调整颜色、大小、形状等。

(2)分类符号(Categories):适用于根据属性字段(如土地利用类型、行政区划)将要素分类显示。选择"分类符号"→"唯一值",在"值字段"(Value Field)中选择要分类的字段,然后点击"添加所有值"(Add All Values)。每个类别可以有不同的符号,点击符号样式可以单独调整每个类别的颜色和符号。

(3)数量符号(Quantities):适用于根据数值大小(如人口密度、高程)对要素进行分级显示。选择"数量符号"→"调整颜色"(Graduated Colors)或"调整符号"(Graduated Symbols),在"值"字段中选择数值字段。设置"分类(Classification)"选项可以定义分级方法(如自然间隔、等间距),调整分级的颜色梯度或符号大小。

(4)比例符号(Proportional Symbols):根据数值字段的大小来显示不同大小的符号,适合显示数据的相对大小。选择"比例符号",选择表示数值的字段,然后设置符号的最小值和最大值范围。

(5)密度符号化(Dot Density):使用点密度来表示数量的分布情况,适用于显示人口密度、资源分布等数据。选择"密度符号化",选择一个或多个数值字段,然后设置每个点代表的值和点的样式。

(6)多属性符号化(Multiple Attributes):同时使用多个属性字段进行符号化,适合在一个图层中表示多种数据。选择"多属性符号化",根据需要选择主字段和次字段,并设置符号化方式。

步骤三:调整符号样式

(1)自定义符号:点击"符号"按钮打开符号选择对话框可以选择内置符号,或者通过"编辑符号"(Edit Symbol)来创建自定义符号,包括设置填充样式、边界样式、符号大小、透明度等。

(2)设置符号层次:在符号选择对话框中,可以调整符号的多个层次属性,如外边框、内部填充、阴影效果等。

(3)应用色带或颜色渐变:对于数量或分级符号化,可以选择色带或颜色渐变,使数据的层次变化更直观。

步骤四:应用符号化设置

应用并查看结果:在设置符号化之后,点击"OK",返回地图视图查看符号化效果。如果需要进一步调整,可以重复上述步骤,直到达到满意的效果。

步骤五:保存符号化方案(可选)

保存样式(Save As Style):如果希望将符号化设置保存为样式,以便在其他项目中复用,可以点击"保存样式",将当前符号化方案保存为样式文件。

第三章 国土空间规划基数转换与用地转换

第一节 实习目的与要求

【实习目的】了解我国现行土地利用现状分类,国土调查工作分类,国土空间调查、规划、用途管制用地用海分类体系的区别与联系以及各种地类的含义,掌握在市县级及以下国土空间规划中将第三次全国国土调查(原称第三次全国土地调查,简称"三调")工作分类转换为国土空间调查、规划、用途管制用地用海分类的工作思路和技术方法,以及根据规划用途对用地类型进行转换。

【实习要求】①熟悉第三次全国国土调查工作分类方案;②熟悉国土调查工作分类,国土空间调查、规划、用途管制用地用海分类;③按要求完成国土空间规划基数转换与用地转换实习内容,并完成课后作业。

第二节 数据准备

本章需要使用的空间数据包括规划区域遥感卫片、第二次全国土地调查(简称"二调")2010年度变更调查数据、第三次全国国土调查2020年度变更调查数据、兴趣点(POI)数据以及第三次全国国土调查工作分类图示符号库等,数据详情见表3-1。本教材所有土地利用调查数据均已经过脱敏处理。

表 3-1 国土空间规划基数转换与用地转换实习数据

数据名称	数据类型	空间分辨率	数据用途	数据存储位置
第二次全国土地调查2010年度变更调查数据	矢量	—	辅助基数转换	第三章 国土空间规划基数转换与用地转换\二调数据2010\二调数据2010.shp
第三次全国国土调查2020年度变更调查数据	矢量	—	转换为规划基数	第三章 国土空间规划基数转换与用地转换\三调数据2020\三调数据2020.shp
兴趣点(POI)数据	矢量	—	确定规划区域地物名称	第三章 国土空间规划基数转换与用地转换\POI\POI.shp
遥感卫片	栅格	—	确定规划区域地物参考	第三章 国土空间规划基数转换与用地转换\遥感卫片\实习区域_Level_17.tif

续表 3-1

数据名称	数据类型	空间分辨率	数据用途	数据存储位置
第三次全国国土调查工作分类图示符号库	符号	—	设置地类符号	第三章 国土空间规划基数转换与用地转换\符号\第三次全国土地调查工作分类图示符号库.style
其他数据	—	—	Python 程序及阅读材料	第三章 国土空间规划基数转换与用地转换\其他数据

第三节 基础知识点

1. 土地利用现状分类

自 20 世纪 80 年代以来，我国开展了多次大规模的土地利用调查，并制定了相应的土地利用分类系统，其中最具代表性和影响力的 5 种土地利用分类标准如下。

(1)1984 年 9 月由全国农业委员会制定的《土地利用现状调查技术规程》中的"土地利用现状分类及含义"，包含 8 个一级类、46 个二级类。

(2)1989 年由国家土地管理局发布，又于 1993 年 6 月修订的《城镇地籍调查规程》中的"城镇土地分类及含义"，包含 10 个一级类、24 个二级类。

(3)2001 年 8 月由国土资源部发布的《全国土地分类（试行）》，包含 3 个一级类、15 个二级类、71 个三级类。

(4)2002 年 1 月为保证新旧土地分类体系衔接，由国土资源部颁布施行的《全国土地分类（过渡期间适用）》，包含 3 个一级类、10 个二级类、52 个三级类。

(5)2007 年 8 月 10 日，中华人民共和国国家质量监督检验检疫总局、中国国家标准化管理委员会正式发布《土地利用现状分类》(GB/T 21010—2007)国家标准，并于当日实施。《土地利用现状分类》(GB/T 21010—2017)严格按照管理需要和分类学的要求，对土地利用现状类型进行归纳和划分，包含 12 个一级类、57 个二级类。

实行统一的土地利用现状分类标准在发达国家已成惯例，但由于历史原因，长期以来我国的土地资源分类标准很难统一，国土、农业、林业、建设、水利、交通等部门，按照各自的职能分工和管理需求，分别建立了不同的土地调查、统计分类体系。由于各部门的分类体系不同，对同一地类的认识、调查、统计结果往往相差很大，特别是一些专业调查不是全覆盖调查，使得部分土地面积被不同部门重复统计到不同的地类中，造成调查统计重复、数出多门、口径不一、数据矛盾，不利于土地资源的合理开发利用。造成的不利影响主要有两方面：一方面严重制约了国土资源统一规范管理，另一方面导致国家难以全面、系统、准确掌握全国土地资源利用现状，使国家和各级政府难以据此进行科学管理和决策，给国家宏观管理和科学决策带来诸多不利影响。《土地利用现状分类》(GB/T 21010—2007)的发布，是我国土地管理的一次历史性突破，是城乡统筹发展以及国家宏观调控等对土地管理工作的必然要求，意味着土地利用现状分类标准从过去的行业标准上升到了国家标准[①]。

(6)2017年1月1日,由国土资源部组织修订的国家标准《土地利用现状分类》(GB/T 21010—2017)发布并实施。新版标准秉持满足生态用地保护需求、明确新兴产业用地类型、兼顾监管部门管理需求的思路,完善了地类含义,细化了二级类划分,调整了地类名称,增加了湿地归类,将在第三次全国国土调查中全面应用。新版标准规定了土地利用的类型、含义,将土地利用类型分为耕地、园地、林地、草地、商服用地、工矿仓储用地、住宅用地、公共管理与公共服务用地、特殊用地、交通运输用地、水域及水利设施用地、其他用地等12个一级类、73个二级类,适用于土地调查、规划、审批、供应、整治、执法、评价、统计、登记及信息化管理等。

2. 国土调查工作分类

我国土地调查经历了由零星、非专业、简易和低精度调查到,全国性、专业性、系统性和高精度调查的转变过程。早在20世纪30年代,我国就曾在部分省市区利用航空摄影测量进行土地调查,而基于卫星影像的全国土地调查则始于20世纪80年代[②]。

(1)土地概查(1980—1984年)。全国土地利用现状概查,首次采用卫星和航空影像开展全国范围的农林牧区土地资源调查,编制了1∶25万土地利用现状图。使用的遥感数据为564幅美国陆地卫星(LANDSATMSS)影像经几何纠正后放大而成的1∶25万假彩色合成图像,分辨率为79m。同时,选用时间间隔3个月以上的卫星彩色影像,作为土地利用时态判读的参考资料。然而,因遥感影像的空间分辨率不够高,调查成果难以满足土地详查分类和国家土地资源管理的需求。

(2)第一次全国土地调查(1984—1997年)。第一次全国土地调查首次摸清了我国土地"家底"。在调查手段上,以人工野外调绘为主,辅以遥感内业数据处理;在遥感数据源上,中部、东部地区使用航拍影像,西部地区使用美国陆地卫星数据,分辨率为30m。然而,因航空遥感易受天气等因素影响,调查结果难以全面而及时地反映土地利用情况。中低分辨率卫星由于其识别能力差,制约了土地调查精度。总之,第一次全国土地调查受遥感技术和数据源制约,工作量大、步骤繁琐、速度慢、精度低。

(3)第二次全国土地调查(2007—2009年)。第一次全国土地调查完成以来,我国社会经济快速发展,大部分城乡地区土地利用与覆被情况都发生了变化,彼时的土地调查数据已经难以满足当前的土地管理工作需求。因此,国土资源部启动了第二次全国土地调查工作,其中农村土地调查以1∶10 000比例尺为主,获取了全国每一块土地的类型、面积、权属和分布信息,最终建立国家级和全国31个省级、331个市级、2800多个县级土地利用现状调查数据库。第二次全国土地调查工作分类沿用《土地利用现状分类》(GB/T 21010—2007)。

(4)第三次全国国土调查(2017—2020年)。上述的全国土地调查主要是满足土地管理的需要,而第三次全国国土调查是我国进入新时期以来、自然资源部组建后开展的首次全国土地利用现状和自然资源变化情况普查。为全面支撑新时代自然资源管理、更科学有效地推进生

[①] 邵战林,肖峰.对我国土地利用分类体系的一些思考[J].南方国土资源,2010(6):34-35.
[②] 舒弥,杜世宏.国土调查遥感40年进展与挑战[J].地球信息科学学报,2022,24(4):597-616.

态文明建设,从第三次全国国土调查开始,"全国土地调查"改名为"全国国土调查",调查范围增加了各类自然资源。第三次全国国土调查内业信息提取的基本原则便是"充分依据遥感影像",建成区范围判定、图斑勾绘及地类预判均完全依据遥感影像。在第三次全国国土调查中,遥感影像的空间分辨率进一步提高。农村土地调查全面采用优于1m分辨率的数据(国产卫星"高分二号""北京二号"等,国外卫星 WorldView-1、WorldView-2 等),而城镇村庄内部土地利用现状调查采用优于 0.2m 分辨率的航空遥感数据。第三次全国国土调查工作分类包括 13 个一级类、68 个二级类。

3. 土地规划与城市规划用地分类

土地规划是指一定地区范围内,按照经济发展的前景和需要,对土地的合理使用所作出的长期安排,旨在保证土地的利用能满足国民经济各部门发展的需求。根据《中华人民共和国土地管理法》和《中华人民共和国土地管理法实施条例》等法律、行政法规,土地利用总体规划依法由各级人民政府组织编制,国土资源行政主管部门开展具体工作。土地规划在不同时期采用不同版本的《土地利用现状分类》,包含上文提及的 2007 年、2017 年两个版本。

城市规划是为了实现一定时期内城市的经济和社会发展目标,确定城市性质、规模和发展方向,合理利用城市土地,协调城市空间布局和各项建设所作出的综合部署和具体安排。根据《城市规划编制办法》,城市规划由城市人民政府负责组织编制,具体工作由城市人民政府建设主管部门(城乡规划主管部门)承担。2012 年以前,城市规划用地分类采用 1990 年发布的《城市用地分类与规划建设用地标准》(GBJ 137—90),包括 10 个大类、46 个中类、73 个小类。2010 年 12 月 24 日,国家标准《城市用地分类与规划建设用地标准》(GB 50137—2011)由中华人民共和国住房和城乡建设部、中华人民共和国国家质量监督检验检疫总局发布,2012 年 1 月 1 日,国家标准《城市用地分类与规划建设用地标准》(GB 50137—2011)正式实施,该标准包含 10 个大类、43 个中类、61 个小类。《城市用地分类与规划建设用地标准》(GB 50137—2011)修订的主要技术内容是:增加城乡用地分类体系;调整城市建设用地分类体系;调整规划建设用地的控制标准,包括规划人均城市建设用地标准、规划人均单项城市建设用地标准以及规划城市建设用地结构三部分,并对相关条文进行了补充修改。

《城市用地分类与规划建设用地标准》(GB 50137—2011)的实施对于指导中国城市规划编制、管理控制以及促进城市健康有序的发展等方面都起到了很好的推动作用,具有很大的现实意义,主要表现为:第一,加强了与城乡规划法、土地利用规划及绿地、居住等规划设计标准的衔接,使得城市规划编制、管理工作更加灵活、科学、合理;第二,其覆盖城乡全域的城乡用地分类体系适应了城乡统筹规划和区域协调发展战略目标的要求,使得区域战略规划、市域总体规划等宏观层面的规划工作更加科学、规范;第三,对公益性用地与商业性用地以及对环境污染程度的甄别,体现了城乡规划公共政策属性,为保障生态环境资源和公共利益提供了现实的规划控制途径,使得规划更好地指导城市发展建设过程,有助于实现规划工作由终极蓝图式规划逐步向过程管理控制的转变。

土地规划与城市规划的目标都是通过对土地资源的合理利用,从而实现社会与经济的可持续发展。但二者之间又存在分工上的不同,土地规划侧重于对广域范围的土地资源的整体划分和控制,而城市规划侧重于对规划区内土地和空间的建设性利用,原则上城市规划的规划区应位于土地规划的建设用地范围内。城市规划是对规划区内的土地利用规划更精细、更深入的规划部署,包括建筑、环境、公共服务设施和市政基础设施等内容。土地规划也包含了城市规划区的部分,要考虑城市未来发展和区域性重大项目的安排,也有其他土地规划的内容,因此二者并不是可以完全区分的独立概念。二者之间相互协调、相互制约。土地规划与城市规划的合理运用对区域的协调持续发展发挥着无可替代的重要作用[①]。

4. 国土空间调查、规划、用途管制用地用海分类

各级各类空间规划在支撑城镇化快速发展、促进国土空间合理利用和有效保护方面发挥了积极作用,但也存在规划类型过多、内容重叠冲突,审批流程复杂、周期过长,地方规划朝令夕改等问题。《中共中央 国务院关于建立国土空间规划体系并监督实施的若干意见》指出,建立国土空间规划体系并监督实施,将主体功能区规划、土地利用规划、城乡规划等空间规划融合为统一的国土空间规划,实现"多规合一",强化国土空间规划对各专项规划的指导约束作用。

在国土空间规划的背景下,为履行自然资源部统一行使全民所有自然资源资产所有者、统一行使所有国土空间用途管制和生态保护修复、统一调查和确权登记、建立国土空间规划体系并监督实施等职责,在整合原《土地利用现状分类》《城市用地分类与规划建设用地标准》《海域使用分类》等分类基础上,建立全国统一的国土空间用地用海分类。用地用海分类采用三级分类体系,共设置24种一级类、113种二级类及140种三级类。

5. 基数转换工作思路

《自然资源部办公厅关于规范和统一市县国土空间规划现状基数的通知》(自然资办函〔2021〕907号)指出,为做好市县国土空间总体规划编制工作,实现"统一底图、统一标准、统一规划、统一平台",在第三次全国国土调查成果的真实性基础上反映规划管理的合理性,其中包括按照《国土空间调查、规划、用途管制用地用海分类指南》对第三次全国国土调查数据进行归并、细化,制定国土空间功能结构调整表等。本章主要介绍将第三次全国国土调查工作分类转换为国土空间调查、规划、用途管制用地用海分类的工作思路和技术方法。图3-1展示了基数转换工作思路,表3-2展示了用地用海分类第三次全国国土调查工作分类对应情况,是开展基数转换工作的主要依据。

国土空间总体规划基数转换使用第三次全国国土调查数据作为规划现状底数,并结合国土空间调查、规划、用途管制用地用海分类的标准,确保规划基数转换的科学性和规范性。在第三次全国国土调查分类的基础上结合POI数据、遥感影像、现场调查进一步补充需要细化的土地利用信息,确保转换后的数据满足城乡差异化、精细化管理需求。基数转换需要以翔实可靠的数据为依据,包括基础测绘、地理国情监测成果、自然资源、生态环境、经济产业、人口社会等相关数据。转换后的现状和底数应与国土空间规划"一张图"、规划成果数据库充分衔接,确保其作为规划编制和审批的重要依据。国土空间总体规划基数转换的技术流程一般包括以下几个环节。

---

① 吴鹏.国土空间体系下城市规划与土地规划关系研究[J].城市建筑,2020,17(24):34-35.

(1)基础数据收集整理:收集并整理相关基础数据,如地理国情监测数据、国有建设用地确权发证数据、详细规划现状数据、遥感卫片等,数据采用统一的坐标系和高程基准。

(2)地类转换:依据第三次全国国土调查分类与规划用地分类的衔接规则进行地类转换,转换方式包括"多对一"类型归并转换、"一对一"类型对应转换、"一对多"类型细分转换及附加规划管理属性的地类转换。

(3)成果整理与审查:转换完成后,需要整理转换成果,并按照规定进行审查。审查内容包括成果的完整性、规范性、合理性以及数据逻辑一致性。

(4)成果应用:转换后的成果应用于国土空间总体规划的编制,是形成规划底图底数的重要基础。

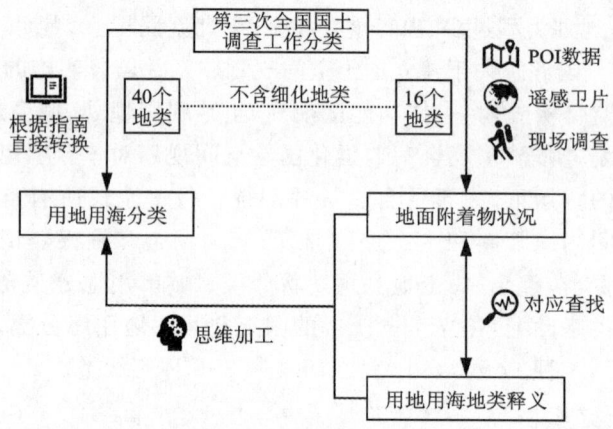

图 3-1 基数转换工作思路

表 3-2 用地用海分类第三次全国国土调查工作分类对应情况

第三次全国国土调查工作分类		国土空间调查、规划、用途管制用地用海分类					
二级		三级		二级		一级	
代码	名称	代码	名称	代码	名称	代码	名称
0303	红树林地	—	—	0507	红树林地	05	湿地
0304	森林沼泽	—	—	0501	森林沼泽	05	湿地
0306	灌丛沼泽	—	—	0502	灌丛沼泽	05	湿地
0402	沼泽草地	—	—	0503	沼泽草地	05	湿地
0603	盐田	—	—	1003	盐田	10	工矿用地
1105	沿海滩涂	—	—	0505	沿海滩涂	05	湿地
1106	内陆滩涂	—	—	0506	内陆滩涂	05	湿地
1108	沼泽地	—	—	0504	其他沼泽地	05	湿地
0101	水田	—	—	0101	水田	01	耕地
0102	水浇地	—	—	0102	水浇地	01	耕地
0103	旱地	—	—	0103	旱地	01	耕地

续表 3-2

第三次全国国土调查工作分类		国土空间调查、规划、用途管制用地用海分类					
0201	果园	—	—	0201	果园	02	园地
0201K	可调整果园	—	—	0201	果园	02	园地
0202	茶园	—	—	0202	茶园	02	园地
0202K	可调整茶园	—	—	0202	茶园	02	园地
0203	橡胶园	—	—	0203	橡胶园地	02	园地
0203K	可调整橡胶园	—	—	0203	橡胶园地	02	园地
0204	其他园地	—	—	…	…	02	园地
0204K	可调整其他园地	—	—	…	…	02	园地
0301	乔木林地	—	—	0301	乔木林地	03	林地
0301K	可调整乔木林地	—	—	0301	乔木林地	03	林地
0302	竹林地	—	—	0302	竹林地	03	林地
0302K	可调整竹林地	—	—	0302	竹林地	03	林地
0305	灌木林地	—	—	0303	灌木林地	03	林地
0307	其他林地	—	—	0304	其他林地	03	林地
0307K	可调整其他林地	—	—	0304	其他林地	03	林地
0401	天然牧草地			0401	天然牧草地	04	草地
0403	人工牧草地			0402	人工牧草地	04	草地
0403K	可调整人工牧草地			0402	人工牧草地	04	草地
0404	其他草地	—	—	…	…	…	…
05H1	商业服务业设施用地	…	…	…	…	…	…
0508	物流仓储用地	…	…	…	…	11	仓储用地
0601	工业用地	…	…	1001	工业用地	10	工矿用地
0602	采矿用地	—	—	1002	采矿用地	10	工矿用地
0701	城镇住宅用地	…	…	0701	城镇住宅用地	07	居住用地
0702	农村宅基地	…	…	0703	农村宅基地	07	居住用地
08H1	机关团体新闻出版用地	—	—	0801	机关团体用地	08	公共管理与公共服务用地
08H2	科教文卫用地	…	…	…	…	…	…
08H2A	高教用地	080401	高等教育用地	0804	教育用地	08	公共管理与公共服务用地
0809	公用设施用地	—	—	…	…	13	公用设施用地

续表 3-2

第三次全国国土调查工作分类				国土空间调查、规划、用途管制用地用海分类		
0810	公园与绿地	—	—	...	...	14	绿地与开敞空间用地
0810A	广场用地	—	—	1403	广场用地	14	绿地与开敞空间用地
09	特殊用地	—	—	...	...	15	特殊用地
1001	铁路用地	...	...	...	...	12	交通运输用地
1002	轨道交通用地	—	—	1206	城市轨道交通用地	12	交通运输用地
1003	公路用地	—	—	1202	公路用地	12	交通运输用地
1004	城镇村道路用地	—	—	1207	城镇村道路用地	12	交通运输用地
1005	交通服务场站用地	...	...	...	...	12	交通运输用地
1006	农村道路	...	...	0601	农村道路	06	农业设施建设用地
1007	机场用地	—	—	1203	机场用地	12	交通运输用地
1008	港口码头用地	...	...	...	...	12	交通运输用地
1009	管道运输用地	—	—	1205	管道运输用地	12	交通运输用地
1101	河流水面	—	—	1701	河流水面	17	陆地水域
1102	湖泊水面	—	—	1702	湖泊水面	17	陆地水域
1103	水库水面	—	—	1703	水库水面	17	陆地水域
1104	坑塘水面	—	—	1704	坑塘水面	17	陆地水域
1104A	养殖坑塘	—	—	1704	坑塘水面	17	陆地水域
1104K	可调整养殖坑塘	—	—	1704	坑塘水面	17	陆地水域
1107	沟渠	—	—	1705	沟渠	17	陆地水域
1107A	干渠	—	—	1705	沟渠	17	陆地水域
1109	水工建筑用地	—	—	1311	水工设施用地	13	公用设施用地
1110	冰川及永久积雪	—	—	1706	冰川及常年积雪	17	陆地水域
1201	空闲地	—	—	2301	空闲地	23	其他土地
1202	设施农用地	...	...	0602	设施农用地	06	农业设施建设用地
1203	田坎	—	—	2303	田坎	23	其他土地
1204	盐碱地	—	—	2304	盐碱地	23	其他土地
1205	沙地	—	—	2305	沙地	23	其他土地
1206	裸土地	—	—	2306	裸土地	23	其他土地
1207	裸岩石砾地	—	—	2307	裸岩石砾地	23	其他土地

注：表中"—"代表无此级分类，"..."代表该级分类需要通过补充调查进一步细化。

第四节 实习内容

一、规划基数转换

（一）加载数据

打开 ArcMap，在目录窗格中点击"文件夹连接"，右键选择"连接到文件夹"，然后选择实习数据所在目录完成添加，通过从目录窗口拖放或点击左上方工具栏"➕"按钮添加数据（图3-2），依次将实习区域遥感卫片、第三次全国国土调查2020年度变更调查数据、兴趣点（POI）数据添加到地图中。

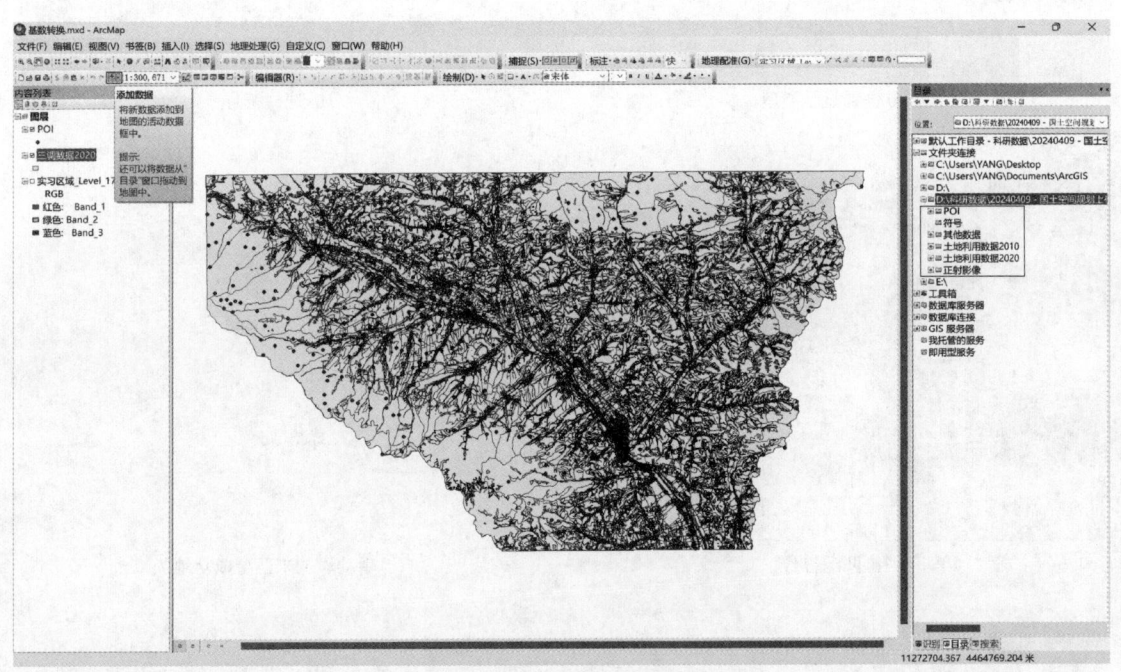

图 3-2 加载基础数据

双击或右键点击"三调数据2020"图层，选择"属性"，弹出图层属性面板。点击"符号系统"菜单，在左侧"显示："框中选择"类别"→"与样式中的符号匹配"，在"值字段"选择"DLMC（地类名称）"字段，点击样式后的"浏览"按钮，选择本章数据目录下"制图符号"文件夹中"第三次全国土地调查工作分类图示符号库.style"，点击"打开"。

点击"匹配符号"按钮，自动完成符号匹配设置，这里要注意到顶部"＜其他所有值＞"计数601个，说明部分地类在符号库中没有匹配项，需要手动添加。点击"添加值"，弹出的小窗口显示没有匹配符号的地类，点击"干渠"，按住"Shift"，再点击"养殖坑塘"，即可全部选中这些地类，点击"确定"完成添加。

取消勾选"＜其他所有值＞",然后切换至"显示"菜单栏,在"透明度:"后填入"35"(可根据视觉效果调整),点击"确定"(图3-3)。这样设置可以在能辨别三调图斑的情况下,也能看得见遥感卫片对应地物状况,方便开展后续工作。数据加载完成效果如图3-4所示。

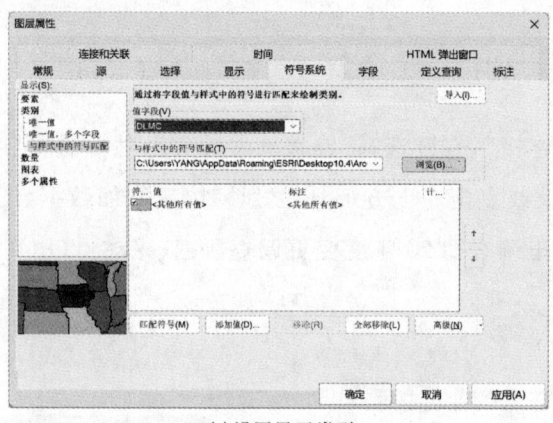

(a) 设置显示类型　　　　　　　　　　(b) 选择符号

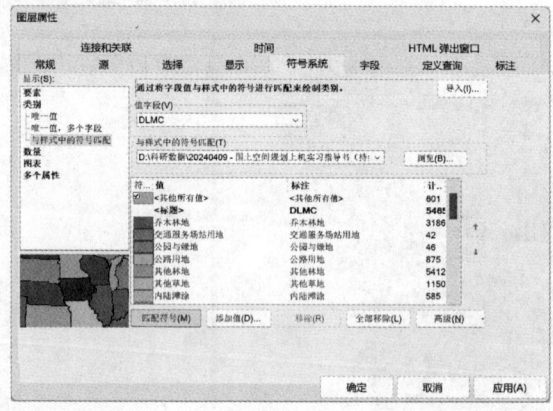 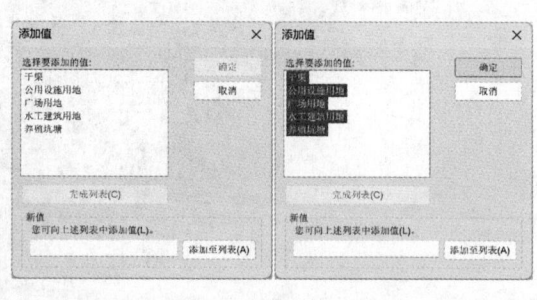

(c) 匹配符号　　　　　　　　　　(d) 手动添加未匹配成功地类

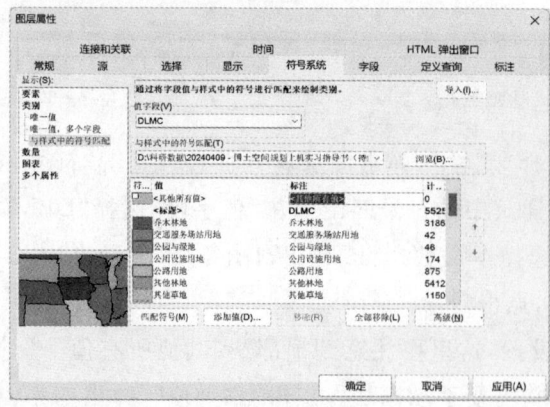 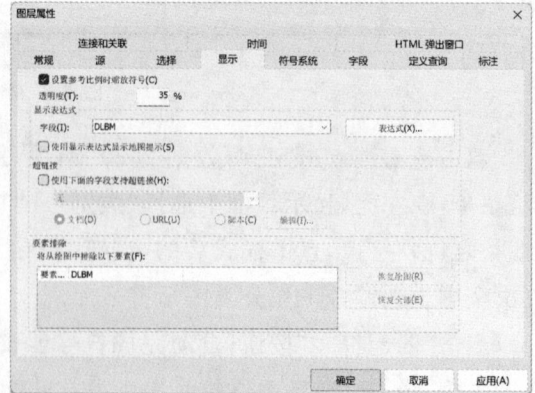

(e) 完成符号设置　　　　　　　　　　(f) 设置透明度

图 3-3　三调用地图层符号设置步骤

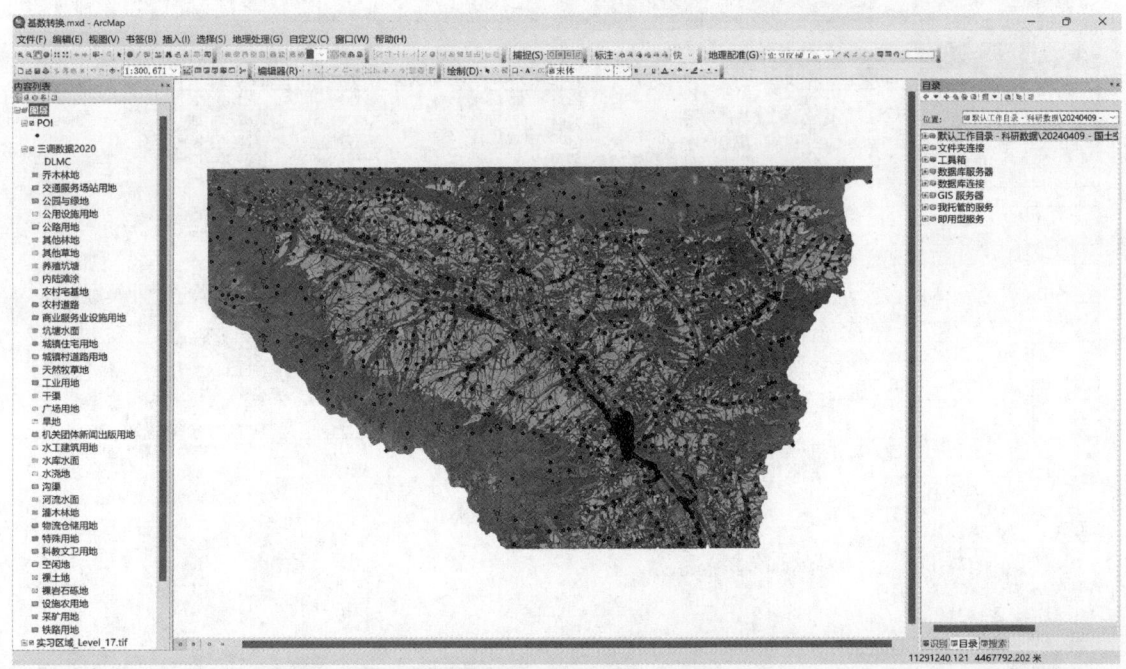

图 3-4　数据加载完成效果

（二）明确基数转换工作量

按住"Ctrl"，双击或右键点击"三调数据 2020"图层，选择"打开属性表"，打开属性表。点击"DLBM"字段，右键选择"汇总"，汇总字段选择"DLBM"，汇总统计信息选择"TBDLMJ"→"总和"，输出表的位置选择在易找到的目录（如桌面 Desktop）即可，保存类型为 dBASE 表。汇总完成，弹出询问窗口，点击"是"将表添加到地图中（图 3-5）。

将内容列表显示方式由"按绘制顺序列出"改为"按源列出"，可以看见加载的表"Sum_Output"，右键选择"打开"，统计表包含 OID、DLBM、Count_DLBM（图斑数量）、Sum_TBDLMJ（面积汇总）4 个字段。为方便标记，点击主界面"▦"按钮打开 ArcToolbox，选择"转换工具"→"Excel"→"表转 Excel"（图 3-6）。

在弹出的对话框中，输入表选择"Sum_Output"，点击"▱"修改输出 Excel 文件的目录及名称，然后点击"确定"。转换完成，关闭提示。值得注意的是，目前 dBASE 表已经可以被较版本的 MicroSoft Excel 直接打开，因此也可以用 Excel 打开并另存为普通表格（.xlsx）文件。

找到转出的 Excel 文件，参照《国土空间调查、规划、用途管制用地用海分类指南》，进一步整理，得到实习区域用地用海分类与第三次全国国土调查工作分类对应情况表，以及基数转换工作任务明细表。

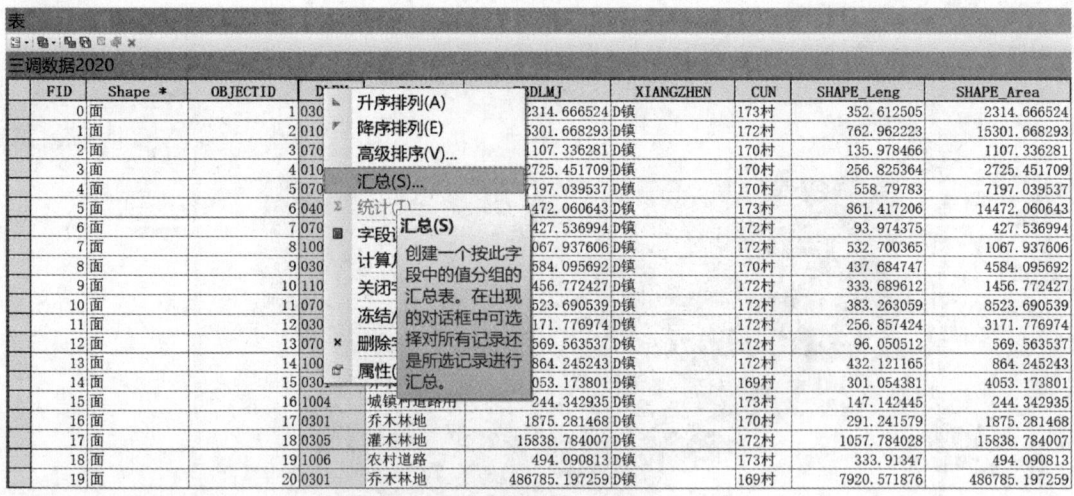

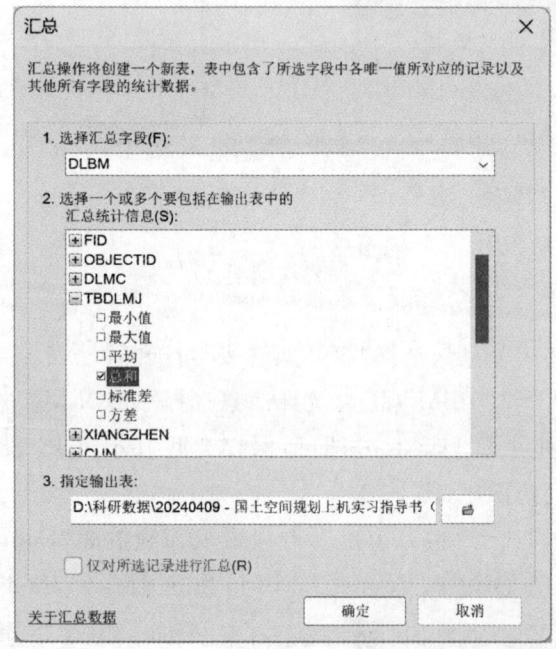
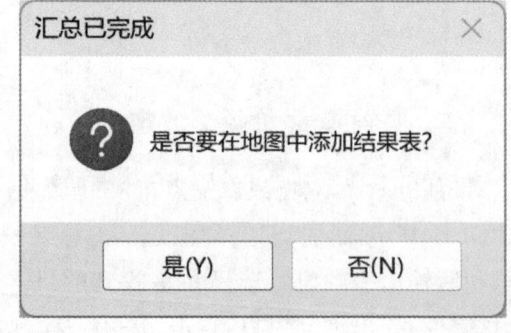

图 3-5 按"DLBM"字段汇总

由表 3-3、表 3-4 可知，实习区域共计 36 个二级地类，55 256 个图斑。0102 水浇地、0103 旱地、0301 乔木林地、0305 灌木林地等 22 个地类 36 361 个图斑可以直接转换为用地用海分类。0404 其他草地、0508 物流仓储用地、05H1 商业服务业设施用地、0601 工业用地等 14 个地类 18 895 个图斑需要通过补充调查、核实归并转换为用地用海分类。其中：0601 工业用地、0701 城镇住宅用地等 5 个地类 15 226 个图斑可以转换到二级类；0508 物流仓储用地、0809 公用设施用地等 6 个地类 1646 个图斑可以转换到一级类；0404 其他草地、05H1 商业服务业设施用地、08H2 科教文卫用地共 2023 个图斑无法确定用地用海分类，是基数转换工作的重心和难点。

第三章 国土空间规划基数转换与用地转换

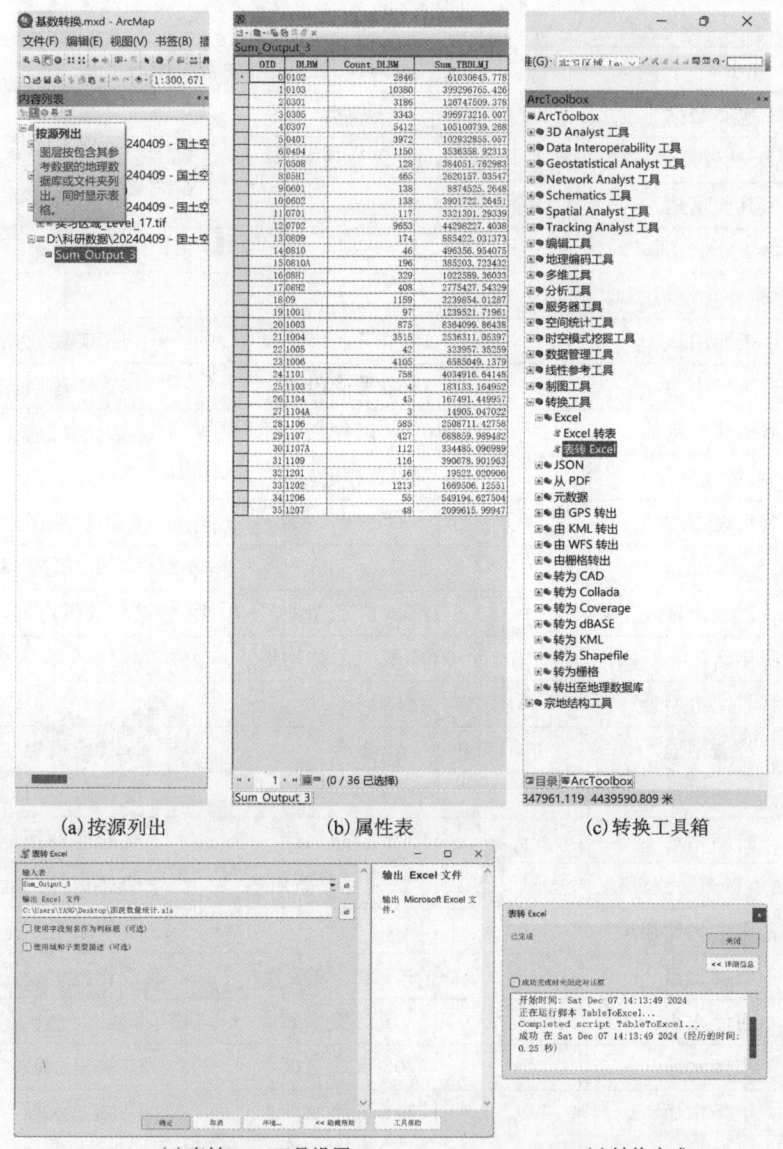

(a) 按源列出　　(b) 属性表　　(c) 转换工具箱

(d) 表转 Excel 工具设置　　(e) 转换完成

图 3-6　加载汇总表及转换为 Excel 表格

表 3-3　用地用海分类与第三次全国国土调查工作分类对应情况

三调工作分类		国土空间调查、规划、用途管制用地用海分类			图斑数量/个
地类编码	地类名称	三级类	二级类	一级类	
0102	水浇地	—	0102 水浇地	01 耕地	2846
0103	旱地	—	0103 旱地	01 耕地	10 380
0301	乔木林地	—	0301 乔木林地	03 林地	3186
0305	灌木林地	—	0303 灌木林地	03 林地	3343
0307	其他林地	—	0304 其他林地	03 林地	5412

· 81 ·

续表 3-3

三调工作分类		国土空间调查、规划、用途管制用地用海分类			图斑数量/个
地类编码	地类名称	三级类	二级类	一级类	
0401	天然牧草地	—	0401 天然牧草地	04 草地	3972
0404	其他草地	…	…	…	1150
0508	物流仓储用地	…	…	11 仓储用地	128
05H1	商业服务业设施用地	…	…	…	465
0601	工业用地	…	1001 工业用地	10 工矿用地	138
0602	采矿用地	—	1002 采矿用地	10 工矿用地	138
0701	城镇住宅用地	…	0701 城镇住宅用地	07 居住用地	117
0702	农村宅基地	…	0703 农村宅基地	07 居住用地	9653
0809	公用设施用地			13 公用设施用地	174
0810	公园与绿地	—	…	14 绿地与开敞空间用地	46
0810A	广场用地		1403 广场用地	14 绿地与开敞空间用地	196
08H1	机关团体新闻出版用地		0801 机关团体用地	08 公共管理与公共服务用地	329
08H2	科教文卫用地	…	…	…	408
09	特殊用地		…	15 特殊用地	1159
1001	铁路用地	…	…	12 交通运输用地	97
1003	公路用地		1202 公路用地	12 交通运输用地	875
1004	城镇村道路用地		1207 城镇村道路用地	12 交通运输用地	3515
1005	交通服务场站用地	…	…	12 交通运输用地	42
1006	农村道路	…	0601 农村道路	06 农业设施建设用地	4105
1101	河流水面	—	1701 河流水面	17 陆地水域	758
1103	水库水面		1703 水库水面	17 陆地水域	4
1104	坑塘水面		1704 坑塘水面	17 陆地水域	45
1104A	养殖坑塘		1704 坑塘水面	17 陆地水域	3
1106	内陆滩涂		0506 内陆滩涂	05 湿地	585
1107	沟渠	—	1705 沟渠	17 陆地水域	427
1107A	干渠	—	1705 沟渠	17 陆地水域	112
1109	水工建筑用地		1311 水工设施用地	13 公用设施用地	116
1201	空闲地		2301 空闲地	23 其他土地	16
1202	设施农用地	…	0602 设施农用地	06 农业设施建设用地	1213
1206	裸土地	—	2306 裸土地	23 其他土地	55
1207	裸岩石砾地	—	2307 裸岩石砾地	23 其他土地	48

注：表中"—"代表无此级分类，"…"代表该级分类需要通过补充调查进一步细化。

表 3-4 基数转换工作任务明细表

转换类型		地类	图斑数量/个
直接转换（一对一、多对一）	至三级	0102 水浇地、0103 旱地、0301 乔木林地、0305 灌木林地、0307 其他林地、0401 天然牧草地、0602 采矿用地、0810A 广场用地、08H1 机关团体新闻出版用地、1003 公路用地、1004 城镇村道路用地、1101 河流水面、1103 水库水面、1104 坑塘水面、1104A 养殖坑塘、1106 内陆滩涂、1107 沟渠、1107A 干渠、1109 水工建筑用地、1201 空闲地、1206 裸土地、1207 裸岩石砾地	36 361
补充调查核实归并（一对多）	至二级	0601 工业用地、0701 城镇住宅用地、0702 农村宅基地、1006 农村道路、1202 设施农用地	15 226
	至一级	0508 物流仓储用地、0809 公用设施用地、0810 公园与绿地、09 特殊用地、1001 铁路用地、1005 交通服务场站用地	1646
	无法确定	0404 其他草地、05H1 商业服务业设施用地、08H2 科教文卫用地	2023
总计			55 256

（三）添加用地用海分类字段并计算

打开"三调数据 2020"属性表，点击左上角下拉菜单，选择"添加字段"（图 3-7），依次添加"YJBM"（一级编码）、"YJMC"（一级名称）、"EJBM"（二级编码）、"EJMC"（二级名称）4 个字段，字段类型选择"文本"（与规划数据库字段类型保持一致）。

本着先易后难的工作原则，接下来先处理可直接转换的图斑，然后依次处理可转换到二级类、可转换到一级类以及需要补充调查、核实归并的地类图斑。

1. 直接转换

(1) 将"三调数据 2020"属性表按照"DLBM"升序排列（图 3-8）。

(2) 打开属性表菜单，选择"按属性选择"（图 3-9）。

(3) 弹出操作框，双击"DLBM"，然后点击"获取唯一值"，点击"＝"，再双击'0102'，下方生成语句"DLBM"='0102'，点击"应用"（图 3-10），即选中全部水浇地图斑。

(4) 点击"YJBM"字段，右键选择"字段计算器"，将弹出的警告窗口关闭，在字段计算器操作界面，解析程序勾选"Python"，然后在下方输入"01"，点击"确定"并等待计算完成（图 3-11）；然后以同样的方式计算"YJMC""EJBM""EJMC"3 个字段，由于字段都是文本格式，输入时都要加上英文双引号。

图 3-7 为"三调数据 2020"添加字段

图 3-8 按字段排序操作示例

(5) 重复(2)~(4)中操作,填写 0103 旱地、0301 乔木林地等 21 个地类对应的用地用海分类属性。除了使用字段计算器,也可以编辑"三调数据 2020"图层,然后通过手动输入文字更改属性表,这种操作仅限于修改少数几个图斑的属性,否则使用字段计算器更加便捷。

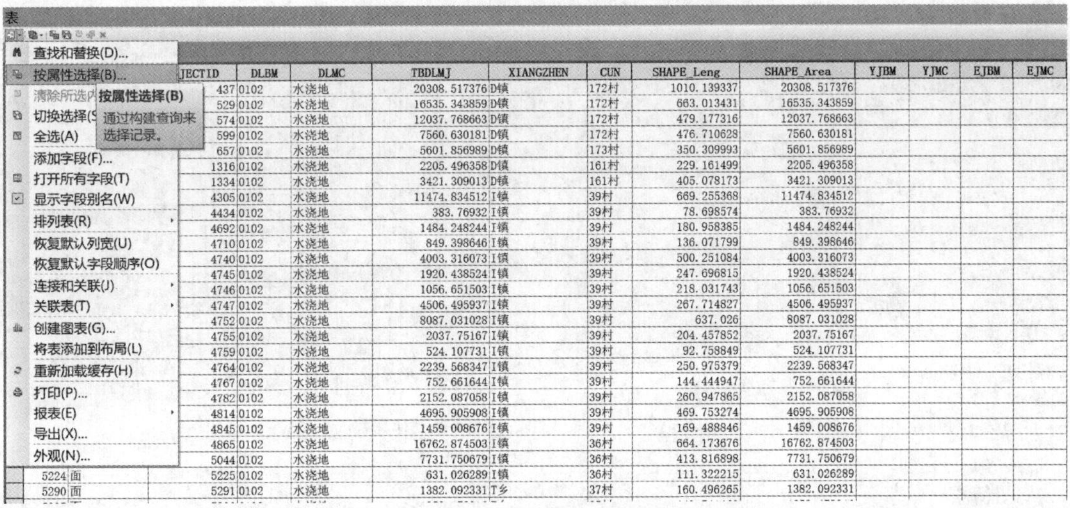

图 3-9 按属性选择操作示例

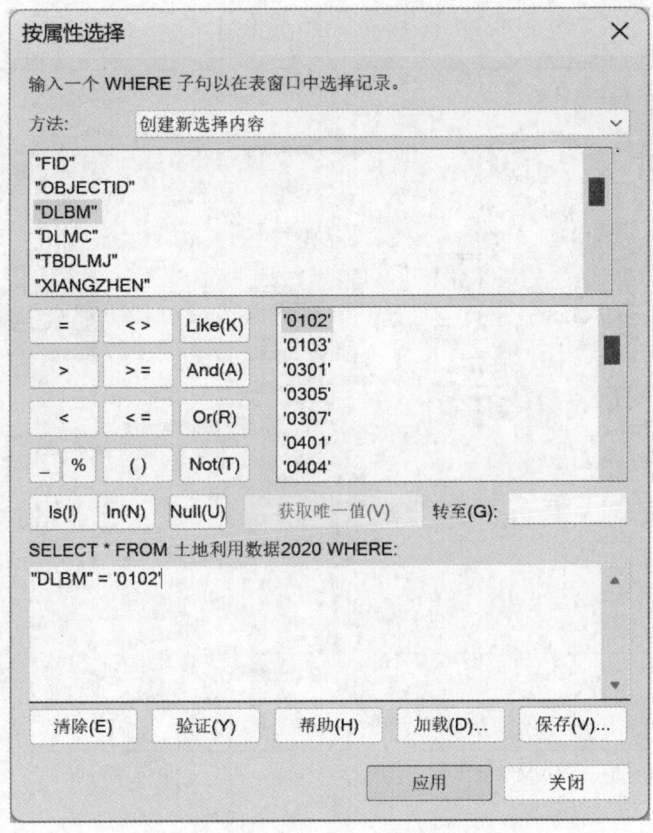

图 3-10 按属性选择代码填写示例

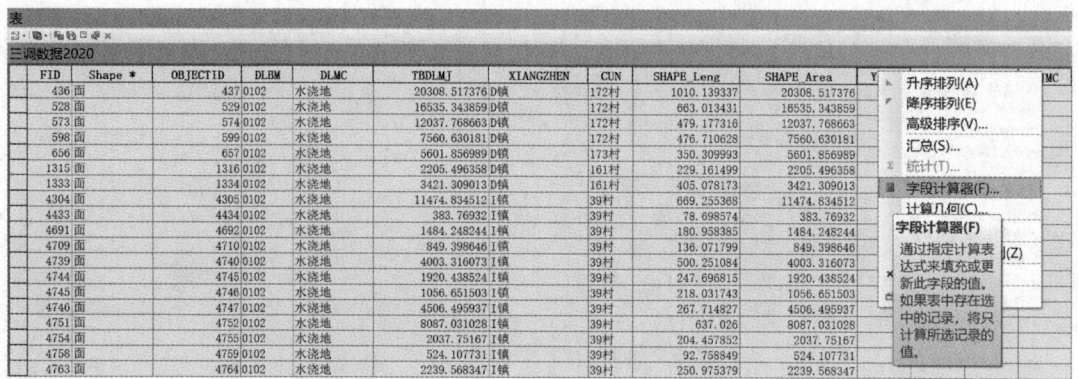

(a) 选择"YJBM"字段并打开字段计算器

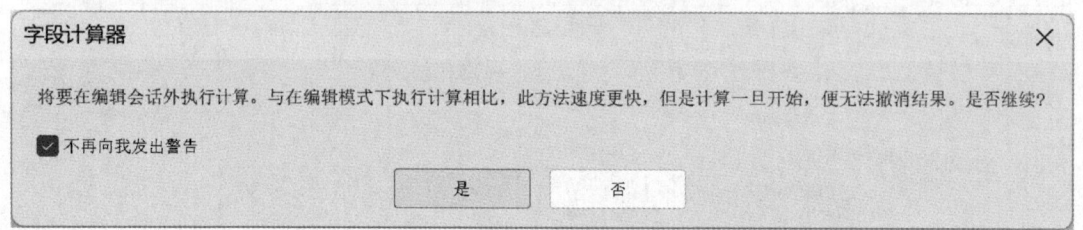

(b) 忽略警告

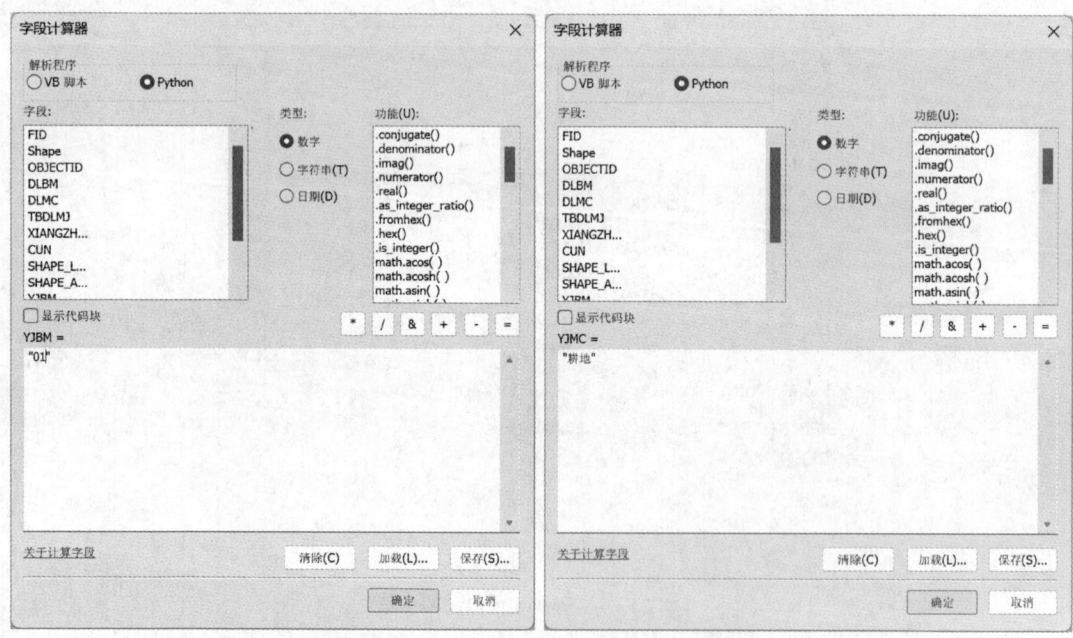

(c) 选择Python为YJBM赋值　　　　　(d) 选择Python为YJMC赋值

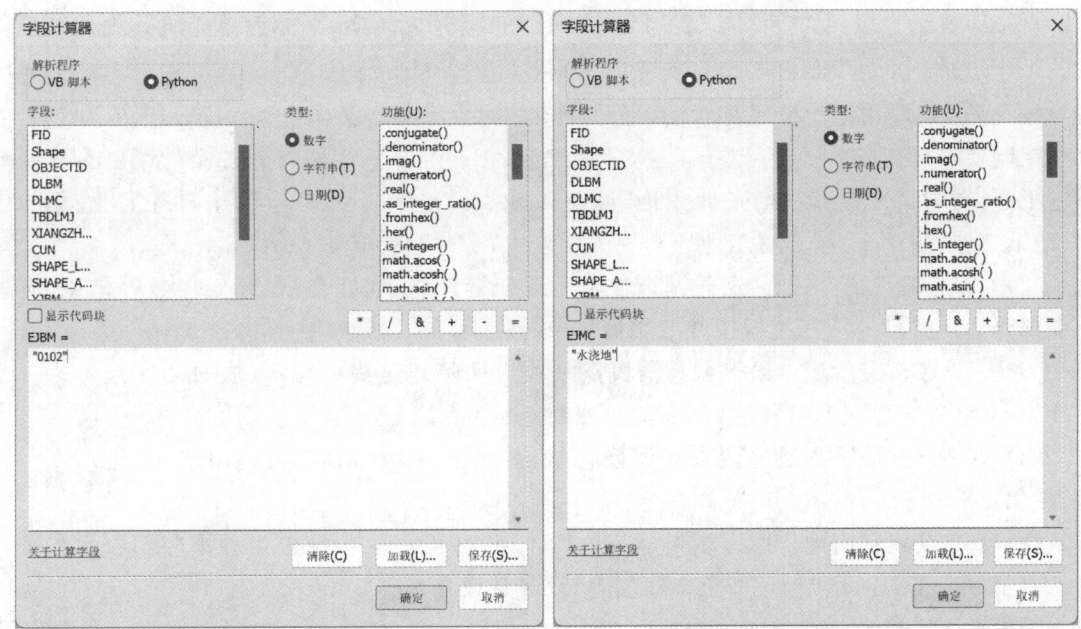

(e) 选择Python为EJBM赋值　　　　　　(f) 选择Python为EJMC赋值

(g) 完成选定图斑用地用海分类字段计算

图 3-11　使用字段计算器计算用地用海分类字段

2. 补充调查、核实归并

根据上文分析，无论是可以转换至二级类、一级类，还是完全无法确定任何一级分类的三调工作分类，要确定其用地用海分类，其工作思路基本一致：综合使用POI数据、高清遥感卫片、户外调查等方式，确定每个地类图斑地面附着物的具体情况或关键特征，再结合用地用海分类释义，将其转换为用地用海分类。这里提到的"具体情况或关键特征"，是能够有助于确定其用地用海分类的信息，它们往往包含在用地用海分类二级类或三级类的地类释义中。比如，可转换至二级类的地类中，通过调查设施农用地（多为棚房）的具体用途，即可区分种植、畜禽养殖、水产养殖设施建设用地；通过调查农村道路路面的硬化状况，即可细分村道用地和田间道。这里棚房的具体用途、道路的硬化状况即"具体情况或关键特征"。

1) 可直接转换至二级类的地类

0601 工业用地、0701 城镇住宅用地、0702 农村宅基地、1006 农村道路、1202 设施农用地可以直接转换至二级类,按照本次实习要求,可以直接完成转换,下面简单介绍其细化至三级类的工作思路。

(1) 0601 工业用地。按照对居住和公共环境干扰、污染和安全隐患程度,以及布局是否有特殊控制要求可以分为一类(电子工业、缝纫工业、工艺品制造工业等)、二类(食品工业、医药制造工业、纺织工业等)、三类工业用地(采掘工业、冶金工业、大中型机械制造工业、化学工业、造纸工业、制革工业、建材工业等)。

(2) 0701 城镇住宅用地。通过调查住宅用地配套设施、居住环境、建筑层数等信息,可进一步细分为一类、二类、三类城镇住宅用地。

(3) 0702 农村宅基地。通过调查居民点是独户独院还是集中建房(农村小区),可进一步细分为一类(独户独院)、二类农村宅基地(农村小区)。

(4) 1006 农村道路。通过调查路面硬化状况,可进一步细分至村道用地(硬化)、田间道(未硬化)。

(5) 1202 设施农用地。通过调查(棚房)具体用途,可进一步细分为种植(蔬菜、水果等)、畜禽养殖(牛、羊等)、水产养殖(鱼、虾、蟹等)设施建设用地。

2) 可直接转换至一级类的地类

0508 物流仓储用地、0809 公用设施用地、0810 公园与绿地、09 特殊用地、1001 铁路用地、1005 交通服务场站用地可以转换至一级类,这些地类需要补充调查、核实归并,下面分别介绍调查方法。

(1) 0508 物流仓储用地。1101 物流仓储用地:指国家和省级战略性储备库以外,城镇、村庄用于物资存储、中转、配送等设施用地,包括附属设施、道路、停车场等用地(图 3-12a、b)。1102 储备库用地:指国家和省级的粮食、棉花、石油等战略性储备库用地(图 3-12c、d)。

(a) 关键特征:车辆云集、对外开发,规模不一

(b) 物流仓储影像—视觉效果

(c) 关键特征:有大圆斗,封闭管理,规模较大

(d) 储备库影像视觉效果

图 3-12 物流仓储用地与储备库用地的影像特征辨析

首先打开"三调数据2020",按属性选择"DLBM"='0508'或"DLMC"='物流仓储用地',然后打开"POI"图层的属性窗口,切换到"标注"菜单(图3-13a),勾选"标注此图层中的要素(L)","标注字段(F)"选择"Name",文本符号等视具体情况修改,这样可以在观察所选图斑地面影像时,同时参考地面兴趣点信息,方便读图判断(图3-13b)。

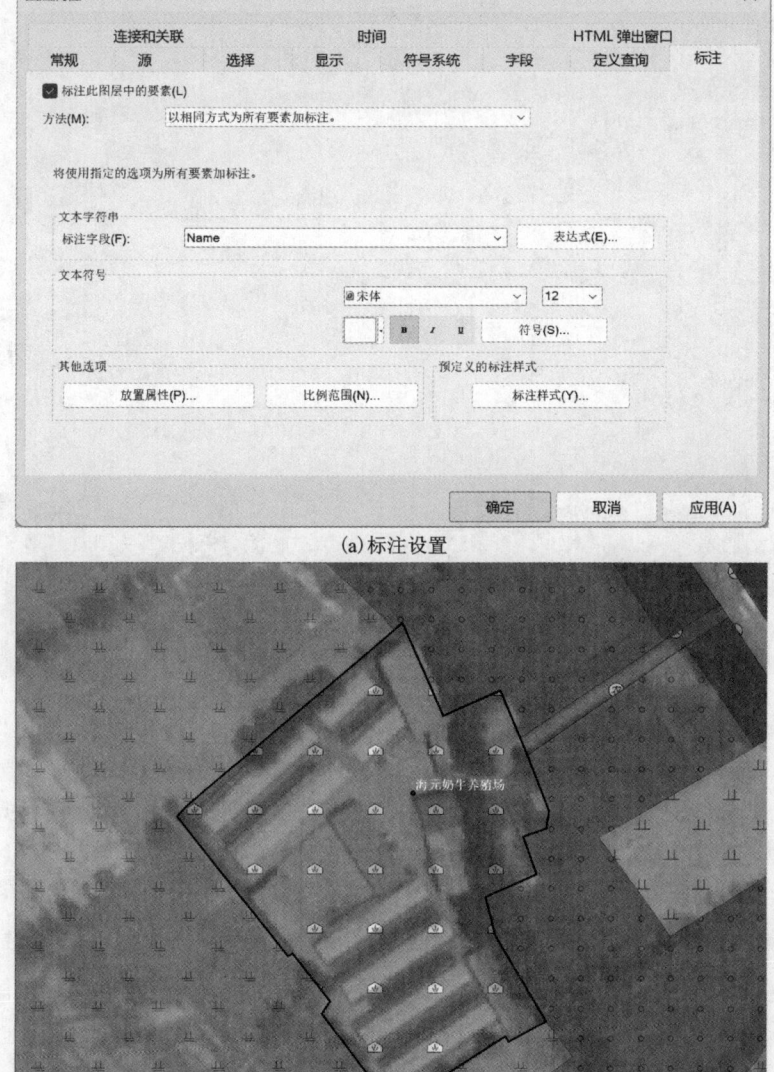

(a)标注设置

(b)完成标注

图3-13 为POI数据添加标注

经过观察判断,实习区域内所有"物流仓储用地"均不具备"储备库用地"的关键特征,因此直接转换为"物流仓储用地",并使用字段计算器计算相应字段。在详细规划中,"物流仓储用地"和"工业用地"一样,可通过进一步调查其对居住和公共环境干扰、污染和安全隐患程度,以及布局是否有特殊控制要求等,细分为一类、二类、三类物流仓储用地。

(2)0809 公用设施用地。公用设施用地可以细分为 12 个二级地类,无三级类,这种情况下通过影像提取关键特征比较困难,地面兴趣点信息显得更为重要,兴趣点(POI)既包括网络下载的,也包括实地调研得到的,按照"兴趣点名称→地类含义→地类名称(二级)"的思路可快速确定转换结果。如图 3-14 所示,利用兴趣点数据确定消防大队所在地块。

图 3-14 公用设施用地(消防大队)转换为消防用地

(3)0810 公园与绿地。公园与绿地实际只需要区分是公园绿地还是防护绿地,广场用地(0810A)是属于直接转换的地类,公园绿地的影像特征十分明显,配合 POI 信息很容易判断,而防护绿地一般在城区比较少见。根据观察,实习区域内所有公园与绿地可以判断全部是公园绿地(图 3-15)。

(4)09 特殊用地。特殊用地可以细分为 7 个二级地类,一般宗教用地、殡葬用地出现的频率较高,其他则较为稀少。使领馆用地、宗教用地、文物古迹用地、监教场所用地地面往往有建筑物,且建筑物具有各自的特征,比如清真寺的外观,而殡葬用地地面一般为林地、草地等(图 3-16)。本次实习不考虑转换为军事设施用地。

(5)1001 铁路用地。铁路用地主要是区分铁路和车站。铁路直接转换为铁路用地,而车站则转换为交通场站用地(图 3-17),并进一步细化为对外交通场站用地。

(6)1005 交通服务场站用地。交通服务场站用地需要进一步细分为"交通场站用地"和"其他交通设施用地"。其中,"交通场站用地"的影像特征十分明显,包括客运站、客运码头、停车场等;而"其他交通设施用地"比较典型的是驾校场地(图 3-18),内部道路如"S 路"等特征十分明显,再结合 POI 信息,很容易判断。"交通场站用地"根据其规模和用途,可进一步细分为对外交通场站用地、公共交通场站用地、社会停车场用地(图 3-19)。

图 3-15 公园与绿地转换为公园绿地

图 3-16 其他用地转换为宗教用地（图斑①）和殡葬用地（图斑②）

图 3-17 铁路用地转换为交通场站用地

图 3-18 交通服务场站用地转换为其他交通设施用地(驾校)

图 3-19　交通服务场站用地转换为交通场站用地［含公共交通场站用地（右上，火车站旁的汽车站）、社会停车场用地（左下）］

3）典型"一对多"地类转换

(1) 0404 其他草地。在《国土空间调查、规划、用途管制用地用海分类指南》修订后，其他草地需要细分为其他草地、后备耕地，这部分转换难点在于确定后备耕地。本次实习其他草地仍然转换为其他草地，但要求了解后备耕地确定方法：将实习区域二调数据加载到地图中，将三调数据中其他草地与二调数据进行相交分析，其他草地在二调数据中为耕地的部分，或靠近耕地具备耕作条件的其他草地，可以作为后备耕地，这就需要进一步结合影像分析判断（图 3-20）。

(2) 05H1 商业服务业设施用地。商业服务业设施用地总体上可以归并为居住用地、商业服务业用地两大类，影像判读作用较小，POI 数据密度和质量十分关键，按照"兴趣点名称→地类含义→三级地类名称→二级地类名称→一级地类名称"完成转换，如"中国石化→加油站→公用设施营业网点用地→商业用地→商业服务业用地"（图 3-21）。

(3) 08H2 科教文卫用地。科教文卫用地总体上可以归并为居住用地、公共管理与公共服务用地两大类，影像判读具有不同程度的参考作用，POI 数据密度和质量十分关键，依然按照"兴趣点名称→地类含义→三级地类名称→二级地类名称→一级地类名称"完成转换，这里要求充分理解用地用海地类含义，否则容易出错。例如，"桥头第二小学→小学→中小学用地→教育用地→公共管理与公共服务用地"；又如"职业技术学院→职业高中→中等职业教育用地→教育用地→公共管理与公共服务用地"（图 3-22）。学校一般具备塑胶跑道和球场，即使没有 POI 数据，也能根据影像判读，其中需要一定的思维加工过程。需要注意的是，一个科教文卫用地图斑中，包含多家单位的，以占地面积最大的单位为准。

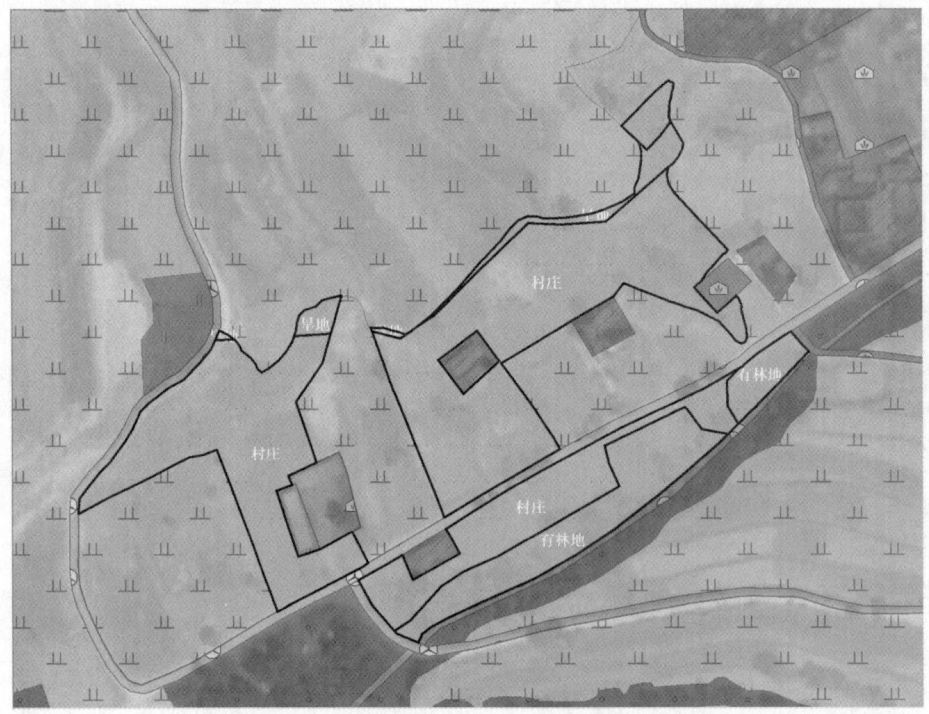

图 3-20 三调数据中其他草地的二调属性分析

图 3-21 中石化加油站用地转换为公用设施营业网点用地

图 3-22　桥头第二小学与职业技术学院用地的转换示例

(四) 使用 Python 脚本辅助操作

对于可以直接完成转换、转换至二级类、转换至一级类的地类,为了避免手动输入和计算工作量较大、容易出错等问题。可以编写一个 Python 脚本(基于 Python 3),完成属性字段计算。该实习内容不做强制性要求,请感兴趣的同学自行安装 ArcGIS Pro 并配置 Python 环境,探索完成。

专栏 3-1　使用 Python 脚本完成部分基数转换工作

```
Main.py
# 导入需要使用的 Python 模块
import arcpy
import pandas as pd
import os
import time

# 开始计时
time_start = time.time()

# 获取当前工作目录
current_dir = os.getcwd()
```

```python
# 将三调数据放入当前工作目录下的 DATA 文件夹中
featureclass = os.path.join(current_dir,'DATA','三调数据2020.shp')
# 获取三调数据属性表字段
field_list = arcpy.ListFields(featureclass)
# 需要添加的用地用海分类字段
fieldnames = ['YJBM','YJMC','EJBM','EJMC','SJBM','SJMC']
# 检查三调属性表是否包含用地用海分类字段
for fieldname in fieldnames:
    # 如果不包含,则创建字段
    if fieldname not in field_list:
        arcpy.AddField_management(featureclass,fieldname,'text',field_length=50)

# 读取用地用海分类表,创建代码-名称字典,使用字段用户可以根据代码查询名称
df_ydyh = pd.read_excel('地类.xlsx',sheet_name='用地用海分类',header=0,dtype={'代码':str})
dict_ydyh = dict(zip(df_ydyh['代码'],df_ydyh['名称']))
# 读取三调工作分类转换为用地用海分类表,分别创建三调二级代码与用地用海一/二/三级代码对应关系字典
df_sd_to_ydyh = pd.read_excel('地类.xlsx',sheet_name='转换关系',header=0,dtype={'三调一级代码':str,'三调二级代码':str,'用地用海三级代码':str,'用地用海二级代码':str,'用地用海一级代码':str})
dict_sd_to_ydyh_1 = dict(zip(df_sd_to_ydyh['三调二级代码'],df_sd_to_ydyh['用地用海一级代码']))
dict_sd_to_ydyh_2 = dict(zip(df_sd_to_ydyh['三调二级代码'],df_sd_to_ydyh['用地用海二级代码']))
dict_sd_to_ydyh_3 = dict(zip(df_sd_to_ydyh['三调二级代码'],df_sd_to_ydyh['用地用海三级代码']))

# 使用 UpdateCursor 工具计算用地用海分类字段
with arcpy.da.UpdateCursor(featureclass,['DLBM','YJBM','YJMC','EJBM','EJMC','SJBM','SJMC']) as cursor:
    for row in cursor:
        try:
            # row[0]代表 DLBM 字段,以此类推
            # YJBM 根据字典 dict_sd_to_ydyh_1 查询计算
            row[1] = dict_sd_to_ydyh_1[row[0]]
            # 通过在字典 dict_ydyh 中查询 YJBM 获取 YJMC
            row[2] = dict_ydyh[row[1]]
            # EJBM 根据字典 dict_sd_to_ydyh_2 查询计算
            row[3] = dict_sd_to_ydyh_2[row[0]]
            # 通过在字典 dict_ydyh 中查询 EJBM 获取 EJMC
            row[4] = dict_ydyh[row[3]]
            # SJBM 根据字典 dict_sd_to_ydyh_3 查询计算
```

```
            row[5] = dict_sd_to_ydyh_3[row[0]]
            #通过在字典 dict_ydyh 中查询 SJBM 获取 SJMC
            row[6] = dict_ydyh[row[5]]
            #更新字段
            cursor.updateRow(row)
        except:
            print('出现错误,请检查字典')
#结束计时
time_end = time.time()
#打印整个程序运行耗费时间
print("Time taken in seconds(s) is :{}".format(str(time_end - time_start)))
```

将上述代码文件“Main.py”“地类.xlsx”和装有“三调数据 2020.shp”的 DATA 文件夹放在同一文件目录“基数转换程序设计”下，选中“Main.py”，鼠标右键选择“Edit with IDIE (ArcGIS pro)”，然后按“F5”运行，如果没有出现“出现错误，请检查字典”报错，则运行完成后屏幕仅显示“Time taken in seconds(s) is :2.442438840866089”，整个过程大约耗时 3 秒。将“三调数据 2020.shp”加载到 ArcMap 中，查看属性表(图 3-23)，所有可以转换的地类均已完成属性修改。这种工作方式比手动使用字段计算器计算效率更高。

表

三调数据2020

FID	Shape *	OBJECTID	DLBM	DLMC	TBDLMJ	XIANGZHEN	CUN	SHAPE_Leng	SHAPE_Area	YJBM	YJMC	EJBM	EJMC	SJBM	SJMC
0	面	1	0305	灌木林地	2314.666524	D镇	173村	352.612505	2314.666524	03	林地	0303	灌木林地	——	——
1	面	2	0103	旱地	15301.668293	D镇	172村	762.962223	15301.668293	01	耕地	0103	旱地	——	——
2	面	3	0702	农村宅基地	1107.336281	D镇	170村	135.978466	1107.336281	07	居住用地	0703	农村宅基	……	……
3	面	4	0103	旱地	2725.451709	D镇	170村	256.825364	2725.451709	01	耕地	0103	旱地	——	——
4	面	5	0702	农村宅基地	7197.039537	D镇	170村	558.79783	7197.039537	07	居住用地	0703	农村宅基	……	……
5	面	6	0404	其他草地	14472.060643	D镇	173村	861.417206	14472.060643	04	草地	0403	其他草地	——	——
6	面	7	0702	农村宅基地	427.536994	D镇	172村	93.974375	427.536994	07	居住用地	0703	农村宅基	……	……
7	面	8	1004	城镇村道路用	1067.937606	D镇	172村	532.700365	1067.937606	12	交通运输用	1207	城镇村道	——	——
8	面	9	0301	乔木林地	4584.095692	D镇	170村	437.684747	4584.095692	03	林地	0301	乔木林地	——	——
9	面	10	1106	内陆滩涂	1456.772427	D镇	172村	333.689612	1456.772427	05	湿地	0506	内陆滩涂	——	——
10	面	11	0702	农村宅基地	8523.690539	D镇	172村	383.263059	8523.690539	07	居住用地	0703	农村宅基	……	……
11	面	12	0307	其他林地	3171.776974	D镇	172村	256.857424	3171.776974	03	林地	0304	其他林地	——	——
12	面	13	0702	农村宅基地	569.563537	D镇	172村	96.050512	569.563537	07	居住用地	0703	农村宅基	……	……
13	面	14	1004	城镇村道路用	864.245243	D镇	172村	432.121165	864.245243	12	交通运输用	1207	城镇村道	——	——
14	面	15	0301	乔木林地	4053.173801	D镇	169村	301.054381	4053.173801	03	林地	0301	乔木林地	——	——
15	面	16	1004	城镇村道路用	244.342935	D镇	173村	147.142445	244.342935	12	交通运输用	1207	城镇村道	——	——
16	面	17	0301	乔木林地	1875.281468	D镇	170村	291.241579	1875.281468	03	林地	0301	乔木林地	——	——
17	面	18	0305	灌木林地	15838.784007	D镇	172村	1057.784028	15838.784007	03	林地	0303	灌木林地	——	——
18	面	19	1006	农村道路	494.090813	D镇	173村	333.91347	494.090813	06	农业设施建	0601	农村道路	……	……
19	面	20	0301	乔木林地	486785.197259	D镇	169村	7920.571876	486785.197259	03	林地	0301	乔木林地	——	——
20	面	21	1101	河流水面	533.420368	D镇	70村	170.383365	533.420368	17	陆地水域	1701	河流水面	——	——

图 3-23　使用 Python 脚本完成部分基数转换工作结果

(五)土地利用现状统计

结合《第三次全国国土调查技术规程》(TD/T 1055—2019)附录 B 中第三次全国国土调查工作分类与《中华人民共和国土地管理法》三大类(农用地、建设用地和未利用地)对照表，以及《国土空间调查、规划、用途管制用地用海分类指南》附录 F 中用地用海分类与第三次全国国土调查工作分类对应情况表，对《国土空间调查、规划、用途管制用地用海分类指南》附录 C 中用地用海分类与《中华人民共和国土地管理法》三大类对照表进一步细化，如表 3-5 所示。基于表 3-5 可制作规划区土地利用情况统计表，进而分析规划区土地利用特征。

表 3-5　三大类与用地用海分类对应关系

《中华人民共和国土地管理法》三大类	用地用海分类	
	一级类	二级类
农用地	01 耕地	0101 水田
		0102 水浇地
		0103 旱地
	02 园地	0201 果园
		0202 茶园
		0203 橡胶园地
		0204 油料园地
		0205 其他园地
	03 林地	0301 乔木林地
		0302 竹林地
		0303 灌木林地
		0304 其他林地
	04 草地	0401 天然牧草地
		0402 人工牧草地
	05 湿地	0501 森林沼泽
		0502 灌丛沼泽
		0503 沼泽草地
		0507 红树林地
	06 农业设施建设用地	0601 农村道路
		0602 设施农用地
	17 陆地水域	1703 水库水面
		1704 坑塘水面
		1705 沟渠
	23 其他土地	2303 田坎

续表 3-5

《中华人民共和国土地管理法》三大类	用地用海分类	
	一级类	二级类
建设用地	07 居住用地	0701 城镇住宅用地
		0702 城镇社区服务设施用地
		0703 农村宅基地
		0704 农村社区服务设施用地
	08 公共管理与公共服务用地	0801 机关团体用地
		0802 科研用地
		0803 文化用地
		0804 教育用地
		0805 体育用地
		0806 医疗卫生用地
		0807 社会福利用地
	09 商业服务业用地	0901 商业用地
		0902 商务金融用地
		0903 娱乐用地
		0904 其他商业服务业用地
	10 工矿用地	1001 工业用地
		1002 采矿用地
		1003 盐田
	11 仓储用地	1101 物流仓储用地
		1102 储备库用地
	12 交通运输用地	1201 铁路用地
		1202 公路用地
		1203 机场用地
		1204 港口码头用地
		1205 管道运输用地
		1206 城市轨道交通用地
		1207 城镇村道路用地
		1208 交通场站用地
		1209 其他交通设施用地

续表 3-5

《中华人民共和国土地管理法》三大类	用地用海分类	
	一级类	二级类
建设用地	13 公用设施用地	1301 供水用地
		1302 排水用地
		1303 供电用地
		1304 供燃气用地
		1305 供热用地
		1306 通信用地
		1307 邮政用地
		1308 广播电视设施用地
		1309 环卫用地
		1310 消防用地
		1311 水工设施用地
		1312 其他公用设施用地
	14 绿地与开敞空间用地	1401 公园绿地
		1402 防护绿地
		1403 广场用地
	15 特殊用地	1501 军事设施用地
		1502 使领馆用地
		1503 宗教用地
		1504 文物古迹用地
		1505 监教场所用地
		1506 殡葬用地
		1507 其他特殊用地
	23 其他土地	2301 空闲地

续表 3-5

《中华人民共和国土地管理法》三大类	用地用海分类	
	一级类	二级类
未利用地	04 草地	0403 其他草地
	05 湿地	0504 其他沼泽地
		0505 沿海滩涂
		0506 内陆滩涂
	17 陆地水域	1701 河流水面
		1702 湖泊水面
		1706 冰川及常年积雪
	23 其他土地	2302 后备耕地
		2304 盐碱地
		2305 沙地
		2306 裸土地
		2307 裸岩石砾地

二、规划用地转换

在规划编制过程中，许多规划内容和行为会改变现状土地利用类型，比如基础设施建设、公共服务设施建设、产业发展项目建设等。我们需要根据具体的规划内容，将现状地类转换为对应的规划地类，这个过程就是土地利用规划，是国土空间规划中核心内容之一。

（一）转换方法

规划用地划定是一项复杂的工作，本章要介绍的是用地划定后对用地类型进行转换，工作内容相对比较简单。打开"三调数据 2020"属性表，点击左上角下拉菜单，选择"添加字段"，依次添加"GHYJBM（规划一级编码）""GHYJMC（规划一级名称）""GHEJBM（规划二级编码）""GHEJMC（规划二级名称）"4 个字段，字段类型选择"文本"（与规划数据库字段类型保持一致）。

比如规划期间，D 镇 172 村在一般耕地（非永久基本农田）中建造温室大棚，打造有机蔬菜种植基地，那么用地转换的思维过程为"蔬菜种植温室大棚→060201 种植设施建设用地→0602 设施农用地→06 农业设施建设用地"，并在"三调数据 2020"属性表中填上对应地类编码和名称。

对于规划期间用地类型不发生改变的地类图斑，比如永久基本农田、生态保护红线等对应的耕地、林地、草地等，其规划期末用地类型和规划期初相同，在属性表中选中这些地类图斑（图 3-24），字段计算器中计算中规划用地类型直接等于现状用地类型（图 3-25）。

图 3-24 土地利用类型发生变化的图斑属性表变更示例

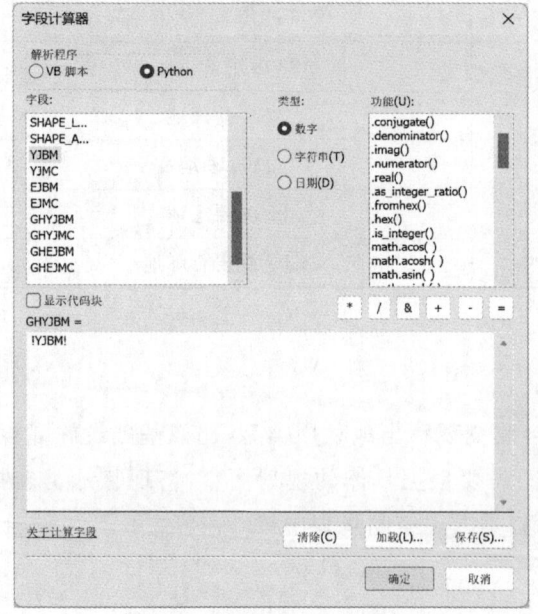
(a) 选择Python，为GHYJBM赋值

(b) 选择Python，为GHYJMC赋值

图 3-25 土地利用类型不变的图斑属性表字段计算示例

需要注意的是，实习区域地类图斑总数量较多，而规划期间用地类型发生变化的地类图斑数量相对较少，为了方便操作，可以假设所有图斑用地类型不变，计算规划用地相应字段，然后对发生改变的地类图斑用地属性进行修改即可。

（二）用地结构调整统计

在完成所有规划用地转换后，可以将"三调数据 2020"属性表使用"表转 Excel 工具"导出为 Excel 工作表，然后利用"数据透视表"（Microsoft Excel 中按 F1 弹出帮助窗口，可检索数据透视表用法）功能完成规划区域全域和中心城区用地结构调整表统计。根据《自然资源部办公厅关于规范和统一市县国土空间规划现状基数的通知》（自然资办函〔2021〕907 号），国土空间功能结构调整表及其包含的用地用海分类对应关系见表 3-6、表 3-7。

表 3-6　国土空间功能结构调整表

用地用海类型		规划基期年		规划目标年	
		面积/km²	比重/%	面积/km²	比重/%
耕地					
园地					
林地					
草地					
湿地					
农业设施建设用地					
城乡建设用地	城镇用地				
	村庄用地				
区域基础设施用地					
其他建设用地					
渔业用海					
工矿通信用海					
交通运输用海					
游憩用海					
特殊用海					
陆地水域					
其他土地					
其他海域					

表 3-7　国土空间功能结构调整表包含的用地用海分类

国土空间功能结构调整表	国土空间调查、规划、用途管制用地用海分类		
	代码	名称	备注
耕地	01	耕地	
园地	02	园地	
林地	03	林地	
草地	04	草地	
湿地	05	湿地	
农业设施建设用地	06	农业设施建设用地	

续表 3-7

国土空间功能结构调整表		国土空间调查、规划、用途管制用地用海分类		
		代码	名称	备注
城乡建设用地	城镇用地	07	居住用地	含城中村
		08	公共管理与公共服务用地	
		09	商业服务业用地	
		1001	工业用地	
		11	仓储用地	
		1207	城镇村道路用地	城镇内部道路用地
		1208	交通场站用地	
		1209	其他交通设施用地	
		1301~1310,1312	公用设施用地	包括供水用地等11个二级类，不包括水工设施用地
		14	绿地与开敞空间用地	
		16	留白用地	
		2301	空闲地	
		城市、建制镇范围(201、202)内的其他用地		
	村庄用地	07	居住用地	
		08	公共管理与公共服务用地	
		09	商业服务业用地	
		1001	工业用地	
		11	仓储用地	
		1207	城镇村道路用地	村庄内部道路用地
		1208	交通场站用地	
		1209	其他交通设施用地	
		1301~1310,1312	公用设施用地	包括供水用地等11个二级类，不包括水工设施用地
		14	绿地与开敞空间用地	
		16	留白用地	
		2301	空闲地	
		村庄范围(203)内的其他用地		

续表 3-7

国土空间功能结构调整表	国土空间调查、规划、用途管制用地用海分类		
	代码	名称	备注
区域基础设施用地	1201	铁路用地	
	1202	公路用地	
	1203	机场用地	
	1204	港口码头用地	
	1205	管道运输用地	
	1206	城市轨道交通用地	
	1311	水工设施用地	
其他建设用地	15	特殊用地	
	1002	采矿用地	
	1003	盐田	
渔业用海	18	渔业用海	
工矿通信用海	19	工矿通信用海	
交通运输用海	20	交通运输用海	
游憩用海	21	游憩用海	
特殊用海	22	特殊用海	
陆地水域	1701	河流水面	
	1702	湖泊水面	
	1703	水库水面	
	1704	坑塘水面	
	1705	沟渠	
	1706	冰川及常年积雪	
其他土地	2302	后备耕地	
	2303	田坎	
	2304	盐碱地	
	2305	沙地	
	2306	裸土地	
	2307	裸岩石砾地	
其他海域	24	其他海域	

注：此表已根据《自然资源部关于印发〈国土空间调查、规划、用途管制用地用海分类指南〉的通知》（自然资发〔2023〕234号）相关要求，对国土空间调查、规划、用途管制用地用海分类进行了校正。

第五节　实习作业与要求

(1)完成实习区域基数转换，要求细化至二级类，掌握细化至三级类的思路和方法，在实习报告中详细介绍直接转换与核实归并、补充调查等转换过程。

(2)根据转换结果完成土地利用现状统计表、《中华人民共和国土地管理法》三大类统计表制作，并根据后续国土空间规划制图要求完成土地利用现状图制作。在实习报告中详细分析实习区域土地利用特征，并在规划数据库中添加现状用地用海图层。

(3)在后续实习过程中，要求按照相应规划内容完成规划用地转换，根据国土空间规划制图要求完成相应土地利用规划图件制作，完成国土空间功能结构调整表统计。在实习报告中进行体现，并在规划数据库添加相应规划用地用海图层。

(4)撰写国土空间规划基数转换与用地转换实习报告。

(5)阅读本章涉及规程、技术标准、相关文件：

①《土地利用现状分类》(GB/T 21010—2007)；

②《土地利用现状分类》(GB/T 21010—2017)；

③《城市用地分类与规划建设用地标准》(GBJ 137—90)；

④《城市用地分类与规划建设用地标准》(GB 50137—2011)；

⑤《第二次全国土地调查技术规程》(TD/T 1014—2007)；

⑥《第三次全国国土调查技术规程》(TD/T 1055—2019)；

⑦《市级国土空间总体规划编制指南(试行)》；

⑧《国土空间调查、规划、用途管制用地用海分类指南(试行)》；

⑨《国土空间调查、规划、用途管制用地用海分类指南》；

⑩《中共中央　国务院关于建立国土空间规划体系并监督实施的若干意见》(中发〔2019〕18号)；

⑪《自然资源部办公厅关于规范和统一市县国土空间规划现状基数的通知》(自然资办函〔2021〕907号)；

⑫《自然资源部关于印发＜国土空间调查、规划、用途管制用地用海分类指南＞的通知》(自然资发〔2023〕234号)。

第四章 国土空间总体规划制图

第一节 实习目的与要求

【实习目的】掌握国土空间总体规划图件类型、制图规范及制作流程,能够按照国土空间总体规划制图规范完成国土空间规划图件制作。

【实习要求】①制作实习区国土空间总体规划图件;②掌握制图流程及专业软件使用。

第二节 数据准备

国土空间总体规划制图涉及的数据包括 DEM 栅格数据、行政区矢量数据、水系矢量数据、道路矢量数据、镇政府驻地矢量数据。各项数据的详细信息见表 4-1。

表 4-1 国土空间规划制图实习数据

数据名称	数据类型	时空分辨率	数据用途	数据存储位置
乡镇级行政区	矢量	—	确定图幅范围及绘制行政区划	第四章 国土空间规划制图\国土空间规划制图.gdb\乡镇级行政区
市级界线	矢量	—	确定图幅范围及绘制行政区划	第四章 国土空间规划制图\国土空间规划制图.gdb\市级界线
扩展 DEM	栅格	90m	绘制山体阴影并生成二值化栅格	第四章 国土空间规划制图\国土空间规划制图.gdb\扩展 DEM
扩展水系	矢量	—	绘制图幅内水系走向	第四章 国土空间规划制图\国土空间规划制图.gdb\扩展水系
扩展水面	矢量	—	绘制图幅内水系走向	第四章 国土空间规划制图\国土空间规划制图.gdb\扩展水面
扩展道路	矢量	—	绘制图幅内道路走向	第四章 国土空间规划制图\国土空间规划制图.gdb\扩展道路
乡镇政府驻地	矢量	—	绘制乡镇政府驻地位置	第四章 国土空间规划制图\国土空间规划制图.gdb\乡镇政府驻地
县政府驻地	矢量	—	绘制县政府驻地位置	第四章 国土空间规划制图\国土空间规划制图.gdb\县政府驻地

第三节 基础知识点

一、国土空间规划图件的概念

国土空间总体规划图件是国土空间规划成果的重要组成部分,与国土空间规划文本具有同等法律效力。

二、国土空间规划图件的类型

国土空间总体规划的图件包括调查型图件、管控型图件和示意型图件 3 类。此外,可根据实际需要增加其他图件。

1. 调查型图件

调查型图件包括全域国土空间用地用海现状图、中心城区国土空间用地用海现状图、全域自然保护地分布图、全域历史文化遗存分布图、全域自然灾害风险分布图。

2. 管控型图件

管控型图件包括全域国土空间控制线规划图、全域生态系统保护规划图、全域农(牧)空间规划图、全域历史文化保护规划图、全域综合交通规划图、全域基础设施规划图、全域国土空间规划分区图、全域生态修复和综合整治规划图、全域矿产资源规划图、中心城区土地使用规划图、中心城区国土空间规划分区图、中心城区开发强度分区规划图、中心城区控制线规划图、中心城区绿地系统和开敞空间规划图、中心城区公共服务设施体系规划图、中心城区历史文化保护规划图、中心城区道路交通规划图、中心城区市政基础设施规划图、中心城区综合防灾减灾规划图、中心城区地下空间规划图。

3. 示意型图件

示意型图件包括全域主体功能分区图、全域国土空间总体格局规划图、全域城镇体系规划图、全域城乡生活圈和公共服务设施规划图、中心城区城市更新规划图。

三、国土空间规划底图的一般规定[①]

1. 空间参照系统和比例尺

1)空间参照系统

图件平面坐标系采用 2000 国家大地坐标系,高程基准面采用 1985 国家高程基准,投影系统采用高斯-克吕格投影,分带采用国家标准分带。

---

① 相关内容节选自《市级国土空间总体规划制图规范(试行)》,可下载查阅完整规定。

2）比例尺

全域图件的比例尺一般为1∶10万,中心城区的比例尺1∶2.5万~1∶1万。若辖区或中心城区面积过大或过小,可根据实际情况作进一步调整。

2. 图件的合并与拆分

1）图件合并

同专题或不同专题内容的现状图件和规划图件,在不影响内容识别的前提下可合并绘制。

2）图件拆分

综合交通、市政基础设施、综合防灾减灾规划等图件,可根据实际需求按不同专题内容拆分绘制。

3. 基础地理要素

1）行政界线

制图区域内表达到区（县）或乡（镇）行政界线,制图区域外表达到省、市或区（县）行政界线。边境城市应注明国境线。

2）政府驻地

制图区域内表达到区（县）或乡（镇）级政府驻地,制图区域外表达到省、市或区（县）级政府驻地。

3）高程特征点

包括制图区域内重要的山脉、山峰、山隘等,宜标注名称和高程值。

4）等高线和等深线

高程、高差对国土空间有较大影响的地区可添加等高线,水底地势对国土空间有影响的地区可添加等深线。

5）其他地物

根据区域情况可选择表达水系、海岸线等其他重要地物,图式可参考地形图相关规范予以表达。

4. 注记

1）注记内容

(1)市（地）、县（区）、乡（镇）政府驻地名称。

(2)铁路站场、民用机场、港口码头、公路与铁路（及其不同方向的通达地名）名称。

(3)重大水利设施名称。

(4)河流、湖泊、水库、干渠、海域的名称。

(5)国家公园、自然保护区、自然公园的名称。

(6)其他重要地物名称。

2)注记文字

(1)同一图形文件内注记文字种类不宜超过 4 种。①汉字优先采用宋体,可选用黑体、楷体、仿宋、隶书。②英文和数字优先采用 Times New Roman,可选用 Arial Black。

(2)不同图形文件内同类型注记的字体、大小应保持一致。

(3)底图要素中的注记文字宜以灰色、白色为主,并应与必选要素、可选要素的注记文字在颜色、大小等方面有明显区别。涉海要素表达参照相关规定。

5. 图幅配置

图幅配置内容包括图名、指北针与风玫瑰图、比例尺、图例、署名和制图日期。

1)图名

图名宜位于图廓外上方,包括规划名称、主题名称,汉字采用黑体,英文和数字采用 Times New Roman。

2)指北针与风玫瑰图

指北针与风玫瑰图可绘制在图幅内右上角或左上角,有风向资料的地区采用 16 方向或 8 方向风向玫瑰图,其他地区采用指北针式样。

3)比例尺

比例尺可选用直线比例尺,比例尺总长度宜为图廓宽度的 1/10。

4)图例

图例由图形(线条、色块或符号)和文字构成,宜绘制在图廓下方。

5)署名和制图日期

图件应署规划编制单位的正式名称和规划编制日期,注于图廓外左下角或右下角。

6. 图纸要素

图纸要素包括底图要素、主要表达内容必选要素和主要表达内容可选要素(以下简称必选要素和可选要素)。底图要素一般包括制图区域的行政边界要素、自然地理要素、交通要素、用地和分区要素。各类要素应符合下列规定。

1)行政边界要素

(1)全域底图应表达区(县)级及以上行政界线和政府驻地、制图区域行政界线的晕线、涉海城市还应包括海岸线和市辖海域。

(2)中心城区底图应表达乡(镇)级及以上行政界线和政府驻地、制图区域行政界线的晕线、涉海城市还应包括海岸线和市辖海域。

2)自然地理要素

自然地理要素应包括山体、水系。

3)交通要素

(1)除全域、中心城区国土空间用地用海现状图外,其他现状图纸底图应表达现状的机场、铁路及站场、城际轨道、港口码头、公路、城镇骨干路网,不同设施可选择性分类表达,可用相同用地叠加不同符号表达。

(2)除全域综合交通规划图、中心城区土地使用规划图、中心城区国土空间规划分区图、中心城区道路交通规划图外,其他规划图纸底图应表达现状和规划的机场、铁路及站场、城际轨道、港口码头、公路、城镇骨干路网,不同设施可选择性分类表达,可用相同用地叠加不同符号表达。

4)用地和分区要素

(1)除全域、中心城区国土空间用地用海现状图外,其他现状图纸底图应表达现状建设用地(包括城乡建设用地、区域基础设施用地、其他建设用地)。

(2)除全域国土空间规划分区图、中心城区国土空间规划分区图、中心城区土地使用规划图外,其他规划图纸底图应表达城镇发展区,有条件的城市宜增加表达村庄建设区。

(3)必选要素:制图区域内如有本规范确定的必选要素,则应按规定进行表达。

(4)可选要素:本规范确定的可选要素宜有选择地表达,也可根据实际情况增设其他要素。

7. 国土空间规划制图基本要求

调查型图件、管控型图件和示意型图件的相关图件必备要素和可选要素图件详见《市级国土空间总体规划制图规范(试行)》。

第四节　实习安排与要求

本章实习课程将利用 ArcMap 软件以"地图包"形式生成国土空间总体规划图件底图包。

一、设置图幅大小

图幅大小决定了地图的页面尺寸和比例,会影响到地图的布局和打印效果。按以下步骤设置好图幅大小。

步骤一:切换到布局视图

(1)打开地图文档:打开 ArcMap,并加载要设置图幅大小的地图文档。

(2)切换到布局视图:在 ArcMap 窗口的底部,点击"布局视图"(Layout View)按钮"▣",或者在菜单栏中选择"视图"(View)→"布局视图(Layout View)"切换到布局视图,显示地图在页面上的预览。

步骤二:打开页面和打印设置

打开页面设置:在菜单栏中,点击"文件"→"页面和打印设置"打开页面和打印设置对话框(图4-1)。

步骤三:设置图幅大小

(1)设置页面尺寸:在页面和打印设置对话框中可以设置图幅的尺寸和方向。

• 打印纸张(Printer Paper):如果打算直接打印地图,可以在打印"纸张"部分选择打印机的纸张尺寸,如 A4、A3 等。

• 地图页面大小(Map Page Size):如果想自定义图幅大小,可以在"地图页面大小"部分手动输入页面的宽度和高度,可以选择单位(如英寸、毫米、厘米)来设置页面尺寸。

(2)设置页面方向:在"方向"(Orientation)部分,选择页面的方向。
- 纵向(Portrait):页面高度大于宽度,适用于垂直布局。
- 横向(Landscape):页面宽度大于高度,适用于水平布局。

本次实习将图幅设置为 A4 横向(图 4-1)。

(3)设置边距(可选):在"边距"(Margins)部分还可以设置页面的边距。边距会影响地图和页面边缘之间的距离,通常设置为一定大小以避免地图元素被裁剪。本次实习使用默认值。

步骤四:应用设置并查看效果

应用设置:设置完成后,点击"确定"。地图页面大小和方向将根据设置进行调整。

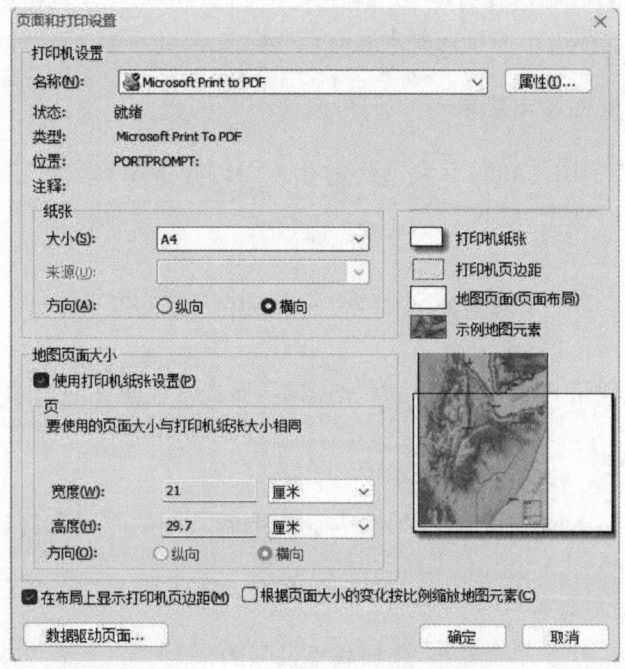

图 4-1 页面和打印设置操作界面

二、设置内外图廓和图例框

1. 设置内外图廓

步骤一:设置外图廓样式

(1)添加外图廓:利用"标尺"工具在布局视图中规划好图面布局,预设外图廓范围、内图廓范围、图例框范围,如图 4-2 所示。
- 外图廓标尺预留位置:上 19cm、下 1.5cm、左 0.5cm、右 29cm。
- 内图廓标尺预留位置:上 18.5cm、下 2cm、左 1cm、右 24cm。
- 图例框标尺预留位置:上 18.5cm、下 2cm、左 24cm、右 28.5cm。

注:上为上侧,下为下侧,左为左侧,右为右侧。

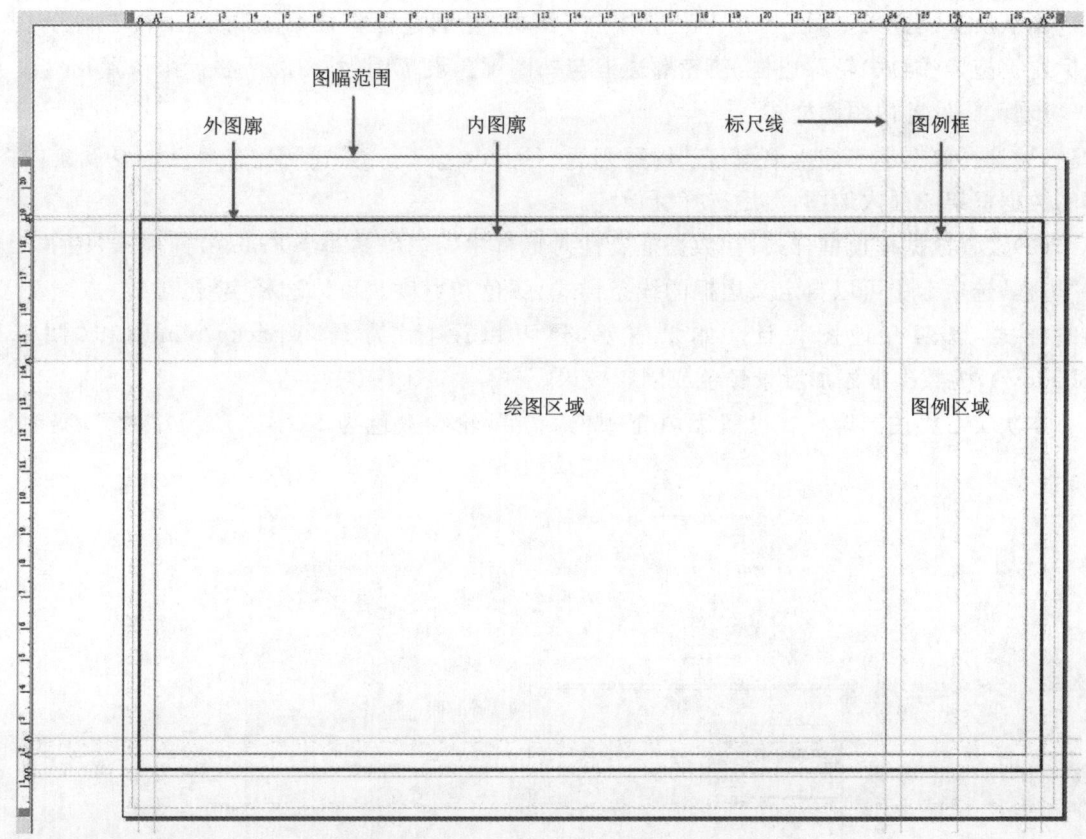

图 4-2 利用"标尺"工具规划图面布局

在菜单栏中,选择"插入"→"图廓线"(Neatline)打开图廓设置对话框(图 4-3)。

(2)设置外图廓位置:在对话框中选择外图廓的位置设置。

·在边距之内放置(Place inside margin):外图廓将放置在页面边缘内的一定距离处。

·围绕所有元素放置(Place around elements):外图廓将围绕布局中的所有地图元素。

本次实习选择"围绕所有元素放置"。设置边距或围绕元素的距离,确保外图廓的位置符合布局设计需求。本次实习使用默认值。

(3)设置线条样式:在内图廓线对话框(图 4-4)中设置图廓线样式,轮廓背景为无填充颜色"<无>",轮廓边框颜色为 RGB(0,0,0)" ■▼"、宽度为 2.0 磅(1 磅≈0.35mm)。

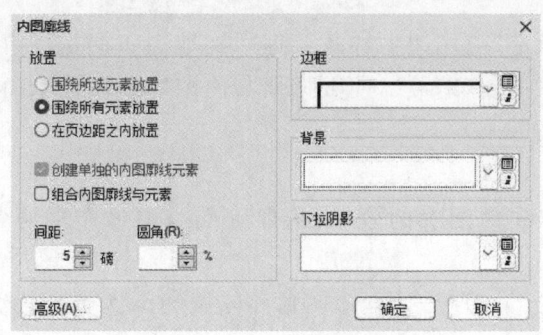

图 4-3 内图廓线设置对话框

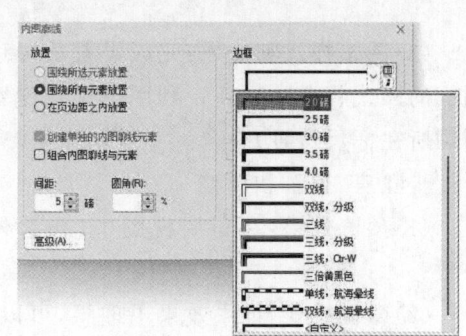

图 4-4 图廓样式设置

确认所有设置无误后,点击"确定"添加外图廓,轮廓边框将被添加到地图布局中。利用鼠标左键拖拽(缩放)轮廓边框,使轮廓边框与外图廓预设范围(外图廓所在标尺位置)叠合。

步骤二:设置内图廓样式

(1)选择数据框或插入地图:在"内容列表"(Table of Contents)中,右键点击要设置内图廓的数据框架或插入地图,然后选择"属性"。

(2)设置数据框边框样式:在数据框属性对话框中,选择"边框"(Frame)选项卡(图4-5)。在"边框"选项卡中可以自定义边框的线条样式、颜色和宽度。可以选择实线、虚线、点线等不同的样式,以匹配地图设计。如果需要,还可以设置"背景"(Background)和"阴影"(Shadow),为数据框添加背景颜色或阴影效果。

本次实习将内图廓样式设置无填充颜色"□",轮廓颜色为 RGB(0,0,0)"■",宽度为1.0磅。

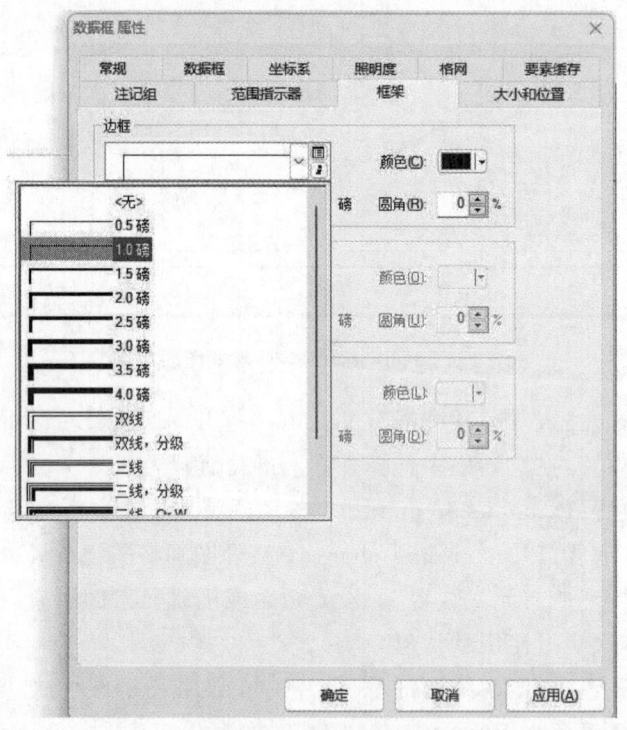

图 4-5 图层数据框属性设置要求

(3)调整样式和效果:完成设置后,点击"确定"应用边框样式。返回到地图布局视图,内图廓的样式将自动更新。利用鼠标左键数据框拖拽(缩放),使数据框与内图廓预设范围(内图廓所在标尺位置)叠合。

步骤三:查看和调整

(1)预览效果:在布局视图中,查看外图廓和内图廓的效果,确保它们与整体布局协调一致。

(2)微调样式:如果效果不理想,可以重复以上步骤,进一步调整外图廓和内图廓的线条样式、颜色和宽度,直到满意为止。

2. 设置图例框

步骤一:显示绘图工具栏

启用绘图工具栏:在 ArcMap 的菜单栏中,点击"自定义"(Customize)→"工具栏"(Toolbars),然后选择"绘图"(Draw)工具栏。绘图工具栏通常会出现在 ArcMap 窗口的顶部。

步骤二:绘制矩形框

(1)选择矩形工具:在绘图工具栏中,点击"矩形"(Rectangle)工具图标"□▾"。矩形工具可以在地图上绘制矩形框。

(2)绘制矩形:将鼠标指针移动到地图布局中图例框预设定点位置。点击并按住鼠标左键,然后拖动鼠标绘制一个矩形。松开鼠标左键,矩形框将被绘制在地图上。

步骤三:编辑矩形框

(1)调整位置和大小:使用"选择元素"(Select Elements)工具(绘图工具栏中的箭头图标)点击矩形框,可以选择并编辑它。选中矩形框后,可以通过拖动框体或通过拖动边角调整矩形框的大小,进而将其移动到图例框预设位置。

(2)设置样式:右键点击矩形框,选择"属性"。在弹出的属性对话框中,可以调整矩形框的边框颜色、线型、线宽,以及填充颜色等样式。

将矩形样式设置为无填充颜色"▫▾"且轮廓颜色为 RGB(0,0,0)"■▾"、宽度为 1.0 磅(图 4-6)。

图 4-6 内外图廓和图例框绘制结果

三、绘制图件要素

1. 创建书签

点击添加数据"✥▾"按钮,添加"乡镇级行政区""市级界线"矢量数据至图层数据框(内图廊)中,利用平移工具" ",在页面中单击"乡镇级行政区"矢量数据拖拽至图层数据框(内图廊)中心位置,确保图层数据框(内图廊)中制图要素(交通、水系等内容)清晰可见,并将图纸比例尺取整数为1∶250 000。

确定范围和比例尺后点击主界面"书签"按钮,打开创建书签" "工具设置书签,用于防止后期操作失误造成数据框(内图廊)各要素偏移时快速复原。

2. 绘制晕线和行政区划界线

晕线(Cartographic Line Halo)是一种图形效果,通常用于增强线状地理要素的可见性。晕线通过在主线周围添加一层或多层轮廓,使其在复杂背景上更加清晰。以下是如何在ArcMap中为线状要素绘制晕线的详细步骤。

步骤一:打开图层属性

(1)选择图层:在"内容列表"中添加"规划区边界线"图层,右键点击"规划区边界线",然后选择"属性"。

(2)打开符号化选项:在图层属性对话框中,点击"符号系统"(Symbology)选项卡。

步骤二:自定义线符号

(1)选择线符号样式:在"符号系统"选项卡中(图4-7左),点击"符号"按钮打开"符号选择器"对话框(图4-7右)。

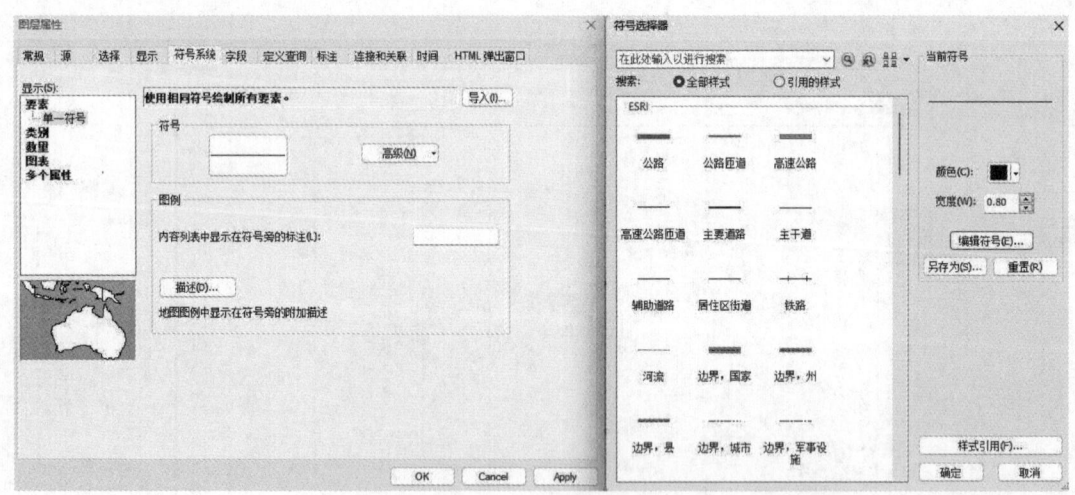

图4-7 "符号系统"选项卡(左)和"符号选择器"对话框(右)

(2)编辑线符号:在符号选择对话框中,点击"编辑符号(Edit Symbol)"按钮,进入符号编辑界面。

(3)添加晕线效果:在符号编辑界面,点击"+添加符号图层"(+Add Symbol Layer)按钮,并选择"制图线符号"(Cartographic Line Symbol)。根据需要添加多层制图线符号。本次实习为4层(图4-8)。

新添加的符号图层会默认作为晕线使用。通常,晕线会放置在原始线符号的下面,形成一个背景轮廓。

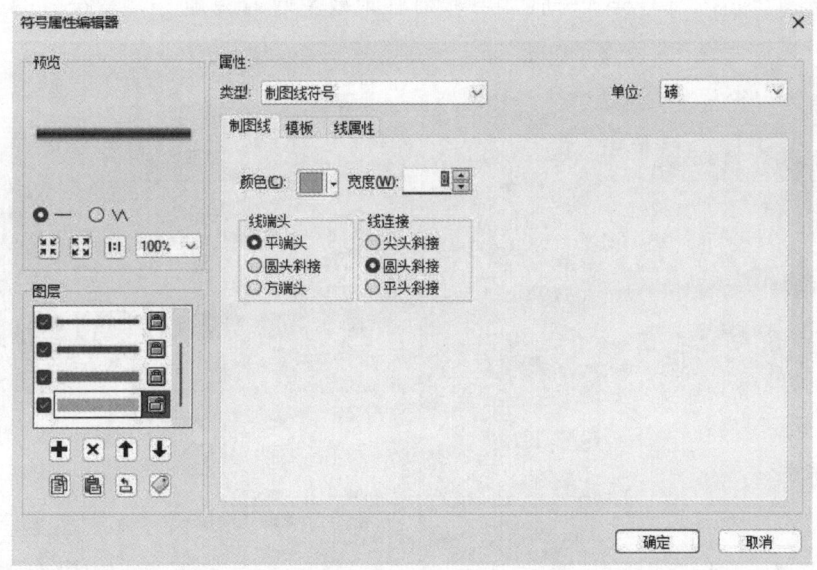

图 4-8　添加晕线图层并设置晕线样式

步骤三：设置晕线样式

(1)调整晕线宽度和颜色：选择刚添加的"制图线符号"图层，然后设置"颜色"(Color)和"宽度"(Width)。晕线的颜色通常是白色或浅色，以便在地图背景上突出主线。根据需要调整晕线的宽度，使其能明显突出主线，但又不至于过于显眼。

(2)调整图层顺序：确保晕线图层在主线图层的下面，可以在符号编辑器中拖动符号图层的顺序来实现这一点。

(3)设置主线样式：确保主线的样式与地图的设计一致，通常使用较深的颜色和适中的线宽，以确保在添加晕线后仍然清晰可见。

步骤四：应用和查看效果

(1)应用符号设置：完成符号设置后，点击"确定"返回到符号选择对话框，然后再次点击"确定"返回到图层属性对话框。在图层属性对话框中，点击"确定"应用符号化设置。

(2)查看晕线效果：返回地图视图，查看线状要素的晕线效果。如果效果不理想，可以返回符号编辑界面进行调整。

3. 添加行政区驻地图层并符号化

步骤一：符号化乡政府驻地图层

(1)加载地图层：加载县政府驻地和乡政府驻地点要素图层。

(2)打开图层属性：在"内容列表"中，右键点击县政府驻地或乡政府驻地图层，然后选择"属性"。

(3)设置符号化：在图层属性对话框中，点击"符号系统"选项卡。在"显示"列表中选择"要素"→"单一符号"，对所有乡政府驻地使用相同的符号。

(4)选择符号样式：点击"符号"按钮，打开"符号选择器"对话框（图4-9）。在符号选择对话框中可以选择合适的符号样式来代表县政府驻地或乡政府驻地。调整符号的大小，使其在地图上清晰可见。

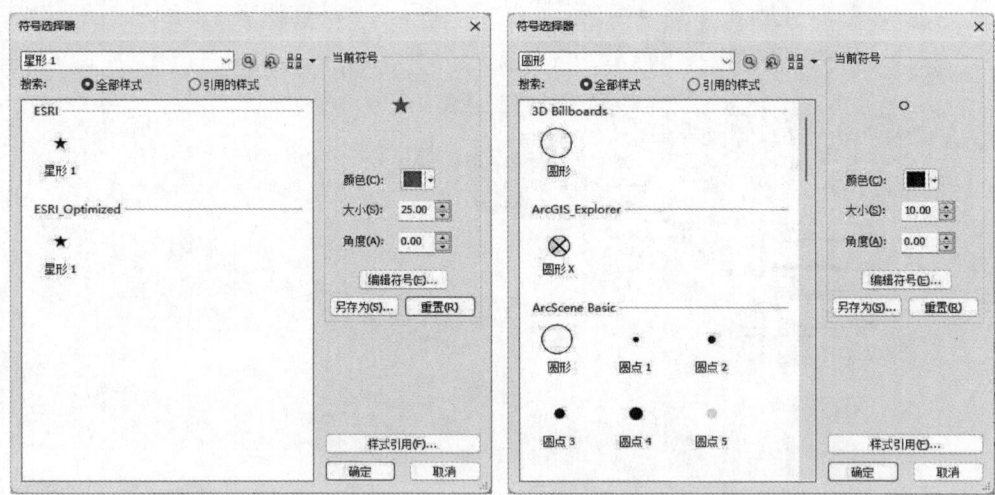

图 4-9　县政府驻地(左)和乡镇政府驻地(右)符号设置界面

(5)应用符号设置：设置完成后，点击确定关闭"符号选择器"对话框，然后点击"确定"关闭图层属性对话框。

步骤二：添加驻地标注

(1)启用标注功能：在"内容列表"中，右键点击县政府驻地或乡政府驻地图层，然后选择"标注要素"(Label Features)。这将为该图层启用默认的标注。

(2)设置标注属性：右键点击乡政府驻地图层，再次选择"属性"，然后点击"标注"(Labels)选项卡(图 4-10)。勾选"标注此图层中的要素"(Label features in this layer)，这将确保该图层被标注。

(3)选择标注字段：在"标注字段"(Label Field)下拉菜单中，选择用作标注的字段"XZQMC"。

(4)设置标注样式：点击"符号"按钮，打开标注符号设置对话框。在这里可以调整标注的字体、大小、颜色和样式。

如果需要，点击"属性"进一步设置标注的位置(如上方、下方、居中等)、偏移量和其他高级选项。

(5)标注位置设置(可选)：点击"放置属性"(Placement Properties)按钮，可以设置标注的位置和优先级。这对于密集区域的标注非常有用，以避免标注重叠。

(6)应用标注设置：设置完成后，点击"OK"关闭所有对话框。标注将会在地图上显示。

步骤三：查看和调整

(1)预览效果：在地图视图中预览符号化和标注的效果，确保符号和标注清晰可见且符合地图的整体风格。

(2)调整设置：如果符号或标注需要进一步调整，可以返回相应的设置对话框进行修改，直到达到满意的效果。

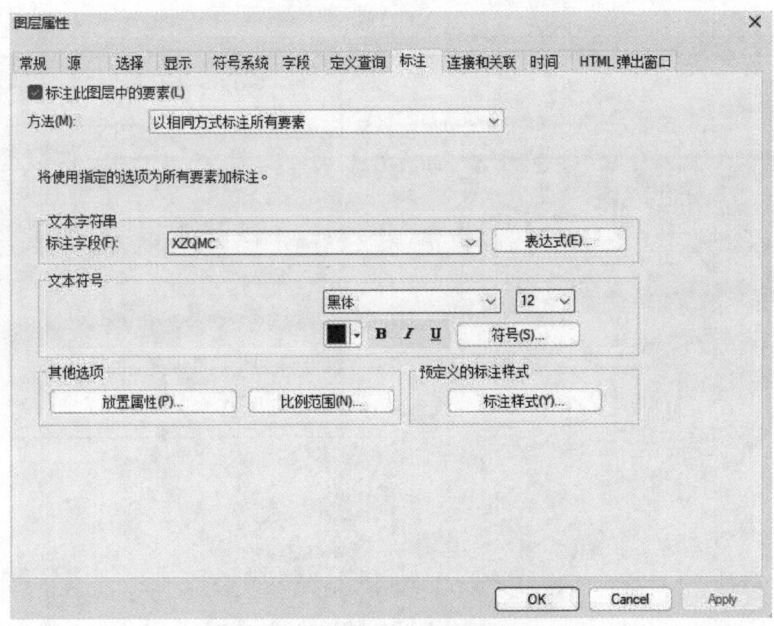

图 4-10　乡镇政府驻地标注设置界面

4. 添加路网图层并进行符号化

步骤一：添加路网图层

（1）加载路网数据：选择"文件"→"添加数据"（Add Data），找到并加载"扩展道路"图层，该图层包含铁路、高速公路、国道、省道和县道的路网数据。

（2）检查图层属性：在"内容列表"中，右键点击刚添加的"扩展道路"图层，选择"打开属性表"，查看图层的属性字段。确认有用于区分道路类型的"类型"字段。

步骤二：符号化路网图层

（1）打开图层属性：右键点击"扩展道路"图层，然后选择"属性"。

（2）选择符号化方法：在"符号化"选项卡中，选择"分类"→"唯一值"，根据道路类型字段对路网进行符号化。

（3）选择分类字段：在"值字段"（Value Field）下拉菜单中，选择"类型"字段。

（4）添加符号：点击"添加所有值"（Add All Values）按钮，显示图层中所有不同的道路类型。

（5）设置符号样式：双击每个道路类型前的符号，打开符号选择对话框，为每种道路类型设置不同的线条样式、颜色和宽度（图 4-11）。

铁路：通常使用黑白相间的虚线或双线表示。

高速公路：可以使用较粗的实线，颜色为红色或橙色。

国道：使用中等粗细的实线，颜色为黄色或蓝色。

省道：使用稍细的实线，颜色为绿色或紫色。

县道：使用细线，颜色为灰色或棕色。

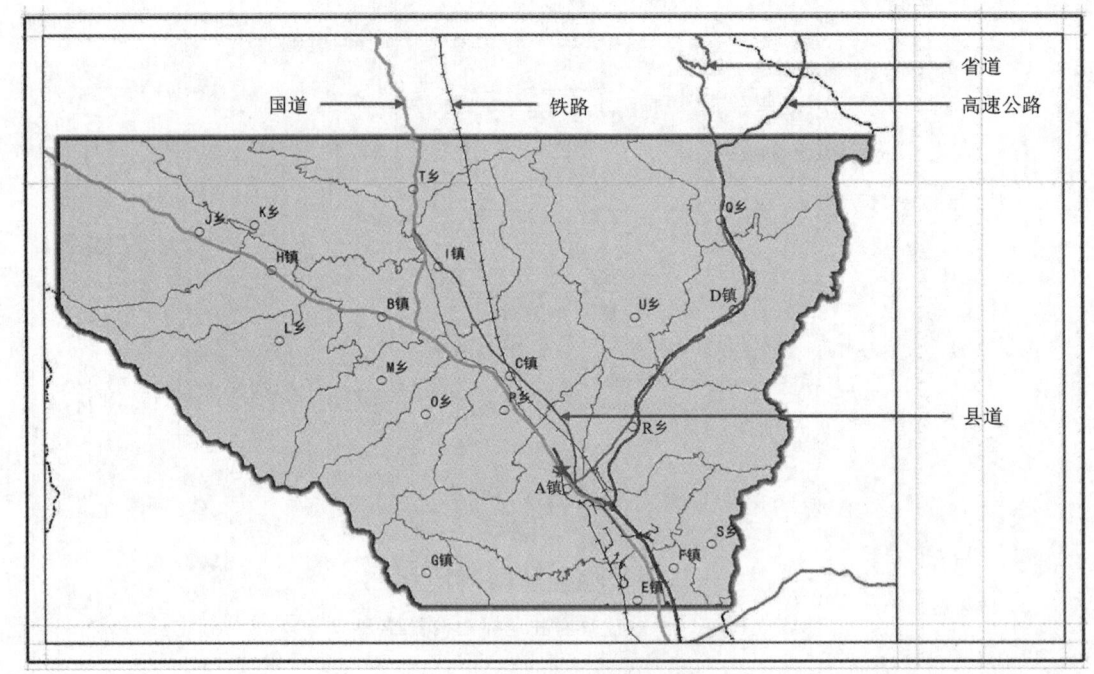

图 4-11 设置路网图层符号样式

设置完成后,点击"OK"关闭符号选择对话框,然后点击"OK"关闭图层属性对话框。现在,路网应该根据不同的道路类型进行符号化显示。

步骤三:标注各级道路名称

(1)启用绘图工具栏:在 ArcMap 的菜单栏中,点击"自定义"→"工具栏",然后选择"绘图"工具栏。

(2)使用文字工具添加标注:在绘图工具栏中,点击"文本"工具图标。点击地图布局中的一个位置,在弹出的对话框中输入道路名称,如××高速。输入完成后,点击"OK",文字将被添加到地图上。通过拖动文本框来调整其位置,使其与需要标注道路位置对齐。

(3)调整文本样式:右键点击已添加的文本框,选择"属性",打开文本属性对话框调整文本的字体、大小、颜色和对齐方式。

调整完成后,点击"OK"应用设置。

(4)选择矩形框工具:在绘图工具栏中,点击"矩形"工具图标。

(5)绘制矩形框:在文本周围点击并拖动鼠标绘制一个矩形框。矩形框会默认覆盖文本内容。

要将矩形框放在文本的后面,右键点击矩形框,选择"顺序"(Order)→"发送到后面"(Send to Back)。

(6)调整矩形框样式:右键点击矩形框,选择"属性",打开属性对话框。在这里可以设置矩形框的填充颜色、边框线条颜色和宽度等。

通常情况下,设置一个浅色的填充颜色,并将边框设置为浅色或无色,以便文本在背景上清晰显示,或者可以设置与标注的道路一致的颜色。点击绘制工具中的"旋转""按钮,将道路名称和矩形框旋转与道路方向一致。

设置完成后,点击"OK"应用样式(图4-12)。

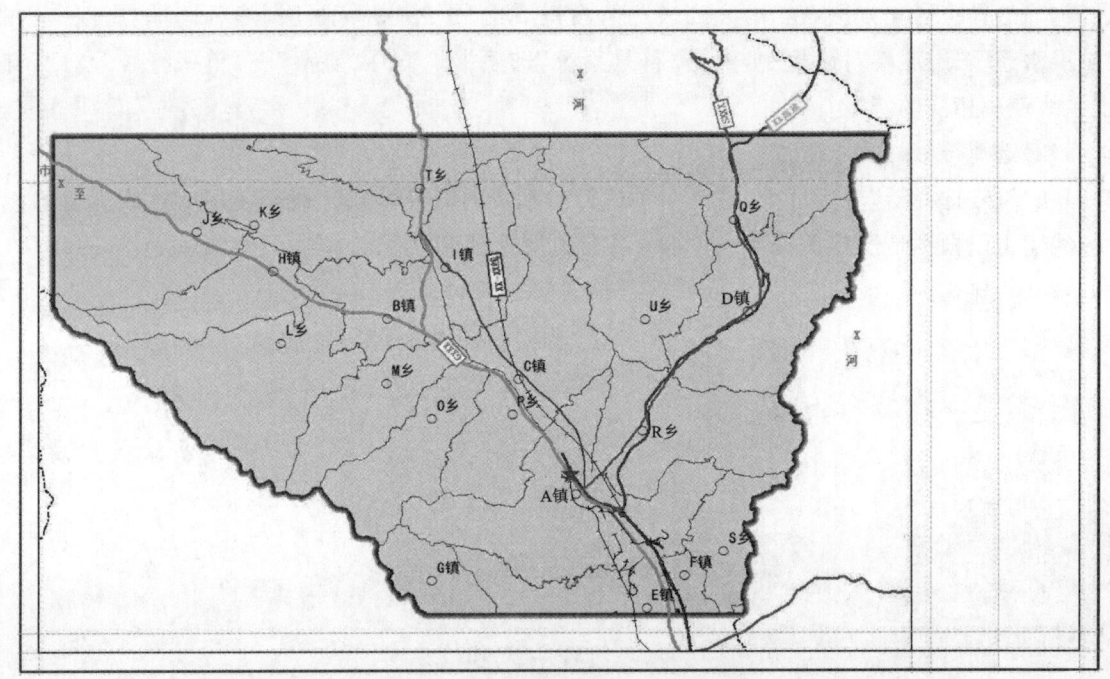

图 4-12　道路名称标注结果

(7)重复以上步骤:对地图上的其他道路,重复以上步骤,使用文字工具添加道路名称,并使用矩形框工具为文字添加背景。确保所有标注的样式一致,并且合理分布在地图上,避免遮挡重要的地图内容。

5. 添加水系图层并进行符号化

步骤一:添加水域面和水系线图层

加载图层数据:点击"文件"→"添加数据",然后选择"扩展水面"和"扩展水系"图层文件。将这些图层添加到内容列表中。

步骤二:符号化水域面图层

(1)选择符号化方法:在"内容列表"中,右键点击"扩展水面"图层,然后选择"属性"。

在"扩展水面"图层属性对话框中,点击"符号系统"(Symbology)选项卡。在"显示"列表中选择"要素"→"单一符号"。

(2)选择符号样式:点击"符号"按钮,打开符号选择对话框。在"符号选择器"对话框中,选择一种适合水域面的符号样式。通常使用浅蓝色或青色填充来表示水体。调整符号的边框颜色和宽度,以更好地突出水域面。本次实习设置填充颜色 RGB(0,197,255),轮廓宽度 0,无轮廓颜色(图4-13)。

设置完成后,点击"确定"关闭"符号选择器"对话框,然后点击"确定"关闭图层属性对话框。

步骤三:符号化水系线图层

(1)选择符号化方法:在"内容列表"中,右键点击"扩展水系"图层,然后选择"属性"。在"扩展水系"图层属性对话框中,点击"符号系统"选项卡。选择"要素"→"单一符号",对所有水系线使用相同的符号。

(2)选择符号样式:点击"符号"按钮,打开"符号选择器"对话框。

在"符号选择器"对话框中,选择一种适合水系线的符号样式。通常使用蓝色或青色的实线,线宽可以根据地图比例调整,使得水系在地图上清晰可见。本实习设置颜色为RGB(0,197,255),样式为实线,宽度为1.5磅符号样式(图4-14)。

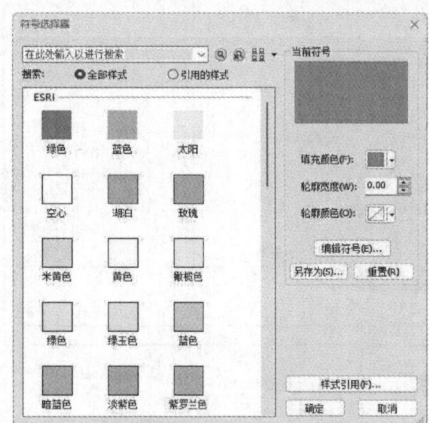

图4-13 水面样式设置

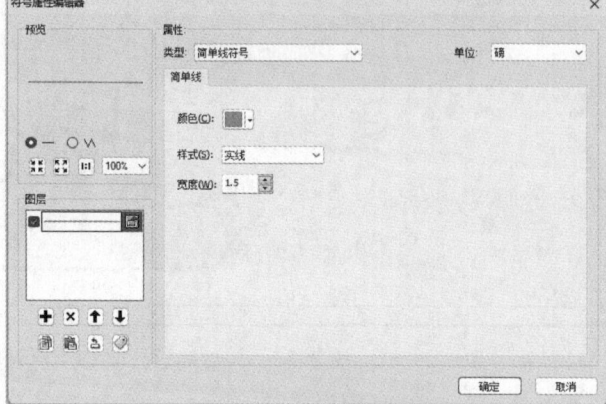

图4-14 水系样式设置界面

设置完成后,点击"确定"关闭"符号选择器"对话框,然后点击"确定"关闭图层属性对话框。

步骤四:标注水系名称

(1)选择文本工具:在绘图工具栏中,点击"文本"工具图标。将鼠标指针移动到想要放置水系名称的位置。点击地图,在弹出的对话框中输入水系的名称。完成后,点击"确定",文本将被添加到地图上。

(2)调整文本位置:使用"选择元素"(Select Elements)工具(绘图工具栏中的箭头图标)点击刚添加的文本框,然后拖动它到精确的标注位置。可以根据水系的形状和流向调整文本的角度和位置,使其与水系自然对齐。

(3)调整字体和颜色:右键点击已添加的文本框,选择"属性",打开文本属性对话框。在"文本"选项卡中,可以设置字体、字号、颜色和对齐方式。通常,水系名称使用蓝色字体以符合水系的主题。将水系名称颜色设置为RGB(0,197,255),字体大小为11号。

设置完成后,点击"确定"应用所有样式设置。

6. 绘制高程影像及山体阴影图

步骤一：设置高程样式

（1）添加数据：打开 ArcMap，在主界面点击"添加数据"按钮，将"扩展 DEM"栅格数据加载到地图中。

（2）打开属性设置：在内容列表中，右键点击加载的"扩展 DEM"图层，然后选择"属性"按钮。

（3）设置符号系统：在属性对话框中，点击"符号系统"按钮。在符号系统设置界面，选择"已分类"显示。设置分类类别和值域范围，确保能较好地反应区域高程起伏。

步骤二：调整栅格美观度

（1）打开显示设置：右键点击"扩展 DEM"图层，再次选择"属性"按钮。

（2）调整显示设置：

在属性对话框中，点击"显示"按钮（图 4-15），设置如下参数。

- 对比度：0%。
- 亮度：0%。
- 透明度：60%。

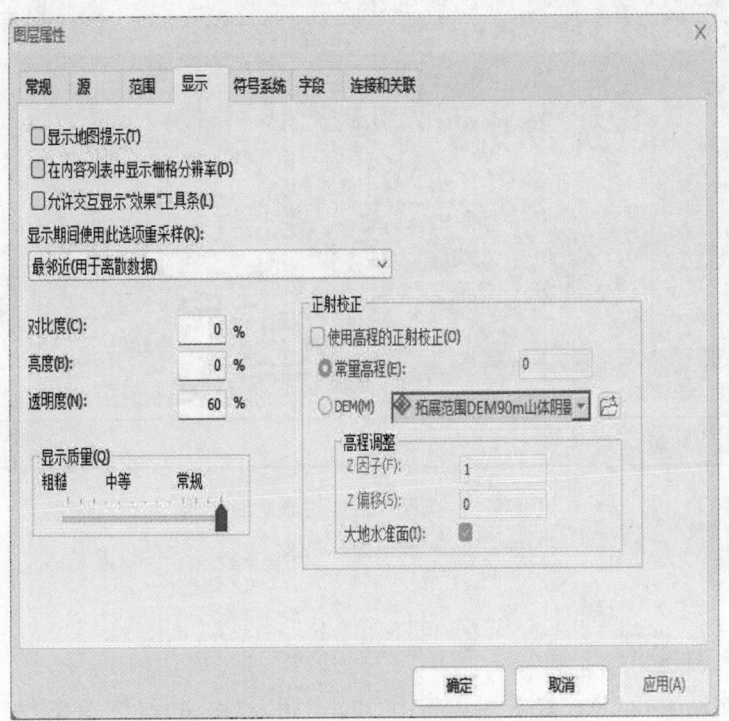

图 4-15　高程显示设置界面

步骤三：绘制山体阴影图

（1）打开山体阴影工具：在 ArcMap 主界面，点击"ArcToolbox"按钮。依次进入"系统工具箱"→"3D Analyst 工具"→"栅格表面"→"山体阴影"。

(2)设置山体阴影参数:将"扩展范围DEM90m"栅格数据添加到"输入栅格"中。设置输出栅格的名称和位置。保持方位角、高度角和Z因子为默认选项。

步骤四:调整山体阴影美观度

(1)打开山体阴影属性设置:在内容列表中,右键点击生成的山体阴影图层,选择"属性"按钮。

(2)调整显示设置:在属性对话框中,点击"显示"按钮,设置如下参数。

· 对比度:0%。

· 亮度:0%。

· 透明度:70%。

(3)查看结果:调整完成后,高程影像和山体阴影图将同时显示在地图中。检查如图4-16所示的高程和山体阴影绘制结果,确保最终效果符合预期。

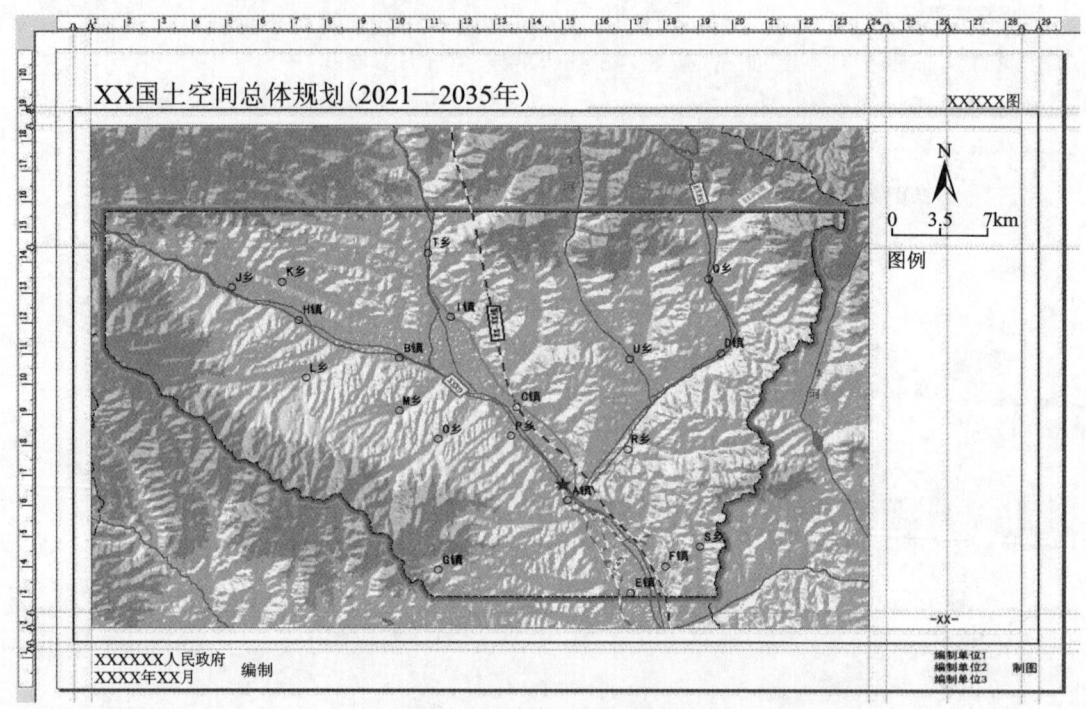

图4-16 高程和山体阴影绘制结果

7. 插入图例

步骤一:插入图例

(1)打开图例设置:在ArcMap主界面中,点击"插入"按钮,然后选择"图例"按钮,打开图例设置对话框。

(2)设置图例参数:在图例设置对话框中,设置列数为2。按照图4-17的步骤依次选择要包括在图例中的图层,设置图例标题,设置图例框架样式,设置图例符号的大小和形状,调整图例各个部分之间的间距。

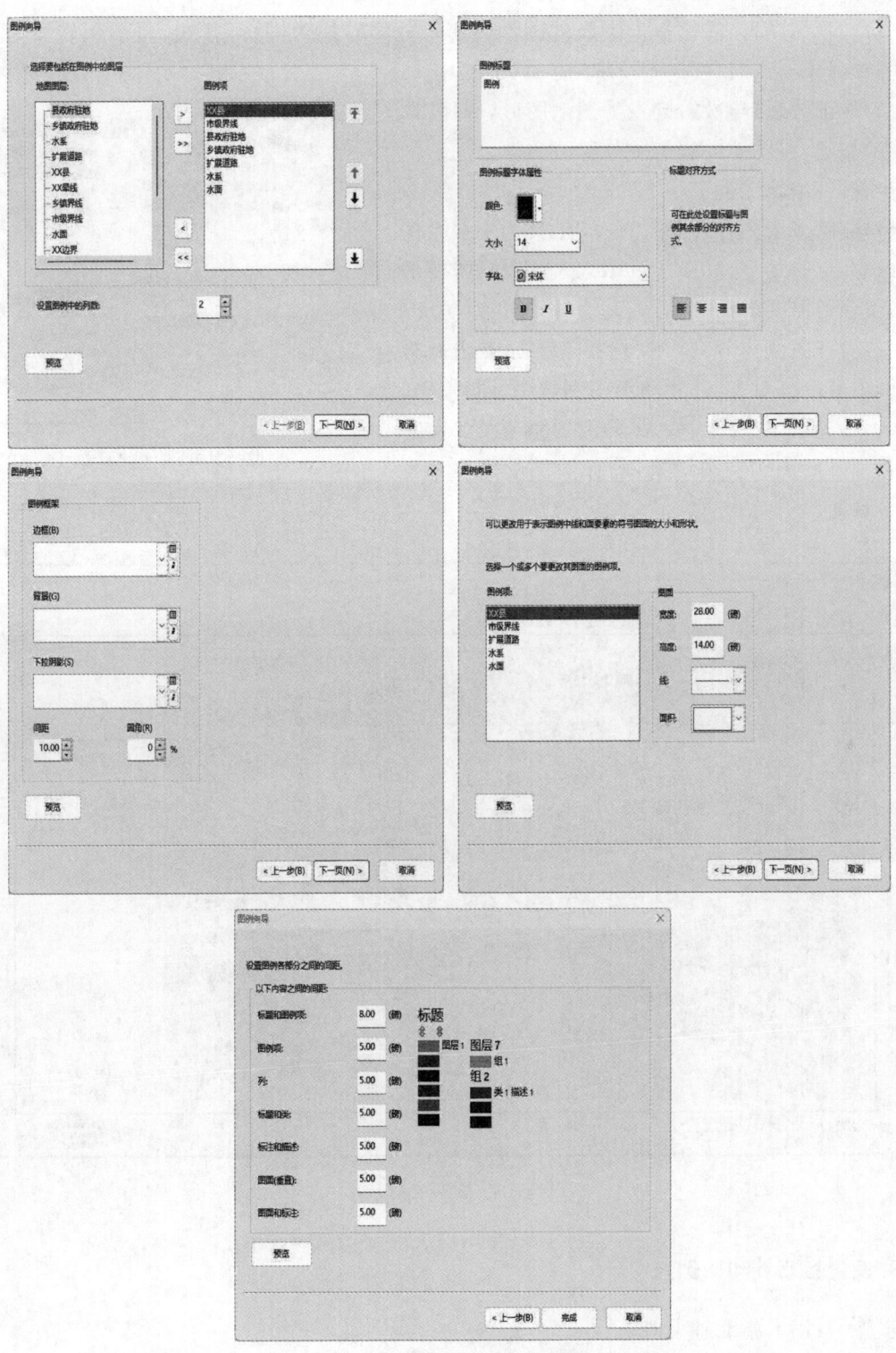

图 4-17 添加图例设置要求

步骤二：转换图例为图形进行精细调整

(1)转换为图形：右键点击生成的图例内容，选择"转换为图形"按钮，将图例转换为可编辑的图形对象。

(2)取消分组：再次右键点击图例图形，选择"取消分组"按钮，将图例内容解除分组。

步骤三：编辑图例

(1)删除多余内容：使用"选择"工具选中多余的图例内容，点击键盘上的"Delete"键删除不需要的图例，仅保留需要的图例。

(2)对齐图例内容：使用"选择"工具，点击并拖拽图例内容使其对齐，并移动至图例框中（图4-18）。

(3)检查最终效果：完成图例的调整后，检查图4-19所示的图例绘制结果，确保图例的内容和位置符合预期。

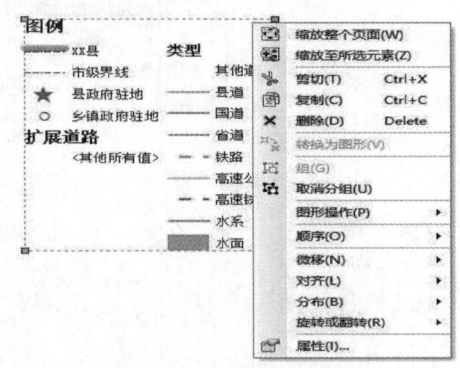

图 4-18　图例设置界面

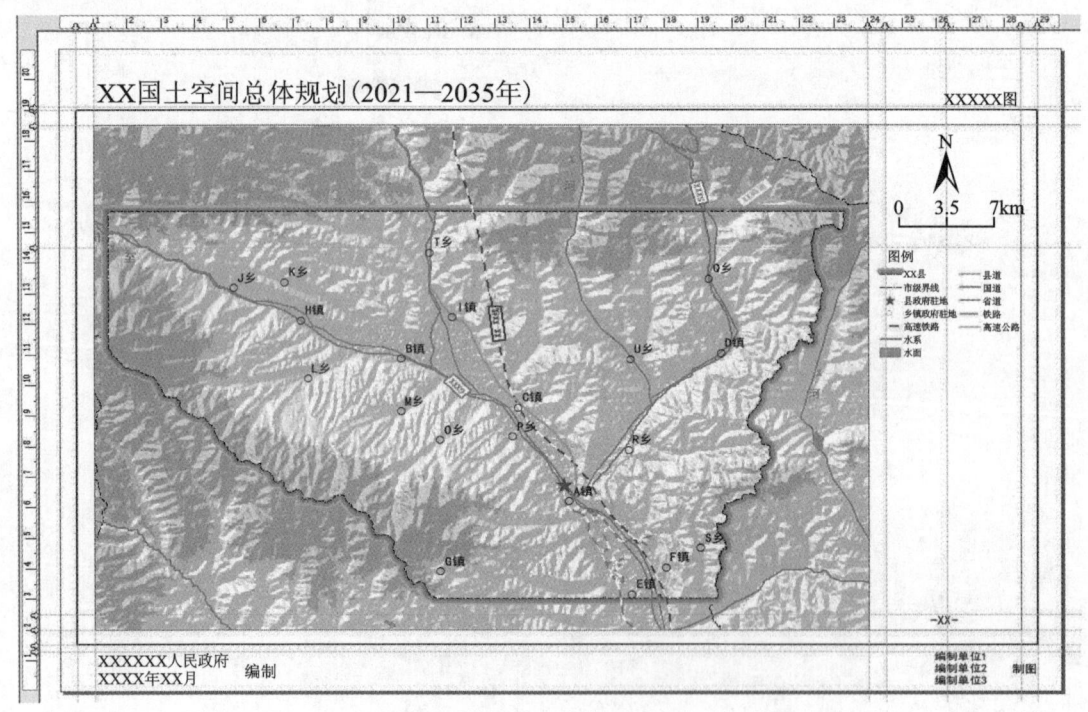

图 4-19　图例绘制结果

8. 设置指北针和比例尺

步骤一：插入指北针

(1)打开指北针工具：在ArcMap主界面中，点击"插入"按钮，选择"指北针"工具，打开指北针样式选择界面。

(2)选择指北针样式:在样式选择界面中,选择想要的指北针样式。

(3)添加指北针:选择指北针样式后,点击"确定"按钮。在地图布局中单击鼠标,按住不放拖拽以缩放指北针,并将其放置在预设的指北针位置。

步骤二:插入比例尺

(1)打开比例尺工具:在 ArcGIS 主界面中,点击"插入"按钮,选择"比例尺"工具,打开比例尺样式选择界面。

(2)选择比例尺样式:在样式选择界面中,选择想要的比例尺样式。

(3)设置比例尺属性:在比例尺属性设置界面中(图 4-20),设置如下参数。

- 主刻度数:设置比例尺的主刻度数量。
- 分刻度数:设置比例尺的分刻度数量。
- 主刻度单位:选择主刻度的单位。
- 标注位置:设置比例尺标注的位置。
- 标注和间距:设置标注的间距和格式。

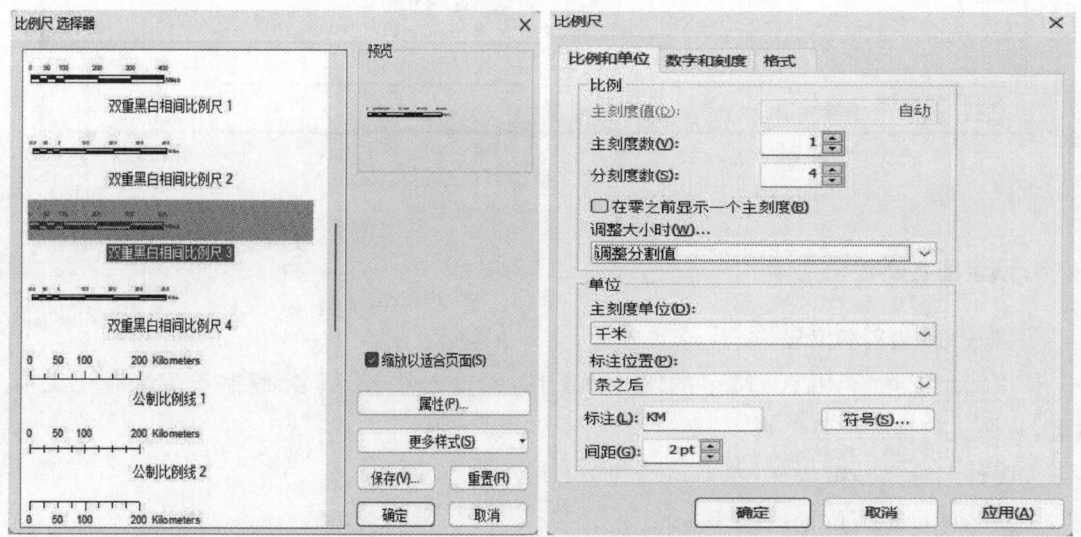

图 4-20　比例尺样式和属性设置要求

(4)添加比例尺:设置完成后,点击"确定"按钮。在地图布局中单击鼠标,按住不放拖拽以缩放比例尺,并将其放置在预设的比例尺位置。

步骤三:调整指北针和比例尺位置

(1)对齐指北针和比例尺:使用"选择"工具,将指北针和比例尺拖动到预留的指北针和比例尺位置,确保它们与地图布局中的其他元素对齐。

(2)确保比例尺为整数:检查图例中的比例尺是否为整数,如果需要调整,请重新设置比例尺的刻度和单位。

(3)查看最终效果:完成指北针和比例尺的设置后,检查图 4-21 所示的最终效果,确保指北针和比例尺的位置和样式符合预期。

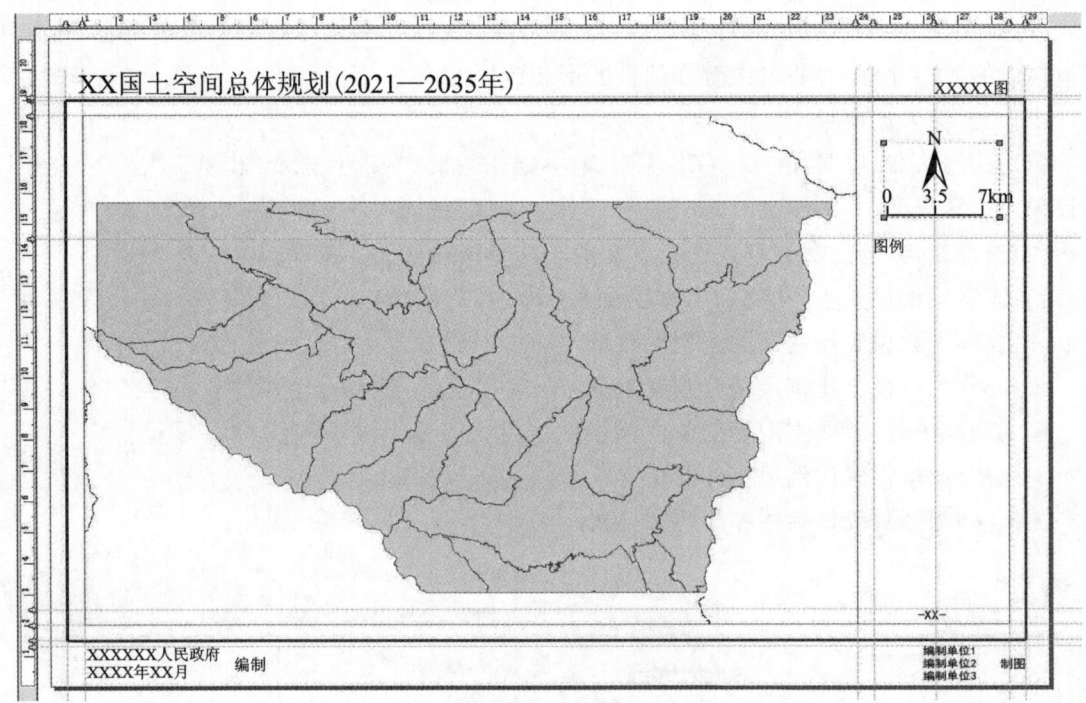

图 4-21　指北针和比例尺绘制结果

9. 设置图名及注记文本

步骤一：预设文本位置

使用标尺工具：利用 ArcMap 的"标尺"工具，预设图件名、图名、编制单位等注记文本的位置，确保文本排版工整美观。

- 图件名标尺预留位置：左 1cm、下 19.1cm。
- 图名标尺预留位置：右 28.5cm、下 19.1cm。
- 编制单位文本标尺预留位置：左 1cm、上 1.3cm。
- 制图单位文本标尺预留位置：右 27.5cm、上 1.3cm。
- 图例文本标尺预留位置：左 24.5cm、上 14.5cm。
- 图件标号标尺预留位置：左 25.8cm、上 2.5cm。

注：上为上侧，下为下侧，左为左侧，右为右侧。

步骤二：添加图件名文本

(1) 打开文本工具：在 ArcMap 主界面中，点击"插入"按钮，选择"文本"工具。

(2) 设置图件名文本属性：输入图件名的文本内容，例如"××国土空间总体规划（2021—2035 年）"。点击"对齐"按钮，将文本设置为居左对齐。

点击"更改符号"按钮，设置文本属性。

- 颜色：RGB(0,0,0)。

- 字体:黑体。
- 大小:25号。
- 加粗:是。

(3)调整文本位置:利用鼠标左键将图件名文本拖拽至预设的标尺位置,确保文本与预设范围对齐。

步骤三:添加图名文本

(1)设置图名文本属性:输入图名的文本内容,例如"×××××图"。点击"对齐"按钮,将文本设置为居右对齐。

点击"更改符号"按钮,设置文本属性。

- 颜色:RGB(0,0,0)。
- 字体:黑体。
- 大小:14号。

(2)调整文本位置:将图名文本拖拽至预设的标尺位置,确保文本与预设范围对齐。

步骤四:添加编制单位文本

(1)设置编制单位文本属性:输入编制单位的文本内容,如"××人民政府""××××年××月""编制"。点击"对齐"按钮,将文本设置为居左对齐。

点击"更改符号"按钮,设置文本属性。

- 颜色:RGB(0,0,0)。
- 字体:黑体。
- 大小:11号。

(2)调整文本位置:将编制单位文本拖拽至预设的标尺位置,确保文本与预设范围对齐。

步骤五:添加制图单位文本

(1)设置制图单位文本属性:输入制图单位的文本内容,例如"编制单位1""编制单位2""编制单位3""制图"。点击"对齐"按钮,将文本设置为居右对齐。

点击"更改符号"按钮,设置文本属性。

- 颜色:RGB(0,0,0)。
- 字体:黑体。
- 大小:11号。

(2)调整文本位置:将制图单位文本拖拽至预设的标尺位置,确保文本与预设范围对齐。

步骤六:添加图例文本

(1)设置图例文本属性:输入图例的文本内容"图例"。点击"对齐"按钮,将文本设置为居左对齐。

点击"更改符号"按钮,设置文本属性。

- 颜色:RGB(0,0,0)。
- 字体:黑体。
- 大小:12号。

(2)调整文本位置:将图例文本拖拽至预设的标尺位置,确保文本与预设范围对齐。

步骤七:添加页码文本

(1)设置页码文本属性:输入页码的文本内容"-××-"。点击"对齐"按钮,将文本设置为居左对齐。

点击"更改符号"按钮,设置文本属性。

- 颜色:RGB(0,0,0)。
- 字体:黑体。
- 大小:12号。

(2)调整文本位置:将页码文本拖拽至预设的标尺位置,确保文本与预设范围对齐。

(3)检查文本排版:完成所有文本的设置和排版后,检查图4-22所示的最终效果,确保所有文本内容的格式、字体、颜色和位置符合要求。

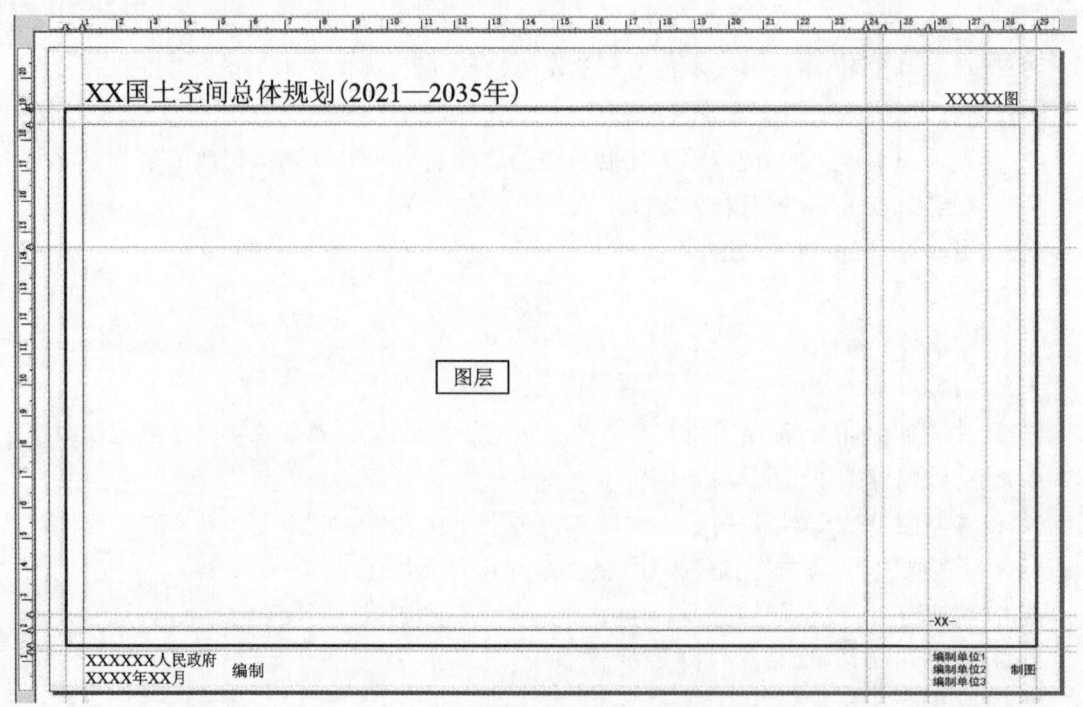

图4-22 图名及注记文本绘制结果

四、打包地图

地图包(Map Package)是一种方便的方式,用于将地图文档及其相关数据一起打包成一个文件,方便分享。地图包包含了地图的所有图层、符号化、表格、链接和嵌入的数据文件,确保在不同计算机上打开时能完整再现地图内容。地图包可能会包含大量数据,文件大小可能较大。打包之前,考虑是否需要对数据进行压缩或筛选。此外,地图包在不同版本的 ArcMap 或 ArcGIS Pro 中打开时,可能会遇到兼容性问题,建议使用同一版本的软件打开。

步骤一:检查地图文档

(1)保存地图文档:确保已经保存了地图文档(.mxd 文件)。确保所有图层的数据源都能被正确访问,并且地图设置如符号化和标注都已经完成。

(2)检查数据路径:打开"文件"→"地图文档属性"(Map Document Properties),确保所有数据的路径是相对路径,这样在打包时数据路径不会丢失。

步骤二:设置地图包选项

(1)启动"共享为"工具:在 ArcMap 中,点击"文件"→"共享为"(Share As)→"地图包",打开创建地图包对话框。

(2)选择输出位置:在对话框中可以选择"将包上传到我的 ArcGIS Online 账户"或者"将包保存到文件"。选择后者,将地图包保存为本地文件。

(3)设置文件路径和名称:点击"浏览"(Browse)按钮,选择保存地图包的位置,并为地图包命名。地图包文件的扩展名为 .mpk。

(4)检查和修复数据:在对话框中,点击"分析"(Analyze)按钮,ArcMap 会检查地图包中的潜在问题,如数据源路径错误、缺失数据等。

如果有问题,会在"准备"(Prepare)窗格中列出,还可以点击每个问题进行修复,确保地图包的完整性。

(5)设置地图包属性:在对话框的下方可以输入地图包的"摘要""标签""描述"和"访问和使用限制"(图 4-23),这些信息有助于使用者了解地图包的内容和用途。

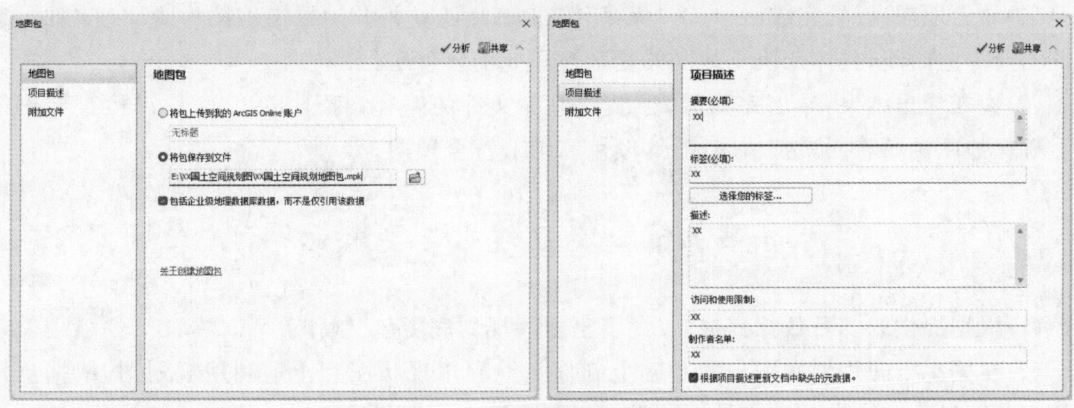

图 4-23 地图包设置对话框

步骤三:创建地图包

(1)创建地图包:设置完成后,点击"共享"(Share)按钮。ArcMap 将开始打包地图和相关数据,这可能需要一些时间,取决于数据的大小和复杂性。

(2)保存地图包:创建完成后,地图包文件将保存在指定的位置。打开刚创建的地图包,检查是否所有图层和数据都正确加载,符号化和标注是否完整。如果有问题,可以回到原始地图文档进行调整,然后重新打包。可以将这个文件分享给其他用户,他们可以在 ArcMap 或 ArcGIS Pro 中打开地图包,查看和编辑地图。

五、导出地图为 PNG

步骤一:导出地图

(1)打开导出地图对话框:在 ArcMap 的菜单栏中,点击"文件"→"导出地图"(Export Map)打开导出地图对话框。

(2)选择导出格式:在"保存类型"(Save as Type)下拉菜单中,选择 PNG 作为导出格式。PNG 文件是一种常见的无损压缩图像格式,适合保存高质量的地图图像。

(3)设置文件路径和名称:在"名称"框中,为导出的文件输入名称,并选择保存路径。

(4)设置导出参数:

分辨率(Resolution):设置输出的分辨率,单位为 dpi(每英寸点的数目)。常用的设置为 300dpi(适合打印),或 72dpi(适合屏幕显示)。如果需要高清晰度的图像,建议使用较高的分辨率。

色彩模式(Color Mode):通常选择 RGB 模式,适合屏幕显示。如果需要用于打印,可以选择 CMYK 模式。

背景颜色(Background Color):可以选择背景颜色,通常为透明或白色。透明背景适合叠加使用,白色背景适合单独展示。

Advanced 选项:如果需要,可以设置抗锯齿、裁剪边界等高级参数,以优化图像的质量。

步骤二:导出地图

(1)导出地图:设置完成后,点击"保存"按钮,ArcMap 将开始导出地图为 PNG 文件。这可能需要一些时间,具体取决于地图的复杂性和导出分辨率。

(2)检查导出结果:导出完成后,导航到保存文件的路径,打开 PNG 文件以检查导出结果。确保地图的所有元素都清晰显示,颜色和细节符合预期。

第五节　实习作业与要求

(1)根据提供的实习数据完成"××国土空间规划底图包"制作。

(2)在国土空间规划底图包的基础上制作土地利用现状图和土地利用规划图,依据土地利用现状图结合上一章的技术转换结果分析研究区土地利用特征。

(3)撰写国土空间规划图件制作实习报告。

第五章 国土空间开发保护现状评估

第一节 实习目的与要求

【实习目的】掌握国土空间开发保护现状评估的定义、主要内容、基本要求及技术流程,能按照国土空间开发保护现状评估要求完成对规划区的现状评估。

【实习要求】①掌握各地类分类方式,制作土地利用现状统计表;②掌握开发强度演变分析方法;③掌握空间结构演变分析方法;④撰写一份完整的评估报告。

第二节 数据准备

本章所用数据包括县域"二调数据 2010.shp""三调数据 2020.shp",各项数据的详细信息见表 5-1。

表 5-1 国土空间开发保护现状评估实习数据

数据名称	数据类型	时空分辨率	数据用途	数据存储位置
二调数据 2010	矢量	—	国土空间开发保护现状分析、国土空间开发强度演变分析、国土空间结构演变分析	第五章 国土空间开发保护现状评估\国土空间开发保护现状评估.gdb\二调数据2010
三调数据 2020	矢量	—	国土空间开发保护现状分析、国土空间开发强度演变分析、国土空间结构演变分析	第五章 国土空间开发保护现状评估\国土空间开发保护现状评估.gdb\三调数据2020

第三节 基础知识点

一、国土空间开发保护现状评估的内涵

国土空间开发保护现状评估是对国土空间现状的客观描述和动态监测,是对现状水平、现状特征、年度动态变化情况和背后原因的分析,可以作为各类规划编制的前期基础,也可作

为政府施政的及时反馈。国土空间开发保护现状评估的主要目的是及时发现国土空间治理问题,更好地开展国土空间治理和动态维护工作,作为国土空间规划编制的重要前期研究成果。

1. 主要评估内容

(1)土地利用现状分析:评估区域内土地利用类型的分布,如农业用地、建设用地、森林、草地、水域等。分析各类用地的比例和空间分布,确定现有土地利用的合理性和潜在问题。

(2)生态环境评估:对区域内的生态系统进行评估,包括生物多样性、水资源、空气质量、土壤条件等。分析人类活动对生态环境的影响,识别生态敏感区和脆弱区。

(3)基础设施和公共服务现状:评估现有的基础设施和公共服务(如交通、能源、教育、医疗等)是否能支持区域内的经济发展和居民生活质量。识别基础设施的不足之处以及未来的发展需求。

(4)经济和社会发展状况:分析区域内的经济发展水平、人口分布、社会服务和就业状况,确定区域发展的优势和限制。

(5)土地开发和保护冲突识别:评估现有的土地开发活动是否与生态保护目标发生冲突,识别潜在的土地利用冲突区。分析国土空间开发与保护之间的矛盾冲突,提出调整建议。

(6)政策和法规分析:评估现有的国土空间开发保护政策和法规的执行情况,分析政策的有效性和不足,为政策调整提供依据。

2. 评估的作用

(1)规划基础:为编制国土空间规划提供基础数据和分析依据,确保规划的科学性和可操作性。

(2)决策支持:为政府和相关部门制定国土空间开发与保护政策提供科学依据,指导土地资源的合理配置。

(3)环境保护:通过识别生态敏感区和环境保护重点区域,有助于制定有效的生态保护措施,防止生态破坏。

(4)可持续发展:评估区域内开发与保护的现状,确保经济发展与环境保护相协调,实现可持续发展目标。

3. 评估目标

(1)评估目标导向:①强调生态安全、水安全、粮食安全等底线要求,评估市县在应对气候变化、保护生物多样性等方面的贡献。②评估规划实施现状与规划约束性目标之间的关系,做到全面监测、重点评估以及建立预警机制,防范和化解重大风险。

(2)评估问题导向:①着力发现规划实施中存在的主要矛盾和问题,诸如空间维度"重量轻质"、时间维度"重静轻动"、政策维度"重地轻人"等。②提出针对性解决措施,促进更好地编制和实施规划。

(3)评估操作导向:①通过构建科学有效的评估指标体系,采用真实可靠的数据和分析方法,确保评估过程科学严谨、结果可信。②推动在现有基础上引入大数据,提高对空间治理问题的动态识别能力,构建智慧化的规划监测评估预警体系。

4. 评估流程

(1)制定评估方案:明确总体要求、任务、指标体系和进度计划等。
(2)构建指标体系:包括基本指标和推荐指标,以反映地方实际情况。
(3)资料收集和调查:获取规划成果数据、社会大数据等。
(4)监测分析和评价:采用空间分析、趋势研判等方法进行监测和分析。
(5)编制评估报告:总结规划实施情况,提出对策建议。
(6)汇交评估成果:评估成果包括电子文档和指标空间数据,按要求汇交。
(7)评估成果应用:成果用于指导规划编制、政策制定、绩效考核等。

二、主要分析方法

1. 土地开发强度分析

土地开发强度是指在特定区域内土地被开发利用的密度和强度,是衡量区域土地资源开发利用情况的重要指标。它通常通过土地的建设用地面积与总面积的比例来表示,并反映了该区域土地资源开发的集约化程度和空间结构布局。在国土空间开发保护现状评估中,土地开发强度被用作评估指标之一,用来分析某一地区的土地资源开发是否过度、是否合理,以及是否符合可持续发展的要求。根据《市县国土空间开发保护现状评估技术指南(试行)》中的说明,土地开发强度可以涉及以下内容。

(1)城镇开发边界范围内建设用地面积:指划定的城镇开发边界范围内的建设用地总面积。这是衡量城镇土地开发强度的一个基本指标。
(2)三线范围外建设用地面积:指划定的城镇开发边界、生态保护红线、永久基本农田保护红线(即"三线")以外的建设用地面积。通过这个指标,可以评估是否存在无序扩展和占用生态保护区的现象。
(3)土地开发强度的评估:有助于确定土地利用的效率和可持续性,同时也为政府制定和调整土地利用政策提供了科学依据。

2. 土地利用程度分析

土地利用程度是土地利用深度和广度的结合,既反映了土地利用的自然属性,也反映了人类活动及劳动、物质等生产要素投入对土地利用的影响,是对区域土地利用水平和变化趋势的综合反映。

区域土地利用程度综合指数计算式为

$$L_t = 100 \times \sum_{i=1}^{n} A_i \times C_i (L_t \in [100,600]) \tag{5-1}$$

式中：L_t 为土地利用程度综合指数；A_i 为第 i 级土地利用程度分级指数；C_i 为第 i 级土地利用程度分级面积百分比；n 为土地利用程度分级数。

在研究土地利用程度时，参考已有的研究成果，同时根据实际情况，制定符合县域土地利用实际的分级表，见表 5-2。

表 5-2 县域土地资源利用程度分级数

国土空间分析地类	建设用地	耕地及其他农用地	林地	草地	陆地水域	其他土地
分级指数	6	5	4	2	3	1

根据以下公式计算土地利用程度的变化量，如 $\Delta L_{b-a} > 0$，则表明该区域的土地利用处于发展时期，否则处于调整期或衰退期。

$$\Delta L_{b-a} = L_b - L_a = 100 \times \left[\sum_{i=1}^{n} A_i \times C_b - \sum_{i=1}^{n} A_i \times C_a \right] \tag{5-2}$$

3. 土地利用转移矩阵

土地利用转移矩阵，就是根据同一地区不同时相的土地覆盖现状的变化关系，求得一个二维矩阵。通过对得到的转移矩阵进行分析，能够得到两个时相不同的地类之间相互转化的情况，它描述了不同土地利用类型在不同年份发生变化的土地类别以及发生变化的位置和变化面积。面积变化首先反映在不同土地利用类型的总量变化上，通过分析土地利用类型的总量变化，可以了解土地利用变化总的变化趋势和土地利用结构的变化。

第四节 实习内容

一、国土空间开发保护现状与特征

为进行地类统计分析，方便后续进行国土空间结构演变分析时制作土地利用转移矩阵，根据最新版《国土空间调查、规划、用途管制用地用海分类指南》，首先对"三调数据 2020.shp"的土地利用类型进行重分类，制作土地利用现状统计表，并进行分析。

1. 三调土地利用现状统计

1）土地利用重分类

依据地类对应关系对"三调数据 2020.shp"数据进行重分类，为土地利用现状分析提供数据支撑。重分类步骤如下。

步骤一：加载数据并准备环境

加载数据并创建新字段"DLFL"：在 ArcMap 中加载"三调数据 2020.shp"图层。在"三调数据 2020.shp"属性表中,点击左上角的"表格选项(Table Options)",选择"添加字段(Add Field)"。将新字段命名为"DLFL",数据类型选择"文本",设置字段长度为 50。

步骤二:重分类

方法一:基于重分类代码,使用字段计算器进行重分类

(1)打开字段计算器:右键点击新创建的"DLFL"字段标题,选择"字段计算器(Field Calculator)"。

(2)编写重分类表达式:根据提供的重分类表,使用 if-then-else 语句或 switch-case 语句,依据"DLBM"字段的值对"DLFL"字段进行重分类。专栏 5-1 示例了分类代码,实习时需要根据重分类表写出完整的重分类代码。

专栏 5-1　土地利用重分类示例代码

```
def classify_land_use(DLBM):
    if DLBM in ['0101','0102', '0103']:
        return "耕地"
    elif DLBM in ['0201', '0202', '0203', '0204']:
        return "园地"
    elif DLBM in ['0301', '0302', '0305', '0307']:
        return "林地"
    elif DLBM in ['0401', '0403', '0404']:
        return "草地"
    elif DLBM in ['0303', '0304', '0306', '0402', '1105', '1106', '1108']:
        return "湿地"
    # 根据重分类表中的其他规则继续添加
    else:
        return "其他"    # 若无匹配则分类为"其他"
```

(3)应用计算:确保选择 Python 解析器,勾选显示代码块,将编写好的重分类代码输入字段计算器代码块中,并在相应的字段中输入函数调用表达式 classify_land_use(!DLBM!),见图 5-1。点击"确定"应用重分类规则,计算结果将自动填充到"DLFL"字段中。打开属性表,验证"DLFL"字段中的分类结果是否符合预期。

可以通过统计或筛选功能检查每个分类的数量,以确保重分类的准确性。

方法二:基于地类选择并赋值,使用字段计算器进行重分类

在"三调数据 2020.shp"属性表中,点击左上角的"表格选项"(Table Options),选择"按属性选择"(Select layer By Attribute)。

利用左侧公式与右侧地类,输入公式"DLMC"='旱地' OR"DLMC"='水浇地',点击"应用",将所有旱地、水浇地图斑全部选中(图 5-2)。

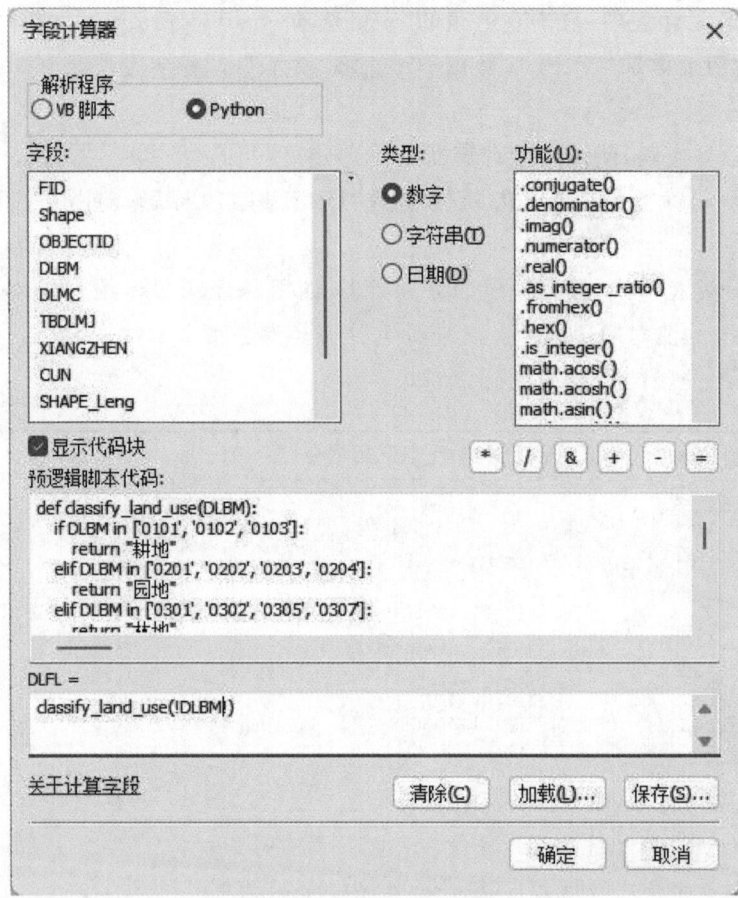

图 5-1 "字段计算器"操作界面

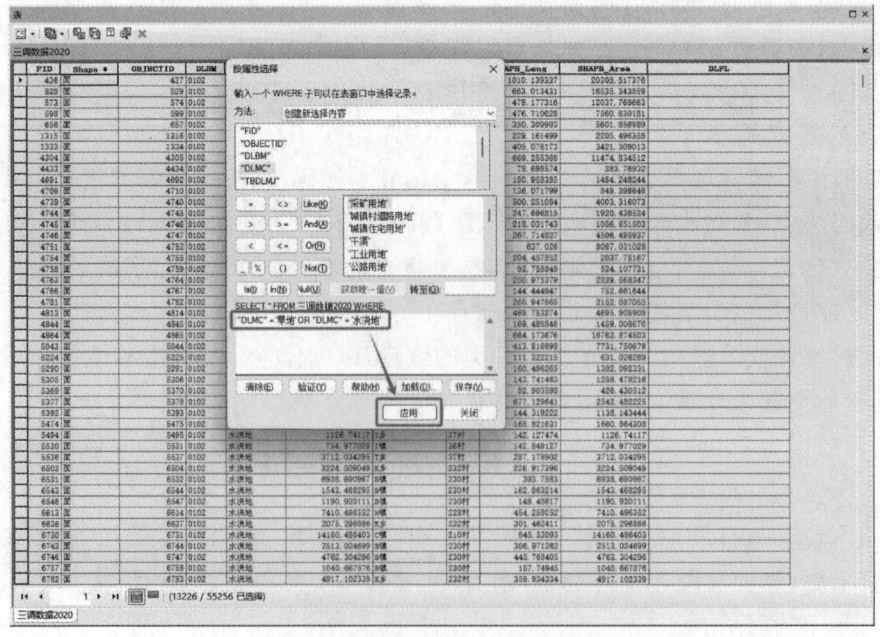

图 5-2 "按属性选择"操作页面

右键点击新创建的"DLFL"字段标题,选择字段计算器(Field Calculator)。选中 VB 脚本解析器,在输入框中输入"耕地",点击"确定"(图 5-3)。注意:双引号必须使用英文状态下双引号!否则将无法运行。

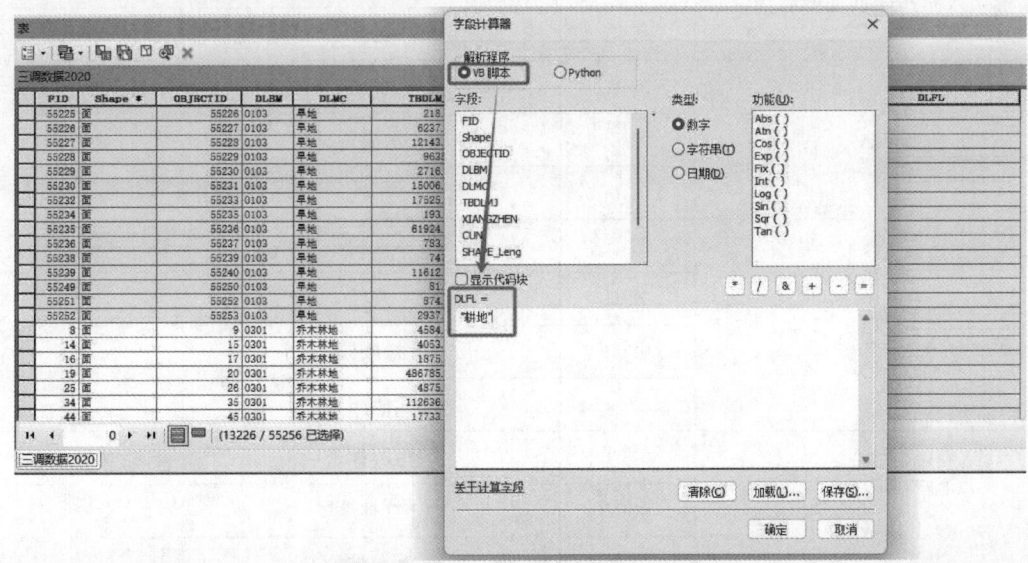

图 5-3 "字段计算器"赋值操作页面

规划区域无"园地"地类,故不做处理。

同理,输入公式"DLMC"='乔木林地' OR "DLMC"='灌木林地' OR "DLMC"='其他林地',选中乔木林地、灌木林地、其他林地,并通过字段计算器将其 DLFL 赋值为"林地"(图 5-4)。

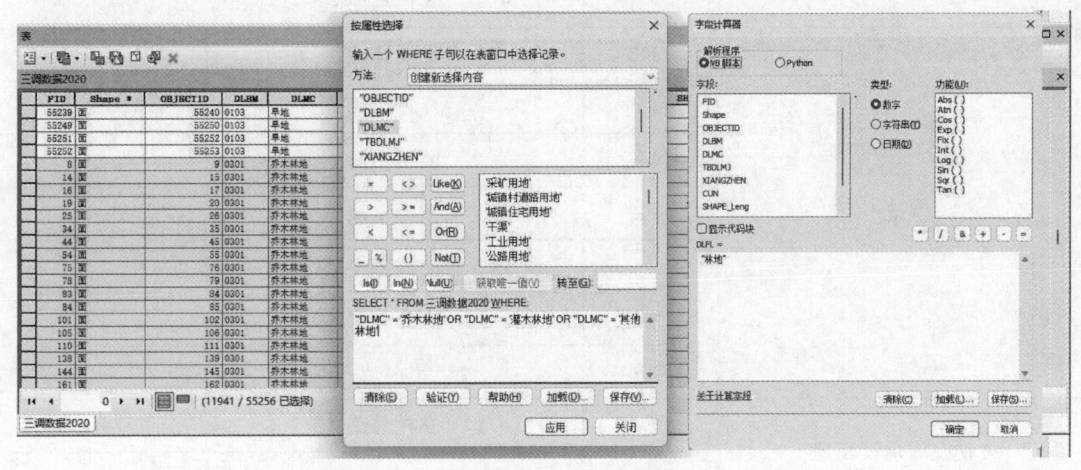

图 5-4 "按属性选择"赋值操作页面

对照表 5-3 三调土地利用数据重分类表,按照同上操作步骤,分别赋值"草地""湿地""农业设施建设用地""城乡建设用地""区域基础设施用地""其他建设用地""陆地水域""其他土地"。

表 5-3 三调土地利用数据重分类表

国土空间功能结构调整表	三调用地分类		
	代码	名称	备注
耕地	0101	水田	
	0102	水浇地	
	0103	旱地	
园地	0201	果园	
	0202	茶园	
	0203	橡胶园	
	0204	其他园地	
林地	0301	乔木林地	
	0302	竹林地	
	0305	灌木林地	
	0307	其他林地	
草地	0401	天然牧草地	
	0403	人工牧草地	
	0404	其他草地	
湿地	0303	红树林地	
	0304	森林沼泽	
	0306	灌丛沼泽	
	0402	沼泽草地	
	1105	沿海滩涂	
	1106	内陆滩涂	
	1108	沼泽地	
农业设施建设用地	1006	农村道路	
	1202	设施农用地	

续表 5-3

国土空间功能结构调整表	三调用地分类		备注
	代码	名称	
城乡建设用地	0701	城镇住宅用地	若数据属性表中含有"CZCSXM"（城镇村属性码），可以将 201、201A、202、202A 赋为"城镇建设用地"，203、203A 赋为"村庄建设用地"
	0702	农村宅基地	
	08H1	机关团体新闻出版用地	
	08H2	科教文卫用地	
	08H2A	高教用地	
	0809	公用设施用地	
	0810	公园与绿地	
	0810A	广场用地	
	05H1	商业服务业设施用地	
	0508	物流仓储用地	
	0601	工业用地	
	1004	城镇村道路用地	
	1005	交通服务场站用地	
	1201	空闲地	
区域基础设施用地	1001	铁路用地	
	1002	轨道交通用地	
	1003	公路用地	
	1007	机场用地	
	1008	港口码头用地	
	1009	管道运输用地	
	1107A	干渠	
	1109	水工建筑用地	
其他建设用地	09	特殊用地	
	0602	采矿用地	
	0603	盐田	

续表 5-3

国土空间功能结构调整表	三调用地分类		
	代码	名称	备注
陆地水域	1101	河流水面	
	1102	湖泊水面	
	1103	水库水面	
	1104	坑塘水面	
	1104A	养殖坑塘	
	1107	沟渠	
	1110	冰川及永久积雪	
其他土地	1203	田坎	
	1204	盐碱地	
	1205	沙地	
	1206	裸土地	
	1207	裸岩石砾地	

注：由于二调分类体系与三调有所出入，其中二调数据中 031"有林地"重分类为"林地"；203"村庄"、202"建制镇"重分类为"城乡建设用地"；118"水工建筑用地"重分类为"区域基础设施用地"；205"风景名胜及特殊用地"重分类为"其他建筑用地"；127"裸地"重分类为"其他土地"。其余地类代码按照二调数据表中 DLBM 进行对照。

2）制作土地利用现状统计表

将重分类后的"三调数据 2020. shp"的属性表转出为 Excel 表格，在 Excel 中利用数据透视表功能统计重分类后各个地类的总面积，按照要求的样式制作土地利用现状统计表，步骤如下。

步骤一：将重分类后的属性表导出为文本文件

打开"三调数据 2020. shp"图层的属性表，点击左上角的"表格选项"（Table Options）按钮，选择"导出"。在弹出的对话框中，根据是否只想导出部分数据将"导出"设置为"选择的记录"（Selected records）或者"所有记录"（All records）。选择保存位置，并将文件保存为"Text File"（文本文件，. txt 或 . csv 格式），文件命名为"三调数据 2020"。

确保在导出过程中包括"DLFL"字段和"TBDLMJ"字段，用于后续面积统计。

步骤二：创建数据透视表统计各个地类的总面积

（1）打开文本文件：在 Excel 中，点击"文件"→"打开"，然后浏览并选择刚刚导出的文本文件（. txt 或 . csv 格式）。Excel 会提示选择分隔符。根据文件格式，选择"制表符"（Tab）或"逗号"（Comma）作为分隔符，然后完成导入。

（2）创建数据透视表：在 Excel 中，选择数据范围（通常是整个表格），然后点击"插入"→"数据透视表"（PivotTable）。在弹出的对话框中，选择新工作表或现有工作表作为数据透视表的位置，然后点击"确定"。

(3)设置数据透视表字段:在数据透视表字段列表中,将"DLFL"拖动到轴(类别)区域(图5-5),这样每个地类分类将作为行标签显示。将"TBDLMJ"字段拖动到"值"区域。默认情况下,它会显示"面积总和"(Sum of Area)。

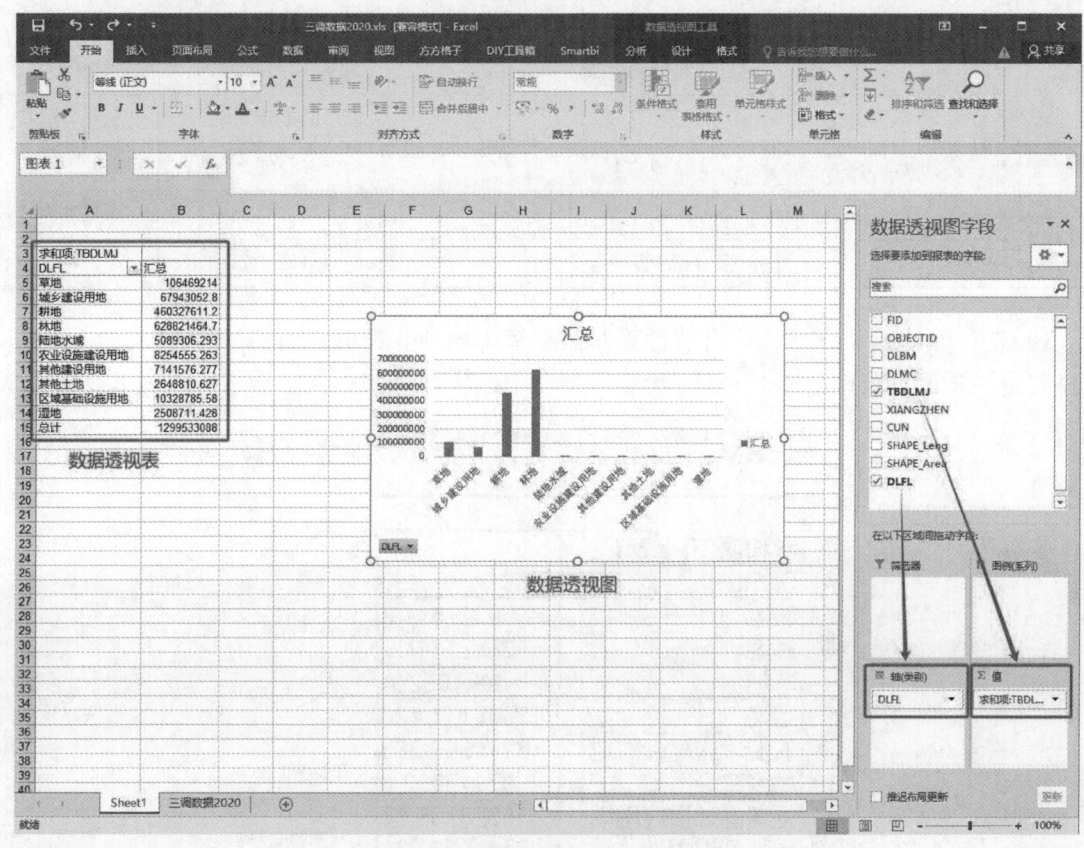

图 5-5 数据透视表操作界面

可以调整数据透视表的格式和布局,使结果更容易阅读和分析。可根据制表需求对其地类顺序进行重新排序,这里选择"手动",按照表5-4中类别进行排序。

表 5-4 三调土地利用现状表

类别		面积/hm²	占比/%
农用地	耕地	46 032.76	35.42
	林地	62 882.15	48.39
	草地	10 646.92	8.19
	湿地	250.87	0.19
	农业设施建设用地	825.46	0.64
	合计	120 638.16	92.83

续表 5-4

类别		面积/hm²	占比/%
建设用地	城乡建设用地	6 794.31	5.23
	区域基础设施用地	1 032.88	0.79
	其他建设用地	714.16	0.55
	合计	8 541.35	6.57
其他	陆地水域	508.93	0.39
	其他土地	264.88	0.20
土地总面积		129 953.31	100

(4)查看统计结果：Excel 会自动计算并显示每个地类分类的总面积(图 5-6)，可以根据需要进行进一步的分析和处理。

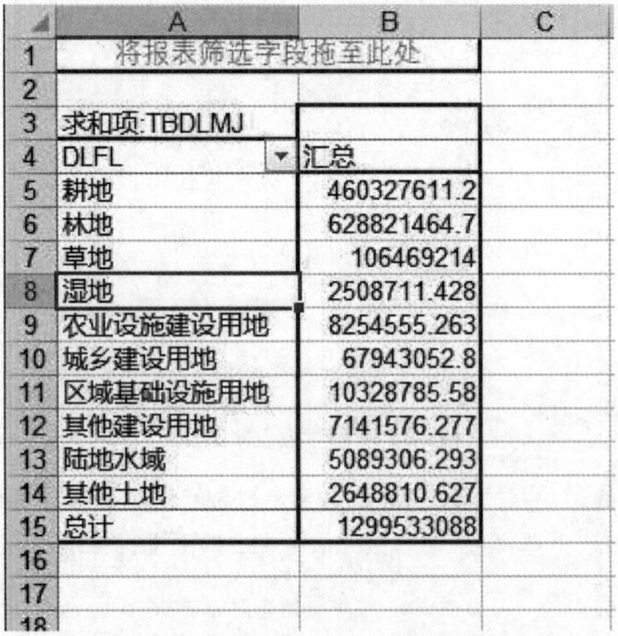

	A	B	C
1	将报表筛选字段拖至此处		
2			
3	求和项:TBDLMJ		
4	DLFL	汇总	
5	耕地	460327611.2	
6	林地	628821464.7	
7	草地	106469214	
8	湿地	2508711.428	
9	农业设施建设用地	8254555.263	
10	城乡建设用地	67943052.8	
11	区域基础设施用地	10328785.58	
12	其他建设用地	7141576.277	
13	陆地水域	5089306.293	
14	其他土地	2648810.627	
15	总计	1299533088	
16			
17			
18			

图 5-6 土地利用面积统计表

步骤三：制作土地利用现状统计表

在 Excel 中新建表 5-4 所示的土地利用现状表。

将图 5-6 中所统计的各地类数据填写至表 5-4 中，并计算各地类所占比例，面积单位统一至“hm²”。

2. 二调土地利用现状统计

按照“1. 三调土地利用现状统计”中的操作过程，在“二调数据. shp”属性表中新建字段“DLFL”，并将各地类依照表 5-3 的重分类对应关系，对“二调数据. shp”土地利用数据进行重新分类。导出重分类数据并制作二调土地利用结构表(表5-5)。

表 5-5 二调土地利用结构表

类别		面积/hm²	占比/%
农用地	耕地	55 632.86	42.81
	园地	20.99	0.02
	林地	55 820.71	42.95
	草地	10 402.53	8.00
	湿地	265.51	0.20
	农业设施建设用地	38.75	0.03
	合计	122 181.34	94.02
建设用地	城乡建设用地	6 873.05	5.29
	区域基础设施用地	170.90	0.13
	其他建设用地	402.27	0.31
	合计	7 446.22	5.73
其他	陆地水域	261.40	0.20
	其他土地	64.34	0.05
土地总面积		129 953.31	100

3. 土地利用数量结构变化分析

对比表5-4与表5-5，分析土地利用结构的变化情况与趋势，得出分析结论。主要针对各地类的面积与面积占比的变化情况进行分析，判断其是否符合城市发展的总体趋势，可结合柱状图、条形图进行表达，可从以下几个方面进行分析：

(1)分析不同土地利用类型(如耕地、建设用地、林地、水域等)在研究时段内的数量变化，掌握各类土地的增减情况。

(2)分析土地利用结构的变化趋势，如不同土地利用类型占总面积的比例变化。这可以揭示土地利用的总体格局和变化方向。

(3)探讨导致土地利用变化的主要因素，包括社会经济发展、政策影响、人口增长、城市化进程等。理解这些因素有助于预测未来的土地利用趋势。

4. 不同行政区土地利用特征分析

由于不同乡镇具有不同的功能分工与定位，其土地利用情况有较大差异。根据三调数据所导出的excel表格，利用数据透视表功能，计算各地类在各乡镇的空间分布状况，如图5-7所示。

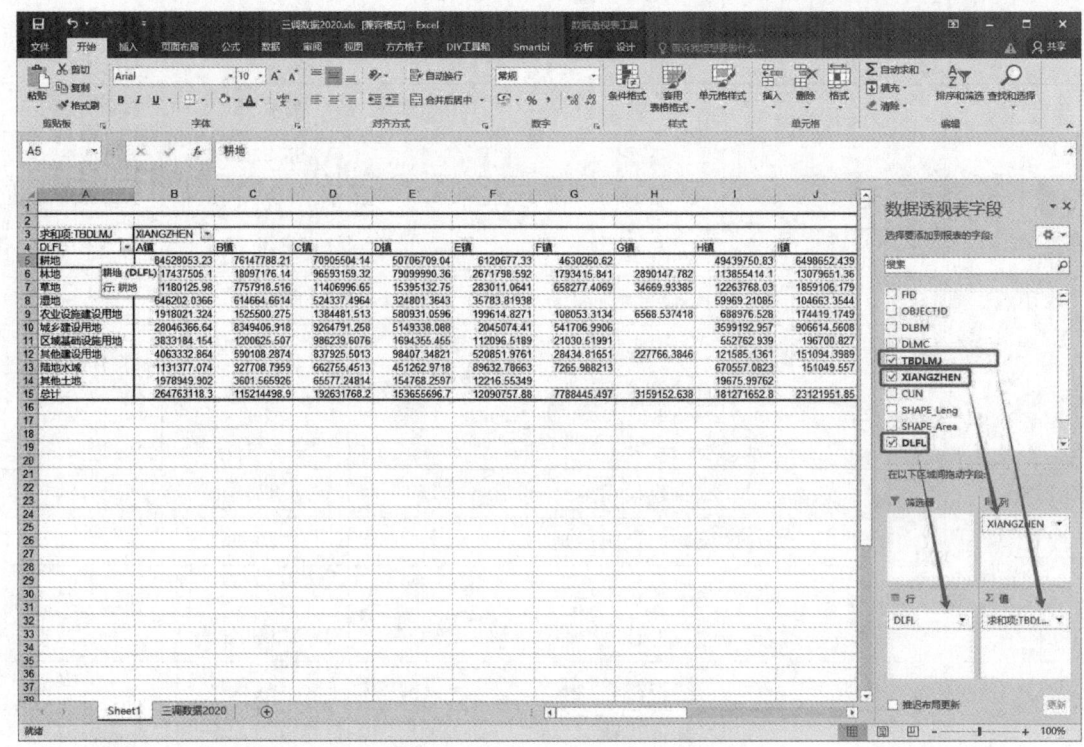

图 5-7 乡镇土地利用面积透视表

步骤一：创建数据透视表

在 Excel 中，选择包含所有数据的范围，然后点击"插入"菜单，选择"数据透视表"。在弹出的对话框中，选择将数据透视表放置在新工作表中或现有工作表中，然后点击"确定"。

将"XIANGZHEN"字段拖动到"列"区域，显示各乡镇。将"DLFL"字段拖动到"行"区域，显示不同的土地利用类型。将"TBDLMJ"字段拖动到"值"区域，默认显示各地类在各乡镇的面积总和。

步骤二：分析各乡镇的资源禀赋与功能定位

通过透视表可以查看各乡镇不同地类的面积分布，分析其土地利用的空间结构。例如，如果某个乡镇湿地、林地和草地面积较大，可能主要承担生态保育功能；而耕地面积较大的乡镇可能主要承载农业生产功能。

在数据透视表中，选择感兴趣的数据范围（如某些乡镇的不同地类面积），然后点击"插入"菜单，选择"柱状图"或"条形图"。Excel 会自动生成图表可以通过点击图表，使用图表工具自定义样式、颜色、标签等。添加图例、数据标签等，使得图表信息更加清晰易读。

根据生成的图表，进一步分析各乡镇的资源禀赋和功能定位。例如，观察柱状图中哪些地类占比最大，以判断乡镇的主要功能。

5. 土地利用类型动态变化

土地利用变化率可以反映各土地利用类型的动态变化。根据二调、三调所导出数据，制作各土地利用类型变化表(表 5-6),分析各地类的变化趋势,重点关注建设用地与耕地的变化情况,并分析其变化的原因,可结合柱状图、条形图进行表达。

表 5-6 各土地利用类型变化表

类别	2010 年	2020 年/%
耕地	—	−7.39
园地	—	−0.02
林地	—	5.44
草地	—	0.19
湿地	—	−0.01
农业设施建设用地	—	0.61
城乡建设用地	—	−0.06
区域基础设施用地	—	0.66
其他建设用地	—	0.24
陆地水域	—	0.19
其他土地	—	0.15

二、国土空间开发强度分析

1. 土地开发强度分析

开发强度指一个区域建设空间占该区域总面积的比例,即开发强度=区域建设空间/该区域总面积。开发强度可以综合反映人类活动对国土空间的影响及一个地区土地开发的程度,开发强度越高,说明开发程度越高,但不表示开发效率越高。

根据表 5-7 分析国土空间开发强度变化情况以及城镇面积变化情况,可结合柱状图、条形图进行表达。

表 5-7 2010 年和 2020 年开发强度表

类别	2010 年	2020 年
建设用地面积/hm²	7 446.22	8 541.35
县域总面积/hm²	129 953.31	129 953.31
开发强度/%	5.73	6.57

2. 土地利用程度分析

基于统计得到的二调(2010 年)和三调(2020 年)土地利用面积数据,按照土地利用程度计算公式计算规划区 2010 年和 2020 年土地利用程度指数,得到表 5-8 土地利用程度指数结果表,对结果进行分析。针对各个乡镇的土地利用程度综合指数进行计算并分析,方法同上。

表 5-8 土地利用程度指数结果表

土地利用程度综合指数		土地利用程度变化量	土地利用程度变化率
2010 年	2020 年	2010—2020 年	2010—2020 年
438.16	432.01	−6.15	−1.4%

三、国土空间结构演变分析

规划区 2010—2020 年空间结构演变分析采用土地利用转移矩阵的方法,以此分析 9 种地类之间在空间上流动的关系,从而对区域国土空间结构及变化方向进行分析。

制作土地利用转移矩阵的步骤如下。

步骤一:载入数据

通过"添加数据"(Add Data)按钮,加载"二调数据 2010.shp"和"三调数据 2020.shp"图层。将"二调数据 2010.shp"图层放置在"三调数据 2020.shp"图层之上(非必须)。

检查两个图层的坐标系是否一致。若不一致,可以通过"投影"(Project)工具进行统一。

步骤二:进行相交操作

(1)打开相交工具:选择"地理处理"(Geoprocessing)菜单,点击"相交"(Intersect)工具。

(2)设置相交参数:

输入要素(Input Features):选择"二调数据 2010.shp"和"三调数据 2020.shp"。

输出要素(Output Feature Class):点击浏览按钮,将输出文件保存到新建的文件夹"土地利用转移矩阵"中(图 5-8),文件命名为"TD10_20.shp"。

(3)执行相交:点击"确定"执行相交操作。相交后的新矢量数据将自动加载到地图中。

步骤三:计算新生成矢量数据的面积

(1)打开属性表:右键点击"TD10_20.shp"图层,选择"打开属性表"(Open Attribute Table)。

(2)添加新字段:在属性表中,点击"表格选项"(Table Options)按钮,选择"添加字段"(Add Field)。命名新字段为"AREA",类型选择"双精度"(Double),保持默认属性设置。

(3)计算几何面积:选中"AREA"字段,右键点击该列标题,选择"计算几何"(Calculate Geometry)。

在弹出的对话框中,选择单位为"公顷",然后点击"确定"计算面积。

步骤四:导出为 Excel 表格

(1)打开转换工具:打开"工具箱"(ArcToolbox),依次选择"转换工具"(Conversion Tools)→"Excel"→"表转 Excel"(Table to Excel)。

(2)设置导出参数:

输入表(Input Table):选择"TD10_20.shp"图层。

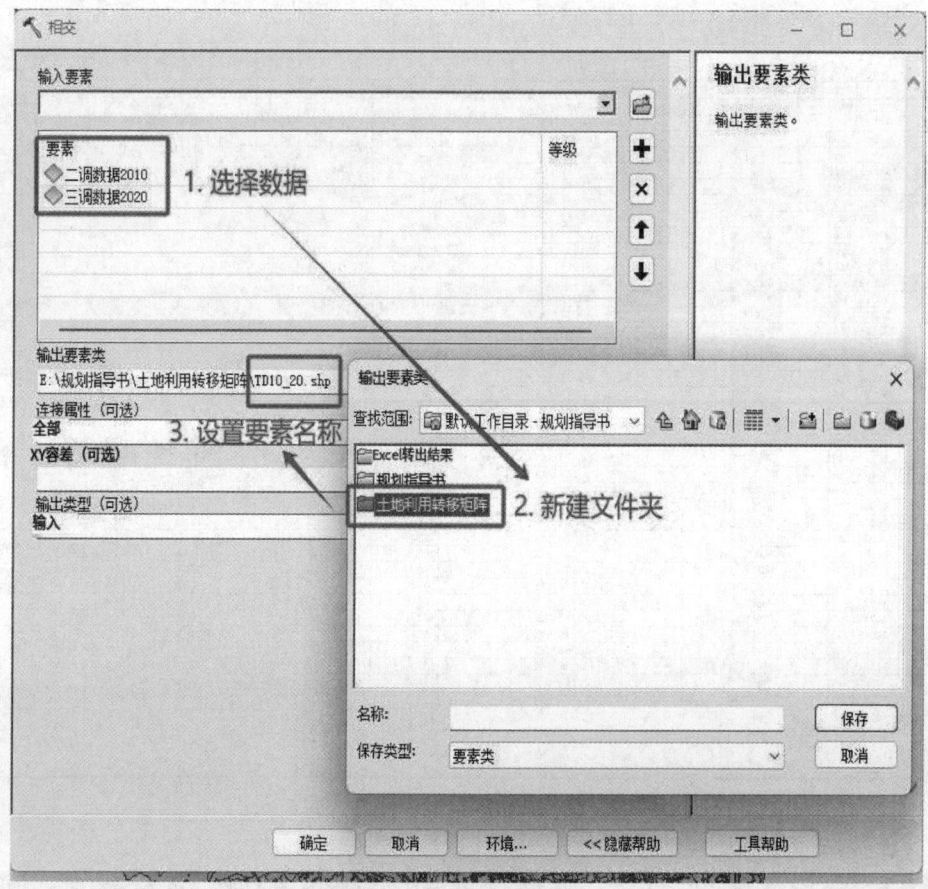

图 5-8 相交操作界面

输出 Excel 文件（Output Excel File）：选择保存位置，将文件命名为"土地利用转移矩阵"。

（3）导出 Excel 表格：点击"确定"，生成 Excel 表格文件。若文件较大，可以在 ArcGIS Pro 中执行相同操作。

步骤五：创建数据透视表和透视图

（1）打开 Excel 表格：打开生成的"土地利用转移矩阵.xlsx"文件。

（2）创建数据透视表：选中所有数据，点击"插入"→"数据透视表"。选择在新工作表中创建数据透视表。

（3）设置数据透视表：将 AREA 字段拖动到"值"区域，显示面积总和。将 DLFL 字段拖动到"行"区域，将 DLFL_1 字段拖动到"列"区域（图 5-10）。

（4）生成数据透视表和图表：透视表将显示 2010 年到 2020 年各地类的转移情况。可以通过透视图（如柱状图或条形图）进一步直观表达转移矩阵数据。

步骤六：整理数据并生成转移矩阵

（1）整理透视表数据：根据生成的数据透视表，整理和优化表格布局（表 5-9），确保转移矩阵数据清晰且易于理解。

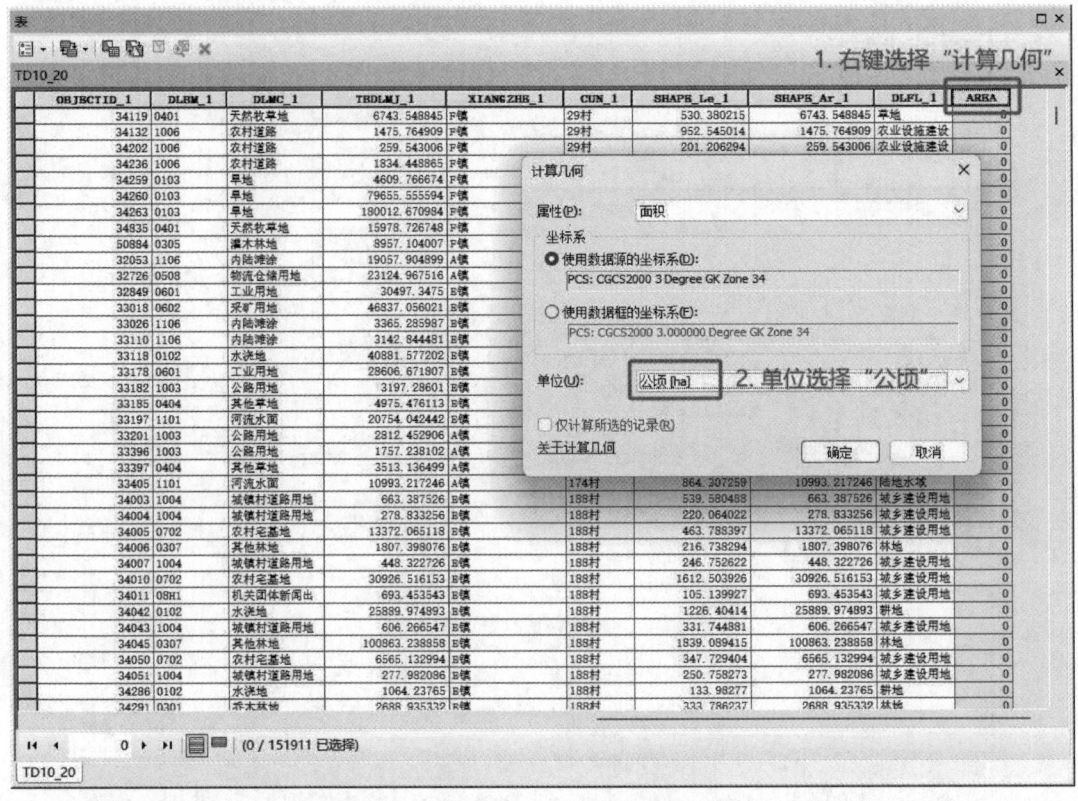

图 5-9 在"AREA"字段中计算几何面积

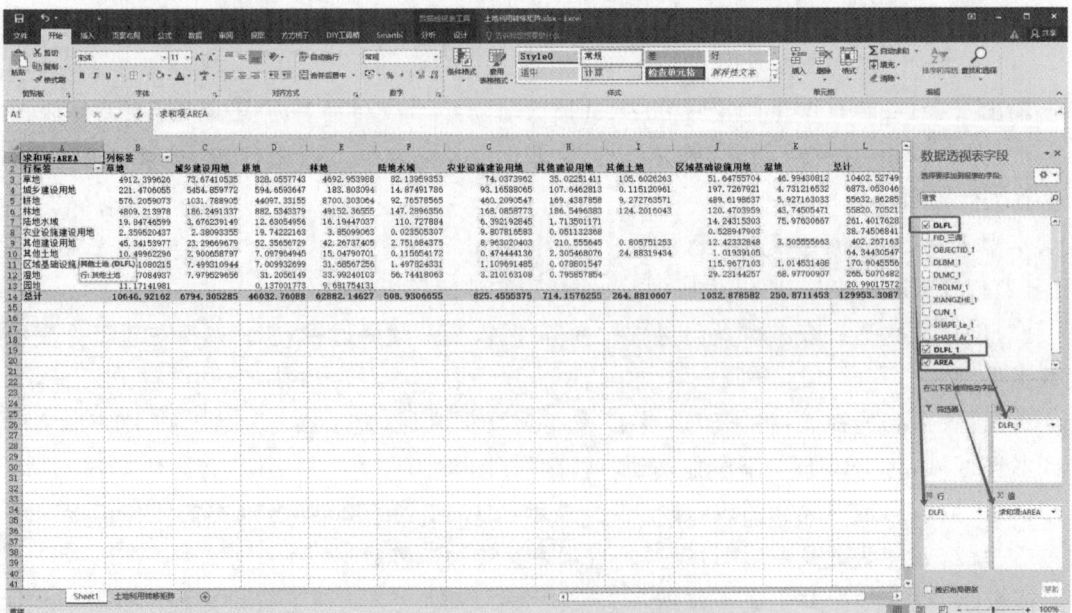

图 5-10 数据透视表操作界面

表 5-9　2010—2020 年地类转移矩阵数据表

单位：hm²

	地类		2020 年									
		耕地	园地	林地	草地	湿地	农业设施建设用地	城乡建设用地	区域基础设施用地	其他建设用地	陆地水域	其他土地	总计
2010 年	耕地	44 097.33	0	8 700.30	576.21	5.93	460.21	1 031.79	489.62	169.44	92.77	9.27	55 632.86
	园地	0.14	0	9.68	11.17	0	0	0	0	0	0	0	20.99
	林地	882.53	0	49 152.37	4 809.21	43.75	168.09	186.25	120.47	186.55	147.29	124.20	55 820.71
	草地	328.06	0	4 692.95	4 912.40	46.99	74.04	73.67	51.65	35.02	82.14	105.60	10 402.53
	湿地	31.21	0	33.99	33.37	68.98	3.21	7.98	29.23	0.80	56.74	0	265.51
	农业设施建设用地	19.74	0	3.85	2.36	0	9.81	2.38	0.53	0.05	0.02	0	38.75
	城乡建设用地	594.66	0	183.80	221.47	4.73	93.17	5 454.86	197.73	107.65	14.87	0.12	6 873.05
	区域基础设施用地	7.01	0	31.69	5.04	1.01	1.11	7.50	115.97	0.08	1.50	0	170.90
	其他建设用地	52.36	0	42.27	45.34	3.51	8.96	23.30	12.42	210.56	2.75	0.81	402.27
	陆地水域	12.63	0	16.19	19.85	75.98	6.39	3.68	14.24	1.71	110.73	0	261.40
	其他土地	7.10	0	15.05	10.50	0	0.47	2.90	1.02	2.31	0.12	24.88	64.34
	总计	46 032.76	0	62 882.15	10 646.92	250.87	825.46	6 794.31	1 032.88	714.16	508.93	264.88	129 953.31

注：此表数据为空间分析后所得，与各地类原始图斑面积有些许差异。

(2)保存和导出结果:将整理好的转移矩阵表格和图表保存,完成土地利用转移矩阵的分析工作。

通过上述步骤可以完成从空间数据相交到规划区2010—2020年期间土地利用转移矩阵的分析和图表展示,这些分析结果有助于理解区域土地利用的动态变化及其对城市发展的影响。

(3)分析总结:从表5-9中可得2010—2020年不同地类之间的转移轨迹,分析各地类的转变方向,同时还可具体针对某一地类分析其是由何种地类转变而来的,如耕地可以由此得出补充耕地的来源,可结合扇形图进行表达。

对主要地类得到转移轨迹进行具体分析,同时结合县相关土地政策,探索挖掘地类转变的可能原因。

第五节　实习作业与要求

(1)完成实习内容,制作研究区土地利用现状表、土地利用转移矩阵表,计算全域和乡镇土地利用强度和土地利用程度,分析其变化,并制作分析图。

(2)基于上述计算结果分析研究区国土空间开发保护现状。

(3)探索利用桑基图可视化土地利用转移矩阵。

(4)撰写国土空间开发保护现状评估实习报告。

第六章 国土空间开发适宜性评价

第一节 实习目的与要求

【实习目的】掌握国土空间开发适宜性评价的思路、方法和技能,熟悉利用 ArcMap 进行"国土空间开发适宜性评价"的基本方法和技术流程。

【实习要求】根据实习内容要求完成相关操作,形成相应的城市开发适宜性评价结果,并撰写实习报告。

第二节 数据准备

国土空间适宜性评价涉及的数据资料类型较多包括基础地理数据、土地利用数据、自然资源数据、地质灾害数据、气候气象数据。各项数据的详细信息见表 6-1。

表 6-1 国土空间适宜性评价练习数据

数据名称	数据类型	时空分辨率	数据用途	数据存储位置
试验区范围	矢量	—	各项评价基础数据	第六章 国土空间开发适宜性评价\01 生态系统服务功能重要性评价\水源涵养功能重要性评价.gdb\试验区范围
土地利用数据	矢量	—	各项评价基础数据	第六章 国土空间开发适宜性评价\01 生态系统服务功能重要性评价\水源涵养功能重要性评价.gdb\试验区土地利用数据
降雨量	栅格	30m	用于水源涵养功能重要性评价	第六章 国土空间开发适宜性评价\01 生态系统服务功能重要性评价\水源涵养功能重要性评价.gdb\降雨量
地形坡度(DEM)	栅格	30m	用于水土保持功能重要性评价	第六章 国土空间开发适宜性评价\01 生态系统服务功能重要性评价\水土保持功能重要性评价.gdb\DEM

续表 6-1

数据名称	数据类型	时空分辨率	数据用途	数据存储位置
植被覆盖度	栅格	30m	用于水土保持功能重要性评价	第六章 国土空间开发适宜性评价\01生态系统服务功能重要性评价\水土保持功能重要性评价.gdb\植被覆盖度
土壤质地	栅格	30m	用于种植生产适宜性评价	第六章 国土空间开发适宜性评价\02农业生产适宜性评价\种植生产适宜性.gdb\土壤质地(TRZD)
土壤有机质	栅格	30m	用于种植生产适宜性评价	第六章 国土空间开发适宜性评价\02农业生产适宜性评价\种植生产适宜性.gdb\土壤有机质(YJZHL)

第三节 基础知识点

1. 评价内涵

国土空间开发适宜性评价是在资源环境承载能力评价的基础上,综合考虑地块集中度、交通网络、区位条件、舒适度等条件,确定适宜进行农业生产和城乡建设的国土空间规模、分布以及适宜程度,引导优化农业生产和城镇建设空间布局。国土空间开发适宜性评价可分为生态保护重要性评价、农业生产适宜性评价、城镇建设适宜性评价。

2. 评价目标

分析区域资源禀赋与环境条件,研判国土空间开发利用问题和风险,识别生态保护极重要区,明确农业生产、城镇建设的最大合理规模和适宜空间,为编制国土空间规划、优化国土空间开发保护格局、完善区域主体功能定位、划定三条控制线、实施国土空间生态修复和国土综合整治重大工程提供基础性依据。

3. 评价原则

(1)底线约束。坚持最严格的生态环境保护制度、耕地保护制度和节约用地制度,维护国家生态安全、粮食安全等国土安全。在优先识别生态保护极重要区基础上,综合分析农业生产、城镇建设的合理规模和适宜等级。

(2)问题导向。充分考虑陆海全域水、土地、气候、生态、环境、灾害等资源环境要素,定性定量相结合,客观评价区域资源禀赋与环境条件,识别国土空间开发利用现状中的问题和风险,有针对性地提出意见和建议。

(3)因地制宜。充分体现不同空间尺度和区域差异,合理确定评价内容、技术方法和结果等级。评价时应充分衔接上级区域评价成果,并结合本地实际,开展有针对性的补充和深化评价。

(4)简便实用。在保证科学性的基础上,抓住解决实际问题的本质和关键,选择代表性要素和指标,采用合理方法工具,结果表达简明扼要。紧密结合国土空间规划编制,强化操作导向,确保评价成果科学、权威、适用、管用、好用。

4. 技术思想和流程

根据《资源环境承载能力和国土空间开发适宜性评价技术指南(试行)》(2020年1月版)(简称"双评价指南"),双评价技术流程可以分为四大阶段:工作准备、本底评价结果校验、综合分析、成果应用。其中,工作准备阶段主要进行实地调研,确定评价内容、评价单元及核心指标,并开展数据资料收集工作;系统评价与结果校验阶段分别开展生态保护重要性评价、农业生产适宜性评价、城镇建设适宜性评价、承载规模评价;综合分析阶段主要进行资源环境禀赋分析、现状问题和风险识别、潜力分析、情景分析;最后的成果应用阶段主要为支撑优化国土空间格局,优化主体功能定位,划定生态保护红线、永久基本农田、城镇开发边界等。双评价主要技术流程如图6-1所示。

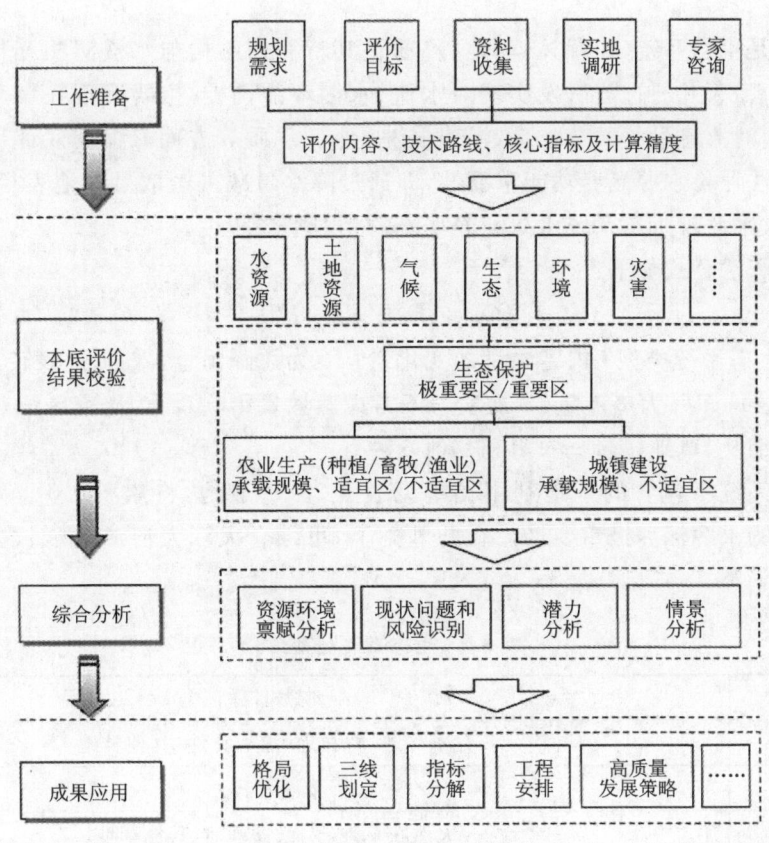

图 6-1 双评价工作流程图

(图片来源:《资源环境承载能力和国土空间开发适宜性评价技术指南(试行)》2020年1月版)

第四节 实习内容

开展国土空间开发适宜性评价,考虑地形、水资源、环境容量、区位和气候条件等要素,综合评价其进行城镇建设、农业生产的适宜程度。需要注意的是,国土空间开发适宜性评价的实现方法不是一成不变的,一些计算评价方法可以通过不同的模型和工具来实现,再加上具体评价过程中的数据格式、精度以及数据收集情况等可能不尽相同,因此建议在实习时既要学习具体的工具运用方法,更重要的是要学习国土空间开发适宜性评价过程思路与逻辑。

一、生态保护重要性评价

生态保护重要性评价包括生态系统服务功能重要性评价和生态脆弱性评价两个部分。其中,生态系统服务功能重要性评价一般包括水源涵养功能重要性、水土保持功能重要性和生物多样性维护功能重要性;生态脆弱性评价一般包括水土流失、石漠化、土地沙化等方面。本章实习仅涉及生态系统服务功能重要性评价。

1. 单项评价之水源涵养功能重要性

水源涵养是生态系统(如森林、草地等)通过其特有的结构与水资源相互作用,对降水进行截留、渗透、蓄积,并通过蒸散发实现对水流、水循环的调控,主要表现在缓和地表径流、补充地下水、减缓河流流量的季节波动、滞洪补枯、保证水质等方面。根据双评价指南,可以通过水平衡方程法评价水源涵养功能重要性,即通过降水量减去蒸散量和地表径流量得到的水源涵养量,依次来评价生态系统水源涵养功能的相对重要程度。

水平衡方程法公式如下:

$$TQ_i = P_i - R_i - ET_i \tag{6-1}$$

式中:TQ_i 为生态系统类型 i 内蓄水量的变化量;P_i 为总降雨量,R_i 为地表径流量(地表径流量:$R_i = P_i * \alpha$),ET_i 为蒸散量(本次实习不考虑蒸散量影响),i 为研究区第 i 类生态系统类型,包括森林、灌丛、草地、湿地、农田和其他 6 种。

各类生态系统所包含的土地利用类型见表 6-2。一般地,将累积水源涵养量最高的前 50% 区域确定为水源涵养极重要区。在此基础上,可结合大江大河源头区、饮用水水源地等边界进行修正调整。

表 6-2 生态系统类型划分

生态系统类型	地类名称
森林	乔木林地、竹林地、灌木林地、其他林地
灌丛	灌丛沼泽
草地	天然牧草地、人工牧草地、其他草地
湿地	红树林地、森林沼泽、沼泽草地、沿海滩涂、内陆滩涂、沼泽地、河流水面、湖泊水面、水库水面、坑塘水面、沟渠、冰川及永久积雪

续表 6-2

生态系统类型	地类名称
农田	水田、水浇地、旱地、果园、茶园、橡胶园、其他园地
其他	商业服务业设施用地、物流仓储用地、工业用地、采矿用地、城镇住宅用地、农村宅基地、机关团体新闻出版用地、科教文卫用地、公用设施用地、公园与绿地
	特殊用地、铁路用地、轨道交通用地、公路用地、城镇村道路用地、交通服务场站用地、农村道路、机场用地、港口码头用地
	管道运输用地、水工建筑用地
	空闲地、设施农用地、田坎
	盐碱地、沙地、裸土地、裸岩石砾地、盐田

资料来源：参考《资源环境承载能力和国土空间开发适宜性评价技术指南（试行）》2019 年 6 月版整理。

水源涵养功能重要性评价包括以下几个关键操作步骤。

步骤一：数据加载

（1）加载数据库：在 ArcMap 中打开"水源涵养功能重要性评价.gdb"数据库。

（2）导入土地利用数据：将数据库中的"试验区土地利用数据"导入 ArcMap。右键点击图层，打开"试验区土地利用数据"的属性表。

步骤二：添加和计算字段

（1）添加新字段：在属性表中，添加字段"STXTLX"（生态系统类型，文本型）和"JLXS"（径流系数，浮点型）（图 6-2）。

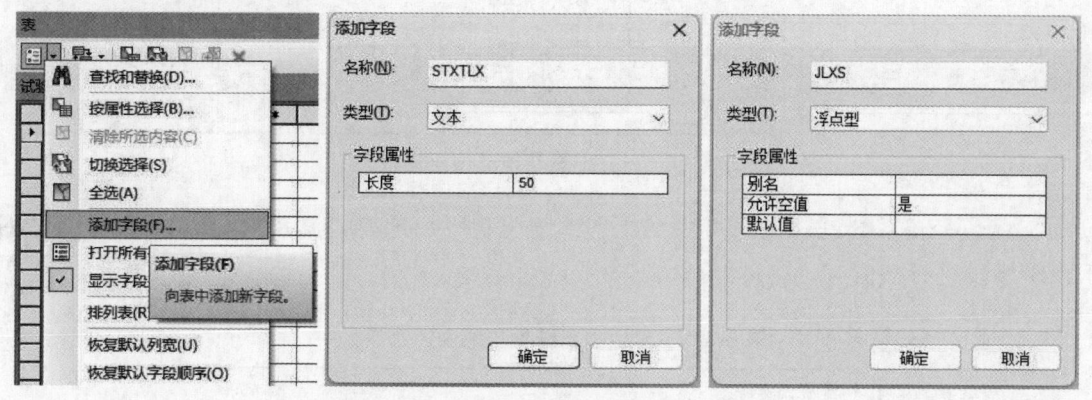

图 6-2　添加字段

（2）赋值生态系统类型：使用字段计算器对"STXTLX"字段进行赋值。

打开属性表工具栏的"按属性选择"，输入公式 DLMC = '灌木林地' OR DLMC = '乔木林地' OR DLMC = '竹林地' OR DLMC = '其他林地'（图 6-3），选择对应的地类。右键点击"STXTLX"字段，选择"字段计算器"，解析程序选择"Python"，代码块中输入 "森林"，然后点击"确定"（图 6-4）。注意：DLMC 是否加英文双引号效果一致。

重复上述步骤，依据表 6-2 将其他地类分别赋值为"灌丛""草地""湿地""农田"和"其他"。

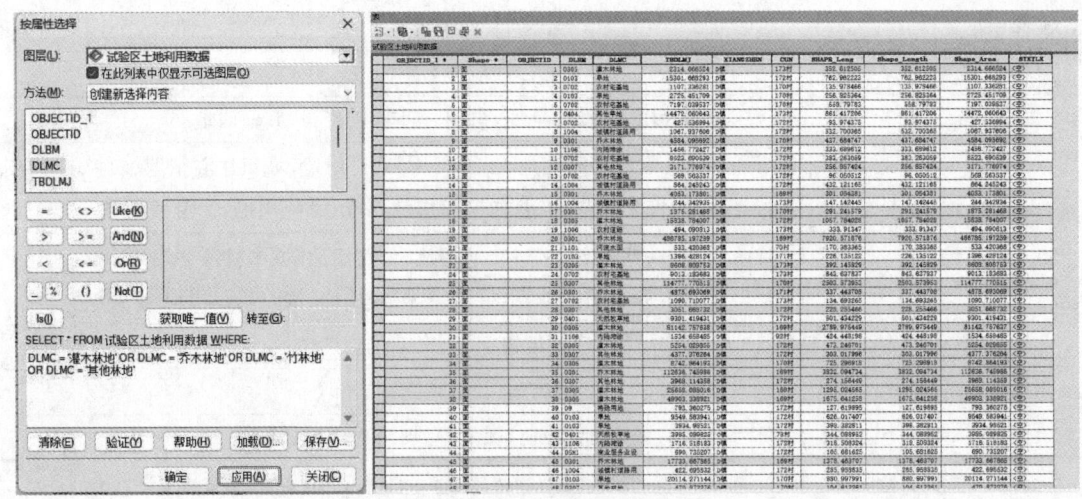

图 6-3 按属性选择对话框

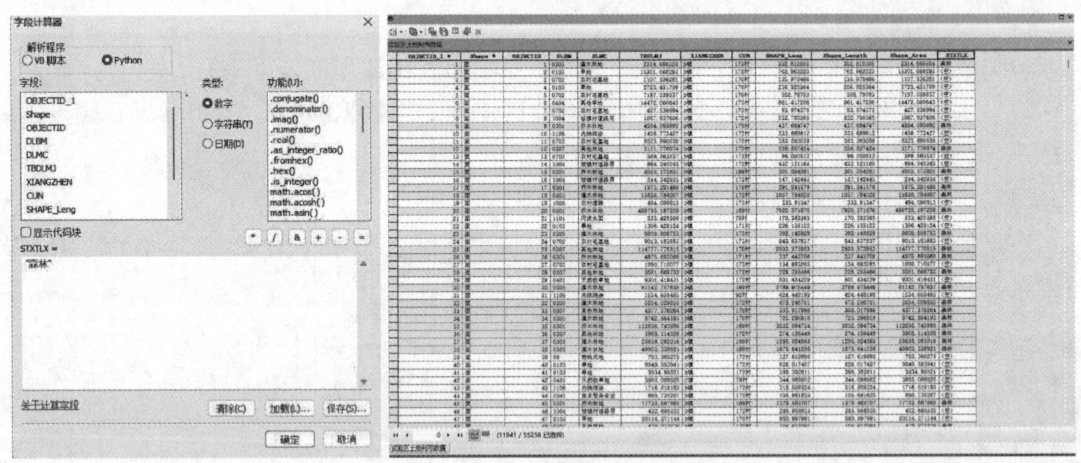

图 6-4 划分生态系统类型对话框

(3)赋值径流系数:根据表 6-3 中的生态系统类型平均地表径流系数,使用字段计算器对"JLXS"字段进行赋值。

表 6-3 不同生态系统平均地表径流系数

生态系统类型	平均地表径流系数/%
森林	2.038
灌丛	4.200
草地	7.450
湿地	0
农田	25.465
其他	100

资料来源:参考《资源环境承载能力和国土空间开发适宜性评价技术指南(试行)》2019 年 6 月版整理。

使用"按属性选择"工具选择"STXTLX = '森林'",右键"JLXS"字段,打开"字段计算器",输入森林生态系统类型的平均径流系数 2.038,点击"确定"。

对其他类型如"灌丛""草地""湿地""农田"和"其他"进行相同操作,根据表 6-3 中的数据赋值相应的径流系数。

步骤三:径流系数转为栅格数据

(1)数量数据转栅格:进入"ArcToolbox"→"转换工具"→"转为栅格"→"面转栅格"窗口,输入要素选择"试验区土地利用数据",值字段选择"JLXS",输出栅格数据集选择文件路径并命名"JLXS",像元大小输入 30,点击"确定"。

(2)解决 SYHYL 栅格数据无属性表的问题:先将数据扩大 1000 倍(为保留小数位),选择"ArcToolbox"→"Spatial Analyst 工具"→"地图代数"→"栅格计算器",在计算窗口输入"JLXS" * 1000 ,输出栅格选择文件路径并命名"lnJLXS",点击"确定"。再将栅格数据转为整型。选择"ArcToolbox"→"Spatial Analyst 工具"→"数学分析"→"逻辑运算"→"转为整型",输入栅格数据选择 lnJLXS,输出数据选择文件路径并命名"lnJLXS 整型",点击"确定"(图 6-5),至此检查"lnJLXS 整型"出现栅格属性表。

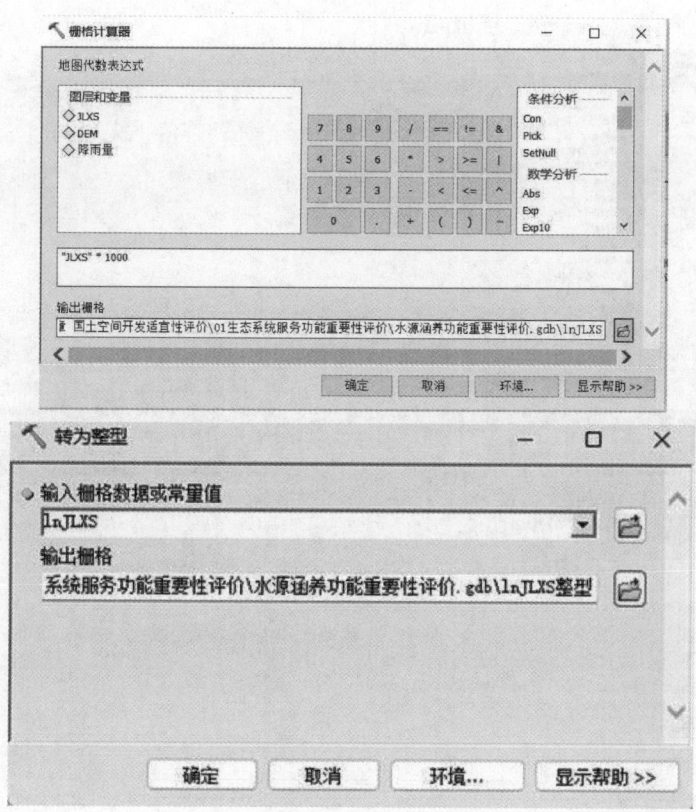

图 6-5 栅格数据转为整型对话框

步骤四:计算水源涵养量并归一化及进行重要性分级

(1)利用公式计算水源涵养量:选择"ArcToolbox"→"空间分析"→"地图代数"→"栅格计算器",输入"降雨量"-"降雨量" * "lnJLXS 转整"/100/1000(表中 JLXS 的单位为%,除以

100是为了将JLXS的单位转换成小数,除以1000是为了还原上一步为转整扩大的一千倍),输出栅格选择文件路径并命名"SYHYL",点击"确定"(图6-6)。

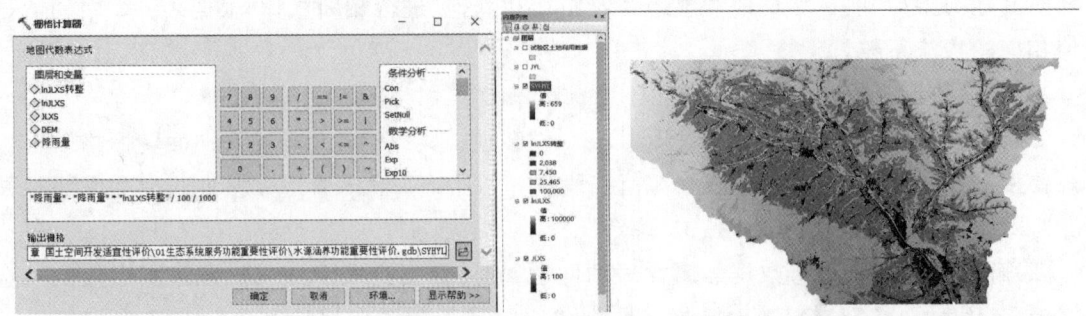

图6-6 计算水源涵养量对话框

(2)水源涵养量归一化:右键SYHYL图层,选择"数据"→"导出数据",选择文件路径,保存类型选择文本文件,名称输入"SYHYL.txt",点击"保存"。新建空白Excel文档,双击进入,依次选择"数据"→"从文本/CSV",导入"SYHYL.txt"(图6-7)。

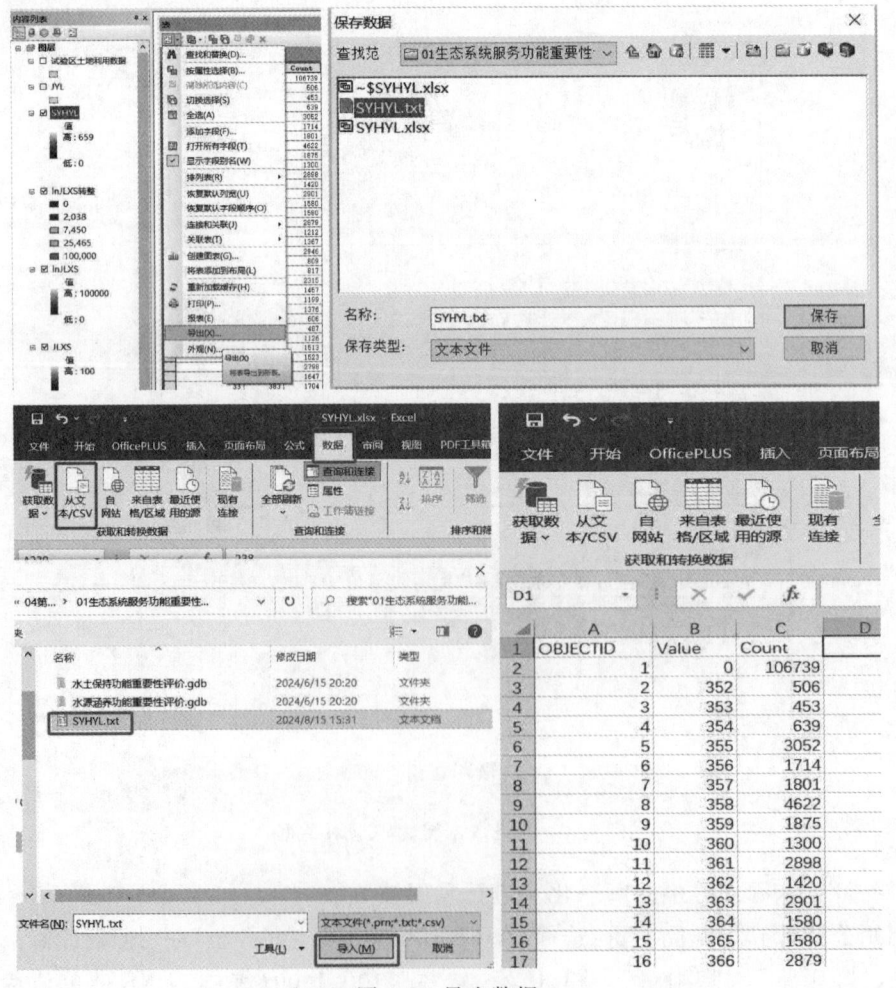

图6-7 导出数据

将 Excel 表中 value 值升序排列，新起一列首行命名“归一化”，利用公式 Value/(Max[Value]) * 100，即输入＝B2/659 * 100(此处 659 为最大 Value 值)，填充整列，计算得到归一化指数(图 6-8)。

D2　=B2/659*100

	A	B	C	D
1	OBJECTID	Value	Count	归一化
2	1	0	106739	0
3	2	352	506	53.41426404
4	3	353	453	53.5660091
5	4	354	639	53.71775417
6	5	355	3052	53.86949924
7	6	356	1714	54.02124431
8	7	357	1801	54.17298938
9	8	358	4622	54.32473445
10	9	359	1875	54.47647951
11	10	360	1300	54.62822458

图 6-8　计算归一化指数

(3)计算归一化后的水源涵养量：新起一列首行命名“水源涵养量”，计算原理为归一化水源涵养量 * 栅格数量，即输入＝D2 * C2，填充整列(图 6-9)。

E2　=D2*C2

	A	B	C	D	E
1	OBJECTID	Value	Count	归一化	水源涵养量
2	1	0	106739	0	0
3	2	352	506	53.41426	27027.6176
4	3	353	453	53.56601	24265.40212
5	4	354	639	53.71775	34325.64492
6	5	355	3052	53.8695	164409.7117
7	6	356	1714	54.02124	92592.41275
8	7	357	1801	54.17299	97565.55387
9	8	358	4622	54.32473	251088.9226
10	9	359	1875	54.47648	102143.3991
11	10	360	1300	54.62822	71016.69196

图 6-9　计算水源涵养量

(4)计算累计水源涵养量：新起一列首行命名“累积水源涵养量”，输入函数＝SUM($E$2:E2)，填充整列(图 6-10)。

(5)计算累计水源涵养量占比并确定分级阈值：新起一列首行命名“占比”，输入函数＝F2/$F$309($F$309 为累计水源涵养量总值)，填充整列，观察整列，分别找到距 50%、80% 最近对应的 Value 值(无等值取临近)为 538、587(图 6-11)。

(6)重要性分级：打开“ArcToolbox”→“空间分析”→“重分类”→“重分类”，输入“SYHYL”栅格，重分类字段选择“Value”，打开“分类”窗口，分类方法选择手动，类别选择“3”，中断值选择上一步确定的 Value 值 538、587、659，输出栅格选择文件路径并命名为

"Reclass_SYHYL",点击"确定",右键打开 Reclass_SYHYL"图层属性"→"符号系统"→"唯一值",依次输入标注"极重要""重要""一般重要",单击"确定"(图 6-12)。

F2 =SUM($E$2:E2)

	A	B	C	D	E	F
1	OBJECTID	Value	Count	归一化	水源涵养量	累积水源涵养量
2	1	0	106739	0	0	0
3	2	352	506	53.41426404	27027.6176	27027.6176
4	3	353	453	53.5660091	24265.40212	51293.01973
5	4	354	639	53.71775417	34325.64492	85618.66464
6	5	355	3052	53.86949924	164409.7117	250028.3763
7	6	356	1714	54.02124431	92592.41275	342620.7891
8	7	357	1801	54.17298938	97565.55387	440186.3429
9	8	358	4622	54.32473445	251088.9226	691275.2656
10	9	359	1875	54.47647951	102143.3991	793418.6646
11	10	360	1300	54.62822458	71016.69196	864435.3566

图 6-10　计算累积水源涵养量

G2 =F2/$F$309

	A	B	C	D	E	F	G
1	OBJECTID	Value	Count	归一化	水源涵养量	累积水源涵养量	占比
2	1	0	106739	0	0	0	0.00%
3	2	352	506	53.41426404	27027.6176	27027.6176	0.03%
4	3	353	453	53.5660091	24265.40212	51293.01973	0.05%
5	4	354	639	53.71775417	34325.64492	85618.66464	0.08%
6	5	355	3052	53.86949924	164409.7117	250028.3763	0.24%
7	6	356	1714	54.02124431	92592.41275	342620.7891	0.34%
8	7	357	1801	54.17298938	97565.55387	440186.3429	0.43%
9	8	358	4622	54.32473445	251088.9226	691275.2656	0.68%
10	9	359	1875	54.47647951	102143.3991	793418.6646	0.78%
11	10	360	1300	54.62822458	71016.69196	864435.3566	0.85%

G189 =F189/$F$309

	A	B	C	D	E	F	G
1	OBJECTID	Value	Count	归一化	水源涵养量	累积水源涵养量	占比
186	185	535	4059	81.18361153	329524.2792	50034354.02	48.95%
187	186	536	3667	81.3353566	298256.7527	50332610.77	49.25%
188	187	537	3828	81.48710167	311932.6252	50644543.4	49.55%
189	188	538	5215	81.63884674	425746.5857	51070289.98	49.97%
190	189	539	4716	81.79059181	385724.431	51456014.42	50.35%
191	190	540	4754	81.94233687	389553.8695	51845568.29	50.73%
192	191	541	5056	82.09408194	415067.6783	52260635.96	51.13%
193	192	542	4615	82.24582701	379564.4917	52640200.46	51.50%

G238 =F238/$F$309

	A	B	C	D	E	F	G
1	OBJECTID	Value	Count	归一化	水源涵养量	累积水源涵养量	占比
235	234	584	2857	88.61911988	253184.8255	74122966.46	72.52%
236	235	585	3470	88.77086495	308034.9014	74431001.37	72.82%
237	236	586	4168	88.92261002	370629.4385	74801630.8	73.19%
238	237	587	3400	89.07435508	302852.8073	75104483.61	73.48%
239	238	588	153973	89.22610015	13738410.32	88842893.93	86.93%
240	239	589	1530	89.37784522	136748.1032	88979642.03	87.06%
241	240	590	1717	89.52959029	153722.3065	89133364.34	87.21%

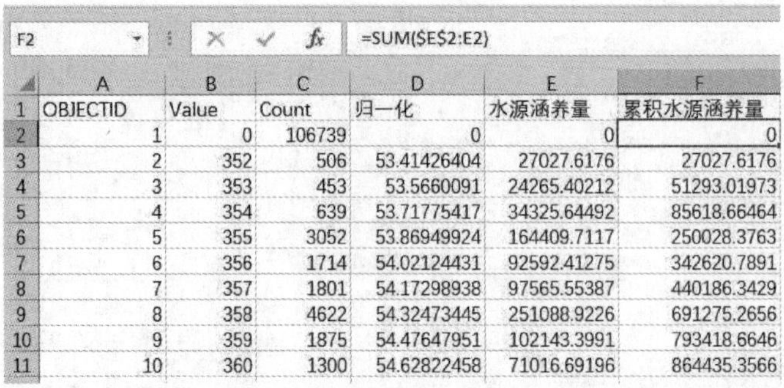

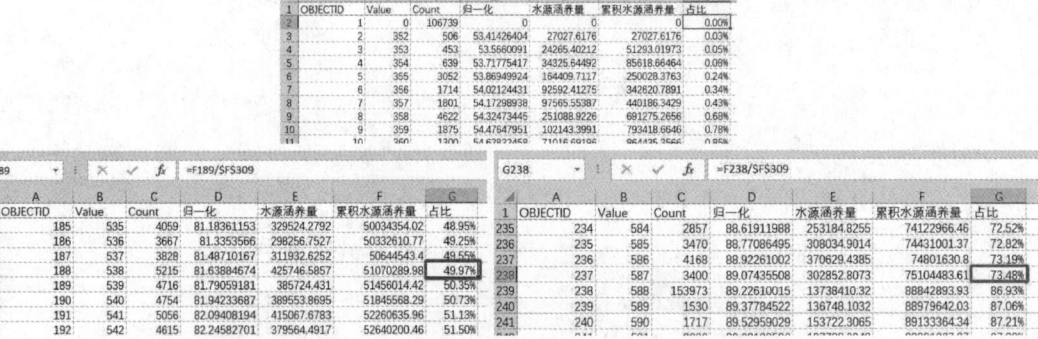

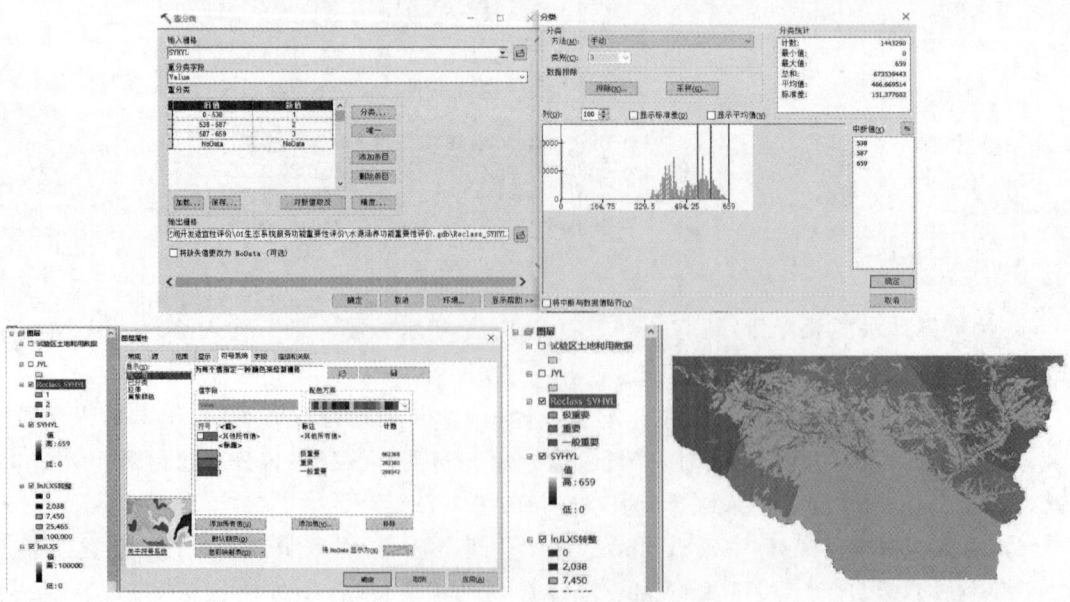

图 6-11　确定水源涵养量分级阈值

图 6-12　重要性分级

(7)转为矢量数据:打开"ArcToolbox"→"转换"→"由栅格转出"→"栅格转面",将"Reclass_SYHYL"栅格数据转换为矢量数据。字段选择"Value",输出面要素命名为"SYHYGN",注意将"简化面"前的"√"去掉。

2. 单项评价之水土保持功能重要性

本次实习通过生态系统类型、植被覆盖度和地形特征的差异,评价生态系统土壤保持功能的相对重要程度。一般情况下,森林、灌丛、草地生态系统土壤保持功能相对较高,植被覆盖度越高、坡度越大的区域,土壤保持功能重要性越高。将坡度不小于25°且植被覆盖度不小于80%的森林、灌丛和草地确定为水土保持极重要区。在此范围外,将坡度不小于15°且植被覆盖度不小于60%的森林、灌丛和草地确定为水土保持重要区。水土保持功能重要性评价分级阈值见表6-4。在实际评价过程中,不同地区可对分级标准进行适当调整,同时结合水土保持相关规划和专项成果,对结果进行适当修正。

表6-4 水土保持功能重要性评价分级阈值

坡度评价值	植被覆盖度			
	≥80%的森林、灌丛和草丛	60%~80%的森林、灌丛和草地	0~60%的森林、灌丛和草地	0~100%的其他生态系统(除去森林、灌丛和草地)
≥25°	5(极重要)	3(重要)	1(一般)	1(一般)
15°~25°	3(重要)	3(重要)	1(一般)	1(一般)
<15°	1(一般)	1(一般)	1(一般)	1(一般)

资料来源:参考《资源环境承载能力和国土空间开发适宜性评价技术指南(试行)》2020年1月版整理。

水土保持功能重要性评价的主要操作步骤如下。

步骤一:提取坡度并进行取整

(1)提取坡度:打开ArcMap,加载"水土保持功能重要性评价.gdb>DEM"数据。打开"ArcToolbox"→"3D分析"→"栅格表面"→"坡度"。在坡度工具对话框中设置输入栅格数据为DEM,输出栅格命名为"slope_DEM.tif"。点击"确定",生成坡度栅格(图6-13)。

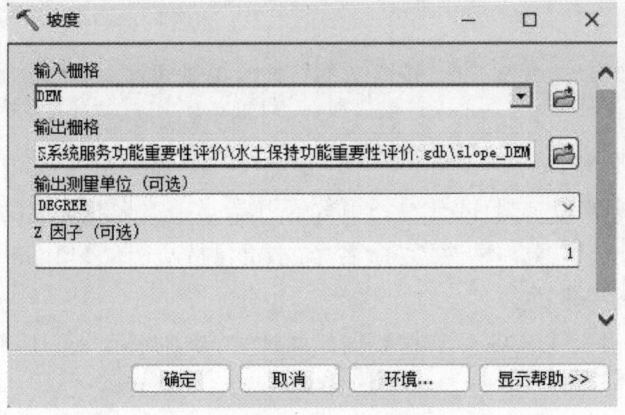

图6-13 计算坡度对话框

(2)取整坡度栅格：进入"ArcToolbox"→"空间分析"→"数学分析"→"转为整型"工具对话框。设置输入栅格数据为"slope_DEM"，输出栅格命名为"slope_DEM 整型"。点击"确定"，生成取整后的坡度栅格(图 6-14)。

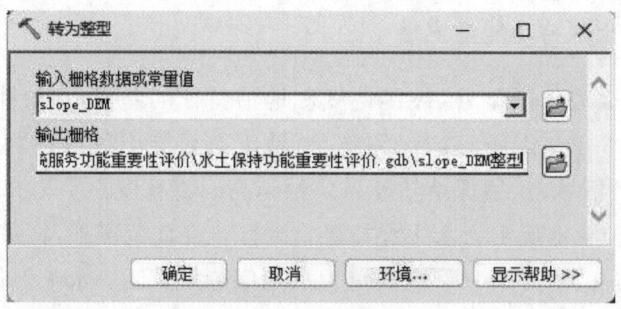

图 6-14　转为整型对话框

步骤二：栅格数据转换为矢量数据

(1)转换坡度栅格为矢量数据：进入"ArcToolbox"→"转换"→"由栅格转出"→"栅格转面"工具对话框。输入栅格数据为"slope_DEM 整型"，输出矢量数据命名为"PD"。确保"简化面"选项前的"√"已取消，然后点击"确定"(图 6-15)。

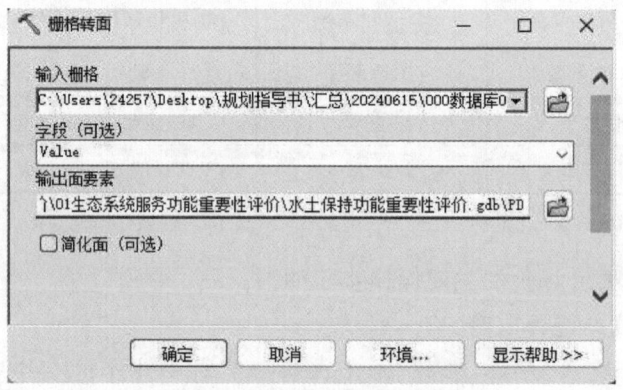

图 6-15　栅格转面对话框

(2)转换植被覆盖度数据为矢量数据：加载"水土保持功能重要性评价.gdb＞植被覆盖度"栅格数据。

使用相同的步骤，将"植被覆盖度"栅格数据转换为矢量数据，并命名为"ZBFGD"(图 6-16)。

步骤三：相交分析

(1)使用相交工具：进入"ArcToolbox"→"分析"→"叠加分析"→"相交"工具对话框。输入要素为"PD""ZBFGD"和"试验区土地利用数据"(选择前文赋值生态系统类型后的试验区土地利用数据)3 个矢量数据。输出要素命名为"水土保持功能(STBCGN)"(图 6-17)。运行相交工具，生成相交后的要素类。

(2)添加字段：打开"STBCGN"矢量数据的属性表，添加字段"STBCZYX"(水土保持功能重要性，文本型，50)。

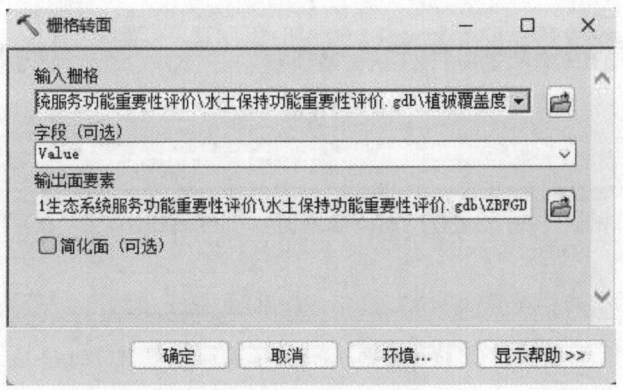

图 6-16 栅格转面对话框

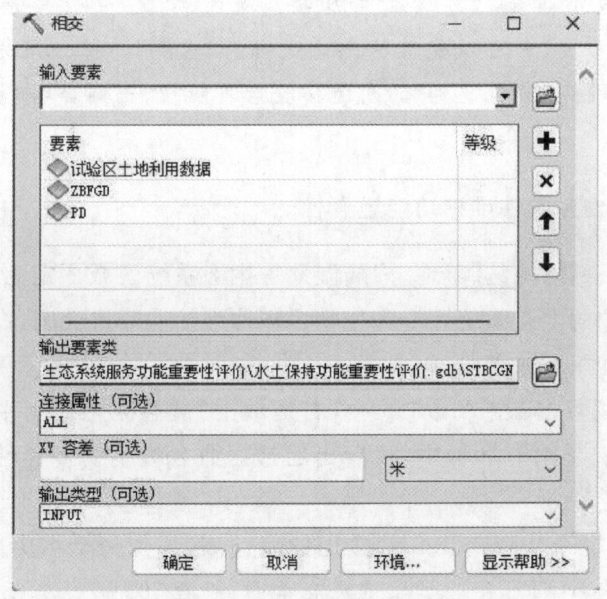

图 6-17 相交分析对话框

步骤四:划分水土保持功能重要性等级

(1)识别"重要"性区域:在"STBCGN"矢量数据在属性表中,点击左上角的"表选项",选择"按属性选择"。输入选择条件 gridcode≥15 AND gridcode1≥60 AND(STXTLX='森林' OR STXTLX='灌丛' OR STXTLX='草地'),其中 gridcode 对应坡度字段,gridcode1 对应植被覆盖度字段。点击"应用",选择符合条件的图斑(图 6-18)。右键单击"STBCZYX"字段,选择"字段计算器",使用 Python 解析器,输入代码"重要",点击确定,为选中图斑赋值"重要"。

(2)识别"极重要"性区域:再次打开"表选项",选择"按属性选择"。输入选择条件 gridcode≥25 AND gridcode1≥80 AND (STXTLX = '森林' OR STXTLX = '灌丛' OR STXTLX = '草地')。

点击"应用",选择符合条件的图斑。右键单击"STBCZYX"字段,打开"字段计算器",输入代码"极重要",点击"确定",为选中图斑赋值"极重要"。

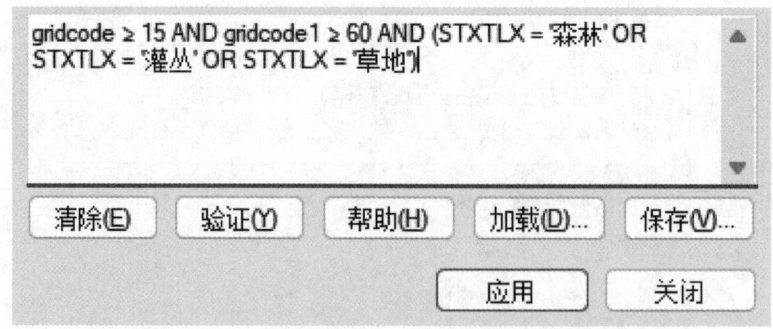

图6-18 "按属性选择"对话框识别"重要"性区域

(3)识别"一般"性区域:对剩余未分类的图斑,赋值为"一般"。

注意:之所以先赋值"重要",再赋值"极重要",是因为"重要"性的选择范围包括"极重要"的范围,后面赋值"极重要"则可以覆盖掉先前赋值的"重要"。但如果先赋值"极重要",再赋值"重要"性图斑时则要先将"极重要"的图斑排除后再赋值,否则会将"极重要"图斑改为"重要",导致结果不正确。

3. 单项评价之生物多样性维护功能重要性

将需优先保护的森林、灌丛、草地、内陆湿地等生态系统区域评定为生物多样性维护功能极重要区,其他需保护的生态系统评定为生物多样性维护功能重要区,操作步骤如下。

步骤一:导出数据并添加字段

(1)导出土地利用数据:在 ArcMap 中,右键单击"试验区土地利用数据"图层,选择"数据"→"导出数据"。在导出对话框中,将导出的数据命名为生物多样性功能"SWDYXGN",并选择保存路径。

(2)添加新字段:打开"SWDYXGN"数据的属性表,添加一个名为"SWDYXZYX"(生物多样性功能重要性)的新字段,字段类型选择文本型,长度50。

步骤二:评定"极重要"区

(1)选择需优先保护的生态系统:在属性表中,点击左上角的"表选项"按钮,选择"按属性选择"。输入选择条件 STXTLX='森林' OR STXTLX='灌丛' OR STXTLX='草地' OR STXTLX='湿地'。点击"应用"按钮,选择符合条件的图斑。

(2)赋值"极重要":右键单击"SWDYXZYX"字段,选择"字段计算器"。在字段计算器中,选择解析程序为"Python",在代码块中输入 "极重要",点击"确定",将选中的图斑赋值为"极重要"。

步骤三:评定"重要"区

(1)选择其他需保护的生态系统:再次打开属性表中的"表选项",选择"按属性选择"。输入选择条件 STXTLX='农田' OR DLMC='裸土地' OR DLMC='盐田' OR DLMC='盐碱地' OR DLMC='田坎' OR DLMC='沙地'。点击"应用"按钮,选择符合条件的图斑。

(2)赋值"重要":右键单击"SWDYXZYX"字段,选择"字段计算器"。在字段计算器中,选择解析程序为"Python",在代码块中输入"重要",点击"确定",将选中的图斑赋值为"重要"。

4. 划分生态保护重要性区域

按如下确定不同区域的生态保护重要性等级：生态保护重要性＝MAX｛水源涵养重要性，生物多样性维护重要性，水土保持功能重要性｝。操作步骤如下。

步骤一：相交分析

(1) 使用相交工具：在 ArcMap 中点击"地理处理"菜单，选择"相交"工具。在"输入要素"一栏，选择"SYHYGN"(水源涵养功能)、"STBCGN"(水土保持功能)、"SWDYXGN"(生物多样性维护功能) 3 个数据图层。设置输出要素，将其命名为"生态保护重要性评价(STBHZYXPJ)"，并选择保存路径。

(2) 运行相交工具：点击"确定"，运行相交工具，将 3 个要素图层叠加生成新的图层"STBHZYXPJ"。

步骤二：添加字段并进行属性选择

(1) 添加字段：右键单击"STBHZYXPJ"图层，选择"打开属性表"。在属性表中，添加一个名为"STBHZYX"(生态保护重要性)的字段，字段类型选择"文本型"。

(2) 划定"重要"区域：再次打开属性表中的"表选项"，选择"按属性选择"。输入选择条件 SYHYZYX = '重要' OR STBCZYX = '重要' OR SWDYXZYX = '重要'。点击"应用"，即选中所有符合条件的记录。右键单击"STBHZYX"字段，选择"字段计算器"。在字段计算器中，输入"重要"，点击"确定"，将选中记录的"STBHZYX"字段赋值为"重要"。

(3) 划定"极重要"区域：在属性表的左上角，点击"表选项"，选择"按属性选择"。输入选择条件 SYHYZYX = '极重要' OR STBCZYX = '极重要' OR SWDYXZYX = '极重要'，点击应用，即选中所有符合条件的记录。右键单击"STBHZYX"字段，选择"字段计算器"。在字段计算器中，输入"极重要"，点击"确定"，将选中记录的"STBHZYX"字段赋值为"极重要"。

(4) 划定"一般"区域：对剩余未分类的记录，将"STBHZYX"字段赋值为"一般"，以表示这些区域的重要性相对较低。输入选择条件"STBHZYX IS NULL"。点击"应用"，即选中所有符合条件的记录。右键单击"STBHZYX"字段，选择"字段计算器"。在字段计算器中，输入"一般"，点击"确定"，将选中记录的"STBHZYX"字段赋值为"一般"。

步骤三：制作生态保护重要性评价图

(1) 符号化图层：根据"STBHZYX"字段，将 STBHZYXPJ 图层进行符号化。通常使用颜色渐变来表示不同的生态保护重要性等级(如红色表示"极重要"，橙色表示"重要"，黄色表示"一般")。

(2) 制作地图：在地图中添加必要的地图元素，如图例、比例尺、指北针和标题，以确保地图的完整性和可读性。调整地图布局，确保生态保护重要性区域的分布清晰可见。

二、农业生产适宜性评价

农业生产适宜性指国土空间中进行农业生产活动适宜程度，包括种植生产适宜性、畜牧业生产适宜性及渔业生产适宜性。农业生产适宜性评价指在生态保护极重要区以外的区域，开展种植业、畜牧业、渔业等农业生产适宜性评价,识别农业生产适宜区和不适宜区。由于本实验区以种植业为主,没有畜牧业和渔业,本次只完成种植生产适宜性评价的部分内容。农业生产适宜性评价需要进行5项单项评价,包括土地资源评价、水资源评价、气候评价、环境评价、灾害评价。本节内容主要演示农业生产适宜性评价中的土地资源评价。

1. 单项评价之土地资源评价

农业指向的土地资源单项评价首先需要依据地形坡度得到土地资源初评结果;然后结合土壤质地数据对土地资源初评进行修正,得到农业指向的土地资源评价结果。需要注意的是,土地资源单项评价需扣除生态保护极重要区以及河流、湖泊及水库水面区域。主要操作步骤如下。

步骤一:地形坡度处理

利用DEM数据计算地形坡度,按照≥25°、15°~25°、6°~15°、2°~6°、≤2的分级标准划分为陡坡地、缓陡坡地、缓坡地、平坡地和平地5个等级。坡度大于15°的地区不适宜农业机械化耕作。

(1)提取坡度:在ArcMap加载DEM数据。使用"ArcToolbox"→"3D分析"→"栅格表面"→"坡度",输入DEM数据,输出为"PD"栅格。

(2)重分类坡度数据:使用"ArcToolbox"→"空间分析"→"重分类"→"重分类",输入"坡度"栅格,选择"Value"字段,点击"分类",选择"手动"分类方法,方法选择"手动",类别设置为"5",依次输入中断值"2、6、15、25",点击"确定"。并根据前述分类结果填入新值500、400、300、200、100。输出命名为"PD_N"(图6-19)。

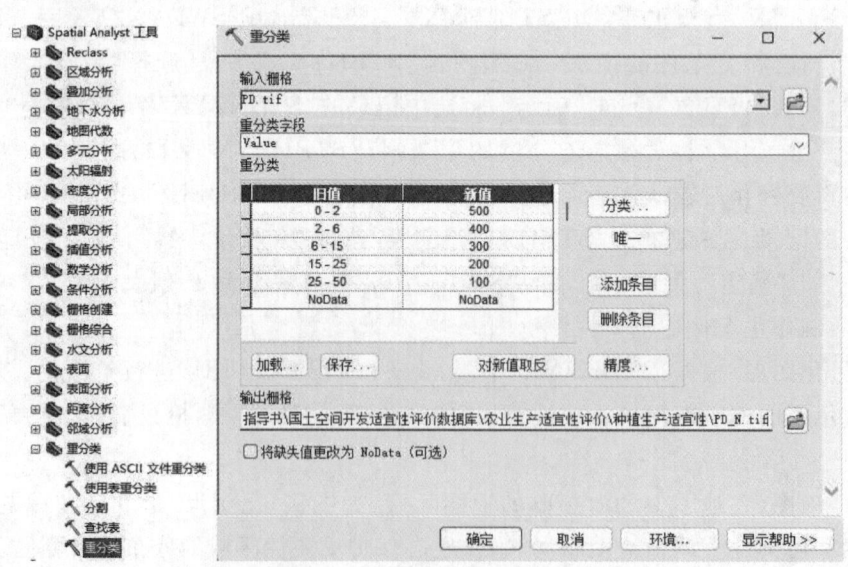

图6-19 坡度重分类对话框

在重分类操作过程中若提示数据集中没有分类方法所需的有效直方图,可以使用"ArcToolbox"→"数据管理工具"→"栅格"→"栅格属性"→"计算统计数据"工具生成有效直方图。若提示栅格数据无属性表,则可使用"ArcToolbox"→"数据管理工具"→"栅格"→"栅格属性"→"构建栅格属性表"(Build Raster Attribute Table)建立属性表。

步骤二:土壤质地处理

土壤质地的判断主要利用土壤数据集中的砂粒、粉粒、黏粒含量。在2020年1月版的双评价指南中没有指明划分标准,因此参照2019年6月版,将土壤粉砂含量≥80%的区域农业土地资源等级直接取最低等;60%≤粉砂含量<80%的区域坡度分级降一级作为农业土地资源等级;土壤粉砂含量≤60%的区域不做降级处理。本次实习只提供了黏粒的数据,可以粗略认为,土壤中若粉砂≥80%,则黏粒含量≤20%,以此类推,因此将土壤质地按照黏粒含量进行分级:黏粒含量<20%的区域农业土地资源直接取最低等;20%≤黏粒含量<40%的区域坡度分级降一级作为土地资源等级;黏粒含量≥40%不降级。操作步骤如下。

分类与重分类土壤质地数据:打开"种植生产适宜性评价.gdb"数据库中的黏粒含量数据"TRZD"。使用"ArcToolbox"→"空间分析"→"重分类"→"重分类",输入"黏粒含量"栅格数据,选择"Value"字段,点击"分类",分类方法选择"手动",类别设置为"3",将中断值设置为19.999 9、39.999 9、49,点击"确定",并根据分类结果填入新值0、40、50。输出命名为"TRZD_N"(图6-20)。

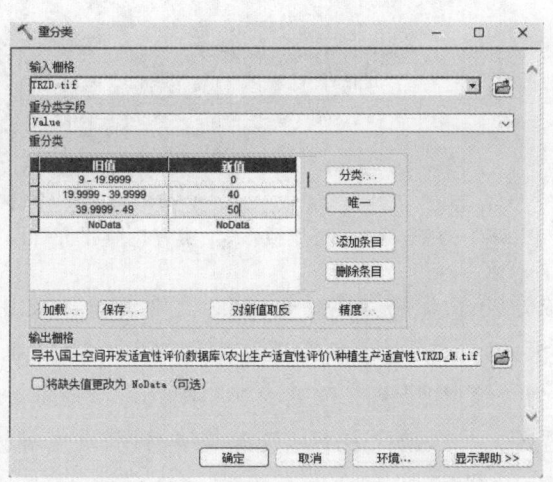

图6-20 土壤质地重分类对话框

步骤三:土壤有机质处理

结合土壤有机质分类赋值,将土壤有机质分为5级。其中,有机质含量>35g/kg划为一级,25g/kg<有机质含量≤35g/kg划为二级,15g/kg<有机质含量≤25g/kg划为三级,10g/kg<有机质含量≤15g/kg划为四级,有机质含量≤10g/kg划为五级。土壤有机质含量≤10g/kg的区域,农业土地资源等级降二级;有机质含量10~15g/kg的区域,农业土地资源等级降一级。

检查土壤有机质含量:打开"种植生产适宜性评价.gdb"数据库中的土壤有机质含量数据"YJZHL"。依据上述规则查看数据范围是否需要降级处理。通过查看实习数据,发现试验区土壤有机质含量在18.35~31.80g/kg之间,按照规则不需要做降级处理。

步骤四：农业生产适宜性评价分析

以坡度分级结果为基础，结合土壤质地、土壤有机质含量，将农业生产土地资源等级划分为高、较高、中等、较低、低 5 级。在生态保护极重要区以外的区域，识别农业生产适宜区和不适宜区。农业生产适宜性评价结果划分为适宜、一般适宜和不适宜 3 级。将土地资源等级高和较高的两级划为适宜区，土地资源等级中等和较低两级划分为一般适宜区，将土地资源等级低的区域划分为不适宜区。

(1)综合坡度、土壤质地与土壤有机质评价结果如图 6-21 所示。

打开"ArcToolbox"→"空间分析"→"地图代数"→"栅格计算器"。在栅格计算器对话框中，输入公式"PD_N" + "TRZD_N"(土壤有机质不需要做降级处理，故不参与栅格计算)。输出栅格命名为"TDZYDJ"。

图 6-21　综合坡度、土壤质地、土壤有机质评价结果

(2)重分类土地资源等级：由栅格计算结果可知，土地资源等级由三位数构成，分析可知，第一位数代表"坡度"等级，第二位数代表"土壤质地"的降级情况(如果第二位数为"0"，则代表土地资源等级直接降为一级；如果第二位数为"4"，则代表土地资源等级在"坡度"等级的基础上降一级；如果第二位数为"5"，则代表土地资源等级沿用"坡度等级")。

使用"ArcToolbox"→"空间分析"→"重分类"→"重分类"工具，输入"TDZYDJ"栅格数据，重分类字段选择"Value"，根据分析结果填入新值 1、1、1、1、1、2、1、2、3、1、3、4、1、4、5。输出栅格命名为"TDZYDJ_N"(图 6-22)。

(3)转换为矢量数据：使用"ArcToolbox"→"转换"→"由栅格转出"→"栅格转面"工具，将"TDZYDJ_N"栅格数据转换为矢量数据。字段选择"Value"，输出面要素命名为"TDZYDJM"，注意将"简化面"前的"√"去掉。

步骤五：擦除不适宜农业生产的区域

(1)擦除生态保护极重要区：打开"生态保护重要性评价"图层"STBHZYXPJ"，右键选择"属性"，打开"图层属性"对话框，选择"定义查询"。在"查询构建器"中输入 STBHZYX = "极重要"。使用"ArcToolbox"→"分析"→"叠加分析"→"擦除"工具，输入"TDZYDJM"数据，擦除要素选择"STBHZYXPJ"数据，输出命名为"GCSJ"。

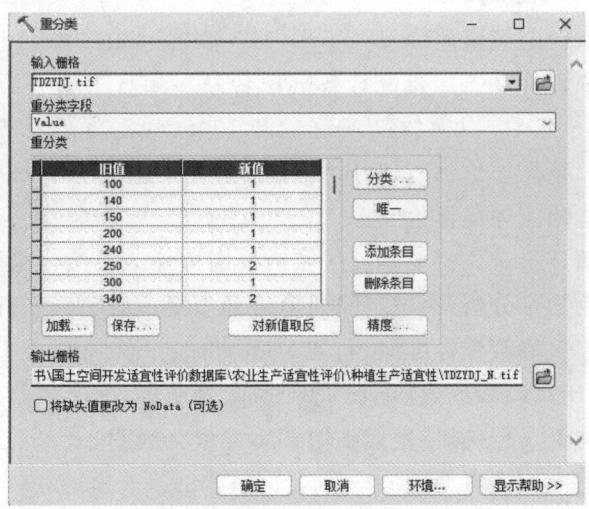

图 6-22 重分类赋新值对话框

(2)擦除河流、湖泊及水库水面区域:打开"试验区土地利用数据"图层,右键选择"属性",打开"图层属性"对话框,选择"定义查询"。在"查询构建器"中输入 DLMC = '河流水面' OR DLMC = '湖泊水面' OR DLMC = '水库水面'。使用"ArcToolbox"→"分析"→"叠加分析"→"擦除"工具,输入"GCSJ"数据,擦除要素选择"试验区土地利用数据"数据,输出命名为农业生产适宜性评价"NYSCSYXPJ"。

步骤六:赋值农业生产适宜性等级

(1)添加农业生产适宜性字段:打开"NYSCSYXPJ"图层的属性表,添加新字段,名称为"NYSCSYX"(农业生产适宜性,文本型)。

(2)根据等级赋值:依据"gridcode"中的等级,对"NYSCSYX"字段赋值。

- 5级、4级:适宜
- 3级、2级:一般适宜
- 1级:不适宜

步骤七:制作农业生产适宜性评价图

根据农业生产适宜性等级,将"NYSCSYXPJ"图层进行符号化展示。添加图例、比例尺、指北针和标题等地图元素,确保地图的完整性和可读性。

2. 其他单项评价原理

1)农业生产功能指向的水资源评价

农业指向水资源单项评价需要基于区域内及邻近地区气象站点长时间序列降水观测资料,通过空间插值得到多年平均降水量分布图层。对于云贵高原等蒸发能力较强,仅通过降水难以全面反映农业供水条件的区域,可采用干旱指数计算(干旱指数为年蒸发能力和年降水量的比值)。对于现状农业供水结构中过境水源占比较大且仅通过降水、干旱指数评价难以全面反映农业供水条件的区域,可采用县级行政区用水总量控制指标模数计算。依据评价指南划分评价因子等级,生成分级图。

2) 农业生产功能指向的气候评价

农业指向气候单项评价首先需要统计各气象台站多年日平均气温≥0℃活动积温,进行空间插值,并结合海拔校正后(以海拔高度每上升100m气温降低0.6℃的温度递减率为依据)得到活动积温图层,依据评价指南划分评价因子等级,生成活动积温分级图。

3) 农业生产功能指向的环境评价

农业指向环境单项评价首先需要整理区域内及周边地区土壤污染状况详细调查等成果,进行各点位主要污染物含量分析,通过空间插值得到土壤污染物含量分布图层,依据《土壤环境质量农用地土壤污染风险管控标准(试行)》(GB 15618—2018),当土壤中污染物含量低于或等于风险筛选值、大于风险筛选值但小于等于风险管制值、大于风险管制值时,将土壤环境容量相应划分为高、中、低3个等级,生成土壤环境容量分级图。

4) 农业生产功能指向的灾害评价

农业指向灾害单项评价首先选择对农业生产有重要影响的气候要素和气象灾种,收集整理各类气候要素和气象灾害历史资料,根据单项气象灾害指标每年发生情况,赋予各指标权重并评价单项灾种危险性。最后根据单项灾种的评价结果,采用区域综合方法、最大因子方法、专家评分法等确定综合气象灾害风险,将气象灾害风险划分为低、较低、中等、较高和高5级。

三、城镇建设适宜性评价

城镇建设适宜性指反映国土空间中从事城镇居民生产生活的适宜程度。城镇建设适宜性评价需要在生态保护极重要区以外的区域,考虑环境安全、粮食安全和地质安全等底线要求,着重识别城镇建设不适宜区。市县级的城镇建设适宜性评价还应根据城镇化发展阶段特征,增加人口、经济、区位、基础设施等要素,识别镇建设适宜区。城镇建设适宜性评价结果一般划分为适宜、较适宜、一般适宜、较不适宜和不适宜5级。

1. 初判城镇建设适宜性等级

城镇建设功能指向的适宜性按如下公式进行集成:

[城镇建设适宜性等级]=f([水土资源基础],[水、气环境容量],[舒适度],[区位优势度])

[水土资源基础]=f([城镇建设条件],[城镇供水条件])

[水、气环境容量]=f([水环境容量],[大气环境容量])

评价的主要步骤如下。

步骤一:水土资源基础判别

基于城镇建设条件和城镇供水条件,确定[水土资源基础]指标评价结果,参考判别矩阵见表6-5。

表 6-5 城镇建设功能指向的水土资源基础参考判别矩阵

城镇供水条件	城镇建设条件				
	好	较好	一般	较差	差
好	适宜	适宜	较适宜	一般适宜	不适宜
较好	适宜	适宜	较适宜	较不适宜	不适宜
一般	适宜	较适宜	一般适宜	较不适宜	不适宜
较差	较适宜	较适宜	一般适宜	不适宜	不适宜
差	一般适宜	一般适宜	较不适宜	不适宜	不适宜

资料来源:参考《资源环境承载能力和国土空间开发适宜性评价技术指南(试行)》2019年6月版整理。

步骤二:城镇建设适宜性等级初步结果

以水土资源基础分级结果为基础,结合城镇建设环境条件确定城镇建设适宜性初步等级。对于[大气环境容量]和[水环境容量]均为最低值的,将[水土资源基础]分级结果下降两个级别作为城镇建设适宜性等级;对于[大气环境容量]或[水环境容量]为最低值的,将[水土资源基础]分级结果下降一个级别作为城镇建设适宜性等级。

2. 修正城镇建设适宜性等级

步骤一:基于舒适度和灾害危险性指标的修正

对于舒适度指标等级为最低值的,城镇适宜性初步评价结果下降一个级别;对于城镇适宜性初步评价结果为适宜和较适宜的,但灾害危险性高的国土空间,将其调整为一般适宜;对于初步评价结果为适宜的,但灾害危险性较高的国土空间,将其调整为较适宜。

步骤二:基于区位优势度指标的修正

对于区位优势度评价结果为最低值的,将城镇建设适宜性等级直接确定为不适宜;对于结果为较差的,将初划结果下调一个级别;对于结果为好的,将初划结果中较不适宜、一般适宜和较适宜的档分别上调一级(表6-6)。

表 6-6 城镇建设功能指向的水土资源基础参考判别矩阵(基于区位修正)

评价因子	评价标准	评价值
大气环境容量	1(低)	初判结果下降1个等级
	其他值	初判结果不做修正
水环境容量	1(低)	初判结果下降1个等级
	其他值	初判结果不做修正
舒适度	1(很不舒服)	初判结果下降1个等级
	其他值	初判结果不做修正
灾害危险性	4(高)	初判结果为5、4的下调为3
	3(较高)	初判结果为5的下调为4
	其他值	初判结果不做修正

续表 6-6

评价因子	评价标准	评价值
区位优势度	1（差）	初判结果调整为 1
	2（较差）	初判结果下降 1 个等级
	5（好）	初判结果为 3、2、1 的上调 1 个等级
	其他值	初判结果不做修正

资料来源：参考《资源环境承载能力和国土空间开发适宜性评价技术指南（试行）》2019 年 6 月版整理。

步骤三：基于地块集中度的修正

对修正后结果为适宜和较适宜等级的图斑进行聚合操作，作为适宜和较适宜等级的连片度评价结果；对修正后结果为一般适宜及以上等级图斑进行聚合操作，作为一般适宜等级的连片度评价结果；对修正后结果为较不适宜和不适宜的图斑，不进行该项修正。地块集中度等级确定参照表 6-7，平原地区聚合距离建议采用 50～100m，山地丘陵区建议采用 20～50m。

表 6-7 地块集中度评价分级参考阈表

地块面积	<0.25	0.25～0.5	0.5～1	1～2	≥2
地块集中度	低	较低	一般	较高	高

资料来源：参考《资源环境承载能力和国土空间开发适宜性评价技术指南（试行）》2019 年 6 月版整理。

根据城镇建设适宜性初判等级和地块集中度评价结果，按照城镇建设适宜性分区参考判别矩阵（表 6-8），确定城镇建设适宜性等级。

表 6-8 城镇建设适宜性分区参考判别矩阵

城镇适宜性初判等级	地块集中度				
	高	较高	一般	较低	低
适宜	适宜区	较适宜区	较适宜	较适宜区	较适宜区
较适宜	较适宜区	较适宜区	一般适宜	一般适宜	一般适宜
一般适宜	一般适宜	一般适宜	较不适宜	较不适宜	较不适宜

资料来源：参考《资源环境承载能力和国土空间开发适宜性评价技术指南（试行）》2019 年 6 月版整理。

第五节 实习作业与要求

（1）开展国土空间开发保护适宜性评价，按照实习指导内容写出分析过程，对评价结果进行分析。

（2）按照实习指导书操作步骤完成生态保护重要性评价和农业生产适宜性评价。

（3）根据自身兴趣完成城镇建设适宜性评价。

（4）撰写国土空间开发保护现状评估实习报告。

第七章 生态保护红线划定

第一节 实习目的与要求

【实习目的】理解生态保护红线的概念及划定意义,掌握划定及调整生态保护红线的总体要求、基本原则、操作步骤和成果展示等。

【实习要求】掌握生态保护红线划定的方法及流程,完成相关数据处理及图件绘制,撰写实习报告。

第二节 数据准备

在划定生态保护红线的过程中,需要用到试验区范围、DEM、生态保护极重要区、生态保护极敏感区、国家公园、饮用水水源地等矢量数据。本次实习所使用的数据具体见表7-1。

表7-1 生态保护红线划定实习数据

数据名称	数据类型	时空分辨率/m	数据用途	数据存储位置
试验区范围	栅格	30	生态保护红线初步划定基础数据	第七章 生态保护红线划定\生态保护红线划定数据\01 水土流失敏感性评价.gdb\试验区范围
降雨量点位数据	矢量	—	生态保护红线初步划定基础数据	第七章 生态保护红线划定\生态保护红线划定数据\01 水土流失敏感性评价.gdb\降雨量点位
DEM	栅格	30	生态保护红线初步划定基础数据	第七章 生态保护红线划定\生态保护红线划定数据\01 水土流失敏感性评价.gdb\DEM
研究区 NDVI	栅格	250	生态保护红线初步划定基础数据	第七章 生态保护红线划定\生态保护红线划定数据\01 水土流失敏感性评价.gdb\研究区 NDVI
研究区土壤可蚀性因子重采样结果	栅格	250	生态保护红线初步划定基础数据	第七章 生态保护红线划定\生态保护红线划定数据\01 水土流失敏感性评价.gdb\研究区土壤可蚀性因子重采样结果

续表 7-1

数据名称	数据类型	时空分辨率/m	数据用途	数据存储位置
气象站点数据	矢量	—	生态保护红线初步划定基础数据	第七章 生态保护红线划定\生态保护红线划定数据\02 土地沙化敏感性评价.gdb\气象站点数据
原始生态保护红线	矢量	—	生态保护红线划定调整基础数据	第七章 生态保护红线划定\生态保护红线划定数据\03 应划尽划调入.gdb\原始生态保护红线
生态功能极重要区	矢量	—	生态保护红线划定调整基础数据	第七章 生态保护红线划定\生态保护红线划定数据\03 应划尽划调入.gdb\生态功能极重要区
饮用水水源地	矢量	—	生态保护红线划定调整基础数据	第七章 生态保护红线划定\生态保护红线划定数据\03 应划尽划调入.gdb\饮用水水源地
自然公园	矢量	—	生态保护红线划定调整基础数据	第七章 生态保护红线划定\生态保护红线划定数据\03 应划尽划调入.gdb\自然公园
耕地	矢量	—	生态保护红线划定调整基础数据	第七章 生态保护红线划定\生态保护红线划定数据\04 矛盾冲突调出.gdb\耕地
城镇开发边界	矢量	—	生态保护红线划定调整基础数据	第七章 生态保护红线划定\生态保护红线划定数据\04 矛盾冲突调出.gdb\城镇开发边界
永久基本农田	矢量	—	生态保护红线划定调整基础数据	第七章 生态保护红线划定\生态保护红线划定数据\04 矛盾冲突调出.gdb\永久基本农田保护图斑

第三节 基础知识点

1. 生态保护红线的概念

根据《生态保护红线划定指南》(环办生态〔2017〕48号)(本章下文简称《指南》),生态保护红线是指在生态空间范围内具有特殊重要生态功能、必须强制性严格保护的区域,是保障和维护国家生态安全的底线和生命线。生态保护红线内通常包含具有重要水源涵养、生物多样性维护、水土保持、防风固沙、海岸生态稳定等功能的生态功能重要区域,以及水土流失、土地沙化、石漠化、盐渍化等生态环境敏感脆弱区域。

划定生态保护红线是确保国家生态安全的重要手段。借鉴生态系统完整性原则和主体功能区定位，可以有效调整国土空间开发格局，增强生态系统服务功能，打造完整结构、稳定功能的生态安全体系，维护国家生态安全。划定生态保护红线是改善环境质量的重要措施。生态保护红线能够有效限制生态敏感和重要区域的开发，从源头上抑制生态环境恶化的趋势，改善环境质量。这有助于环境污染控制、环境质量改善和环境风险防范，为民众提供更优质的生态环境。此外，划定生态保护红线是促进社会可持续发展的重要推动力。生态红线有助于促进经济社会与自然生态的和谐共生，引导人口、经济布局和资源环境承载力相协调，促进资源的集约利用，推动可持续发展。总的来说，生态保护红线的划定是中国生态文明建设的重要组成部分，不仅对保护生态环境、推动绿色发展具有重要意义，也是实现美丽中国建设目标的重要手段。

2. 生态保护红线划定原则

根据《指南》内容，生态保护红线的划定主要遵循以下几个原则。

(1)科学性原则。为构建国家生态安全格局，一般采用综合定量评估和定性判定相结合的方法划定生态保护红线。在考虑资源环境承载能力和国土空间开发适宜性的基础上根据生态系统服务功能的重要性以及生态环境的敏感程度来识别生态保护红线的范围，并将落实到国土空间中，以确保生态保护红线的布局合理、实施精准、边界清晰。

(2)整体性原则。综合考虑了自然生态系统的整体性和系统性，结合山脉、河流、地形单元、植被等自然界的边界特征以及生态廊道的连通性，合理地划定生态保护红线，在划定的范围内尽可能避免生态环境的碎片化，并加强跨区域生态保护红线的衔接和连通。

(3)协调性原则。协调性原则强调要建立一套协调有序的生态保护红线划定工作机制，加强部门之间的联动，实现上下一致。这需要充分考虑与主体功能区规划、生态功能区划、水功能区划以及土地利用现状、城乡发展布局、国家气候变化应对规划等的衔接，与永久基本农田保护红线和城镇开发边界相协调，同时顾及经济社会发展的需求和当前监管能力的限制，以统筹划定生态保护红线。

(4)动态性原则。为满足构建国家和区域生态安全格局、提升生态保护能力和生态系统完整性的需要，需要不断优化和完善生态保护红线的布局，确保其面积不减少、功能有提升、布局有优化。

3. 生态保护红线划定要求

根据《指南》内容，划定生态保护红线应遵循以下要求：①首要考虑将那些具有重要水源涵养、维护生物多样性、保持水土、固沙防风和防护海岸等重要生态功能的区域，以及那些极为敏感脆弱的区域，如水土流失、沙漠化、石漠化和海岸侵蚀等区域，划入生态保护红线；②其他尚未明确确定但具有潜在重要生态价值的区域，也应被纳入生态保护红线范围；③需要对自然保护地进行评估和调整优化，对调整后被确认为具备重要生态价值的自然保护地，也将其纳入生态保护红线。

4. 生态保护红线初步划定方法

根据《生态保护红线划定指南》要求，生态保护红线的初步划定工作主要按照如下技术流程进行(图 7-1)。

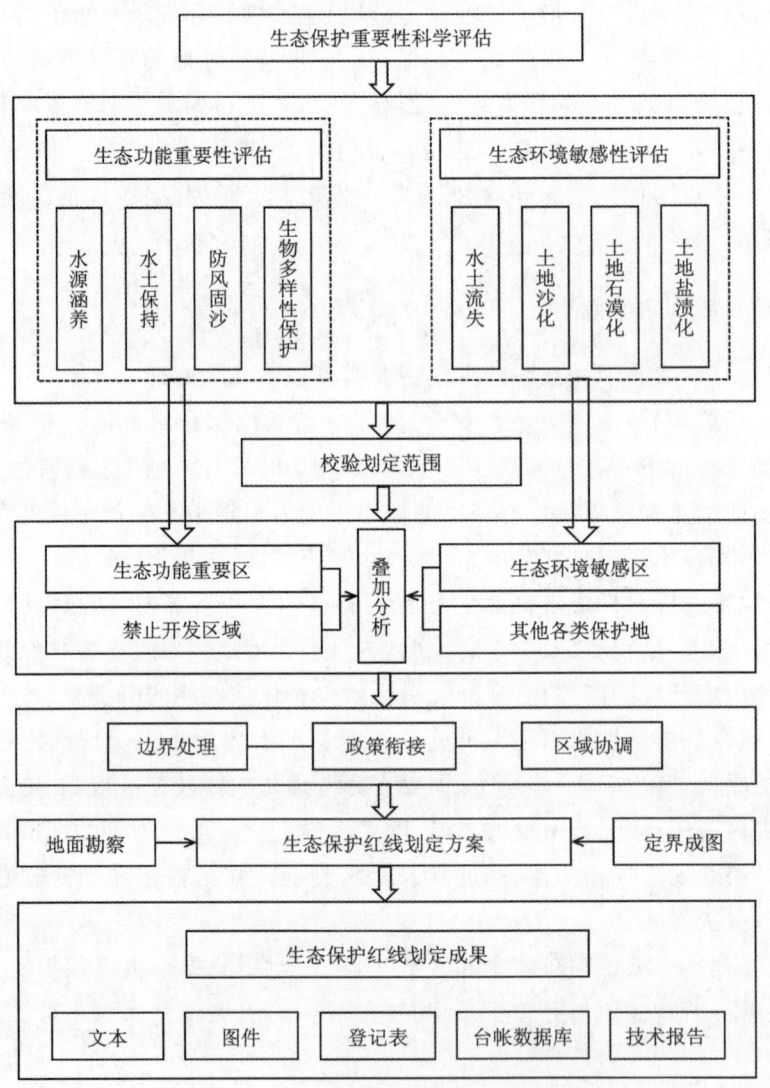

图 7-1 生态保护红线划定技术流程

1) 开展科学评估

根据资源环境的承载能力和国土空间的开发适宜性,采用先进的评价技术方法进行生态功能重要性评估和生态环境敏感性评估。通过这些评估能够确定具有重要生态功能,如水源涵养、水土保持、防风固沙、生物多样性维护等功能的区域,以及极为敏感的区域,并将其纳入生态保护红线的范围之内。科学评估的主要步骤包括确定基本评估单元、选择评估类型与方法、数据准备、模型运算、评估分级和现场校验。

2)校验划定范围

根据科学评估结果,将评估得到的生态功能极重要区和生态环境极敏感区进行叠加合并,并与自然保护地进行校验,形成生态保护红线空间叠加图,确保划定范围涵盖国家级和省级禁止开发区域,以及其他有必要严格保护的各类保护地(表 7-2)。

表 7-2　校验划定范围

分类	包含用地类型	措施
国家级和省级禁止开发区域	国家公园、自然保护区、森林公园的生态保育区和核心景观区、风景名胜区的核心景区、地质公园的地质遗迹保护区、世界自然遗产的核心区和缓冲区、湿地公园的湿地保育区和恢复重建区、饮用水水源地的一级保护区、水产种质资源保护区的核心区、其他类型禁止开发区的核心保护区域	应根据生态评估结果最终确定纳入生态保护红线的具体范围,位于生态空间以外或人文景观类的禁止开发区域,不纳入生态保护红线
其他各类保护地	极小种群物种分布的栖息地、国家一级公益林、重要湿地(含滨海湿地)、国家级水土流失重点预防区、沙化土地封禁保护区、野生植物集中分布地、自然岸线、雪山冰川、高原冻土等	结合实际情况,根据生态功能重要性,将有必要实施严格保护的各类保护地纳入生态保护红线范围

3)确定红线边界

将经过上述步骤所确定的生态保护红线叠加图,通过边界处理、现状与规划衔接、跨区域协调、上下对接等步骤,确定生态保护红线边界。

(1)边界处理。在合理扣除破碎和独立细小图斑以及建设用地、基本农田等地块后,对叠加图层进行图斑聚合处理。边界的调整依据第一次全国地理国情普查数据库或土地利用现状及年度调查监测成果,结合自然边界和自然保护区等界线,进行调整,以满足保护需要和开发利用现状。

(2)现状与规划衔接。将生态保护红线边界与各类规划、区划空间边界及土地利用现状相衔接,妥善处理开发建设与生态保护的关系并结合社会经济发展情况,合理确定开发与保护边界,提高生态保护红线划定合理性和可行性。

(3)跨区域协调。根据生态安全格局构建需要,综合考虑目标区域生态系统完整性,以地形、地貌、植被、河流水系等自然界线为依据,与相邻行政区域的生态保护红线划定结果进行衔接和协调,进行跨区域技术对接,以确保生态保护红线的空间连续性,实现跨区域生态系统的整体保护。

(4)上下对接。采取上下结合的方式开展技术对接,广泛征求各级政府意见,修改完善后达成一致意见,确定生态保护红线边界。

4)形成划定成果

在上述工作基础上,编制生态保护红线划定文本、图件、登记表及技术报告,建立台账数据库,形成生态保护红线划定方案。

5) 开展勘界定标

根据划定生态保护红线的方案进行分布图绘制,收集所划定红线周边原有的平面控制点坐标和控制点网图,并辅以高清正射影像图、地形图和地籍图等相关资料,对生态保护红线各类基础信息进行记录。同时需要对红线区块的边界走向和实地拐点坐标进行明确,并对红线边界进行详细的勘测。之后选择适当的界桩位置,完成界桩的埋设工作,测定界桩的精确空间坐标,并建立界桩数据库,最终即形成生态保护红线的勘测定界图。

5. 生态保护红线划定调整方法

生态保护红线划定调整工作主要包括应划尽划调入、矛盾冲突调出、破碎图斑修整 3 个部分(图 7-2)。具体来说,首先,基于原有的生态保护红线并遵循尽可能纳入的原则,将符合条件的土地纳入生态保护范围。接着,针对人类活动与生态保护目标之间存在的矛盾和冲突,适当调整该类区域并使之退出生态保护红线。最后,考虑到生态保护的可行性和综合利益,对生态保护区内的零散区域进行整合和修正,以形成最终的生态保护红线。在这一过程中,对于潜在纳入生态保护区的范围,如自然保护区、生态功能重要区域、一级饮用水源保护区等关键地区,不允许进行调整退出。因此,在应划尽划过程中,针对这些关键地区应进行进一步的纳入考量,在进行矛盾冲突调出工作后,将不可调出的地类进行二次调入,确保生态保护红线的科学划定和有效执行。

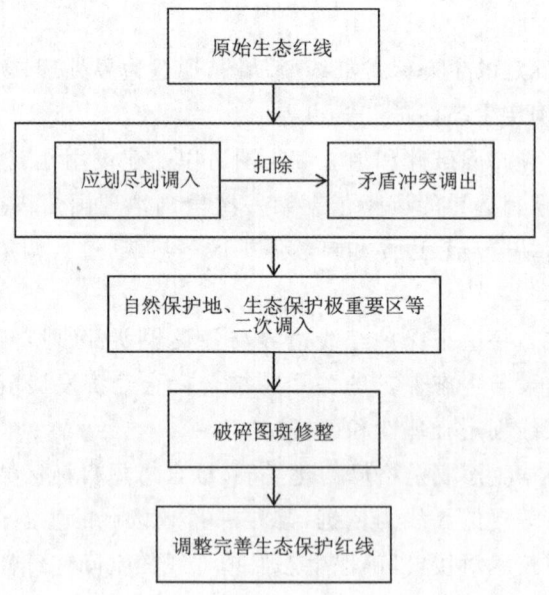

图 7-2 生态保护红线调整工作流程

(1)应划尽划调入。所谓应划尽划,是指对于有必要进行生态保护的地类,应尽可能将其划入生态保护红线范围,该过程"宜多不宜少"。涉及应划尽划调入的地类范围通常以规划区域一级生态保护红线调整规则为准,实际数据通常以省级自然资源部门下发的应划尽划图斑为准。

(2)矛盾冲突调出。由于人类活动存在情况复杂、种类繁多、难以避免和控制的特点,生态保护红线往往与人类社会发展相关的活动存在部分冲突。因此,需要对规划区内影响生态环境的人类活动进行系统的调查分析,并根据不同情况做出不同选择。在应当划入生态保护红线的地类中,某些地类具有极为重要的生态保护功能或重大战略意义,在生态保护红线与人类活动矛盾冲突中拥有优先地位,不允许调出生态保护红线。对于该部分地类,应当进行二次调入工作,从而保证特殊地类的完整性。这类地类通常包括自然保护地、一级水源地保护区、生态功能极重要区或极敏感区等,具体地类以当地人民政府提供的调整规则为准。

(3)破碎图斑修整。首先是红线边界修整。对于已完成调入调出的数据,结合遥感图像与实地踏勘数据,按照明显的地理实体分界线(山脉、河流、道路等),通过视觉判读,对红线不合理之处进行修整。红线边界修整通常需要遵守如下原则:①"只减不增",只针对红线进行调减不增加红线;②自然保护地、饮用水水源地、国家一级公益林、红树林、海草床、珊瑚礁等数据要保持完整性,不在修整范围内,不允许修整,因此进行边界修整时,可以将此类矢量数据放入参考;③原则上尽量避免大面积($>1km^2$)修整,大于 $1km^2$ 的需作特殊说明;④边界修整完毕的红线成果不能破坏其总体连通性,在视觉效果上不应该太突兀;⑤修整掉的图斑、进行边界修整后的红线都要存储起来,每一块修整图斑的修整原因要在备注中进行文字记录,例如"修整狭长边界""修整地理要素边界""修整道路""修整水渠"等,具体要求以当地人民政府提供的相关指导意见及其他文件为准。其次是删除破碎图斑。为保持生态系统的连续性和完整性,位于生态功能极重要、生态极脆弱区域内零星的耕地、园地,人工商品林、人工草地、改良草地,交通、通信、能源管道、输电等线性基础设施,风电、光伏、海洋能等设施,以及军事、文物古迹、宗教、殡葬等特殊用地,可划入生态保护红线。最后对于面积较小、实际保护难度较大的生态保护红线类型图斑,应当予以删除。对于删除后的图斑,也可以进行相应的存储备份工作。

第四节 实习内容

一、实习内容说明

生态保护红线划定通常分为初步划定和基于已有生态保护红线调整划定两种,本次实习针对这两种划定方式,分别制定了不同的实习内容以供了解生态保护红线划定的主要过程。

二、生态保护红线初步划定

生态保护红线初步划定中较为重要的内容包含生态系统服务功能重要性评价及生态环境敏感性评价;初步划定的红线则是根据实际的情况,从评价后的范围中筛选出极重要区和极敏感区作为划定的生态红线范围,之后再根据相关规划、区划中重要生态区域空间分布,结合专家知识,综合判断评估结果与实际生态状况的相符性。针对不符合实际情况的评估结果开展现场核查校验与调整,使评估结果趋于合理,并与保护地进行校验,确定初步划定的红线范围。本节具体操作仅涉及生态环境敏感性评价及生态系统服务功能重要性评价,后续校核及成果整理等工作内容详见《指南》。

(一)生态环境敏感性评价

生态环境敏感性评价包含水土流失、土地沙化、石漠化和盐渍化4个方面。本节选取水土流失和土地沙化两个方面开展评价,实际评估时应根据数据情况和评估区域自然本底情况进行调整,详见《指南》。

1. 水土流失敏感性评价

水土流失是指土壤表层在水的冲刷下,被侵蚀和搬运的现象。它通常发生在降雨或灌溉过程中,当水流过地表时,会带走松散的土壤颗粒。这一过程可以导致土壤肥力下降、土地生产力减退、河流和湖泊淤积、水质恶化等一系列生态和环境问题。

对以水动力为主的水土流失敏感性进行评价,敏感指数计算式为

$$SS_i = \sqrt[4]{R_i \times K_i \times LS_i \times C_i}$$

式中:SS_i 为 i 空间单元水土流失敏感性指数;评估因子包括降雨侵蚀力(R_i)、土壤可蚀性(K_i)、坡长坡度(LS_i)、地表植被覆盖(C_i)。

在本实验中,将对除 K_i 外的因子进行计算,K_i 数据直接提供。

步骤一:加载原始数据

(1)打开 ArcMap:启动 ArcMap 软件,在目录窗格中选择"文件夹连接"。

右键点击"文件夹连接",选择"连接到文件夹",然后导航到规划实习数据所在的目录,完成添加。

(2)添加试验区范围数据:在目录窗口中,从刚连接的文件夹中找到文件地理数据库"01 水土流失敏感性评价.gdb"。将"试验区范围"的栅格数据从该地理数据库中拖放到地图中,或者点击工具栏中的"添加数据"按钮进行添加(图7-3)。

(3)添加降雨量数据:在目录窗口中,从刚连接的文件夹中找到文件地理数据库"01 水土流失敏感性评价.gdb"。将"降雨量点位"从该地理数据库中拖放到地图中,或者点击工具栏中的"添加数据"按钮进行添加。

(4)添加 DEM 数据:在目录窗口中,从刚连接的文件夹中找到文件地理数据库"01 水土流失敏感性评价.gdb"。将"DEM"从该地理数据库中拖放到地图中,或者点击工具栏中的"添加数据"按钮进行添加。

步骤二:新建文件地理数据库

(1)选择路径:在目录窗格的"文件夹连接"中,选择要新建文件地理数据库的路径。右键点击该路径,选择"新建"→"文件地理数据库"。

(2)重命名数据库:将新建的数据库命名为"生态保护红线初步划定.gdb"。右键点击该文件地理数据库,选择"设为默认地理数据库"(图7-4)。

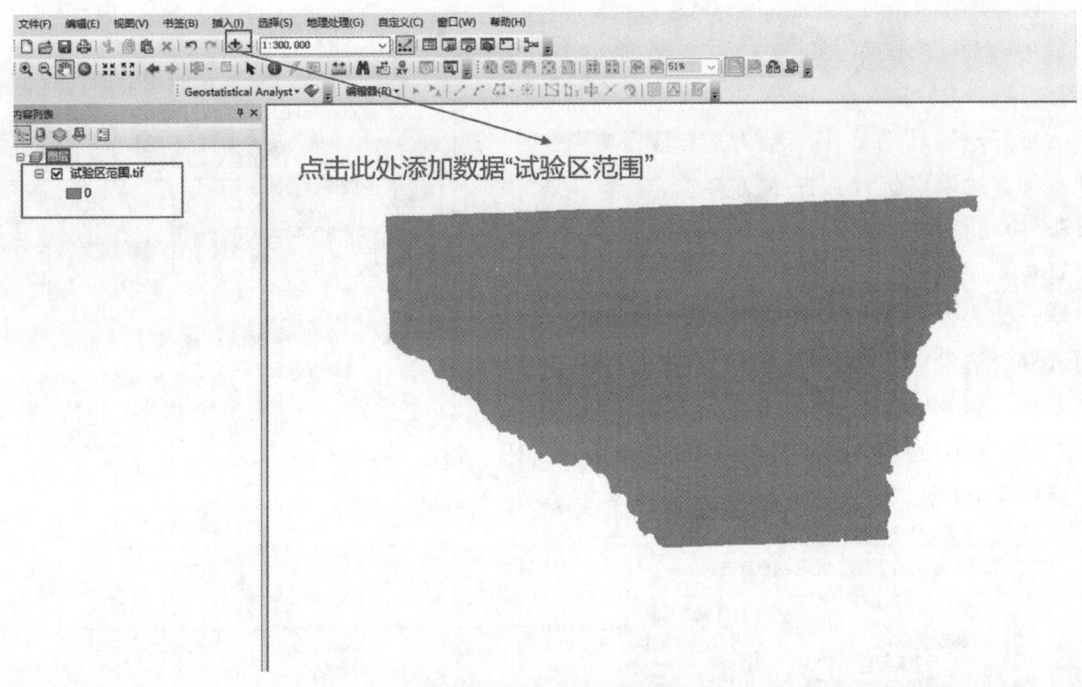

图 7-3　添加试验区数据

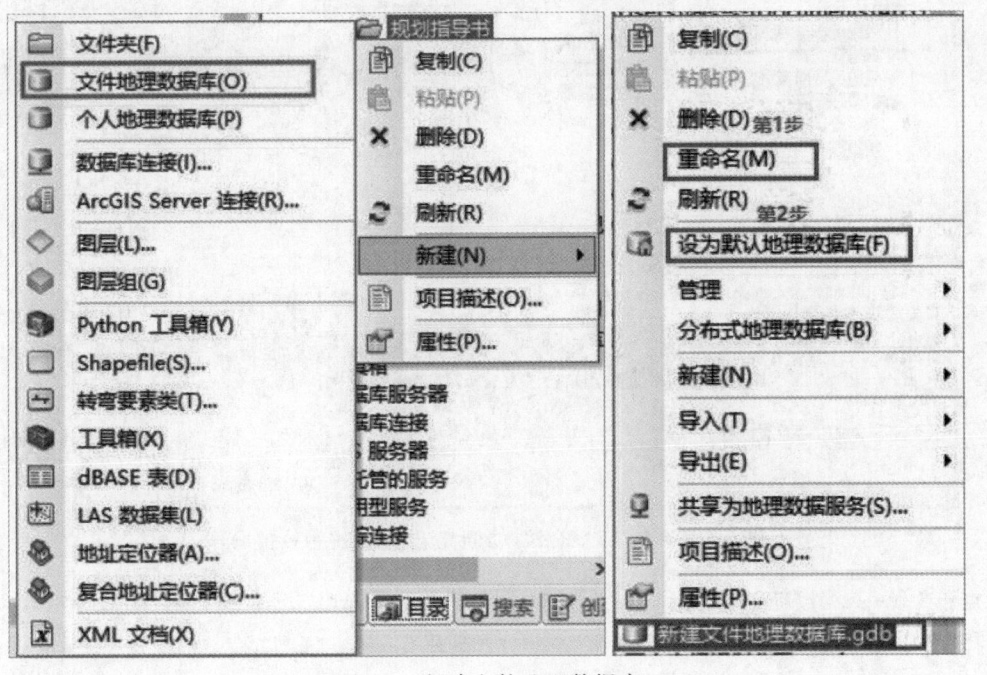

图 7-4　新建文件地理数据库

步骤三：降雨侵蚀力插值计算

(1)打开插值工具：在菜单栏中找到"自定义"一栏，点击该选项，在"工具条"选项中选择"Geostatistical Analyst"，单击打开该工具。

（2）使用插值工具：在 Geostatistical Analyst 工具中单击下拉菜单，选择"地统计向导"（图 7-5）。

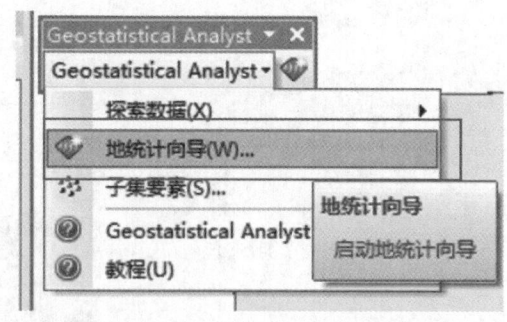

打开地统计向导工具后，该工具窗口提供了多种方法以供选择。在本实验中，选择"克里金法/协同克里金法"进行示范。不同的插值方法具有不同的特点及准确性，在实际应用时应当结合数据及研究区情况进行选择，以获得更加可靠的结果。

图 7-5　打开地统计向导工具

在左侧方法栏中选择"地统计方法"下拉栏中的"克里金法/协同克里金法"，同时在右侧输入数据栏中的"数据集"栏中，源数据集选择"降雨量点位"，数据字段选择"R"，其余数据集栏保持为空（图 7-6）。

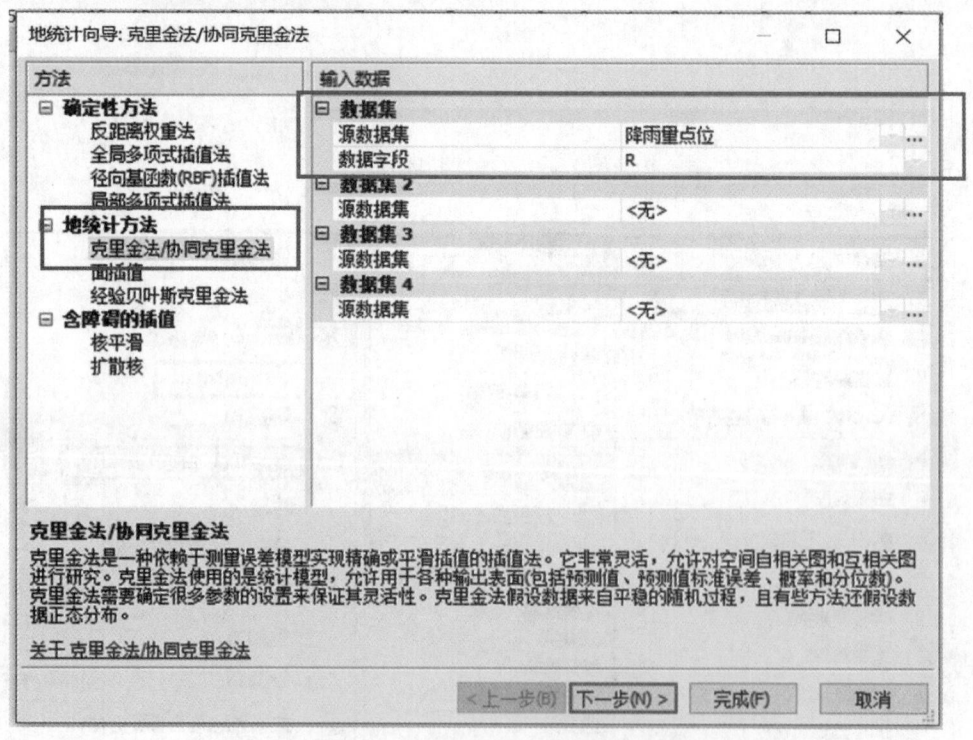

图 7-6　选择"克里金法/协同克里金法"进行插值操作

点击"下一步"按钮，此时窗口左上角显示进入"克里金法步骤 2"。在克里金法类型窗口中选择"普通克里金"，其他选项保持默认，再次单击"下一步"（图 7-7）。

此时，窗口左上角显示进入"克里金法步骤 3"。这一步所有参数保持默认状态，直接单击"下一步"按钮进入下一步骤。然后，窗口左上角显示进入"克里金法步骤 4"。这一步所有参数保持默认状态，直接单击"完成"按钮，弹出"方法报告"窗口后，单击"确定"，结束操作。

这时我们得到了插值的结果，其图像和值范围如图 7-8 所示。

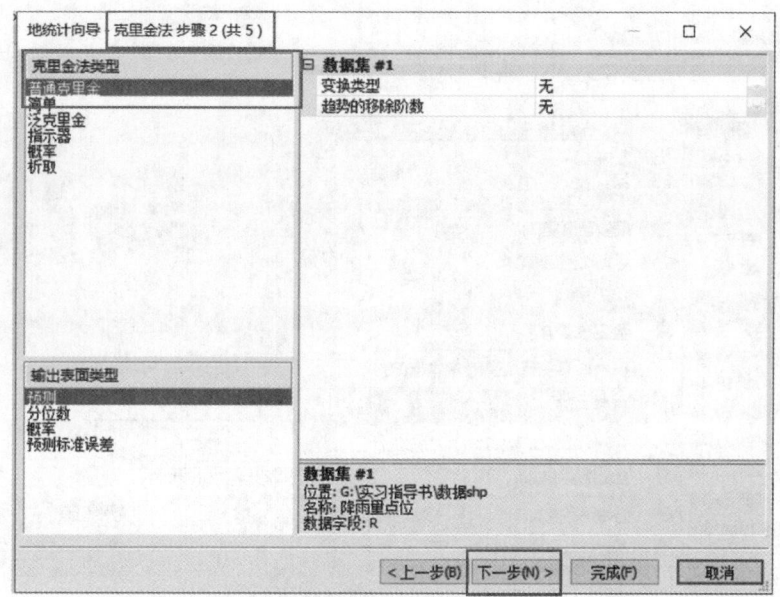

图 7-7 选择"普通克里金法"

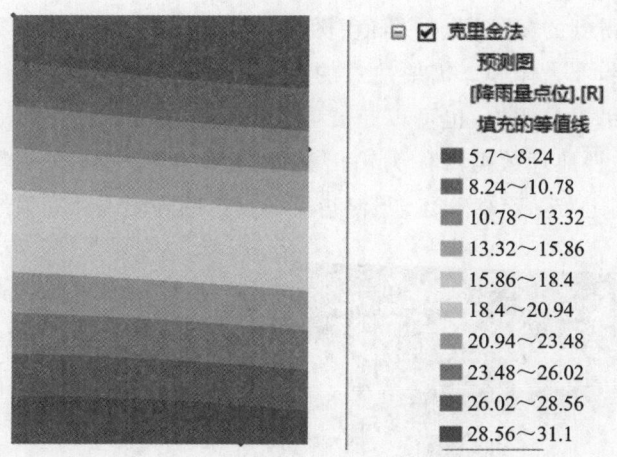

图 7-8 克里金法插值结果

　　选中在左侧内容列表中新增的"克里金法"图层,右键单击出现操作窗口,选择"数据"→"导出至栅格"(图 7-9)。

　　在"输出表面栅格"一栏点击右侧文件夹按钮,选择相应文件地理数据库作为输出路径,将栅格文件重命名为"降雨侵蚀插值",并将输出像元大小改为 30,单击"确定"按钮运行工具。运行完毕后"降雨侵蚀插值"图层将储存在文件地理数据库中,并自动添加到内容列表。

　　(3)提取研究区数据:由于我们需要的是研究区范围内的插值数据,故需要对已生成的插值数据进行提取操作,从结果中提取出研究区内的数据。点击菜单栏中" "按钮,打开搜索窗口。输入"按掩膜提取",查找该工具。

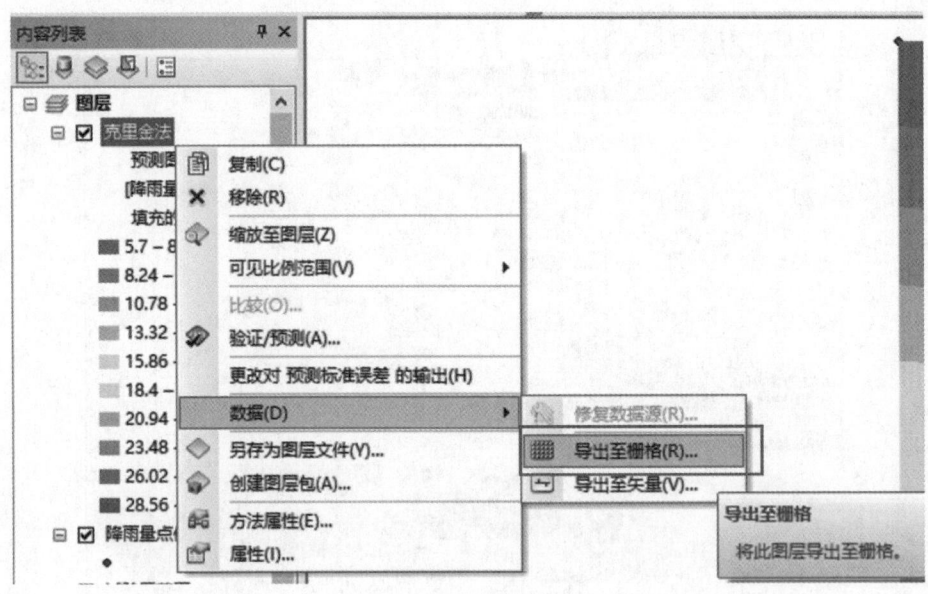

图 7-9　导出插值结果

单击搜索窗口中"按掩膜提取"工具标题,打开该工具。在"输入栅格"窗口中选择需要被裁剪的数据,即之前得到的"降雨侵蚀插值"图层,在"输入栅格数据或要素掩膜数据"窗口中选择试验区范围图层,作为掩膜。需要注意的是,在"按掩膜提取"工具中,被裁剪数据只能为栅格,而掩膜数据既可以是栅格,也可以是要素类数据(即 Shapefile)。最后在"输出栅格"一栏中选中输出相应文件地理数据库作为输出路径,并将输出栅格重命名为"研究区降雨侵蚀插值结果"。单击"确定"运行该工具。最终得到研究区的降雨侵蚀插值结果,如图 7-10 所示。

图 7-10　研究区降雨侵蚀插值结果

(4)归一化处理:为了方便之后的计算,需要将数据进行归一化处理。点击菜单栏中" "按钮,打开搜索窗口。输入"模糊隶属度",查找该工具。

单击"模糊隶属度"工具,打开工具窗口。在"输入栅格"栏选中之前得到的"研究区降雨侵蚀插值结果"图层,在"输出栅格"栏选择输出路径,并将输出栅格名称改为"研究区降雨侵蚀力归一化结果"。在"分类值类型"栏选择"线性函数",窗口内会自动填写"最小值"及"最大值"。"障碍"栏保持默认(图 7-11)。单击"确定"运行工具(该工具的具体原理可点击"工具帮助"查看并学习)。

运行结束后得到归一化结果,该数据取值范围在 0~1 之间。

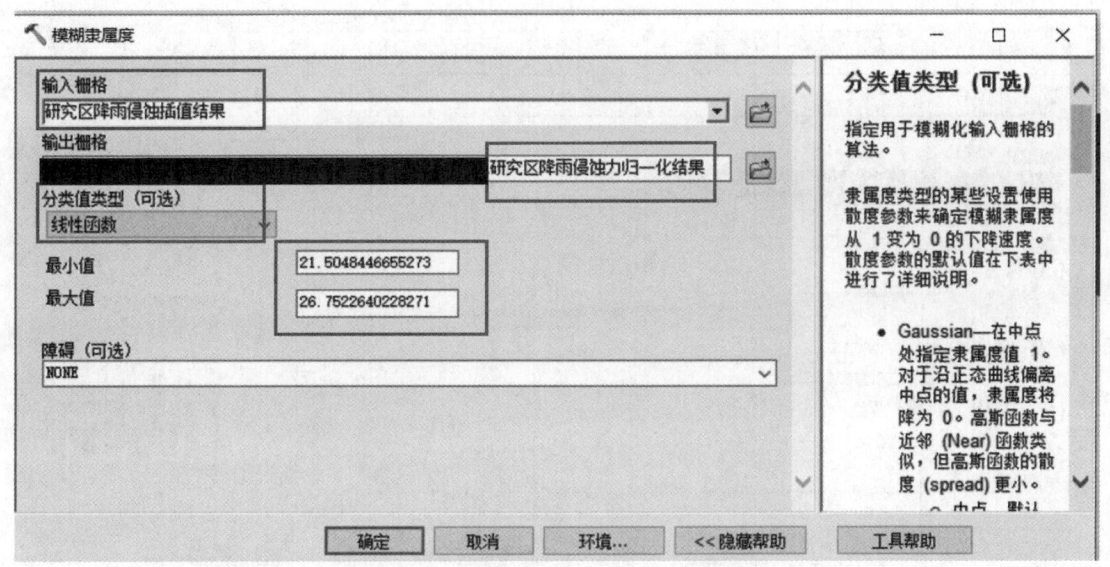

图 7-11 "模糊隶属度"工具归一化设置

步骤四:地形因子计算

L(坡长因子)、S(坡度因子)是反映地形对土壤侵蚀影响的两个因子。为更好地反映地形总体形态,也可以用地形起伏度进行计算。本实验中使用地形起伏度作为地形因子,在实际情况中应根据研究区条件及数据收集情况进行选择。

由于我们需要的是研究区范围内的插值数据,故需要对已生成的插值数据进行提取操作,从结果中提取出研究区内的数据。点击菜单栏中" "按钮,打开搜索窗口。输入"焦点统计",查找该工具。

在"输入栅格"栏选择 DEM 图层,在"输出栅格"栏选择输出路径,并将输出栅格重命名为"地形因子"。在"邻域分析"栏选择矩形,在计算地形起伏度时,邻域范围通常采用 20hm² 左右(50m 精度数据采用 9×9 邻域,30m 精度数据采用 15×15 邻域,20m 精度数据采用 22×22 邻域),由于本次实验用到的 DEM 数据分辨率为 30m(可右键单击"图层"→"属性"→"源"→"像元大小"查看栅格数据分辨率),故在邻域设置中,高度和宽度均填入 15。在统计类型栏选择"RANGE"方法,单击"确定"运行工具(图 7-12)。

运行后得到地形因子结果,如图 7-13 所示。

该数据依旧需要进行归一化处理,具体操作可见上一小节。进行归一化后输出栅格为"地形因子归一化",最终结果如图 7-14 所示,归一后的数据取值范围在 0~1 之间。

步骤五:地表植被覆盖度因子计算

该因子的计算需要使用到 NDVI 数值,即植被指数。有关 NDVI 数据来源可以参照《指南》附录 B 内容进行获取。该因子计算公式为

$$C_i = (NDVI - NDVIsoil)/(NDVIveg - NDVIsoil)$$

式中:NDVIsoil 代表无植被覆盖地表所贡献的信息,即区域里的最大值;NDVIveg 代表完全植被覆盖地表所贡献的信息,即区域里的最小值。

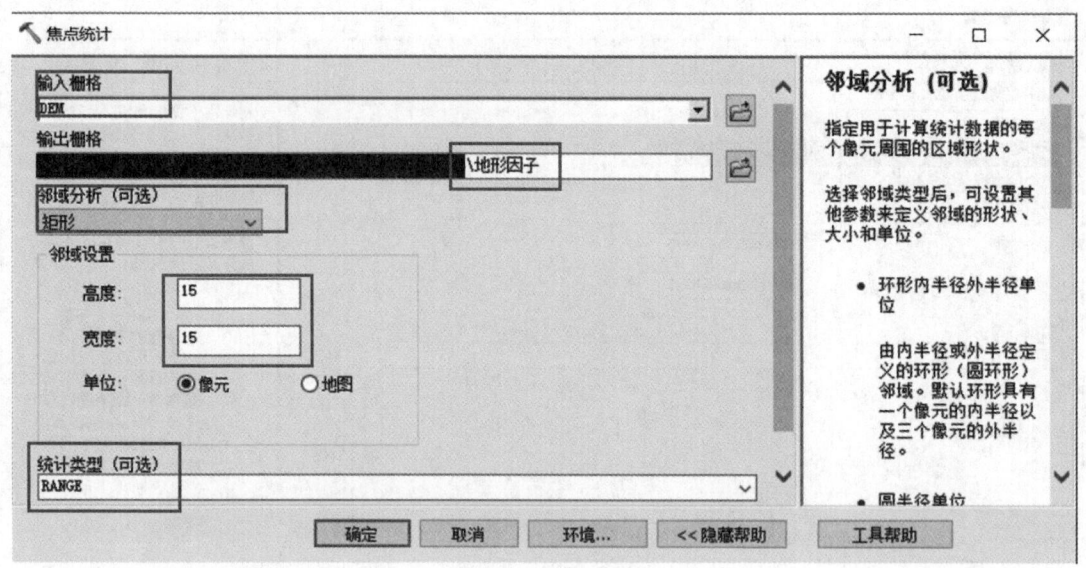

图 7-12　焦点统计工具参数设置

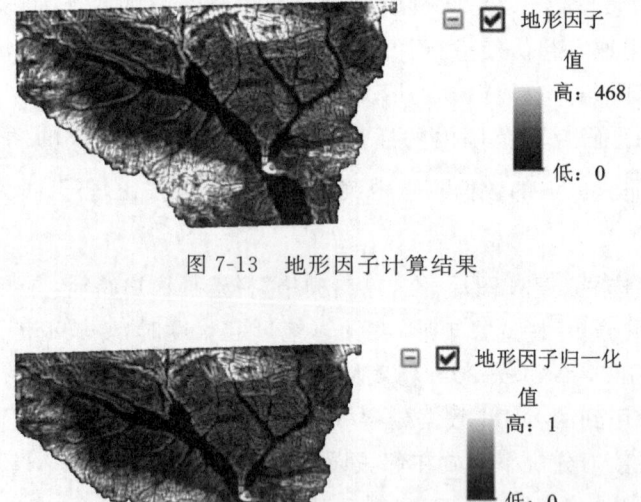

图 7-13　地形因子计算结果

图 7-14　地形因子归一化结果

查看 NDVI 数据：将文件地理数据库中的"研究区 NDVI"数据添加到 ArcMap 中。右键单击该图层，选择"属性"单击，查看图层属性。打开属性窗口后，点击上方"符号系统"一栏（图 7-15），查看数据范围，即最大和最小值，将其记录下来。

点击菜单栏中"▢"按钮，打开搜索窗口。输入"栅格计算器"，查找该工具。点击工具名称，打开工具窗口。在下方空白区域输入图中所示公式，其中涉及的图层需要双击"图层和变量"栏中相应的图层（图 7-16），或手动输入图层名称后在两侧添加半角双引号。

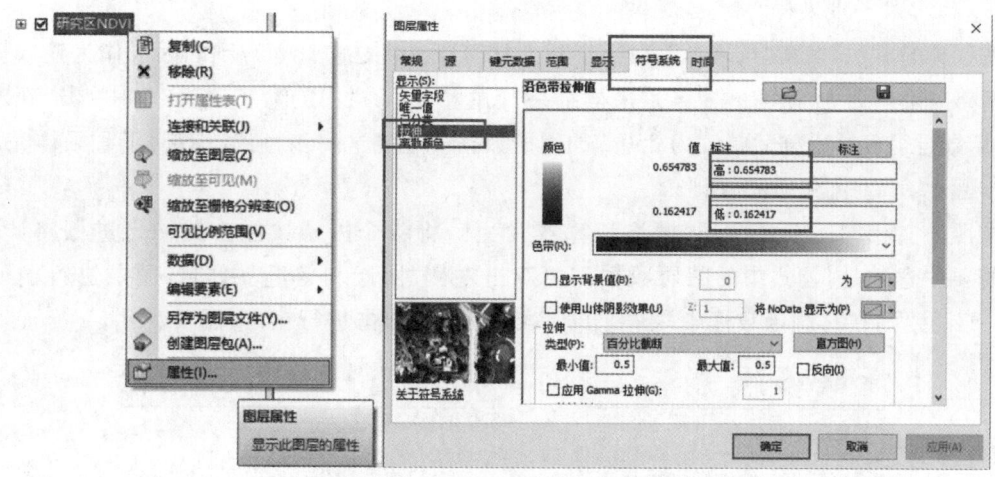

图 7-15　NDVI 数据属性查看

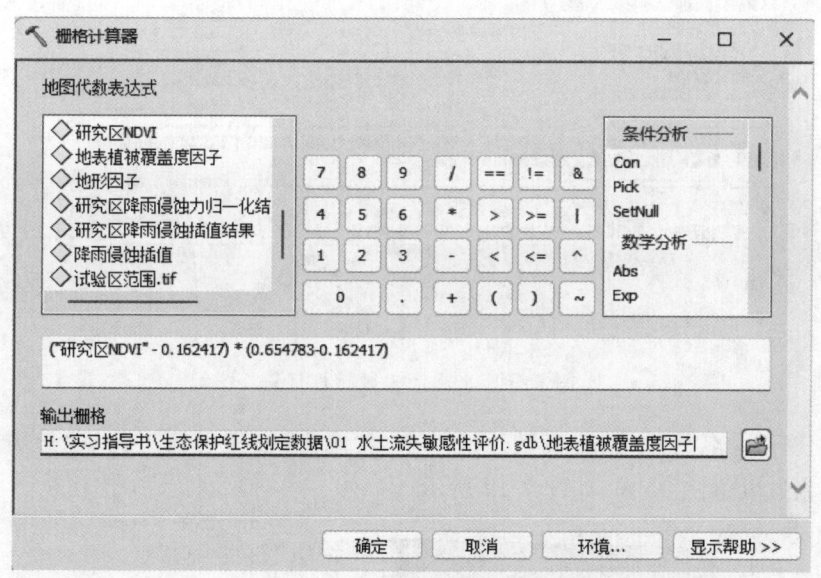

图 7-16　栅格计算器计算因子值

该数据依旧需要进行归一化处理，具体操作可见上一小节。进行归一化后输出栅格为研究区"地表植被覆盖度因子"归一化结果，最终结果如图 7-17 所示，归一后的数据取值范围在 0~1 之间（注：由于数据问题，最大最小值存在小数位数较多的情况，趋于无穷，故最终结果会出现最大值不等于 1 或最小值不等于 0 的情况，属正常情况，值域在 0~1 之间即可）。

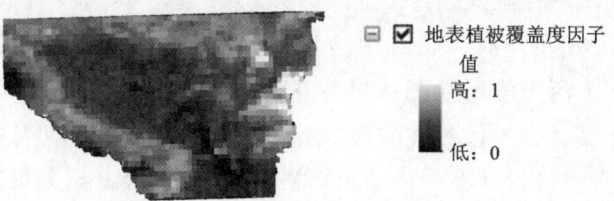

图 7-17　栅格计算器计算因子值

步骤六:因子重采样

按同样的方法,搜索"重采样"工具,打开工具窗口。将之前计算得到的因子作为输入栅格,输出栅格时重命名为"研究区××重采样结果",并将X、Y栏中的数字改为250,单击"确定"运行工具,即可得到重采样后精度为250m的因子数据。重复这一步直到所有因子重采样完成。

步骤七:水土流失敏感性评价

按照前文相同的方式打开"栅格计算器"工具,将各个因子按照公式输入进栅格计算器中。需要注意的是,公式中的图层数据需要双击左侧"图层和变量"中的各图层进行输入,而"Power"函数则在右侧函数框中"数学分析"类别下,可双击进行输入(图7-18)。

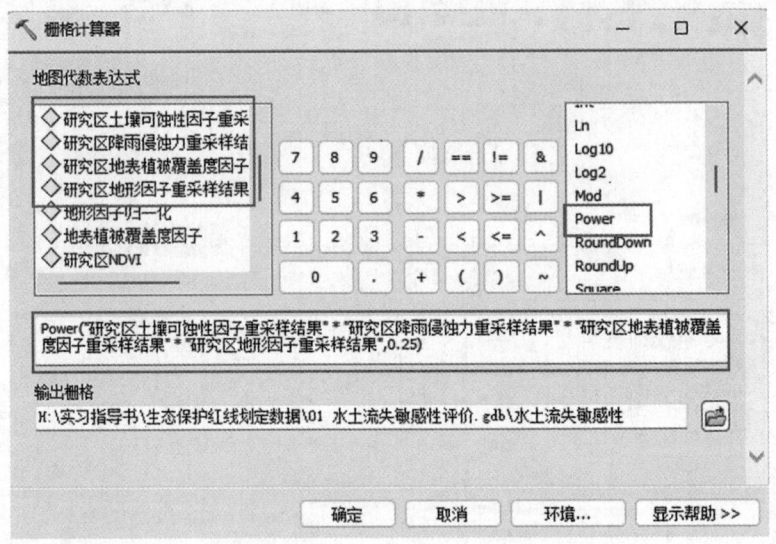

图7-18 水土流失敏感性计算

将输出栅格重命名为"水土流失敏感性",单击"确定"按钮运行工具,运行结束后即得到最终的"水土流失敏感性"结果,如图7-19所示。

图7-19 水土流失敏感性结果

步骤八:水土流失敏感性红线划定

按照前文所述的方式在"搜索"工具中搜索"重分类"工具,并单击工具标题打开工具窗口,并对前面得到的水土流失敏感性图层进行重分类。需要注意的是,由于本章只对操作做出演示,故分类标准不具备参考性。在实际工作中,分类具体标准应当参照《指南》中内容对各因子进行分类赋值后再进行计算。将输出栅格重命名为"水土流失敏感性评价结果",单击"确定"运行工具(图7-20)。

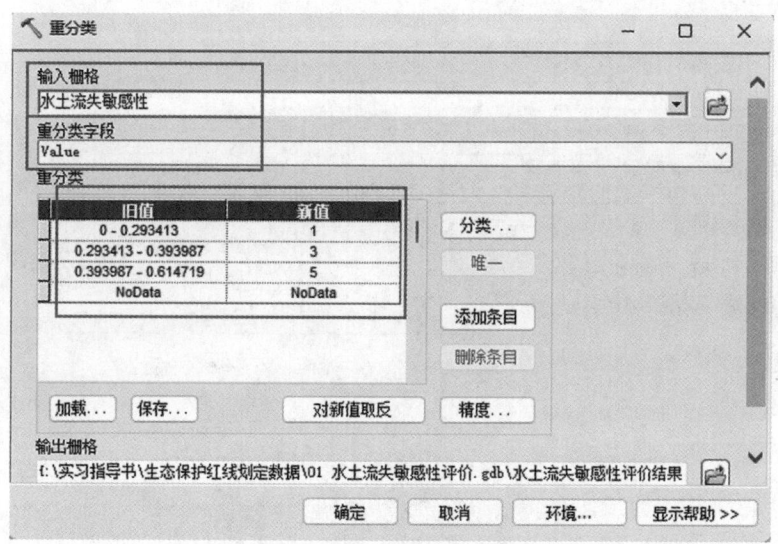

图 7-20　水土流失敏感性重分类

最终赋值为"5"的则为极敏感区,纳入生态保护红线。搜索"按属性提取"工具,对值为 5 的地区进行提取。即在"Where 字句"框中填入公式"Value=5"(图 7-21),意为提取值为 5 的部分。

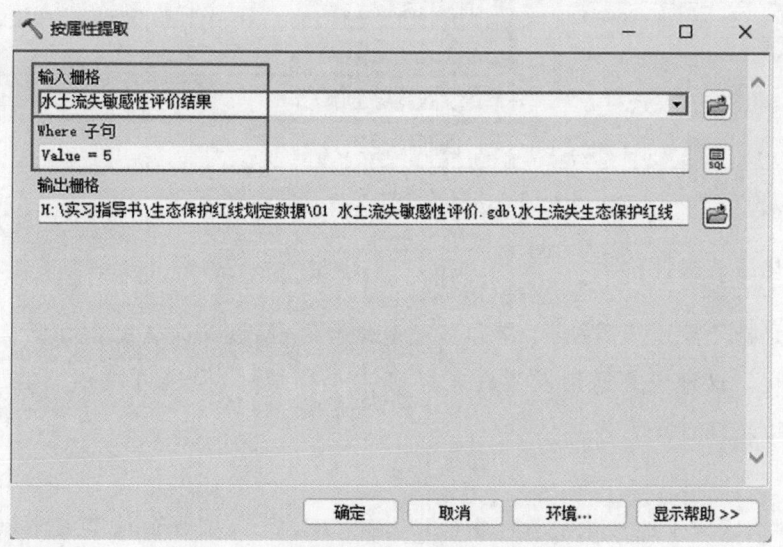

图 7-21　水土流失生态保护红线提取

搜索"栅格转面"工具,将水土流失生态保护红线栅格数据转为 Shapefile 要素类数据(图 7-22)。

打开图层属性表,添加"生态保护红线编码"字段,类型设置为"文本"。由于该生态保护红线属于水土流失类型,故这里编码为 600000(行政编码)+2(一级类型编码)+1(二级类型水土流失编码)+…(按照数量从 001 开始编码),如图 7-23 所示。编码全部完成后,即完成水土流失生态保护红线的划定。

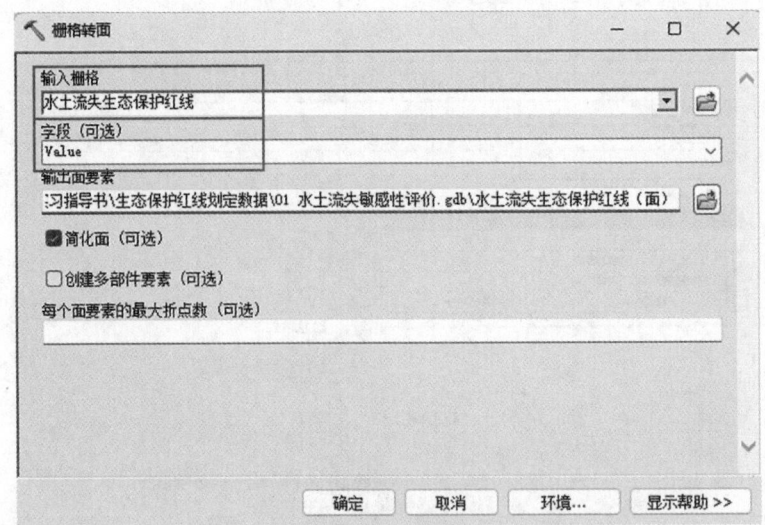

图 7-22 水土流失生态保护红线栅格转面

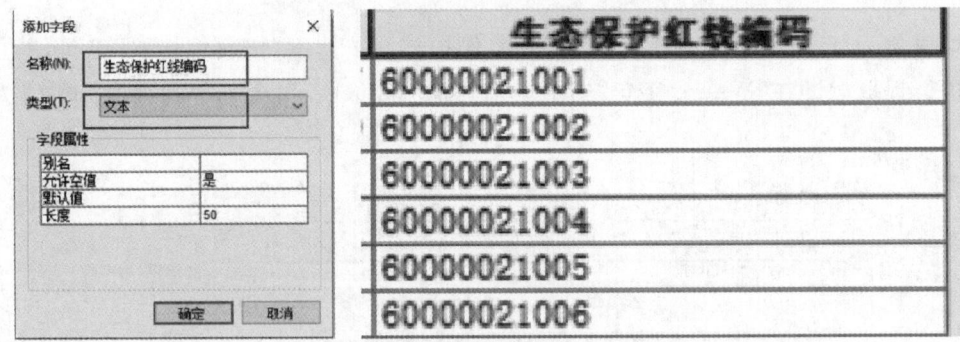

图 7-23 水土流失生态保护红线编码

2. 土地沙化敏感性评价

土地沙化是指土壤由于风蚀、干旱和植被退化等因素,逐渐失去肥力和结构,最终变得像沙漠一样的过程。这种现象通常发生在干旱和半干旱地区,但也可以在其他气候条件下发生。土地沙化敏感性计算式为

$$D_i = \sqrt[4]{I_i \times W_i \times K_i \times C_i}$$

式中:D_i 为 i 评估区域土地沙化敏感性指数;I_i、W_i、K_i、C_i 分别为评估区域干燥度指数、起沙风天数、土壤质地和植被覆盖的敏感性等级值。

在水土流失敏感性评价中,已经计算了 K_i、C_i 的值,故本实验仅针对余下的值开展计算。

步骤一:加载原始数据

按照与前文同样的方式,从"02 土地沙化敏感性评价"数据库中添加"气象站点"及"试验区范围"数据到 ArcMap 中。

步骤二:I_i 评估区域干燥度指数计算

(1)干燥度指数字段创建。鼠标右键单击"气象站点数据"图层,选择"打开属性表"。将

属性表打开后,单击左上角""按钮,选择"添加字段"。在"添加字段"窗口中,将名称命名为"干燥度指数",类型选择为"双精度",其余参数保持默认,单击"确定",完成干燥度指数字段创建。

(2)干燥度指数计算。干燥度指数计算式为

$$I_i = 0.16 \frac{\text{全年} \geq 10℃ \text{的积温}}{\text{全年} \geq 10℃ \text{期间的降水量}}$$

按照前文提到的相同的方式打开属性表,鼠标右键单击"干燥度指数"字段名,选择"字段计算器",打开字段计算器工具窗口。

在字段计算器下方空白栏中键入相应的公式,如图 7-24 所示。需要注意的是,此处需要双击"字段"栏中的相应图层,来达到在计算公式中引入图层数据的目的。公式键入完毕后,单击"确定"运行工具,得到结果。

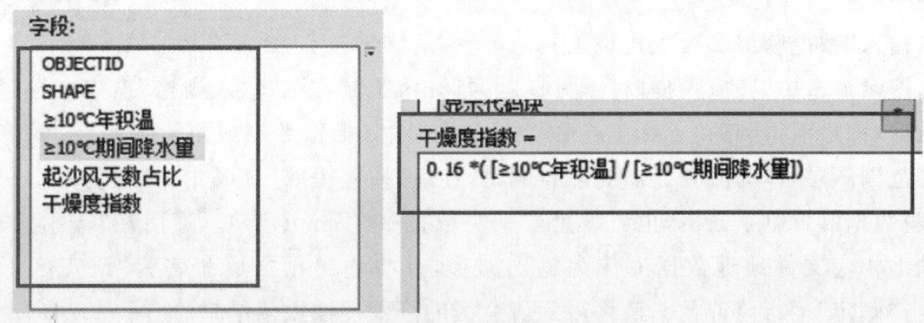

图 7-24　干燥度计算

(3)打开插值工具。按照前文所述相同的办法在"搜索"工具中查找"克里金法"工具后,单击打开工具。克里金法工具窗口参数设置如图 7-25 所示,其余参数保持默认,单击"确定"运行工具。

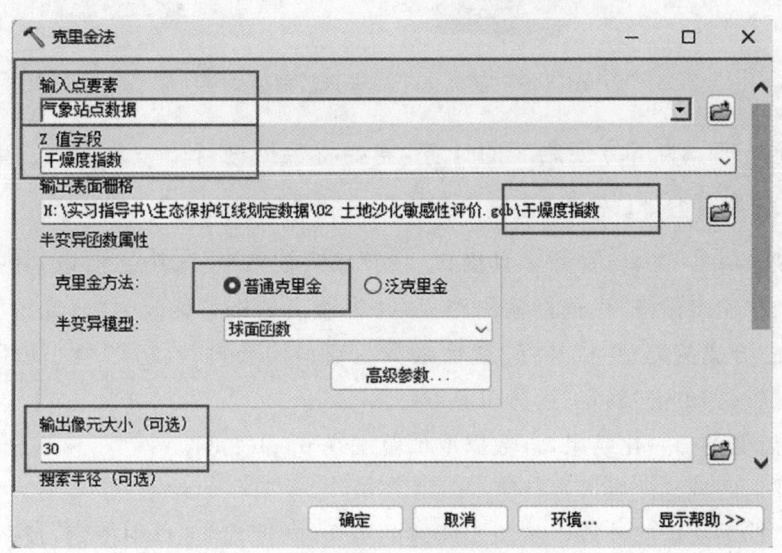

图 7-25　克里金法工具参数设置

此时我们得到了插值的结果,其图像和值范围如图 7-26 所示。

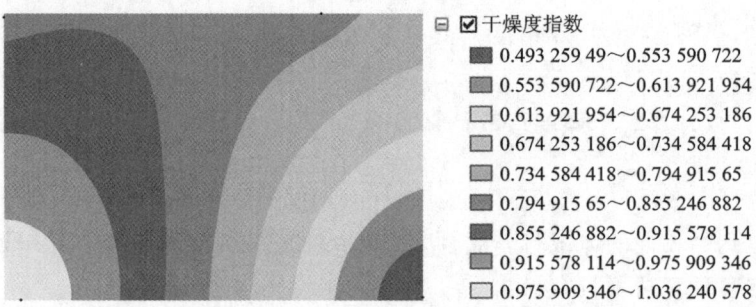

图 7-26　克里金法插值结果

(4)提取研究区数据。由于我们需要的是研究区范围内的插值数据,故需要对已生成的插值数据进行提取操作,从结果中提取出研究区内的数据。点击菜单栏中" "按钮,打开搜索窗口。输入"按掩膜提取",查找该工具。

单击搜索窗口中"按掩膜提取"工具标题,打开该工具。在"输入栅格"窗口中选择需要被裁剪的数据,即之前得到的"干燥度指数"图层,在"输入栅格数据或要素掩膜数据"窗口中选择试验区范围图层,作为掩膜。需要注意的是,在"按掩膜提取"工具中,被裁剪数据只能为栅格,而掩膜数据既可以是栅格,也可以是要素类数据(即 Shapefile)。最后在"输出栅格"一栏中选中输出相应文件地理数据库作为输出路径,并将输出栅格重命名为"研究区干燥度指数"。单击"确定"运行该工具。最终得到研究区的降雨侵蚀插值结果,如图 7-27 所示。

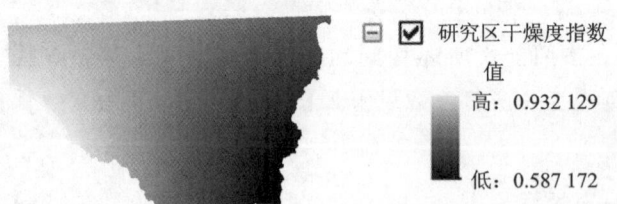

图 7-27　研究区干燥度指数插值结果

(5)归一化处理。为了方便之后的计算,需要将数据进行归一化处理。点击菜单栏中" "按钮,打开搜索窗口。输入"模糊隶属度",查找该工具。

单击"模糊隶属度"工具,打开工具窗口。在"输入栅格"栏选中之前得到的"研究区干燥度指数"图层,在"输出栅格"栏选择输出路径,并将输出栅格名称改为"研究区干燥度指数归一化结果"。在"分类值类型"栏选择"线性函数",窗口内会自动填写"最小值"及"最大值"。"障碍"栏保持默认。单击"确定"运行工具。

运行结束后得到归一化结果,该数据取值范围在 0~1 之间。

步骤三:评估区域起沙风天数计算

(1)反距离权重法插值计算。按前文所述的方法在"搜索"工具中搜索"反距离权重法"工具,单击打开工具窗口,参数设置如图 7-28 所示,其余参数保持默认。单击"确定"运行工具。

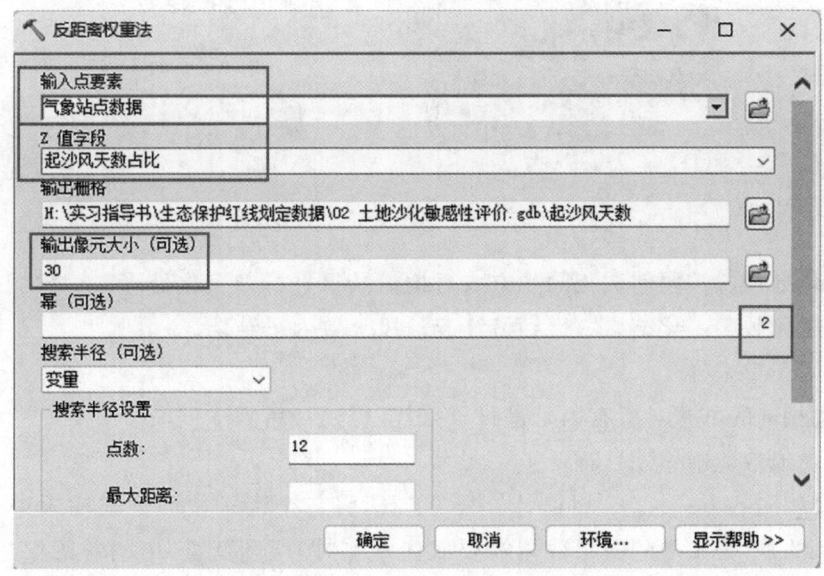

图 7-28　反距离权重法工具参数设置

运行完毕后,得到结果及取值范围如图 7-29 所示。

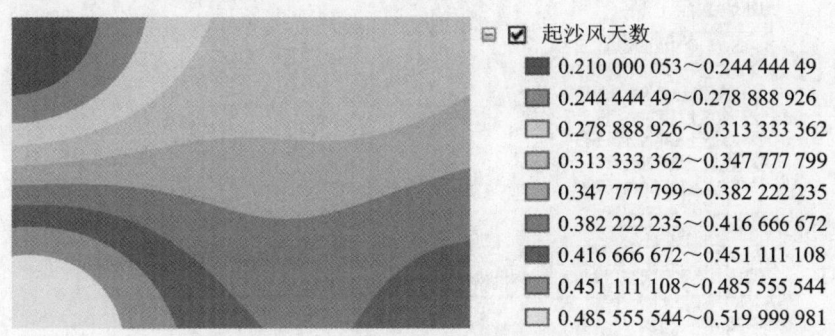

图 7-29　反距离权重法插值结果

（2）提取研究区数据。由于我们需要的是研究区范围内的插值数据,故需要对已生成的插值数据进行提取操作,从结果中提取出研究区内的数据。点击菜单栏中" "按钮,打开搜索窗口。输入"按掩膜提取",查找该工具。

单击搜索窗口中"按掩膜提取"工具标题,打开该工具。在"输入栅格"窗口中选择需要被裁剪的数据,即之前得到的"起沙风天数"图层,在"输入栅格数据或要素掩膜数据"窗口中选择试验区范围图层,作为掩膜。需要注意的是,在"按掩膜提取"工具中,被裁剪数据只能为栅格,而掩膜数据既可以是栅格,也可以是要素类数据（即 Shapefile）。最后在"输出栅格"一栏中选中输出相应文件地理数据库作为输出路径,并将输出栅格重命名为"研究区起沙风天数"。单击"确定"运行该工具。

最终得到研究区的起沙风天数插值结果,如图 7-30 所示。

图 7-30 研究区起沙风天数插值结果

(3)归一化处理。按照前文相同的方式对插值结果进行归一化处理。输出栅格重命名为"研究区起沙风天数归一化结果",得到最终起沙风天数因子结果。

步骤四:因子重采样

按照前文相同的方式对所有因子进行重采样,得到最后因子重采样结果。

步骤五:土地沙化敏感性计算

按照前文相同的方式打开"栅格计算器"工具,将各个因子按照公式输入进栅格计算器中。需要注意的是,公式中的图层数据需要双击左侧"图层和变量"中的各图层进行输入,而"Power"函数则在右侧函数框中"数学分析"类别下,可双击进行输入(图 7-31)。

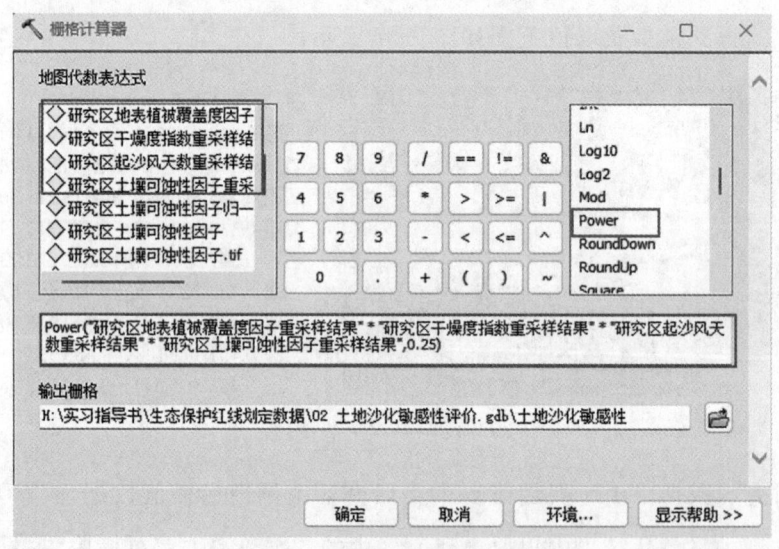

图 7-31 土地沙化敏感性计算

将输出栅格重命名为"土地沙化敏感性",单击"确定"运行该工具,运行结束后即得到最终的土地沙化敏感性结果,如图 7-32 所示。

图 7-32 土地沙化敏感性结果

步骤六：土地沙化敏感性评价

按照前文所述的方式在"搜索"工具中搜索"重分类"工具，并单击工具标题打开工具窗口，并对前面得到的土地沙化敏感性图层进行重分类。需要注意的是，由于本章只对操作做出演示，故分类标准不具备参考性。在实际工作中，分类具体标准应当参照《指南》中内容对各因子进行分类赋值后再进行计算。将输出栅格重命名为"土地沙化敏感性评价结果"，单击"确定"运行工具（图 7-33）。

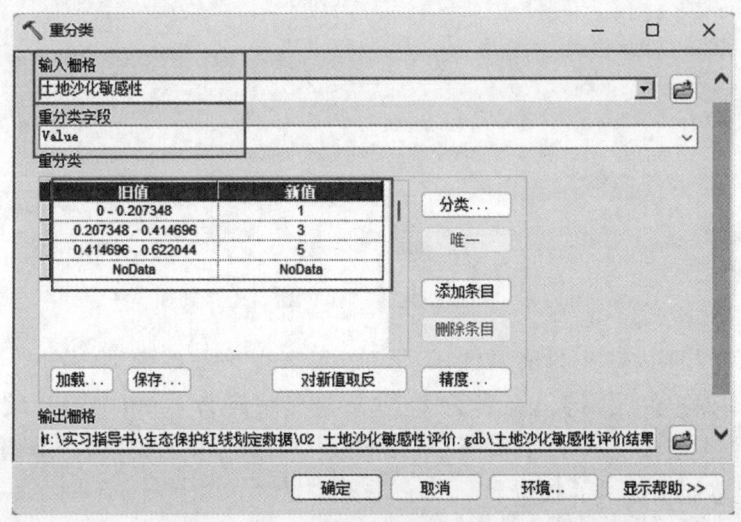

图 7-33　土地沙化敏感性重分类

最终赋值为"5"的则为极敏感区，纳入生态保护红线。搜索"按属性提取"工具，对值为 5 的地区进行提取（图 7-34）。

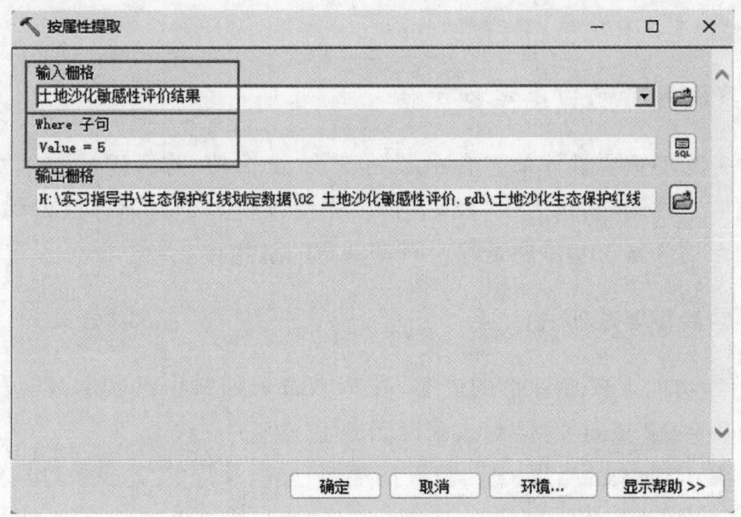

图 7-34　土地沙化生态保护红线提取

搜索"栅格转面"工具，将土地沙化生态保护红线栅格数据转为 Shapefile 要素类数据（图 7-35）。

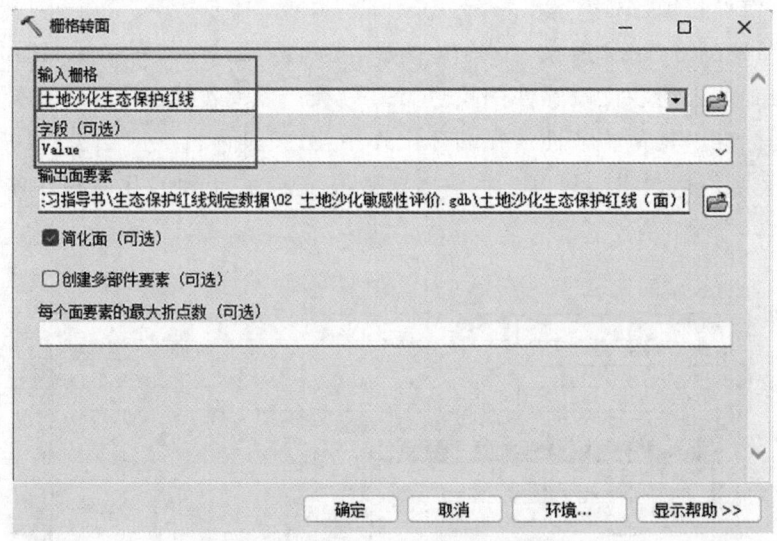

图 7-35 土地沙化生态保护红线栅格转面

与前文的操作相同,打开图层属性表,添加"生态保护红线编码"字段,类型设置为"文本"。由于该生态保护红线属于土地沙化类型,故这里编码为 600000(行政编码)+2(一级类型编码)+2(二级类型土地沙化编码)+…(按照数量从 001 开始编码)。编码全部完成后,即完成土地沙化生态保护红线的划定。

(二)基于生态环境敏感性评估结果划定生态保护红线

将前面开展生态环境敏感性评估结果得到的"水土流失生态保护红线"以及"土地沙化生态保护红线"利用"联合"工具合并起来,命名为"生态环境敏感性保护红线"后导入相应数据库中,即得到完整的生态环境敏感性保护红线。

(三)生态系统服务功能重要性评估

生态系统服务功能重要性评估包含水源涵养、水土保持、防风固沙和生物多样性维护四个方面。本节选取水源涵养、水土保持和生物多样性维护 3 个方面开展评估,实际评估时应根据数据情况和评估区域自然本底情况进行调整,详见《指南》。

1. 水源涵养功能重要性评估

有关水源涵养功能重要性评估的内容,在第六章第四节中已有示范,故本节不再赘述。将评估结果中所得到的"极重要区"划入水源涵养生态保护红线。

具体操作步骤:与前文的操作相同,打开图层属性表,添加"生态保护红线编码"字段,类型设置为"文本"。由于该生态保护红线属于水源涵养类型,故这里编码为 600000(行政编码)+1(一级类型编码)+1(二级类型水源涵养编码)+…(按照数量从 001 开始编码)。编码全部完成后,即完成水源涵养生态保护红线的划定。

2. 生物多样性维护功能重要性评估

有关生物多样性维护功能重要性评估的内容，在第六章第四节中已有示范，故本节不再赘述。将评估结果中所得到的"极重要区"划入生物多样性维护功能生态保护红线。

具体操作步骤：与前文的操作相同，打开图层属性表，添加"生态保护红线编码"字段，类型设置为"文本"。由于该生态保护红线属于生物多样性维护类型，故这里编码为600000（行政编码）+1（一级类型编码）+2（二级类型生物多样性维护编码）+…（按照数量从001开始编码）。编码全部完成后，即完成生物多样性维护功能生态保护红线的划定。

3. 水土保持功能重要性评估

有关水土保持功能重要性评估的内容，在第六章第四节中已有示范，故本节不再赘述。将评估结果中所得到的"极重要区"划入水土保持生态保护红线。

具体操作步骤：与前文的操作相同，打开图层属性表，添加"生态保护红线编码"字段，类型设置为"文本"。由于该生态保护红线属于水土保持类型，故这里编码为600000（行政编码）+1（一级类型编码）+3（二级类型水土保持编码）+…（按照数量从001开始编码）。编码全部完成后，即完成水土保持生态保护红线的划定。

（四）基于生态系统服务功能重要性评估结果划定生态保护红线

将前面开展生态系统服务功能重要性评估结果得到的"水源涵养生态保护红线""水土保持生态保护红线"以及"生物多样性维护功能生态保护红线"利用"联合"工具合并起来，命名为"生态系统服务功能重要性保护红线"后导入相应数据库中，即得到完整的生态系统服务功能重要性保护红线。

（五）生态保护红线初步划定

步骤一：合并红线

将前面操作所得到的"生态环境敏感性保护红线"以及"生态系统服务功能重要性保护红线"利用"联合"工具进行合并，命名为"生态保护红线初步划定"，导入相应数据库中，即得到生态保护红线的初步结果。

步骤二：校验划定范围

按照《指南》内容，在开展评估得到初步结果后，应当将得到的结果与《指南》中提到的保护地范围进行校验，确保范围的准确性。具体校验对象详见《指南》，本节暂不涉及其操作。

步骤三：确定红线边界

将步骤二确定的生态保护红线叠加图，通过边界处理、现状与规划衔接、跨区域协调、上下对接等步骤，确定生态保护红线边界。具体步骤详见《指南》，本节暂不涉及其操作。至此，生态保护红线划定部分的内容暂时告一段落，后续如建立数据库、文本等操作，《指南》中附有详细的说明，可自行学习补充。

三、生态保护红线划定调整

(一)应划尽划调入

步骤一:加载原始数据

(1)打开 ArcMap:启动 ArcMap 软件,在目录窗格中选择"文件夹连接"。右键点击"文件夹连接",选择"连接到文件夹",然后导航到规划实习数据所在的目录,完成添加。

(2)添加生态保护红线数据:在目录窗口中,从刚连接的文件夹中找到文件地理数据库"03 应划尽划调入.gdb"。将已有的生态保护红线数据从该地理数据库中拖放到地图中,或者点击工具栏中的"添加数据"按钮进行添加(图 7-36)。

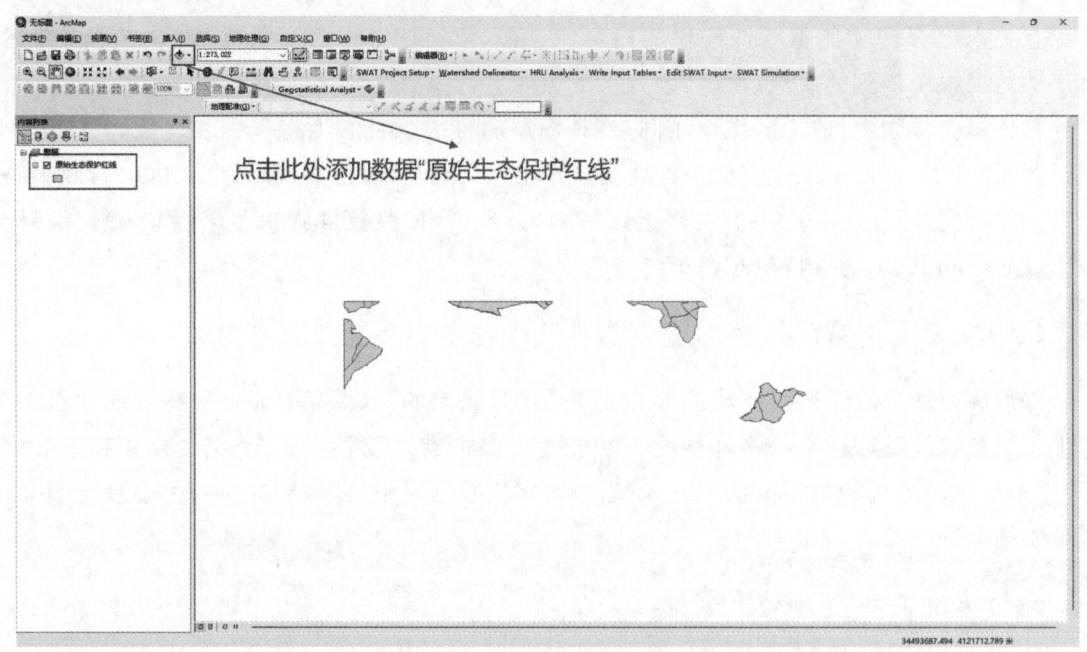

图 7-36　加载原始数据

步骤二:新建文件地理数据库

(1)选择路径:在目录窗格的"文件夹连接"中,选择要新建文件地理数据库的路径。右键点击该路径,选择"新建"→"文件地理数据库"。

(2)重命名数据库:将新建的数据库命名为"生态保护红线划定调整.gdb"。右键点击该文件地理数据库,选择"设为默认地理数据库"(图 7-37)。

步骤三:应划尽划调入

(1)加载数据:将文件地理数据库"03 应划尽划调入.gdb"中的"生态功能极重要区""自然公园"和"饮用水水源地"3组数据添加到地图中(图 7-38)。

(2)使用"联合"工具:在 ArcMap 的工具栏中,选择"地理处理",并在弹出的对话框中选择"联合"工具。在"输入要素"窗口中,依次将"原始生态保护红线""生态功能极重要区""自然公园"和"饮用水水源地"4个要素图层添加进去。

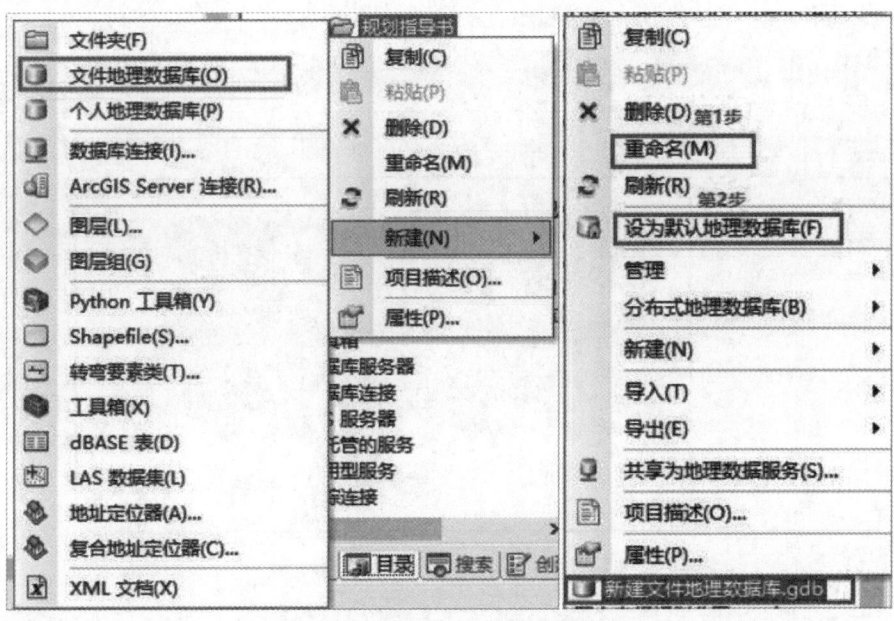

图 7-37　新建文件地理数据库

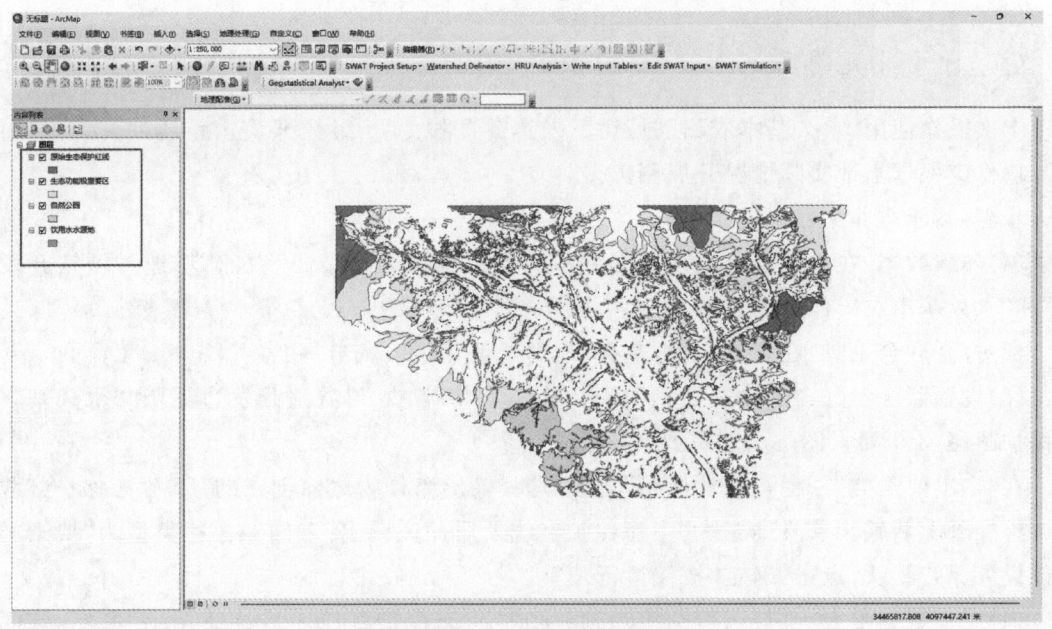

图 7-38　加载"应划尽划"数据

（3）设置输出要素类：在"输出要素类"一栏，点击"保存"按钮，选择输出路径为新建的文件地理数据库"03 生态保护红线划定调整.gdb"，将输出文件命名为"生态保护红线应划尽划"。确保保存类型为"要素类"，其他设置保持默认，点击"确定"按钮运行工具。

工具运行完成后将得到最终的"生态保护红线应划尽划"图层（图 7-39）。这个图层包含了"原始生态保护红线""生态功能极重要区""自然公园"和"饮用水水源地"数据的综合结果，完成了应划尽划的操作。

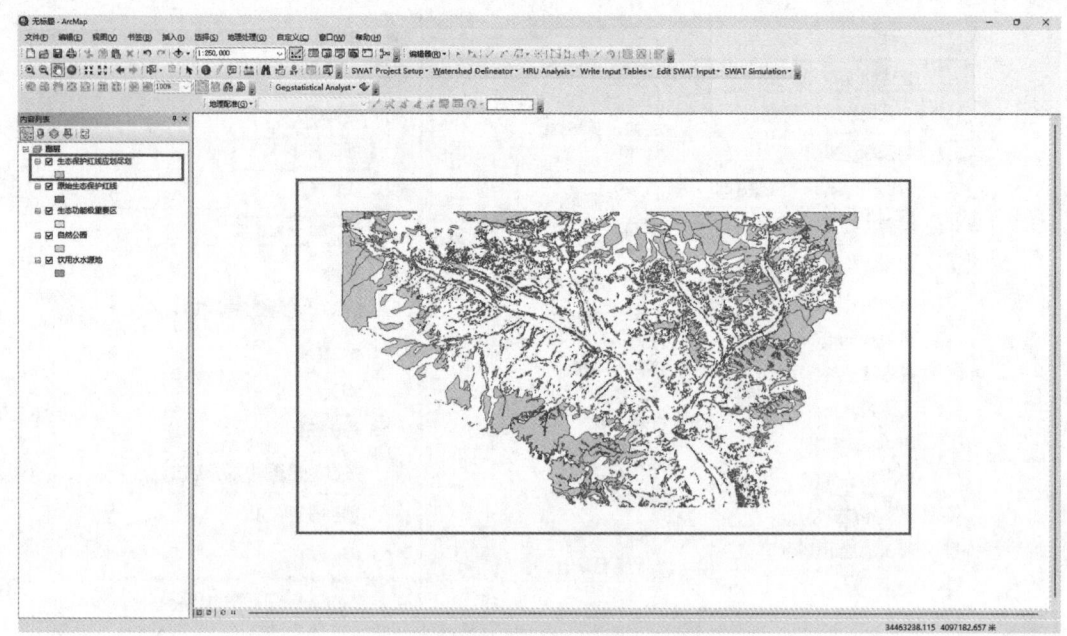

图 7-39 生态保护红线应划尽划结果

(二)矛盾冲突调出

本次操作使用"永久基本农田""城镇开发边界""耕地"3 组数据演示矛盾冲突调出工作,实际操作应根据当地实际情况开展调出。

步骤一:矛盾冲突数据整合

(1)加载数据:在加载文件地理数据库"03 应划尽划调入.gdb"中的"耕地""城镇开发边界"和"永久基本农田保护图斑"3 个要素图层。

(2)打开联合工具:在工具栏中,选择"地理处理"菜单,点击"联合"(Union)工具。

(3)设置联合参数:在"输入要素"窗口中,依次将"耕地""城镇开发边界"和"永久基本农田保护图斑"3 个要素图层添加进要素窗口中。

在"输出要素类"一栏,点击"保存"按钮,选择输出路径为之前创建的"05 生态保护红线划定调整.gdb",将输出文件命名为"生态保护红线矛盾冲突调出"。确保保存类型为"要素类",其他设置保持默认,点击"确定"按钮运行工具。

(4)完成数据整合:工具运行结束后,将生成"生态保护红线矛盾冲突调出"图层,该图层包含了"耕地""城镇开发边界"和"永久基本农田保护图斑"数据的整合结果。

步骤二:矛盾冲突数据调出

(1)打开擦除工具:在工具栏中点击 ArcToolbox 按钮打开工具箱,选择"分析工具"→"叠加分析"→"擦除"(Erase)。

(2)设置擦除工具参数:在"输入要素"栏,选择"(一)应划尽划调入"中得到的"生态保护红线应划尽划"图层作为输入要素。在"擦除要素"栏,选择"生态保护红线矛盾冲突调出"图层作为擦除要素。

在"输出要素类"一栏,点击"保存"按钮,选择输出路径为之前创建的"05生态保护红线划定调整.gdb",将输出文件命名为"生态保护红线初步划定"。确保保存类型为"要素类",其他设置保持默认,点击"确定"按钮运行工具。

(3)完成矛盾冲突调出:工具运行结束后,将生成"生态保护红线初步划定"图层。该图层是经过矛盾冲突调出处理后的初步划定结果,排除了在生态保护红线范围内不应存在的矛盾冲突区域。

(三)二次调入

步骤一:使用联合工具进行二次调入

(1)打开联合工具:在工具栏中点击"地理处理",选择"联合"工具。

(2)设置联合工具参数:在"输入要素"一栏,依次添加"生态功能极重要区""饮用水水源地"和"生态保护红线初步划定"3个图层。

在"输出要素类"一栏,点击"保存"按钮,选择输出路径为之前创建的"05生态保护红线划定调整.gdb"。将输出文件命名为"生态保护红线二次调入",确保保存类型为"要素类"。

(3)运行工具:设置完成后,点击"确定"按钮运行联合工具。该工具将结合"生态功能极重要区""饮用水水源地"和"生态保护红线初步划定"图层,生成一个新的要素类。

步骤二:验证和保存结果

检查输出结果:工具运行完成后,新的"生态保护红线二次调入"图层将自动加载到地图中。打开属性表,检查数据是否正确叠加和整合,确保所有必要的区域都被包含在新的生态保护红线范围内。

(四)图斑修整

为保证生态保护红线的生态完整性和连续性,原则上划定红线的最小图斑面积为$1km^2$。为减少红线的破碎化程度,一般应将面积小于$1km^2$的独立图斑扣除(若细小斑块为重要物种栖息地或其他重要生态保护地须予以保留)。独立图斑扣除的面积阈值可根据评估结果和行政区面积大小进行适当调整。

步骤一:删除破碎图斑

(1)计算图斑面积:右键点击"生态保护红线二次调入"图层,选择"打开属性表"。找到"MJ"字段(代表面积),点击字段名使整列变为蓝色,右键点击字段名,选择"计算几何",选择单位为"平方千米",然后点击"确定"。系统将计算并显示所有图斑的面积。

(2)选择并删除破碎图斑:在菜单栏右键,选择"编辑器",确保"编辑器"工具已启用。点击"编辑器"工具,选择"开始编辑",并选择"生态保护红线二次调入"图层进入编辑模式。使用"按属性选择"工具,输入公式"MJ<1"(表示面积小于$1km^2$),筛选出面积小于$1km^2$的独立图斑。

筛选完成后,右键点击图层名,选择"数据"→"导出数据",将选中的图斑导出至文件地理数据库,保存为"破碎图斑"。导出后,回到属性表,点击"删除所选项"按钮,删除选中的破碎图斑。完成后,检查并保存删除破碎图斑后的结果。

步骤二:图斑修整

(1)选择需要修整的图斑:在编辑模式下,找到形状不合理(如过于狭长、崎岖等)的图斑(图 7-40),使用"编辑工具"选中需要修整的图斑。

图 7-40　需要修整的图斑

(2)分割并修整图斑:在编辑器工具一栏选择"裁剪面工具",在需要修整的部位进行绘制,绘制分割线将需要保留和需要截除的部分分割开。

完成分割线绘制后,右键点击,选择"完成草图"(图 7-41),将图斑分割为两个部分。分割后图斑如图 7-42 所示。

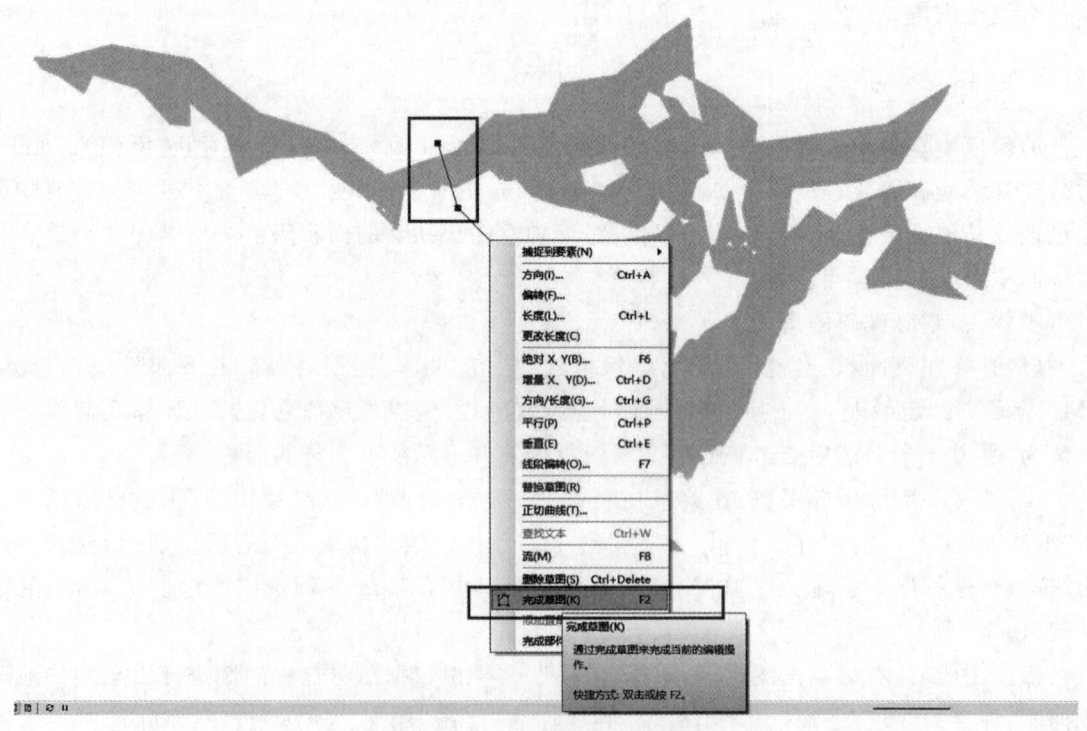

图 7-41　对图斑进行分割修剪

图 7-42 分割后图斑

(3)删除不需要的图斑:分割后,原图斑将分为两个图斑,并在属性表中显示为选中状态。使用编辑工具选择需要删除的部分,打开属性表,删除该图斑。完成后,保存修整后的图斑结果。

步骤三:验证和保存结果

检查图斑修整结果:完成修整后,检查图斑的形状和整体生态保护红线的完整性。确保所有修整操作符合规划要求,保存修整后的结果(图 7-43)。

图 7-43 修整后的图斑

第五节 实习作业与要求

(1)根据提供的实习数据完成生态保护红线初步划定及划定调整工作。
(2)撰写生态保护红线划定实习报告。

第八章　永久基本农田划定与调整补划

第一节　实习目的与要求

【实习目的】①掌握永久基本农田保护红线划定的总体要求、基本原则、操作步骤和成果要求等；②掌握永久基本农田调整补划的总体要求、基本原则、操作步骤和成果要求等。

【实习要求】按照实习内容要求完成规划区永久基本农田划定和调整补划工作，并撰写实习报告。

第二节　数据准备

永久基本农田划定与调整补划涉及的数据主要包括国土调查数据、土地管理数据等。各项数据的详细信息见表 8-1 所示。

表 8-1　永久基本农田划定与调整补划实习数据

数据名称	数据类型	时空分辨率	数据用途	数据存储位置
2020年国土变更调查成果	矢量	—	获取耕地信息	第八章 永久基本农田划定与调整补划\永久基本农田划定与调整补划.gdb\T2020年国土变更调查成果
已批建设用地范围	矢量	—	获取不纳入耕地保护目标范围信息	第八章 永久基本农田划定与调整补划\永久基本农田划定与调整补划.gdb\已批建设用地范围
退耕还林还草	矢量	—	获取不纳入耕地保护目标范围信息	第八章 永久基本农田划定与调整补划\永久基本农田划定与调整补划.gdb\退耕还林还草
已备案设施农用地	矢量	—	获取不纳入耕地保护目标范围信息	第八章 永久基本农田划定与调整补划\永久基本农田划定与调整补划.gdb\已备案设施农用地

续表 8-1

数据名称	数据类型	时空分辨率	数据用途	数据存储位置
自然保护地核心保护区	矢量	—	获取不纳入耕地保护目标范围信息	第八章 永久基本农田划定与调整补划\永久基本农田划定与调整补划.gdb\自然保护地核心保护区
2017年永久基本农田	矢量	—	获取原永久基本农田信息	第八章 永久基本农田划定与调整补划\永久基本农田划定与调整补划.gdb\T2017年永久基本农田
灾后无法复垦的耕地	矢量	—	获取不适合继续保留的原永久基本农田信息	第八章 永久基本农田划定与调整补划\永久基本农田划定与调整补划.gdb\灾后无法复垦的耕地
拟实施重大建设项目选址	矢量	—	获取不适合继续保留的原永久基本农田信息	第八章 永久基本农田划定与调整补划\永久基本农田划定与调整补划.gdb\拟实施重大建设项目选址
耕地质量等别调查与评价成果	矢量	—	获取耕地质量信息	第八章 永久基本农田划定与调整补划\永久基本农田划定与调整补划.gdb\耕地质量等别调查与评价成果
已建与在建高标准农田	矢量	—	获取高质量耕地信息	第八章 永久基本农田划定与调整补划\永久基本农田划定与调整补划.gdb\已建与在建高标准农田
重点建设项目选址	矢量	—	获取占用永久基本农田耕地信息	第八章 永久基本农田划定与调整补划\永久基本农田划定与调整补划.gdb\重点建设项目选址

第三节 基础知识点

耕地是我国最为宝贵的资源，永久基本农田是耕地的精华，划定并保护永久基本农田功在当前、利及长远。划定永久基本农田保护红线是各级国土空间总体规划编制的强制性内容之一，依据土地利用现状和重大项目选址布局情况对永久基本农田进行调整补划，是保障粮食安全的重要措施。

1. 永久基本农田

永久基本农田是按照一定时期人口和经济社会发展对农产品的需求，依据国土空间规划确定不得擅自占用或改变用途的耕地。

2. 稳定耕地和不稳定耕地

难以或不宜长期稳定利用的耕地(简称不稳定耕地),包括25°以上坡地(不含梯田)、河湖耕地、林区耕地、牧区耕地、沙化荒漠化耕地、石漠化耕地6种类型,均是指城镇村庄范围外的耕地。上述几种情况扣除重叠并汇总后,形成难以或不宜长期稳定利用的耕地数量,这些耕地以外的耕地,按长期稳定利用的耕地统计。

3. 永久基本农田划定

国家实行永久基本农田保护制度。永久基本农田划定是指根据土地管理法、永久基本农田保护条例、国土空间规划以及相关规定,按照法定程序确定永久基本农田空间数量、位置、质量等级、地类等信息的过程。永久基本农田一经划定,除法律规定的情形外,不得擅自占用和改变用途和布局。

专栏 8-1　永久基本农田划定依据、基本原则和规模

下列耕地应当根据国土空间总体规划划为永久基本农田,实行严格保护:

(1)经国务院农业农村主管部门或者县级以上地方人民政府批准确定的粮、棉、油、糖等重要农产品生产基地内的耕地。

(2)有良好的水利与水土保持设施的耕地,正在实施改造计划以及可以改造的中、低产田和已建成的高标准农田。

(3)蔬菜生产基地。

(4)农业科研、教学试验田。

(5)国务院规定应当划为永久基本农田的其他耕地。

划定原则:

(1)依法依规、规范划定。依据有关法律法规和国土空间规划,以已有永久基本农田保护成果为基础,综合运用国土空间调查成果与农用地分等成果,开展永久基本农田划定工作。

(2)确保数量。确保划定后的永久基本农田面积不低于国土空间规划确定的永久基本农田保护面积指标。

(3)提升质量,稳定布局。优先保留原有永久基本农田中的高等级耕地,集中连片耕地,划定后永久基本农田平均质量等级应高于划定前的平均质量等级,永久基本农田集中连片程度有所提高。

(4)明确条件。新划定的永久基本农田土地利用现状应当是耕地。

划定规模:

各省、自治区、直辖市划定的永久基本农田一般应占本行政区域内耕地的80%以上,具体比例由国务院根据各省、自治区、直辖市耕地实际情况规定。

---

4. 永久基本农田调整补划

永久基本农田补划是指根据《中华人民共和国土地管理法》、永久基本农田保护条例、国土空间规划以及相关规定,对依法批准的重大建设项目、生态建设、灾毁等占用或减少永久基本农田的,按照规定程序确定补充永久基本农田空间位置、数量、质量等级、地类等信息过程。

> **专栏 8-2　永久基本农田调整补划基本原则**
>
> （1）数量不减、质量不降。补划的永久基本农田必须是坡度小于 25°的耕地，原则上与现有永久基本农田集中连片，补划数量、质量与占用或减少的永久基本农田相当。
> （2）布局稳定。占用或减少城市周边永久基本农田的，原则上在城市周边范围内补划，经实地踏勘论证确实难以在城市周边补划的，按照空间由近及远、质量由高到低的要求进行补划。
> （3）省（区、市）自然资源主管部门要及时组织做好永久基本农田保护责任落实、标志更新和表册完善等工作。

第四节　实习内容

一、永久基本农田划定

（一）永久基本农田划定工作阶段

永久基本农田划定工作分为工作准备、方案编制与论证、组织实施、成果验收与报备 4 个阶段（图 8-1）。

> **专栏 8-3　永久基本农田划定工作**
>
> 　　工作准备：进行基础资料收集和初步调查和分析。基础资料收集包括收集上一轮国土空间规划资料、土地利用现状调查和变更调查资料、已有的永久基本农田保护资料、耕地质量等别调查与评价成果和其他土地管理、用途管制相关资料。对已有的永久基本农田划定成果内地块现状信息核实；结合农用地分等成果，核实永久基本农田质量等级信息；综合分析可划定永久基本农田的空间位置、地类、数量、质量等级等。
> 　　方案编制与论证：在初步调查和分析的基础上，拟定永久基本农田划定方案，包括划定方案文本及说明、拟划定永久基本农田清单、涉及划定的相关图件、划定前后的永久基本农田汇总表等，并对于永久基本农田划定方案进行可行性论证。
> 　　组织实施：县级自然资源管理部门依照经审批通过的永久基本农田划定方案，根据划定的技术方法技术要求开展划定工作，将永久基本农田落到具体地块，落实保护责任，及时建立保护标志，编制、更新数据库、图件、表册等相关成果资料。
> 　　成果验收与报备：永久基本农田取内业审核与实地抽查相结合的方式按规定进行自检、初检和验收。永久基本农田划定成果经验收合格后，由各级国土资源管理部门逐级备案。
> 　　技术方法：
> 　　（1）以最新土地利用变更调查（以下简称"变更调查"）成果为基础，结合实地勘察，对原永久基本农田成果进行核实、认定；
> 　　（2）明确需要"继续保留""调出""补划"的永久基本农田图斑；
> 　　（3）综合确定永久基本农田保护片（块）边界，对其进行编号、记录；
> 　　（4）建立数据库，提取永久基本农田保护片（块）地类图斑现状信息、质量等级等信息，依规范要求录入永久基本农田保护片（块）与永久基本农田图斑属性；
> 　　（5）落实保护责任，设立保护标志；
> 　　（6）编制永久基本农田划定成果。

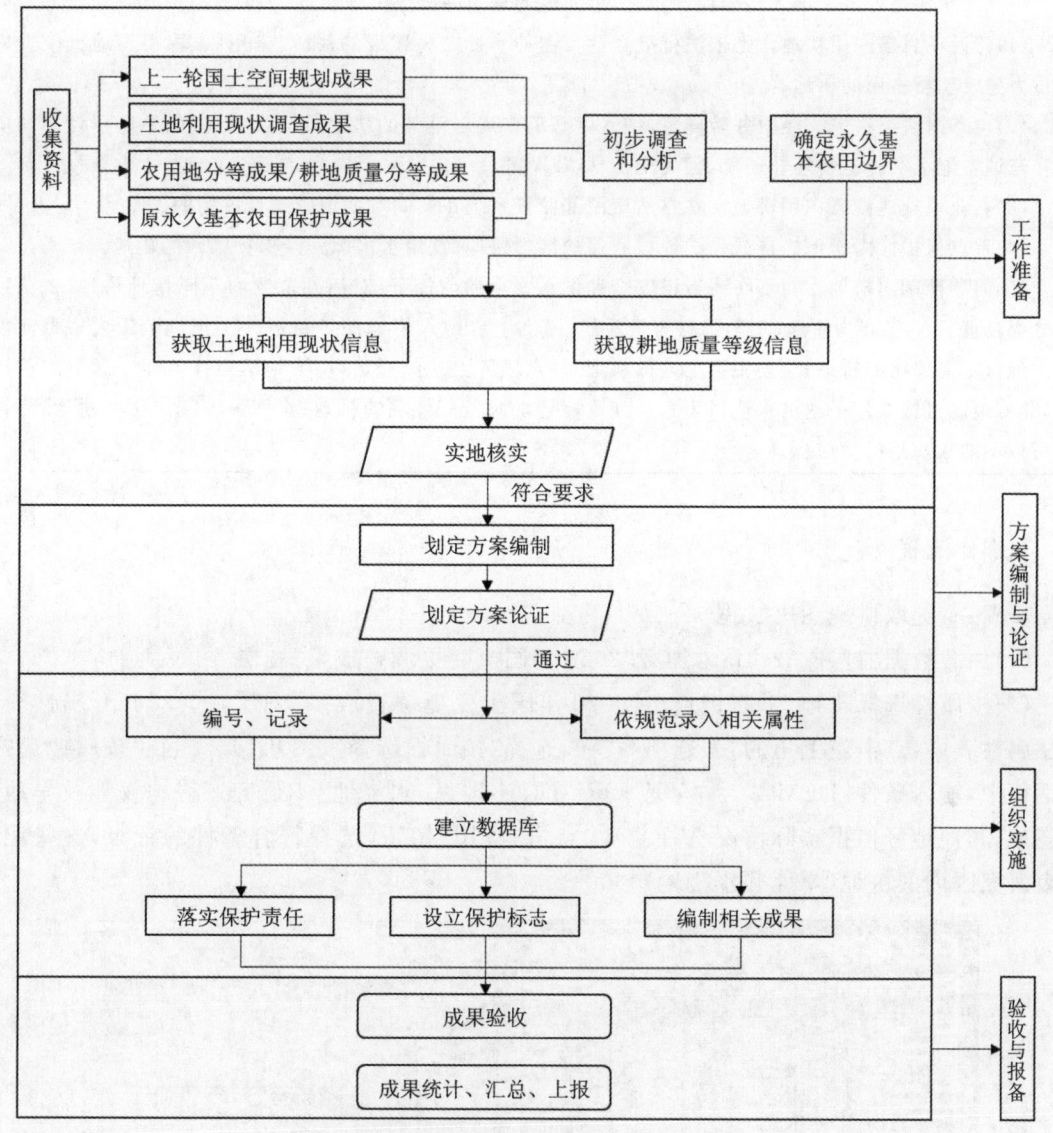

图 8-1 永久基本农田划定流程图

资料来源：《基本农田划定技术规程》(TD/T 1032—2011)。

（二）耕地保护目标图斑筛选

1. 原理

耕地应保尽保应划尽划。永久基本农田原则上应在纳入耕地保护目标的可长期稳定利用耕地上划定，因此划定永久基本农田应首选明确耕地保护目标图斑。纳入耕地保护目标的必须是现状耕地，以土地利用现状调查数据为基础。

专栏8-4　可以不纳入耕地保护目标的现状耕地

下列现状耕地可以不纳入耕地保护目标,但要说明理由并提供举证材料:

(1)建设项目已占用耕地。已依法批准且落实占补平衡即将建设的;批而未用、已取得用地批准文件的重大建设项目占用的耕地。

(2)生态退耕类耕地。经国务院同意,纳入生态退耕规划范围的耕地,已下达退耕还林还草计划和要求在三调耕地上实施退耕还林还草,但尚未成林、成草的。

(3)农业设施建设已占用耕地。在自然资源部监管系统备案的农业设施建设占用的。

(4)重点保护区内耕地。自然保护地核心保护区的耕地;饮用水水源一级保护区内的耕地。

(5)河湖范围内耕地。在不妨碍行洪安全和供水安全的前提下,对河湖范围内不同情形耕地,依法依规分类处理。A:二调为耕地、三调仍然为耕地,原则上应纳入耕地保护目标。B:河湖范围内根据淹没频次经认定需退出的耕地;位于主河槽内的耕地;洪水频繁上滩的耕地(南方地区可按5年一遇洪水位以下,北方地区可按3年一遇洪水位以下);长江平垸行洪"双退"圩垸的耕地;水库征地线以下的耕地,经认定可以不纳入耕地保护目标。

2.操作流程

步骤一:提取耕地图斑数据

(1)加载数据:打开ArcMap,加载"2020年国土变更调查成果"图层。

(2)按属性选择耕地:①右键点击"2020年国土变更调查成果"图层,选择"打开属性表"。②在属性表中,点击左上角的"表选项"按钮,选择"按属性选择"(图8-2)。③在"按属性选择"对话框中,输入条件"DLMC" = '旱地' OR "DLMC" = '水浇地'(本研究区耕地仅涉及旱地和水浇地,其他地区依据实际情况选择)。④点击"应用"按钮,选择符合条件的记录,这些记录代表研究区内的耕地(旱地和水浇地)。

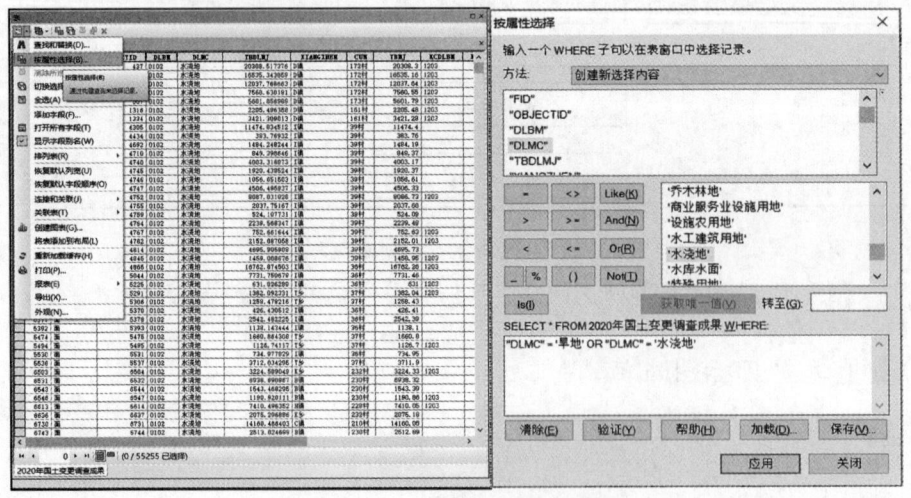

图8-2　按属性选择出现状耕地

(3)导出耕地图斑数据:①选择属性表中已选定的记录,右键点击图层名称,选择"数据"→"导出数据"(图8-3)。②在导出对话框中,选择保存路径,并将导出的图层命名为"现状耕地

".shp"。③点击确定,完成导出操作。

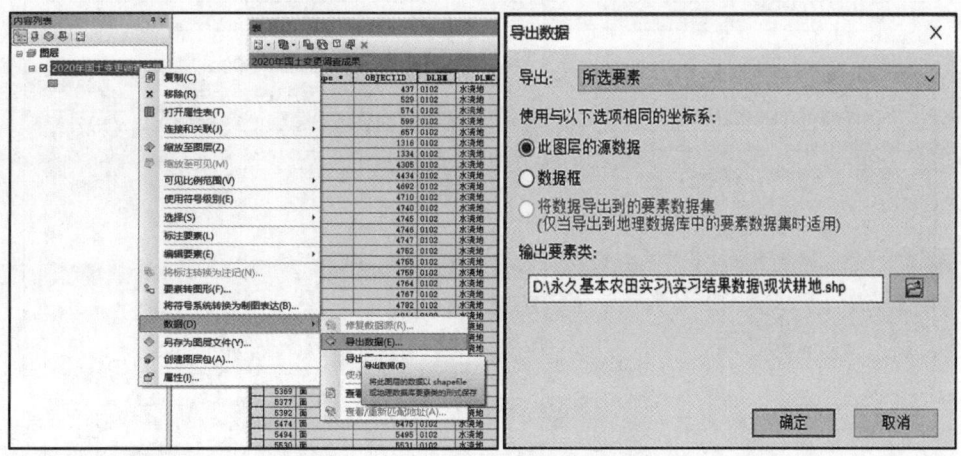

图 8-3　导出耕地图斑数据

步骤二:使用擦除工具筛选保护目标

(1)加载相关图层:在 ArcMap 中加载需要擦除的图层,包括"已批建设用地范围""退耕还林还草""已备案设施农用地""自然保护地核心保护区"等图层。

(2)打开"擦除"工具:进入"ArcToolbox"→"分析工具"→"叠加分析"→"擦除"工具对话框(图 8-4)。

(3)在"擦除"工具对话框中设置擦除参数:

输入要素:选择"现状耕地.shp"图层。

擦除要素:依次选择需要擦除的图层,每次执行擦除操作时擦除一个图层(本次实习仅涉及上述部分情形,各地区应根据实际情况操作)。

输出要素类:设置保存路径,并将输出文件命名为"耕地保护目标.shp"。

每次擦除操作后,更新输入要素为上一步得到的结果图层,直到完成所有擦除操作(图 8-5)。

(4)执行擦除操作:点击"确定",执行擦除操作。该过程将从"现状耕地"中去除所有被擦除的区域,保留未受影响的耕地作为保护目标图斑。

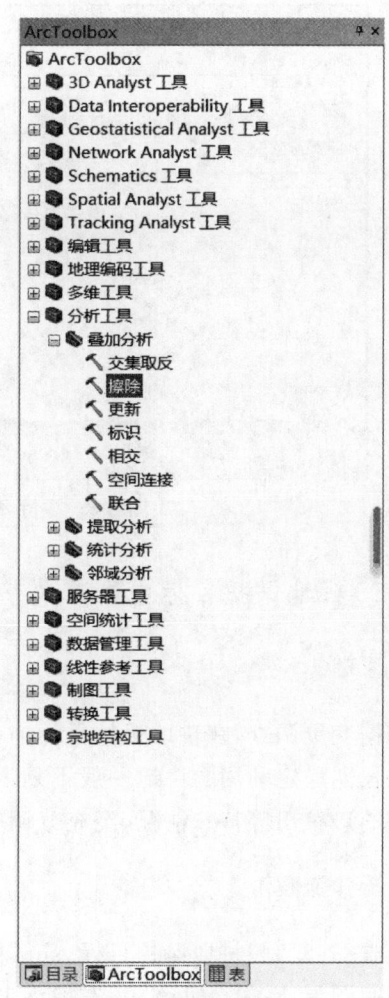

图 8-4　选择"擦除"工具

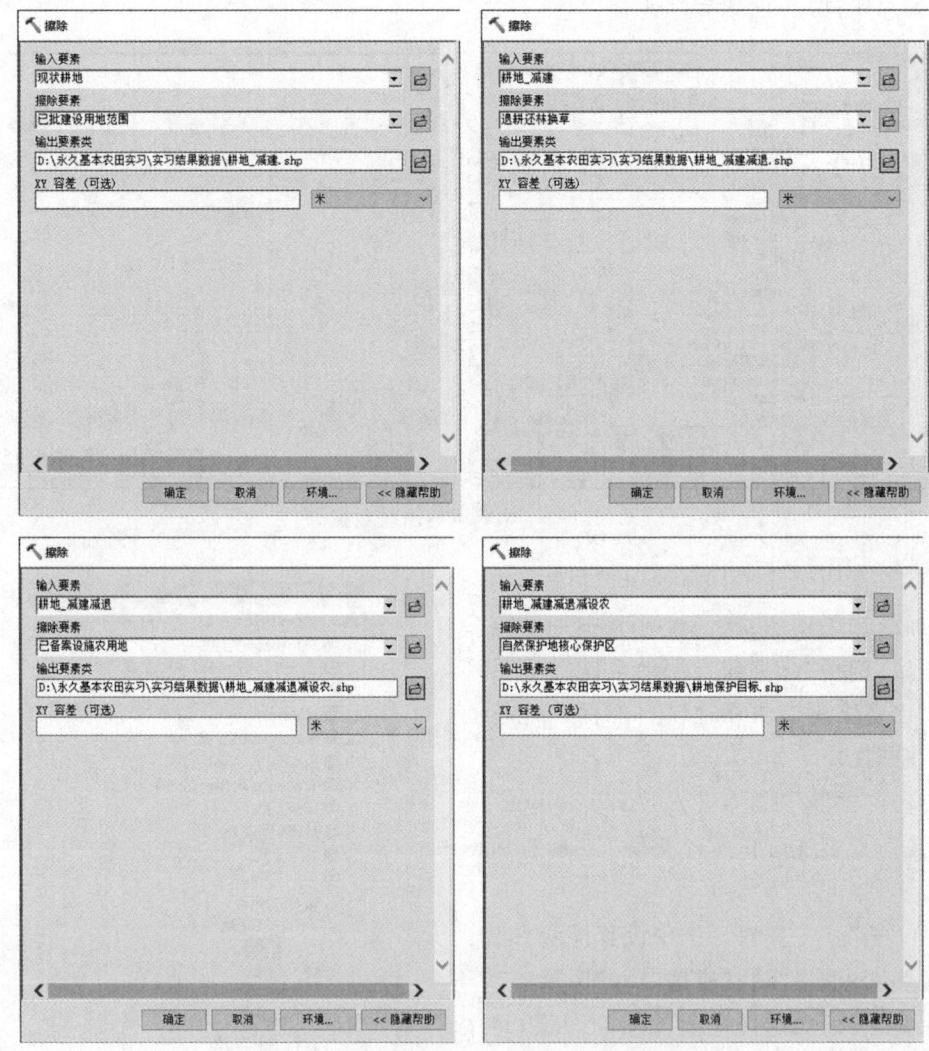

图 8-5　擦除不纳入耕地保护目标的现状耕地

（三）耕地保护目标内原永久基本农田稳定耕地筛选

1. 原理

依据变更调查，在耕地保护目标内筛选出可长期稳定利用耕地，原则上继续保留。难以或不宜长期稳定利用的耕地一般不划入永久基本农田，但位于原永久基本农田范围内，且难以退耕的口粮田等特殊情况，经充分调查举证，允许继续保留。

2. 操作流程

步骤一：复制"耕地保护目标. shp"图层

复制图层：在 ArcMap 中，右键点击"耕地保护目标. shp"图层名称，选择"数据"→"导出数据"，将导出的数据命名为"耕地保护目标稳定耕地. shp"，并保存到指定的文件夹。点击

"确定",完成图层复制。

步骤二:剔除不稳定耕地

(1)剔除耕地坡度在25°以上的耕地:①右键点击"耕地保护目标稳定耕地.shp"图层,选择"编辑要素"—"开始编辑"。②右键点击"耕地保护目标稳定耕地.shp"图层,选择"打开属性表"。③在属性表中,点击左上角的"表选项"按钮,选择"按属性选择"。④输入选择条件(GDPDJB表示耕地坡度级别;代码"5"表示耕地坡度在25°以上)。⑤点击"应用"按钮,选择符合条件的记录。⑥确认选择正确后,点击属性表上方的"删除所选项"按钮,删除这些记录。

(2)剔除其他不宜长期稳定利用的耕地:继续在属性表中,点击"表选项"按钮,选择"按属性选择"。

输入选择条件,选择需要剔除的耕地类型,如"TBXHDM" = 'HDGD' OR "TBXHDM" = 'HQGD' OR "TBXHDM" = 'LQGD' OR "TBXHDM" = 'MQGD' OR "TBXHDM" = 'SHGD' OR "TBXHDM" = 'SMGD'。

其中,"TBXHDM"字段表示图斑细化代码,对应河区耕地(HDGD)、湖区耕地(HQGD)、林区耕地(LQGD)、牧区耕地(MQGD)、沙化荒漠化耕地(SHGD)、石漠化耕地(SMGD)。若存在,原则上均应当排除;若不存在,该字段为空。

点击"应用"按钮,选择符合条件的记录,并删除这些记录。

步骤三:使用相交工具筛选稳定耕地

(1)打开相交工具:在ArcMap中,点击"地理处理"菜单,选择"相交"工具。

(2)设置相交工具参数:在"输入要素"一栏,选择"2017年永久基本农田"图层和"耕地保护目标稳定耕地.shp"图层。设置输出要素,将其命名为"2017年永农现状稳定耕地.shp",并选择保存路径。

(3)运行相交工具:点击"确定",运行相交工具。相交操作将提取出既在"2017年永久基本农田"范围内,又符合"耕地保护目标稳定耕地"的图斑。输出的"2017年永农现状稳定耕地.shp"图层将包含经过筛选后符合长期稳定利用的耕地。

(四)调出不符合永久基本农田要求的耕地图斑

1. 原理

原永久基本农田范围内的可长期稳定利用耕地布局保持总体稳定。部分将来不适合的原永久基本农田范围内的可长期稳定利用耕地,在说明理由并提供举证材料后,可调出原永久基本农田。

专栏8-5 原永久基本农田调出的长期稳定耕地
(1)无法复垦耕地:土壤污染为严格管控类、经论证无法恢复治理的耕地;三调后受自然灾害损毁且无法复垦的耕地;因采矿造成耕作层损毁、地面塌陷无法复垦的耕地。

(2)拟实施重大建设项目选址:近期拟实施的省级及以上能源、交通、水利等重点建设项目选址确实难以避让,且已明确具体选址和规模,用地已统筹纳入国土空间规划"一张图"拟占用的耕地。

(3)已批建设用地范围:经依法批准的原土地利用总体规划和城市总体规划明确的建设用地范围,经一致性处理后纳入国土空间规划"一张图"的耕地。

(4)《全国矿产资源规划(2021—2025年)》确定战略性矿产中的铀、铬、铜、镍、钴、锗、钾盐、(中)重稀土矿开采确实难以避让,且已依法设采矿权露天采矿的耕地。

2. 操作流程

步骤一:保留原永久基本农田内的耕地

(1)加载相关擦除图层:在 ArcMap 中,加载需要擦除的图层"灾后无法复垦的耕地""拟实施重大建设项目选址""已批建设用地范围"。

(2)打开"擦除"工具:进入"ArcToolbox"→"分析"→"叠加分析"→"擦除"工具对话框。

(3)在"擦除"工具对话框中设置擦除工具参数:

输入要素:选择"2017年永农现状稳定耕地.shp"图层。

擦除要素:依次选择需要擦除的图层,每次执行擦除操作时擦除一个图层。

输出要素类:设置保存路径,并将输出文件命名为"2017年永久基本农田保留耕地.shp"。

每次擦除操作后,更新输入要素为上一步得到的结果图层,直到完成所有擦除操作。

(4)执行擦除操作:点击"确定",执行擦除操作。这个过程将从"2017年永农现状稳定耕地.shp"中去除所有不符合永久基本农田要求的区域,保留剩余的符合要求的耕地图斑。

步骤二:调出不符合永久基本农田要求的耕地

(1)相交分析:先将"2017年永久基本农田"图层与"现状耕地.shp"图层进行相交。

打开"地理处理"→"相交"工具:

输入要素:选择"2017年永久基本农田"和"现状耕地.shp"。

输出要素类:设置保存路径,命名为"2017年永久基本农田现状耕地.shp"(图8-6)。

点击"确定",执行相交操作,得到"2017年永久基本农田现状耕地.shp"图层。

(2)擦除调出不符合要求的耕地:使用"擦除"工具,将"2017年永久基本农田现状耕地.shp"与"2017年永久基本农田保留耕地.shp"进行擦除。

输入要素:选择"2017年永久基本农田现状耕地.shp"。

擦除要素:选择"2017年永久基本农田保留耕地.shp"。

输出要素类:设置保存路径,命名为"2017年永久基本农田调出耕地.shp"(图8-6)。

点击"确定",执行擦除操作。这个过程将把"2017年永久基本农田保留耕地.shp"中符合要求的耕地从"2017年永久基本农田现状耕地.shp"中剔除,剩余部分即为不符合永久基本农田要求、需要调出的耕地。

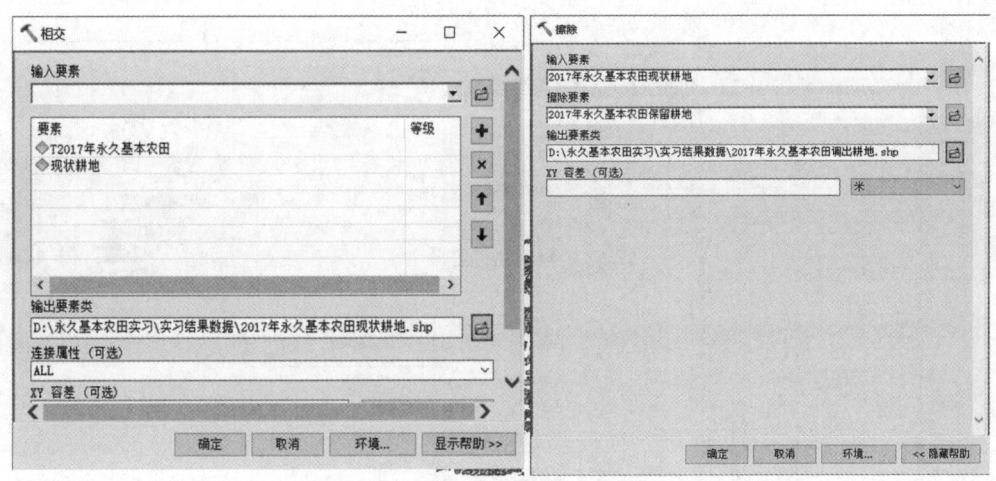

图 8-6 调出不符合永久基本农田要求的耕地

(五)永久基本农田保护任务数量计算

1. 原理

依据"确保数量"原则,计算永久基本农田补划任务:原永久基本农田图斑地类总面积减去永久基本农田保留耕地图斑地类总面积(注意:这里不能直接计算调出耕地的图斑地类总面积,因为存在原永久基本农田已转化为其他地类如草地、林地等情况)。此外,还应考虑由上级下达的永久基本农田保护指标任务,取最大值为永久基本农田保护补划任务(本次实习假设 $MJ_{补划1}>MJ_{补划2}$)。

$$MJ_{补划1} = \sum_{i=1}^{n} TBDLMJ_{原永久基本农田} - \sum_{i=1}^{n} TBDLMJ_{保留的永久基本农田图斑}$$

$$MJ_{补划2} = MJ_{上级下达永久基本农田指标} - \sum_{i=1}^{n} TBDLMJ_{保留的永久基本农田图斑}$$

$$MJ_{补划} = \max\{MJ_{补划1}, MJ_{补划2}\}$$

2. 操作流程

计算"2017 年永久基本农田"与"2017 年永久基本农田保留耕地.shp"图斑面积 TBMJ。
(1)计算图斑面积。
打开"TBMJ""字段计算器",选择"Python",在下方编辑框中键入"!shape.geodesicarea!",单击"确定",计算每个图斑的 TBMJ(图 8-7、图 8-8)。
计算图斑地类面积〈math〉:打开〈math〉"字段计算器"(图 8-9、图 8-10),在下方编辑框中键入

$$[TBMJ]-([TBMJ]*[KCXS])$$

式中:TBMJ 表示图斑面积,指的是整个图斑的面积;TBDLMJ 表示图斑地类面积,指的是扣除线状地物的面积;KCXS 表示线状地物扣除系数。

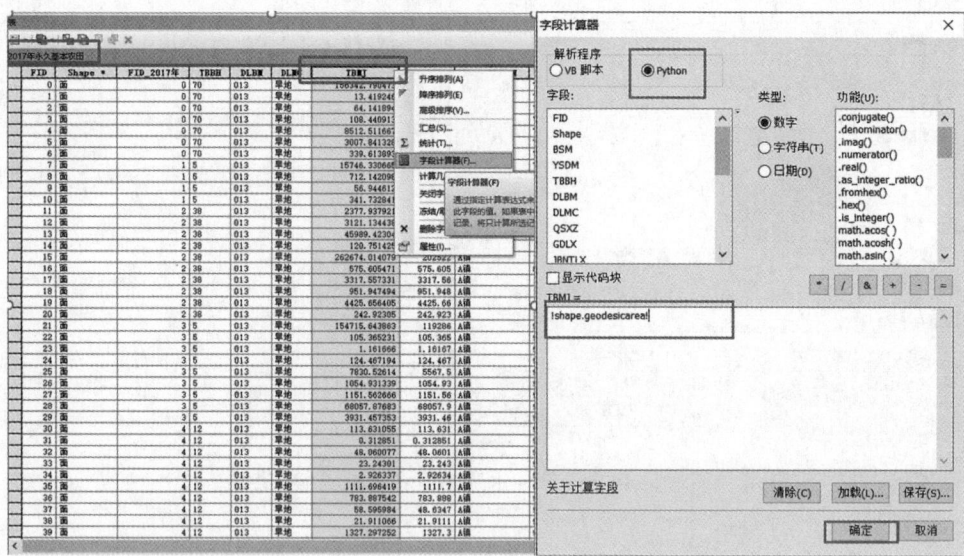

图 8-7　计算 2017 年永久基本农田图斑面积

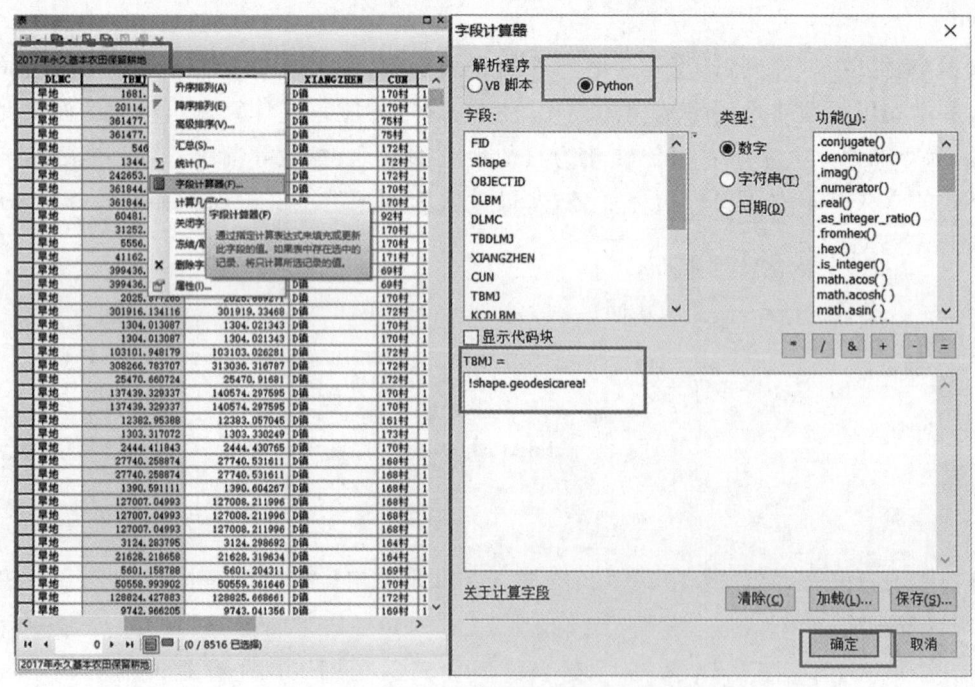

图 8-8　计算 2017 年永久基本农田保留耕地图斑面积

(2)图斑面积汇总。

计算 $\sum_{i=1}^{n}\text{TBDLMJ}_{\text{原永久基本农田}}$：打开"2017 年永久基本农田"→"TBDLMJ"→"统计"，得 $\sum_{i=1}^{n}\text{TBDLMJ}_{\text{原永久基本农田}}=285\ 422\ 422.99(\text{m}^2)$（图 8-11）。

第八章 永久基本农田划定与调整补划

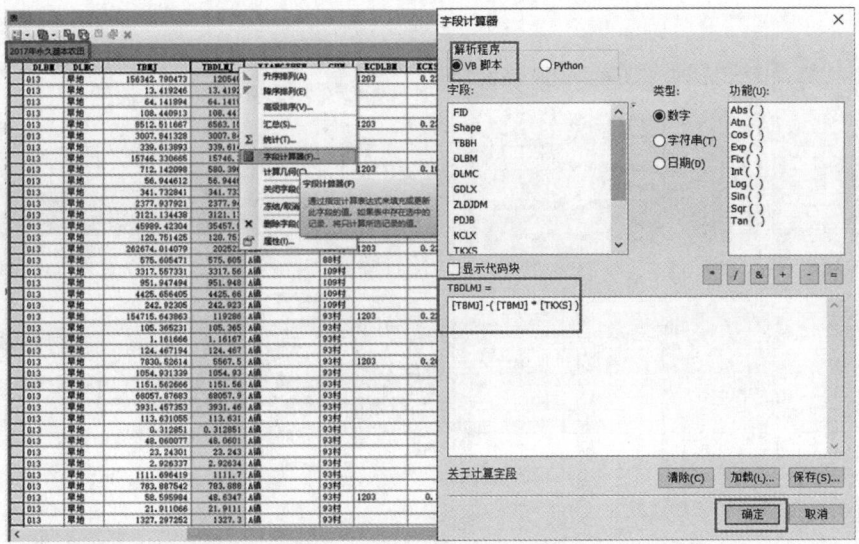

图 8-9　计算 2017 年永久基本农田图斑地类面积

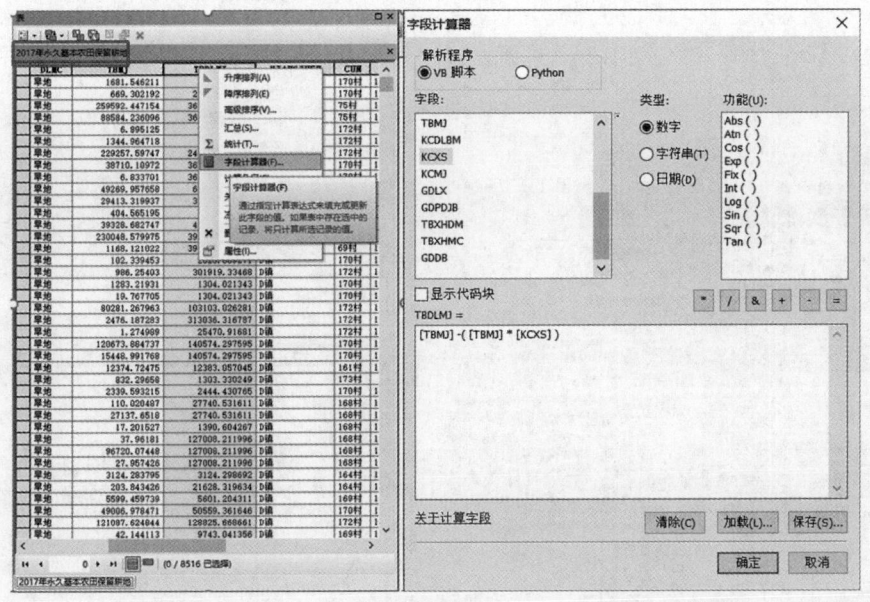

图 8-10　计算 2017 年永久基本农田保留耕地图斑地类面积

计算 $\sum_{i=1}^{n}\text{TBDLMJ}_{\text{保留的永久基本农田图斑}}$：打开"2017 年永久基本农田保留耕地. shp"→
"TBDLMJ"→"统计"，得 $\sum_{i=1}^{n}\text{TBDLMJ}_{\text{保留的永久基本农田图斑}}=239\ 229\ 108.82(\text{m}^2)$（图 8-12）。

（3）计算保护任务。

本次实习假设 $\text{MJ}_{\text{补划1}}>\text{MJ}_{\text{补划2}}$，则

$$\text{MJ}_{\text{补划1}}=\sum_{i=1}^{n}\text{TBDLMJ}_{\text{原永久基本农田}}-\sum_{i=1}^{n}\text{TBDLMJ}_{\text{保留的永久基本农田图斑}}$$
$$=285\ 422\ 422.99-239\ 229\ 108.82=46\ 193\ 314.17$$

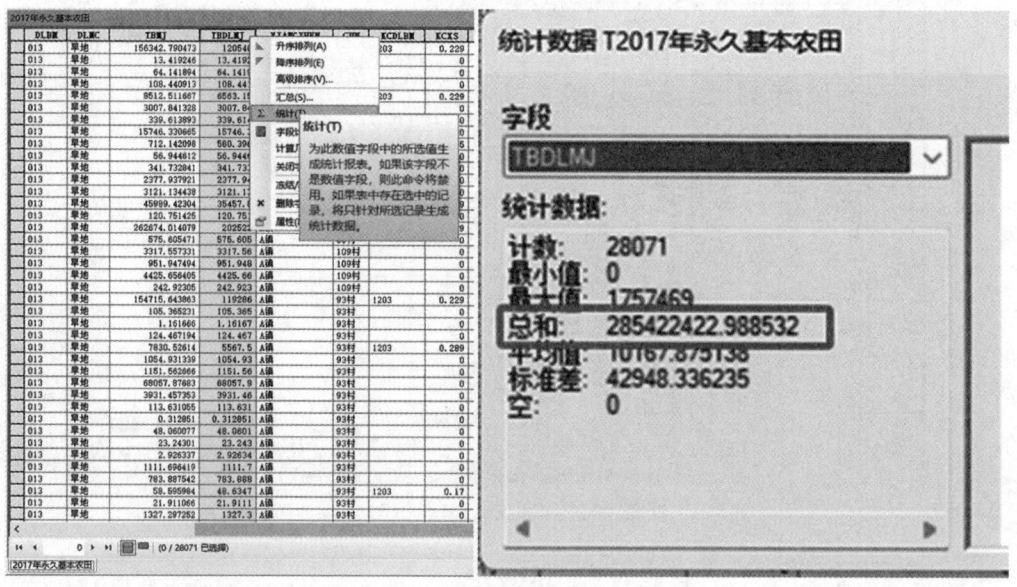

图 8-11 统计 2017 年永久基本农田面积

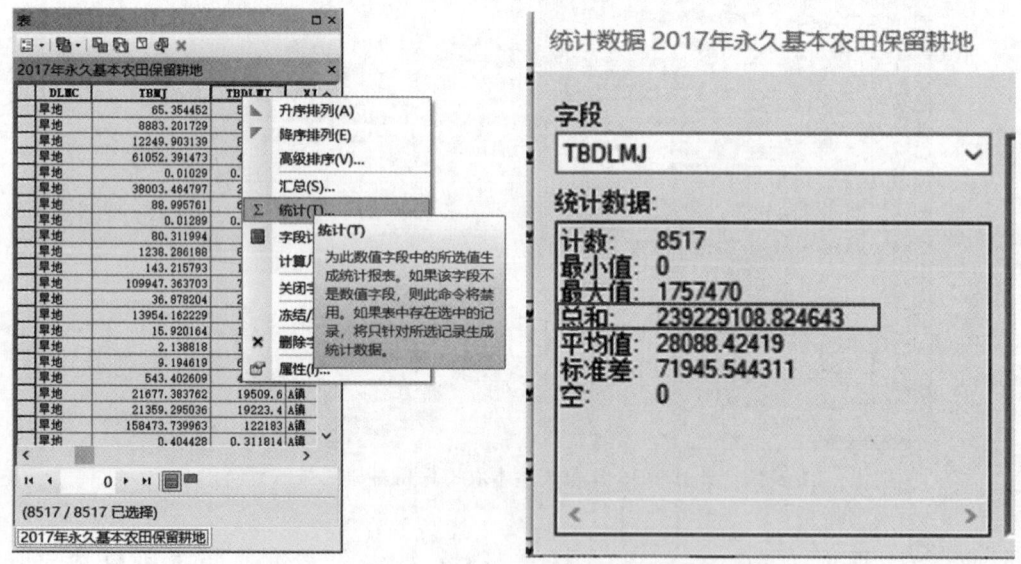

图 8-12 统计 2017 年永久基本农田保留耕地面积

(六)调入永久基本农田图斑核定

1. 原理

在长期稳定利用耕地中,按照专栏 8-6 的优先顺序,调整补足永久基本农田。

第八章 永久基本农田划定与调整补划

> **专栏 8-6　补充永久基本农田优先顺序**
>
> (1) 未划入永久基本农田的已建和在建高标准农田。
> (2) 有良好水利与水土保持设施的集中连片优质耕地。
> (3) 土地综合整治新增的耕地。
> (4) 未划入永久基本农田的黑土区。
> (5) 剩余耕地按照耕地质量评价中的耕地利用等,质量从高到低。

2. 操作流程

本次实习仅涉及专栏 8-6(1)(2)(5)情形,其他情形可结合实际情况补充,并确保补充的耕地满足永久基本农田条件,且与其他补充耕地和现永久基本农田保留图斑之间不交叉重叠。

1) 筛选可补划稳定耕地

操作步骤:将"耕地保护目标稳定耕地.shp"依次擦除"2017 年永久基本农田保留耕地图斑.shp""灾后无法复垦的耕地.shp""拟实施重大建设项目选址.shp""已批建设用地范围.shp"等图层,得到"可补划稳定耕地.shp"(图 8-13)。

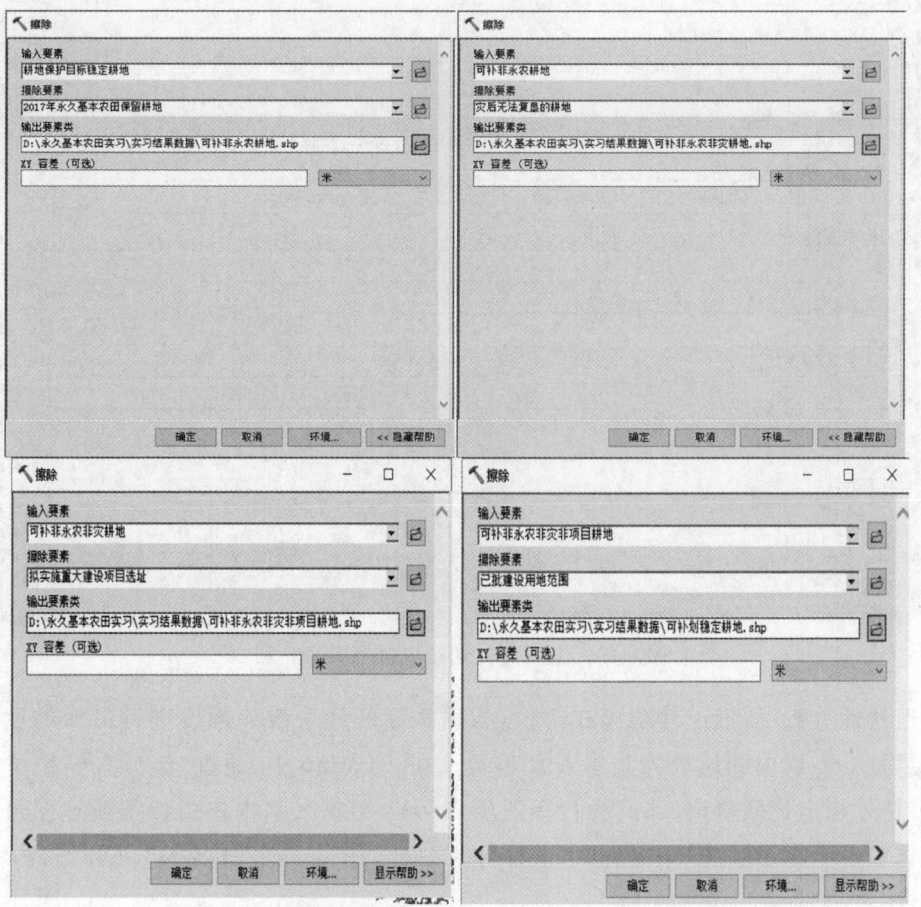

图 8-13　从耕地保护目标中筛选可补划的稳定耕地

2)选取集中连片优质耕地

操作步骤：

(1)优质耕地筛选：将"可补划稳定耕地.shp"与最新的"耕地质量等别调查与评价成果"相交,图层命名为"可补划稳定_质量等别.shp"(图 8-14);将"可补划稳定_质量等别.shp"耕地利用等(字段"GJLYD")进行排序,了解耕地质量等别情况(耕地利用等别代码从 1~15,质量从高到低)。本次实习数据中,耕地利用等别为 12 等、13 等、14 等,因此选取耕地质量等别为 12 等和 13 等的为优质耕地,按属性选择"GJLYD"=12 OR "GJLYD"=13(图 8-15),将提取的图斑命名为"可补划稳定优质耕地.shp"(图 8-16)。

图 8-14 获取可补划稳定耕地质量等别

(2)连片性分析：假设连片距离在阈值(根据实际的地块散碎程度进行灵活的设定,本次实习设定为 20m)以内的地块为集中连片耕地。在 ArcMap 中,通过"选择"→"按位置选择"功能,"可补划稳定优质耕地.shp"为目标图层,"2017 年永久基本农田保留耕地图斑.shp"为源图层,选取在源图层要素 20m 距离范围内的图斑(图 8-17),命名为"可补划优质连片耕地.shp"(图 8-18)。

第八章 永久基本农田划定与调整补划

图 8-15 筛选质量较高的耕地

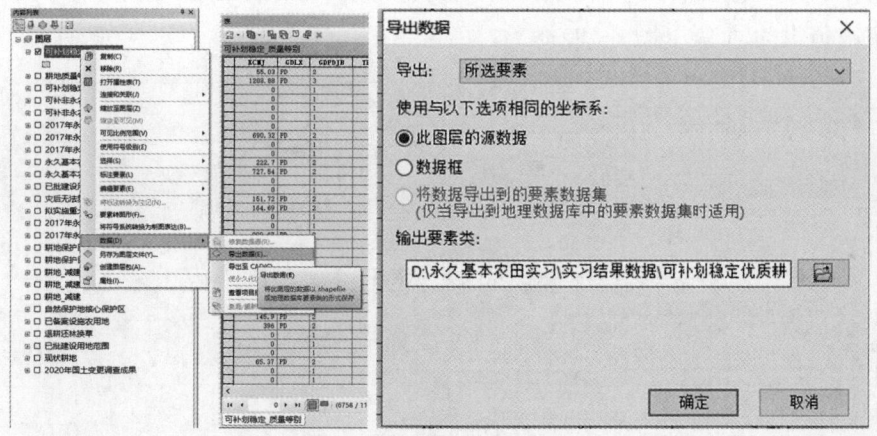

图 8-16 导出优质耕地图斑

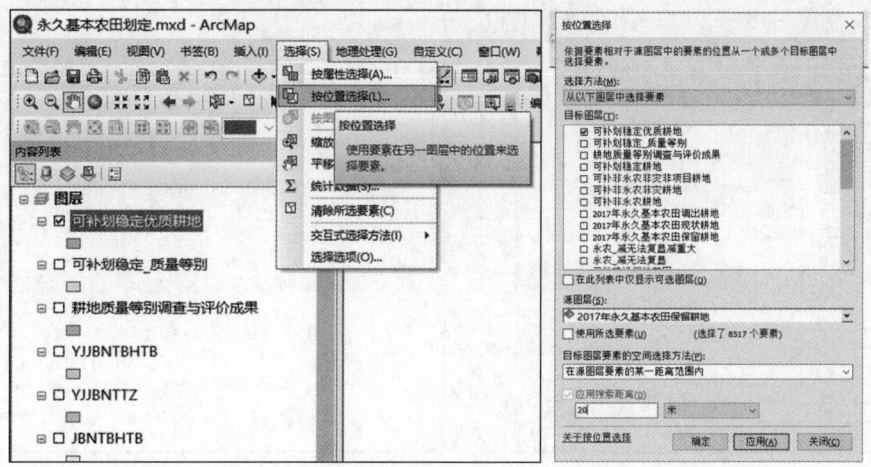

图 8-17 按位置选择集中连片耕地

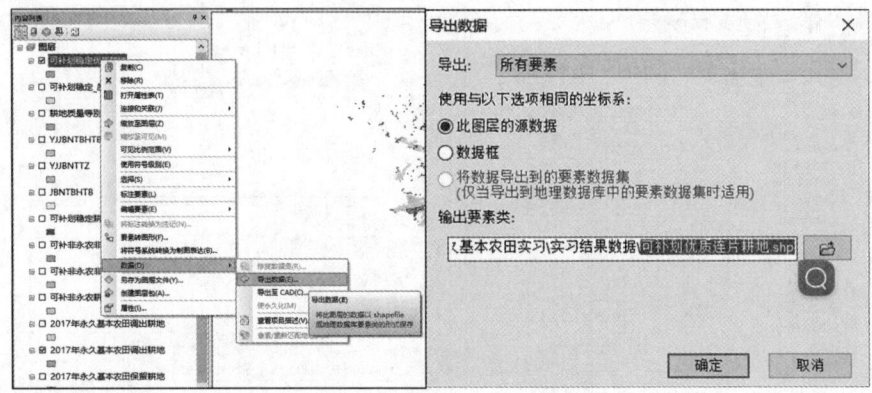

图 8-18 导出集中连片耕地

3)对可补划稳定耕地设置等级优先序

操作步骤：

(1)设置高标准农田为1级：将"可补划稳定耕地.shp"图层与"已建与在建高标准农田"图层相交，得"补划高标准农田.shp"，将"补划高标准农田.shp"图层中新建字段"BHDJ"(补划等级)，字段值设为"1级"(图 8-19)。

图 8-19 将高标准农田补划等级设置为1级

(2)设置集中连片优质耕地为2级:将"可补划优质连片耕地.shp"图层擦除"补划高标准农田.shp",得"补划优质连片非高标准农田.shp"(图8-20);在"补划优质连片非高标准农田.shp"中新建字段"BHDJ",将字段值设为"2级"(图8-21)。

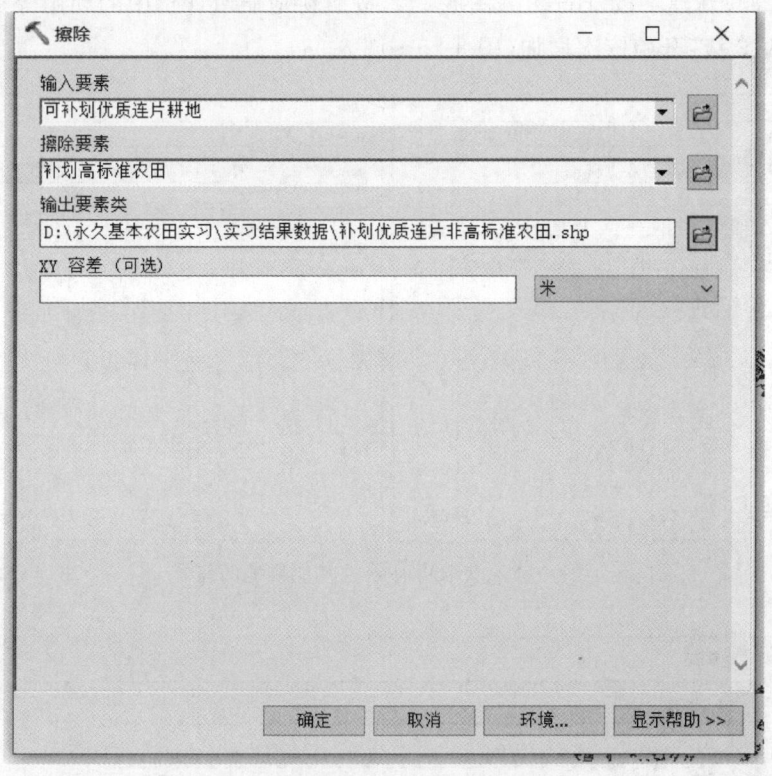

图8-20　获取补划优质连片非高标准农田

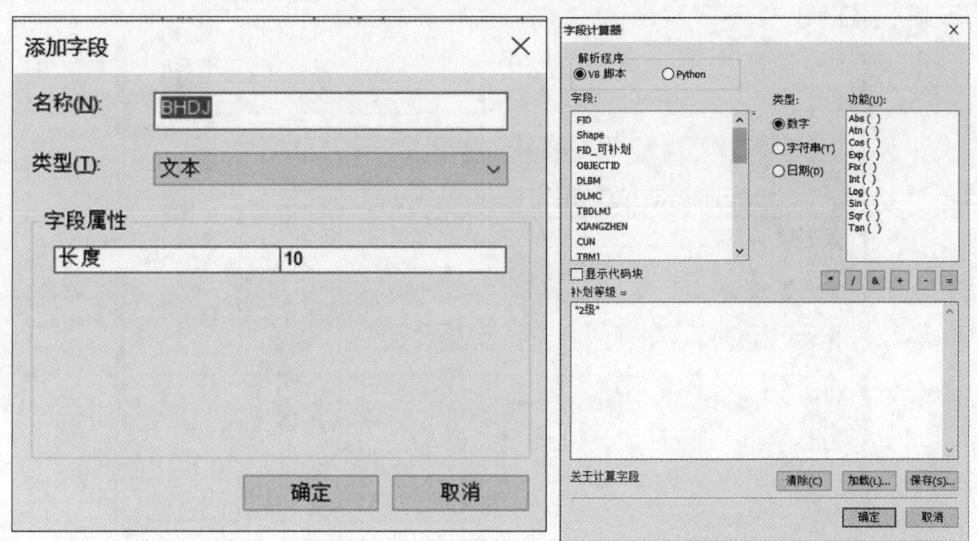

图8-21　将优质连片非高标准农田补划等级设置为2级

(3)设置其他耕地为3级及以下:将"可补划稳定耕地.shp"图层依次擦除"补划高标准农田.shp""补划优质连片非高标准农田.shp",得"补划其他耕地.shp"(图8-22);将"补划其他耕地.shp"与"耕地质量等别调查与评价成果"相交,图层命名为"补划其他耕地_质量等别.shp"(图8-23);新建字段"BHDJ"(图8-24),按照耕地质量评价中的利用等从高到低,设置属性"BHDJ"从"3级"开始依次增加(图8-25~图8-28)。

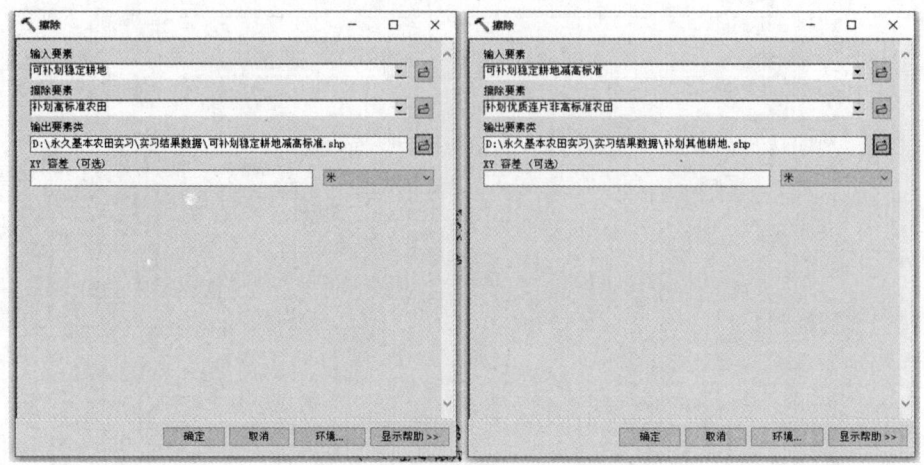

图8-22 获取可补划的其他耕地图斑

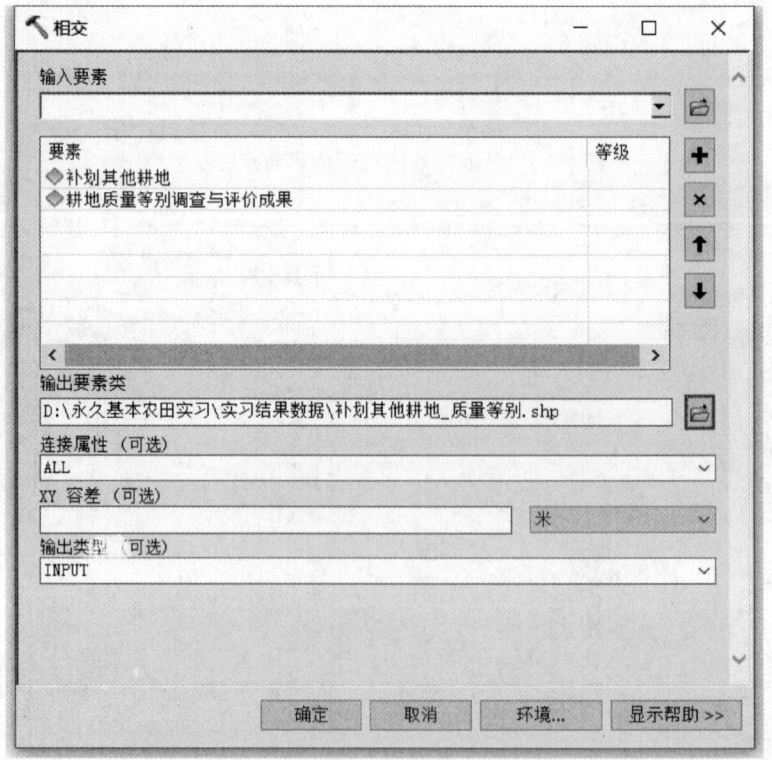

图8-23 图层相交获取其他可补划耕地质量等别

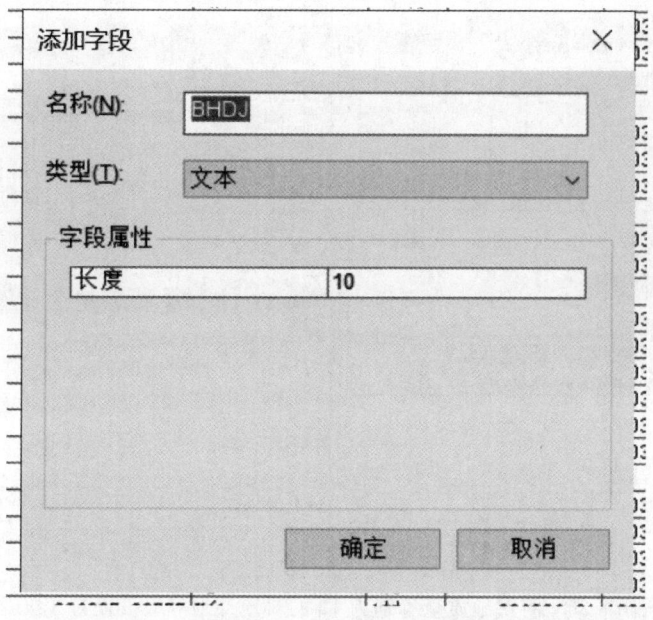

图 8-24 新建字段"BHDJ"用于存储补划等级

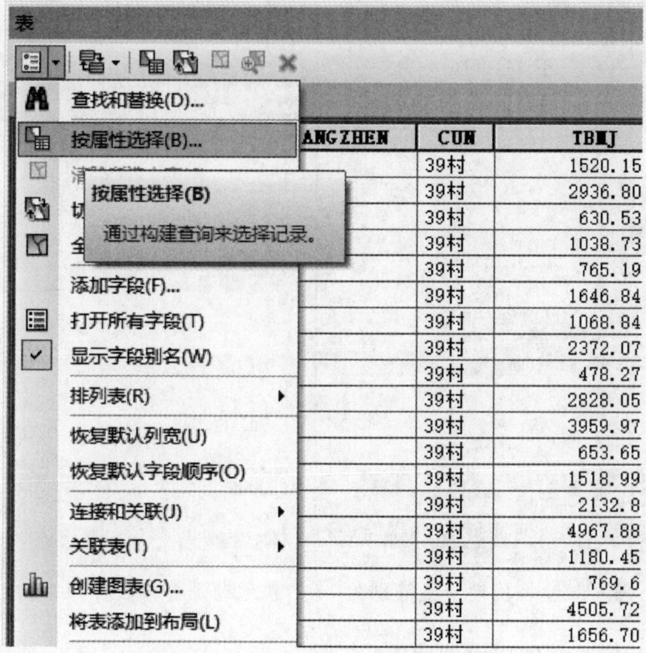

图 8-25 按属性选择耕地质量等别

(4)合并排序:将"补划高标准农田.shp""补划优质连片非高标准农田.shp""其他可补划耕地_等别排序.shp"合并,得"可补划耕地遴选图斑.shp"(图 8-29);此时"可补划耕地遴选图斑.shp"中的"BHDJ"字段代表永久基本农田补划优先级顺序。

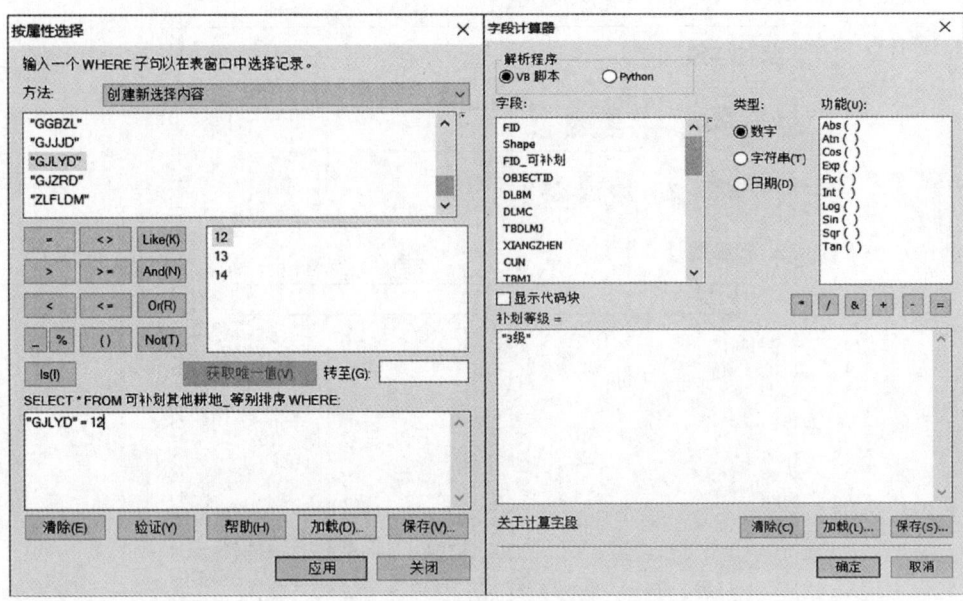

图 8-26 将耕地质量等别为 12 的耕地补划等级设置为 3 级

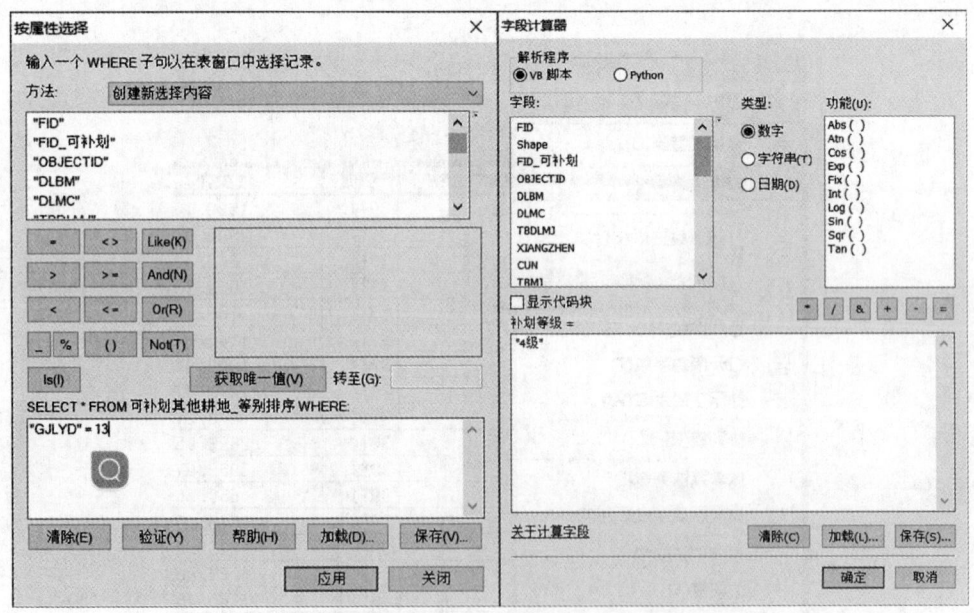

图 8-27 将耕地质量等别为 13 的耕地补划等级设置为 4 级

4）依据补划任务遴选永久基本农田

操作步骤：计算"可补划耕地遴选图斑.shp"每个图斑的"DLM"和"TPLDM"。

（1）打开"TBMJ""字段计算器"，选择"Python"，在下方编辑框中键入！shape. geodesicarea！，单击"确定"，计算每个图斑的"TBMJ"。

（2）计算图斑面积 TBDLMJ：打开"TBDLMJ""字段计算器"，在下方编辑框中键入 [TBMJ]－([TBMJ] * [KCXS])。

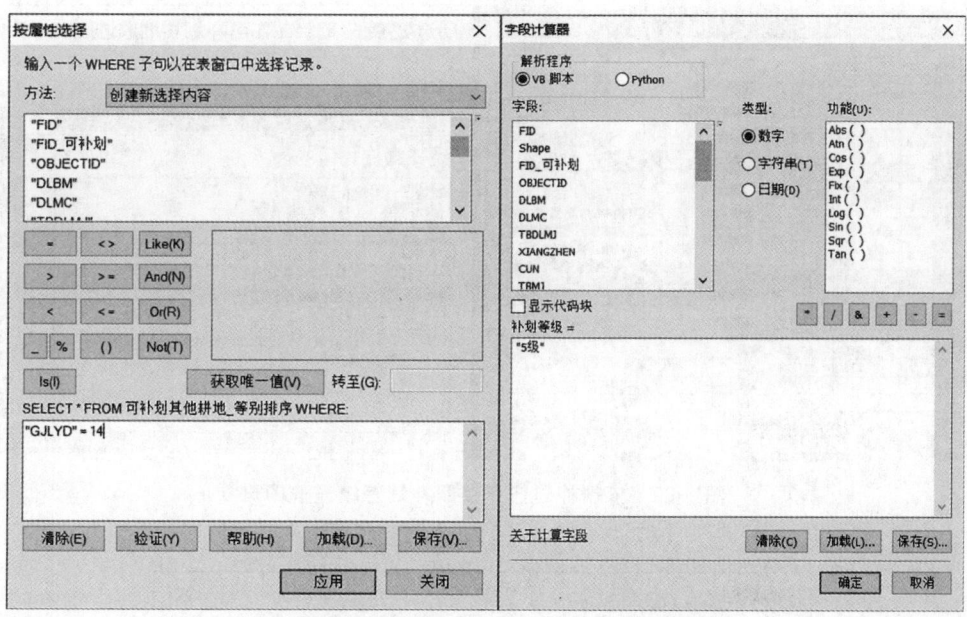

图 8-28　将耕地质量等别为 14 的耕地补划等级设置为 5 级

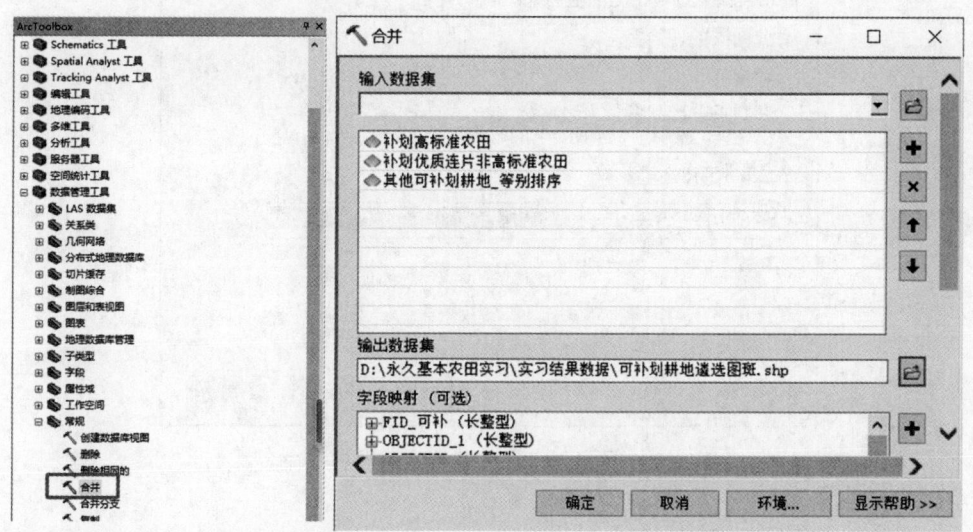

图 8-29　合并补划耕地并获取补划等级排序

(3)按照"补划等级"排序,从"1 级"开始逐级遴选,直至 $\sum_{i=1}^{n}$ TBDLMJ$_{遴选}$(46 200 083.24m^2)≥MJ$_{补划}$(46 193 314.17m^2)(图 8-30)。(因软件图斑排序不稳定,选取的补划图斑面积允许存在出入,但选取面积尽量不要过于大,需要为后续经济发展留有余地。)

(4)将选出的耕地图斑图层命名为"划入永久基本农田耕地.shp"(图 8-31)。

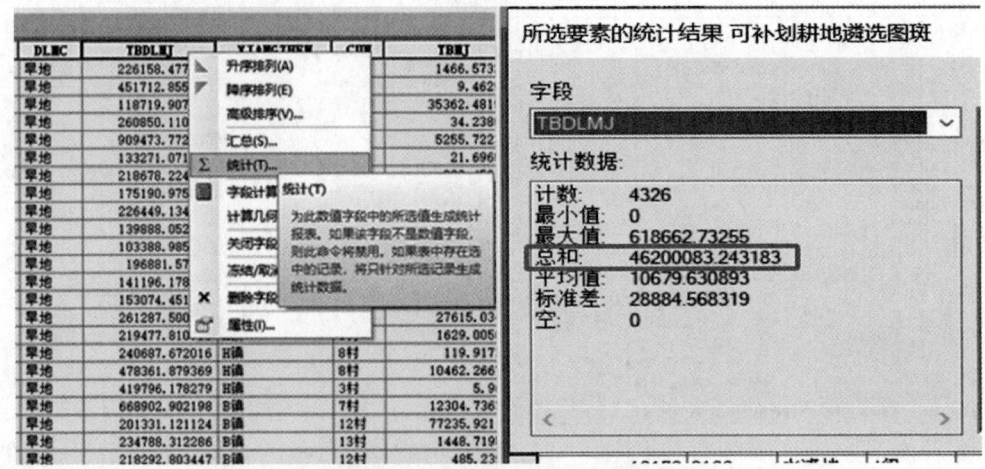

图 8-30 依据补划任务按照补划等级遴选图斑

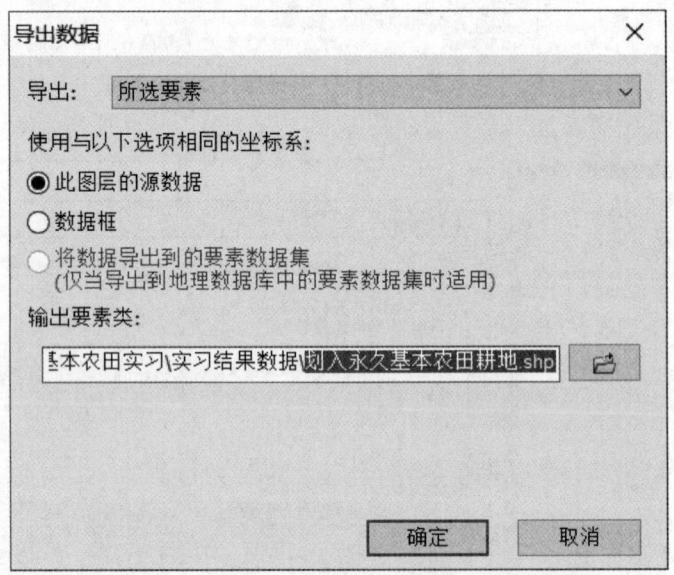

图 8-31 导出划入永久基本农田图层并命名

（七）永久基本农田质量等别核验

1. 原理

依据"提升质量"原则，对划出的永久基本农田图斑平均质量等别指数和新划入的永久基本农田图斑平均质量等别指数进行核验。新划入的永久基本农田图斑平均质量等别指数应大于划出的永久基本农田各图斑的平均质量等别指数，确保划入永久基本农田的平均质量等级不低于划出永久基本农田的平均质量等级。

$$K_1 = \frac{\sum_{i=1}^{n} K_i \times S_i}{\sum_{i=1}^{n} S_i}$$

$$K_2 = \frac{\sum_{j=1}^{n} K_j \times S_j}{\sum_{j=1}^{n} S_j}$$

式中:K_1 为调出永久基本农田的耕地的平均等指数;K_i 为第 i 个调出永久基本农田图斑的利用等指数;S_i 为第 i 个调出永久基本农田图斑地类面积;K_2 为调入永久基本农田的耕地的平均等指数;K_j 为第 j 个调入永久基本农田图斑的利用等指数;S_j 为第 j 个调入永久基本农田图斑地类面积。

2. 操作流程

(1)计算"2017年永久基本农田调出耕地.shp"平均等指数:将"2017年永久基本农田调出耕地.shp"与"耕地质量等别调查与评价成果"相交,图层命名为"调出耕地等别.shp"(图 8-32);计算调出每块耕地"TBDLMJ",打开"TBMJ""字段计算器",选择"Python",在下方编辑框中键入! shape.geodesicarea!,单击"确定",计算每个图斑的 TBMJ;打开"TBDLMJ""字段计算器",在下方编辑框中键入[TBMJ]－([TBMJ] * [KCXS]),统计"TBDLMJ"(图 8-33);在"调出耕地等别.shp"中新建字段"KS",选择"字段计算器",在编辑框中输入[TBDLMJ] * [GJLYD],统计"KS"(图 8-34)。

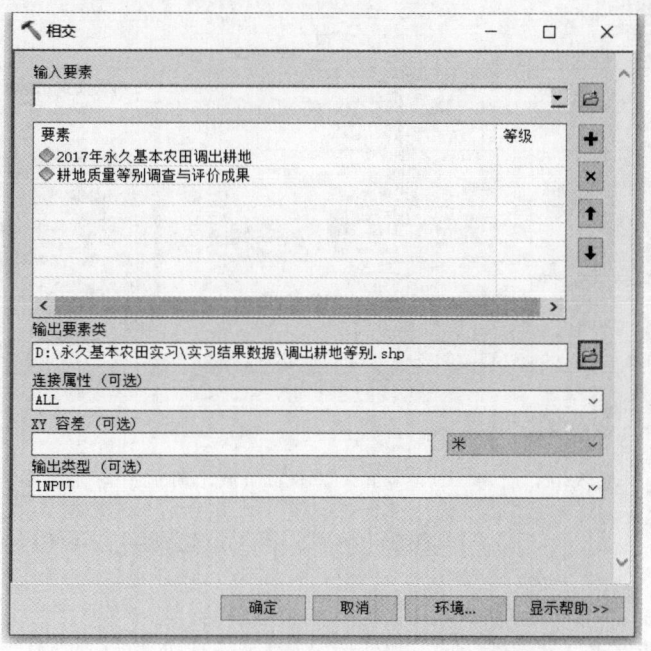

图 8-32 图层相交获取调出耕地质量等别

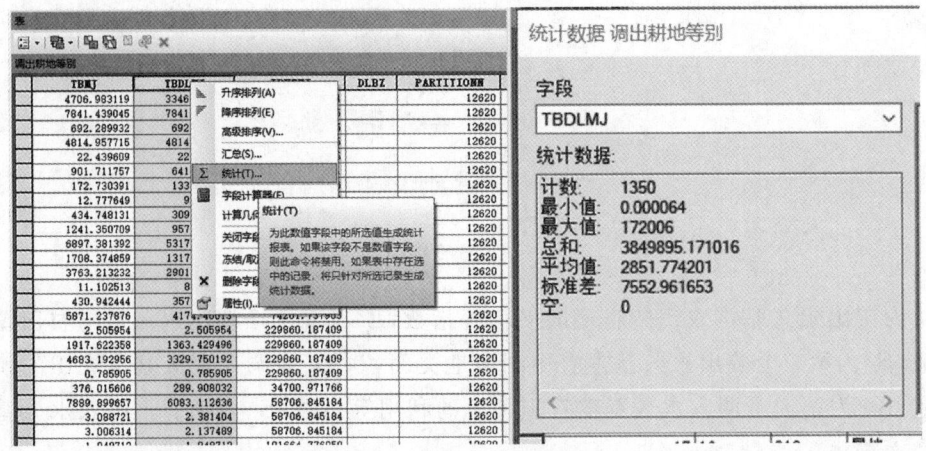

图 8-33 计算调出耕地面积

图 8-34 计算 2017 年永久基本农田调出耕地平均等指数

计算 $K_1 = 51\,489\,429.75/3\,849\,895.17 \approx 13.374\,2$（因软件小数位计算问题，结果存在些许误差）。

(2) 计算"划入永久基本农田耕地.shp"平均等指数：计算 $\sum_{i=1}^{n} \text{TBDLMJ}_{遴选}$（46 200 083.24 m²）。

在"划入永久基本农田耕地.shp"中新建字段"KS"，选择"字段计算器"，在编辑框中输入

[TBDLMJ] * [GJLYD],统计"KS",计算 $K_2 = 595\,062\,542.62/46\,194\,423.64 \approx 12.8801$(图 8-35)(因调入图斑选取不同,结果存在误差)。

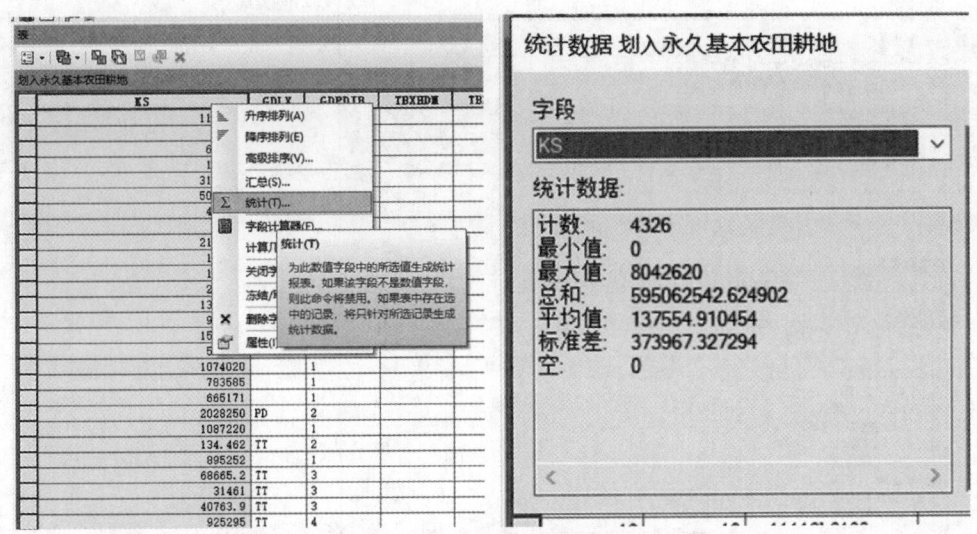

图 8-35 计算划入永久基本农田耕地平均等指数

(3)图斑确定:原则上 $K_2 \leqslant K_1$(系数越小,等别越高),$K_1(\approx 12.880\,1) < K_2(\approx 13.374\,2)$,符合要求(本次实习合格的标准);若 $K_2 > K_1$,则需要剔除"划入永久基本农田图斑.shp"中利用等别低的图斑,并从未划入的其他耕地中补充利用等别高的优质图斑,直到 $K_1 < K_2$。

(八)确定永久基本农田图斑

1. 原理

对新划定的永久基本农田图斑的合理性进行分析及现场勘定,确保符合要求。

2. 操作流程

(1)成果初定:将符合要求的"划入永久基本农田耕地.shp"与"2017 年永久基本农田保留耕地.shp"合并,得"永久基本农田保护图斑.shp"(图 8-36);统计"TBDLMJ"打开"TBMJ""字段计算器",选择"Python",在下方编辑框中键入!shape.geodesicarea!,单击"确定",计算每个图斑的 TBMJ;打开"TBDLMJ""字段计算器",在下方编辑框中键入[TBMJ]−([TBMJ] * [KCXS]),确定永久基本农田总面积为:$285\,429\,192.06\,\mathrm{m}^2$。

(2)合理性分析:对"永久基本农田保护图斑.shp"进一步与不纳入耕地保护目标的现状耕地和不符合永久基本农田要求的耕地情形进行分析,确保图斑满足"规范划定、稳定布局、明确条件"等原则(具体分析过程应采取逐个图层叠加分析法进行分析,本次实习不具体展开操作步骤)。

(3)三线协调:按照耕地和永久基本农田、生态保护红线、城镇开发边界的顺序,做到现状耕地应保尽保、应划尽划,确保三条控制线不交叉不重叠不冲突。

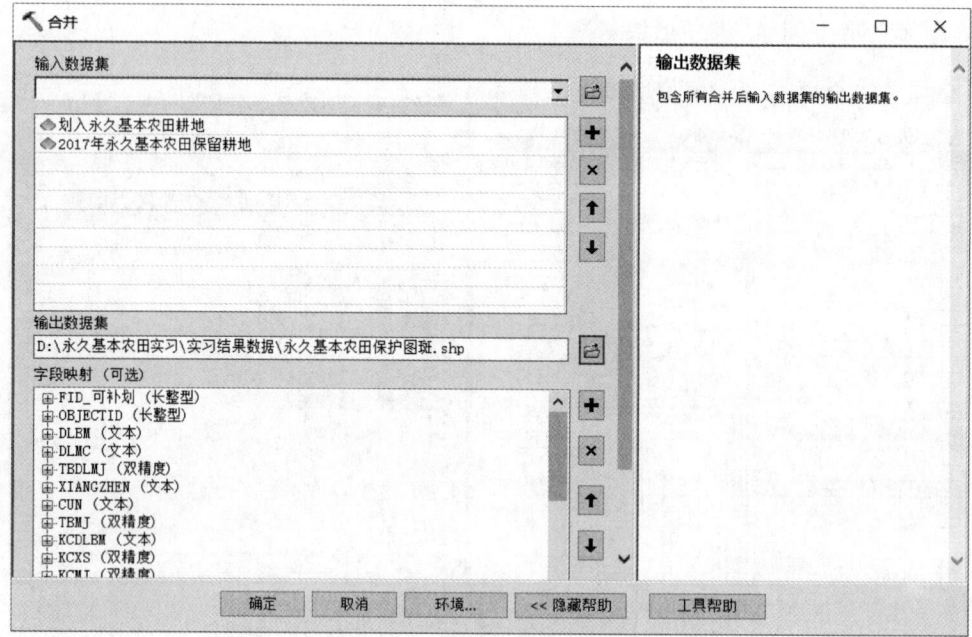

图 8-36 图层合并得永久基本农田保护图斑

（4）现场勘定：实地勘察永久基本农田现状，依据线状地物、自然地貌、人工地物、行政区边界、权属等，调整划定结果并设立永久基本农田保护片（块）（本次实习不涉及相关操作）。

（5）永久基本农田编号：永久基本农田按永久基本农田保护片（块）和永久基本农田图斑进行编号，其中永久基本农田保护片（块）编号由"12位行政村代码＋4位保护片（块）号"组成，永久基本农田图斑编号由"16位保护片（块）编号＋4位永久基本农田图斑号"组成。

（九）永久基本农田保护责任（本次实习不涉及相关操作）

落实永久基本农田保护责任，设立统一标识进行保护。

专栏 8-7　永久基本农田保护责任与标识

落实责任：将划定后的永久基本农田保护责任落实到村或村民小组，签订或更新永久基本农田保护责任书，填写永久基本农田保护责任一览表。永久基本农田保护责任书应当包括下列内容：永久基本农田的范围、面积、地块、质量等级、保护措施当事人的权利与义务、奖励与处罚等。永久基本农田保护责任一览表以行政村为单位，包括下列内容：村民小组、四至范围、永久基本农田责任面积、所在永久基本农田保护片（块）编号、质量等级、责任起始时间等，并加盖村公章，保护责任面积汇总数应等于该行政村永久基本农田面积汇总数。

设立标识：设立统一规范的永久基本农田保护标志牌和界桩，标示出永久基本农田的位置、面积、保护责任人、保护片（块）号保护起始日期相关政策规定、示意图和监督举报电话等信息，永久基本农田发生变动的地块应及时设立或更新标志牌。

(十)划定永久基本农田储备区

1. 原理

在已划定的永久基本农田范围外可长期稳定利用耕地内划定永久基本农田储备区。永久基本农田储备区规模原则上不得低于永久基本农田保护目标任务的1%,具体比例由当地实际自行确定。

2. 操作流程

(1)擦除分析:将"可补划稳定耕地.shp"擦除"永久基本农田保护图斑.shp",得到"永久基本农田储备区潜力图斑.shp"图层(图8-37)。

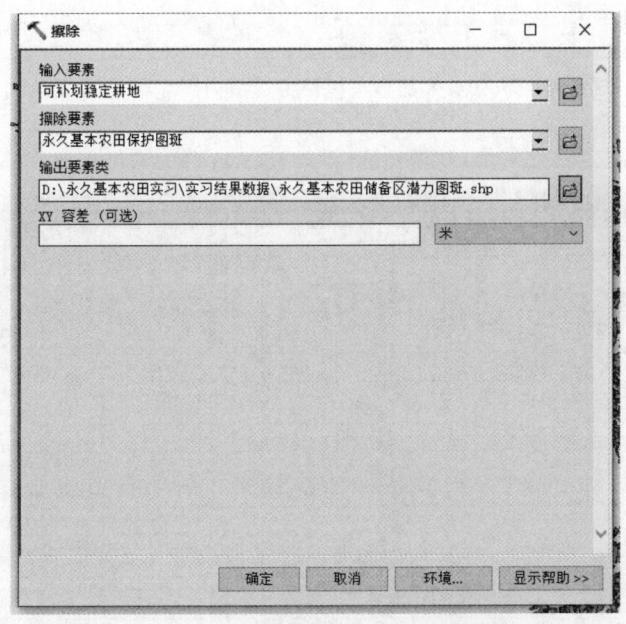

图8-37 获取永久基本农田储备区潜力图斑

(2)图斑筛选:将"永久基本农田储备区潜力图斑.shp"图层与"耕地质量等别调查与评价成果"相交套合,得到"永久基本农田储备区潜力等别"(图8-38),按照耕地平均质量等别从高到低遴选(图8-39);计算"TBDLMJ",打开"TBMJ""字段计算器",选择"Python",在下方编辑框中键入!shape.geodesicarea!,单击"确定",计算每个图斑的TBMJ;打开"TBDLMJ""字段计算器",在下方编辑框中键入[TBMJ]-([TBMJ]＊[KCXS]),直至"TBDLMJ"达到永久基本农田保护目标任务的1%(图8-40),也就是2 854 291.92m^2(也可将区域内耕地平均质量等别以上的图斑作为遴选图斑),图层命名为"永久基本农田储备区.shp"。

(3)三线协调:结合区域经济社会发展的相关布局要求,剔除"生态保护红线"和"城镇开发边界"内耕地以及土地适宜性评价中"生态保护极重要区""农业生产不适宜区"等区域内耕地,最终划定"永久基本农田储备区.shp"(本次实习不要求)。

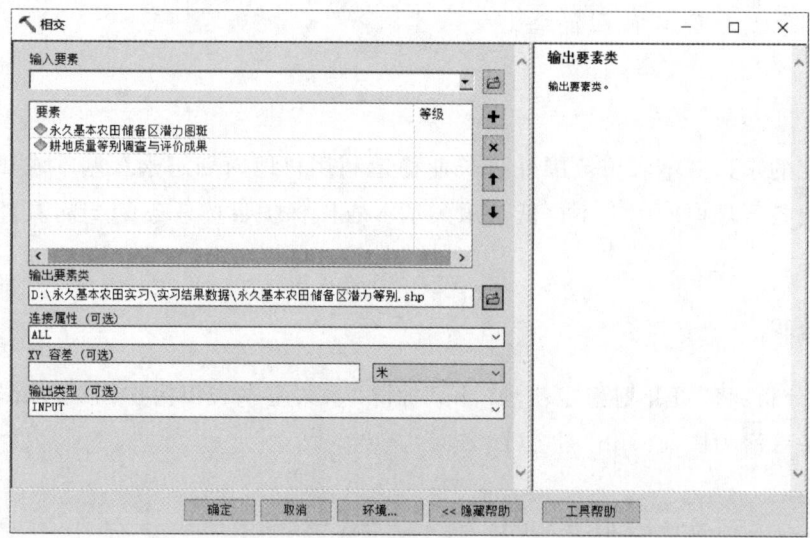

图 8-38　获取永久基本农田储备区潜力图斑耕地质量等别

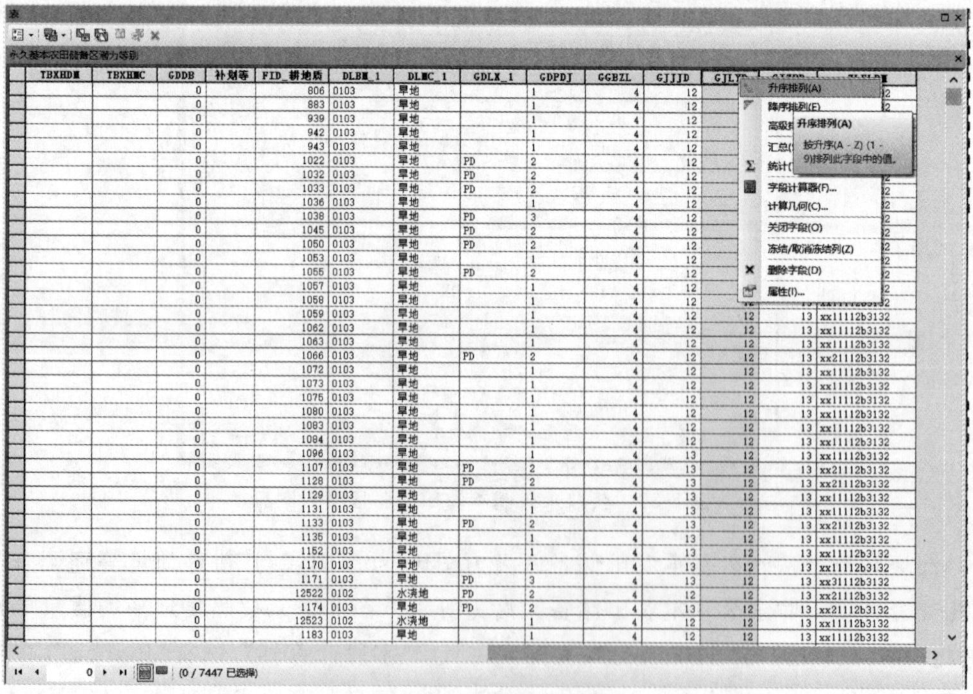

图 8-39　耕地质量等别排序

(十一)永久基本农田划定成果

1. 原理

永久基本农田划定成果包括文字成果、数据库、表册、图件及其他成果。

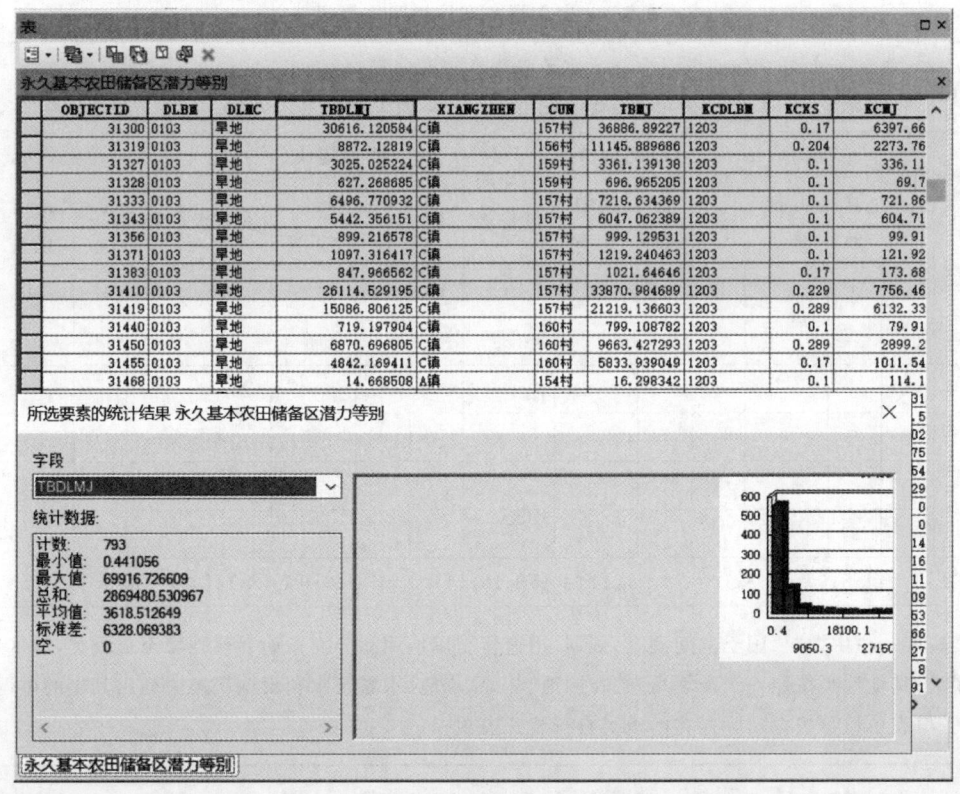

图 8-40　从上到下遴选永久基本农田储备区图斑

专栏 8-8　永久基本农田划定成果

（1）文字成果：永久基本农田划定方案，工作总结报告、检验分析报告等相关文字资料等。

（2）永久基本农田数据库。

（3）永久基本农田表册：永久基本农田现状登记表、现状汇总表、永久基本农田保护责任一览表、永久基本农田划定平衡表等。

（4）永久基本农田图件：标准分幅永久基本农田保护图，乡级永久基本农田保护图，县级永久基本农田分布图。

（5）其他成果：永久基本农田保护责任书、永久基本农田保护标志设立情况等成果资料。

每项成果应依据《基本农田划定技术规程（TD/T 1032—2011）》《永久基本农田数据库标准（试行）》编制。

2. 操作流程

本次实习需制作永久基本农田划定平衡表、永久基本农田和永久基本农田储备区矢量图层，以及耕地和永久基本农田保护红线图。

（1）制作永久基本农田划定平衡表（表 8-2）。

表 8-2 永久基本农田划定平衡表

行政区域		划定前永久基本农田			永久基本农田变化情况								划定后永久基本农田			备注
					划出永久基本农田				划入永久基本农田							
			地类构成			地类构成				地类构成				地类构成		
名称	代码	面积	耕地	其他地类	面积	耕地	其他地类	平均质量等级	面积	耕地	其他地类	平均质量等级	面积	耕地	其他地类	
1	2	3	4	5	6	7	8	9	10	11	12	13	14	15	16	17
合计																

表内关系:3=4+5;6=7+8;10=11+12;14=15+16;14=3-6+10;9≤13;14≥3(一般情况下)。

注:地类构成一栏中按照《国土空间调查、规划、用途管制用地用海分类指南》,耕地填至二级类,即水田、水浇地、旱地;其他地类按照一级类填写,并在园地、林地、草地、水域及水利设施用地中列出其中的可调整地类面积。填表单位可根据实际存在的地类自行展开表项。

(2)制作永久基本农田和永久基本农田储备区矢量图层,具体操作步骤详见第十二章。

(3)制作耕地和永久基本农田保护红线图,具体操作步骤详见"第四章"。

二、永久基本农田调整补划

(一)永久基本农田调整补划工作

永久基本农田补划工作包括补划方案编制和论证、占用(减少)和补划永久基本农田的核实确认、成果编制、验收与上报 4 个阶段(图 8-41),与永久基本农田划定相似。

专栏 8-9 永久基本农田划定工作

(1)以永久基本农田划定成果为基础,叠加依法审批或认定的占用(减少)永久基本农田和拟补划永久基本农田的范围,确定占用(减少)永久基本农田的空间位置、数量、质量等级、地类等信息。

(2)按照补划永久基本农田的要求,依据现状调查成果、国土空间规划成果及农用地分等成果,综合选取补划为永久基本农田的耕地地块。

(3)落实保护责任,设立、更新保护标志。

(4)编制永久基本农田补划成果。

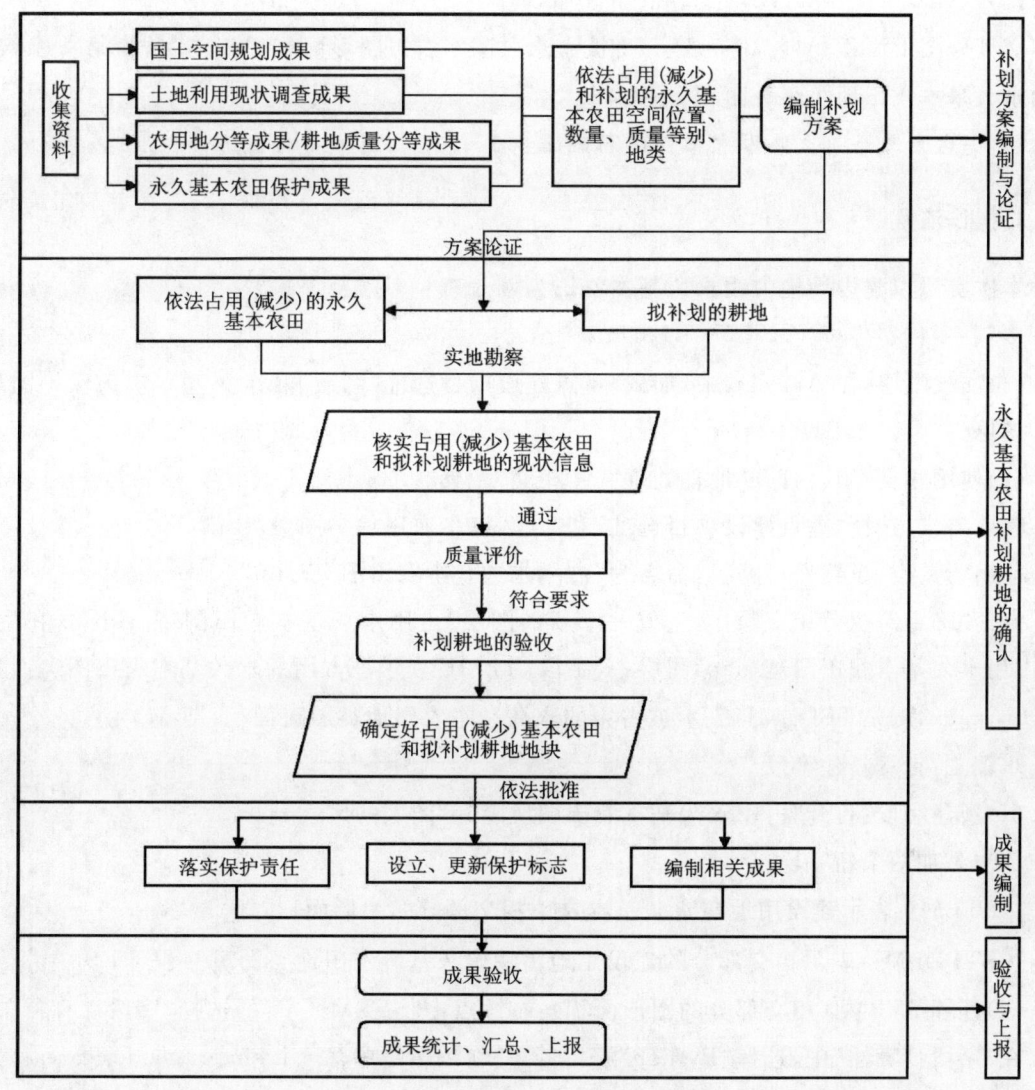

图 8-41 永久基本农田补划流程图
资料来源：基本农田划定技术规程。

（二）占用（减少）永久基本农田核实确认

1. 原理

核实占用（减少）永久基本农田的空间位置、数量、质量等级、地类等信息。建设用地占用永久基本农田及因依法认定的灾毁等其他原因导致永久基本农田面积减少时，采用建设用地占用永久基本农田比对算法进行计算。

$$S_{\text{TBDLMJ}} = \sum_{x=1}^{n} \left(\frac{S_{x(\text{TBMJ})}}{M_{x(\text{TBMJ})}} \times M_{x(\text{TBDLMJ})} \right)$$

式中：S_{TBDLMJ} 为建设用地占用永久基本农田总面积；$S_{x(TBMJ)}$ 为第 x 个建设用地与永久基本农田相交部分图形面积；$M_{x(TBMJ)}$ 为第 x 个被占永久基本农田图形面积；$M_{x(TBDLMJ)}$ 为第 x 个被占用的永久基本农田地类图斑面积。

注：若占用单个永久基本农田保护图斑面积小于 $1m^2$，则不参与占用面积汇总。

2. 操作流程

本次实习以建设用地占用永久基本农田为例。

步骤一：相交分析

(1)加载图层：在 ArcMap 中，加载"重点建设项目选址"图层和"永久基本农田保护图斑.shp"图层。

(2)使用相交工具：打开"地理处理"→"相交"工具。

输入要素：选择"重点建设项目选址"和"永久基本农田保护图斑.shp"。

输出要素类：设置保存路径，命名为"占用永久基本农田图斑.shp"。

点击"确定"，执行相交操作，生成一个新的图层"占用永久基本农田图斑.shp"。在生成的"占用永久基本农田图斑.shp"图层中，字段"TBMJ"表示被占用的永久基本农田图斑面积，即 $M_{x(TBMJ)}$。字段"TBDLMJ"表示被占用的永久基本农田地类图斑面积，即 $M_{x(TBDLMJ)}$。

步骤二：计算新建字段

(1)新建字段：打开"占用永久基本农田图斑.shp"图层的属性表。

依次添加两个新字段：

- STBMJ：表示建设用地与永久基本农田相交部分的图形面积，即 $S_{x(TBMJ)}$；
- STBDLMJ：表示相交部分的建设用地占用永久基本农田地类图斑面积，即 $S_{x(TBMJ)}$。

(2)计算 STBMJ（相交部分的图形面积）：右键点击"STBMJ"字段，选择"字段计算器"。

在"字段计算器"中，选择"Python"解析器，并在编辑框中输入！shape.geodesicarea!。

点击"确定"，系统将计算相交部分的图形面积并赋值给"STBMJ"字段。

(3)计算 STBDLMJ（相交部分的地类图斑面积）：右键点击"STBDLMJ"字段，选择"字段计算器"。

在"字段计算器"中，输入计算公式[STBM]/[TBM]*[TBDLM]。

点击"确定"，系统将计算并赋值给"STBDLMJ"字段。

步骤三：汇总与剔除

(1)剔除面积小于 $1m^2$ 的图斑：在属性表中，使用"按属性选择"工具，选择 STBDLMJ 字段小于 $1m^2$ 的记录。

删除这些面积较小的图斑。

(2)汇总 STBDLMJ：在属性表中，右键点击"STBDLMJ"字段，选择"统计"。

系统将生成统计结果，并显示汇总后的 STBDLMJ 值。

(三)永久基本农田补划图斑遴选

1. 原理

依据核实确认占用(减少)永久基本农田的数量、质量等级,按照数量不减少、质量不降低的要求,结合最新的现状调查成果、国土空间规划成果与农用地分等成果进行实地勘察,综合确定补划的耕地地块。补划地块优先从"永久基本农田储备区.shp"中挑选。

2. 操作流程

步骤一:耕地质量排序与筛选

(1)耕地质量等别排序:在"永久基本农田储备区.shp"属性表中,点击"耕地质量等别"字段的列标题进行排序。点击"一次进行升序排序",再点击"一次进行降序排序",确保耕地质量等别从高到低排序。

(2)遴选优质耕地:从排序后的耕地中,依次选择质量等别较高的耕地图斑。在属性表中手动选择满足条件的图斑或使用"选择"工具选择这些图斑。遴选时应当尽量选择与永久基本农田集中连片、大块的耕地(图8-42)。

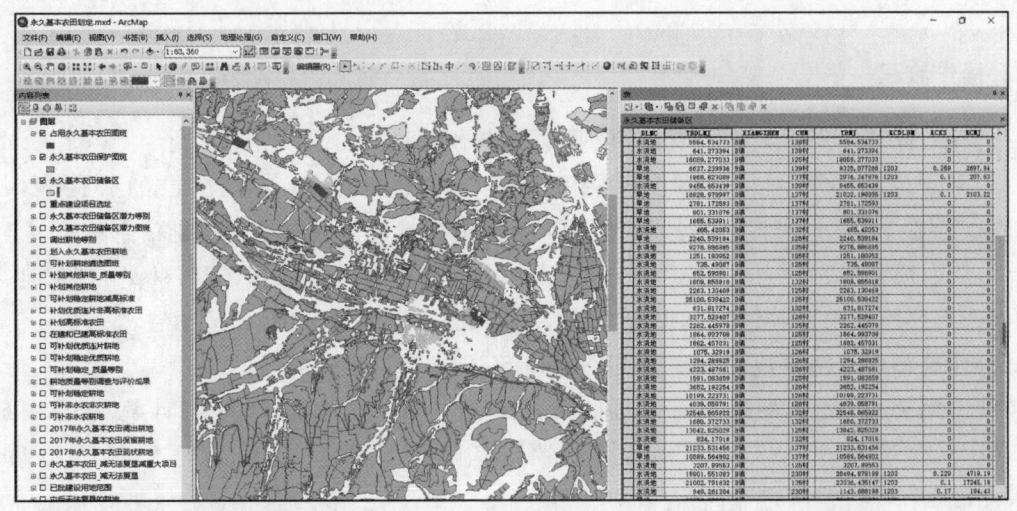

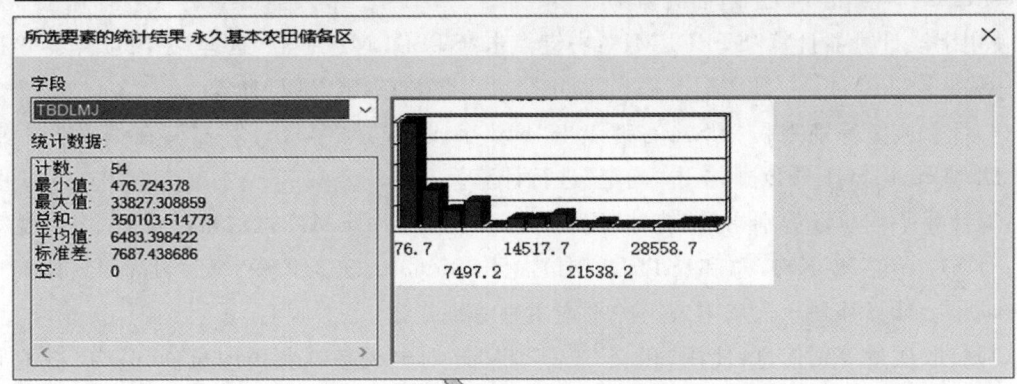

图8-42 永久基本农田补划图斑遴选

(3)计算累计面积:在选择图斑时,注意观察并计算选中图斑的累计面积(TBDLMJ 字段值的累加)。

继续遴选图斑,直到所选图斑的累计面积大于或等于 349 798.50m²,即满足 $\sum_{i=1}^{n} TBDLMJ_{遴选} \geqslant S_{TBDLMJ}(=349\ 798.50)$,具体数字范围可能会有变化。

步骤二:生成补划永久基本农田图斑

导出遴选的图斑:在完成图斑选择后,右键点击"永久基本农田储备区.shp"图层,选择"数据"→"导出数据"。在"导出数据"对话框中,将导出的图层命名为"补划永久基本农田图斑.shp"。

设置保存路径,并点击"确定",生成补划永久基本农田图斑图层。

(四)永久基本农田补划图斑确认

1. 原理

对占用和新补划的永久基本农田平均质量等别指数进行核验。新补划的应大于占用的永久基本农田的平均质量等别指数。计算公式详见本节第一部分(七)永久基本农田质量等别核验。

2. 操作流程

步骤一:计算占用永久基本农田的平均质量等别指数

(1)删除原质量等别信息:打开"占用永久基本农田图斑.shp"图层的属性表,找到"GJLYD"字段,右键点击该字段选择"删除",为新的耕地利用现状质量等别信息预留位置。

(2)获取质量等别信息:使用"相交"工具,将"占用永久基本农田图斑.shp"与"耕地质量等别调查与评价成果"图层相交,得到"占用基本农田耕地质量等别.shp"图层。

(3)计算每块占用耕地的面积(STBMJ 和 STBDLMJ):

在"占用基本农田耕地质量等别.shp"图层中,使用字段计算器计算每个图斑的"STBMJ":右键点击"STBMJ"字段,选择"字段计算器",在编辑框中输入! shape.geodesicarea!。点击"确定"进行计算。

使用字段计算器计算"STBDLMJ":右键点击"STBDLMJ"字段,选择"字段计算器",在编辑框中输入[STBMJ] / [TBMJ] * [TBDLMJ]。点击"确定"进行计算。

(4)计算质量等别乘积(KS):右键点击"KS"字段,选择"字段计算器",在编辑框中输入[STBDLMJ] * [GJLYD]。点击"确定"进行计算。

(5)计算平均质量等别指数:统计"KS"的总和及"STBDLMJ"的总和,计算平均质量等别指数。$KS_{占用}$=总和(KS)/总和(STBDLMJ)=4 727 635.69/349 798.56≈13.515 3。

步骤二:计算补划永久基本农田的平均质量等别指数

(1)获取质量等别信息:使用"相交"工具,将"补划永久基本农田图斑.shp"与"耕地质量等别调查与评价成果"图层相交,得到"补划基本农田耕地质量等别.shp"图层。

(2)计算每块补划耕地的面积(TBMJ 和 TBDLMJ):

在"补划基本农田耕地质量等别.shp"图层中,使用字段计算器计算每个图斑的"TBMJ":右键点击"TBMJ"字段,选择"字段计算器",在编辑框中输入!shape.geodesicarea!。点击"确定"进行计算。

使用字段计算器计算"TBDLMJ":右键点击"TBDLMJ"字段,选择"字段计算器",在编辑框中输入[TBMJ]−([TBMJ] * [KCXS])。点击"确定"进行计算。

(3)计算质量等别乘积(KS):在"补划基本农田耕地质量等别.shp"图层中新建字段"KS"。右键点击"KS"字段,选择"字段计算器",在编辑框中输入[TBDLMJ] * [GJLYD]。点击"确定"进行计算。

(4)计算平均质量等别指数:统计"KS"的总和和"TBDLMJ"的总和,计算平均质量等别指数。$KS_{补划}$ = 总和(KS)/总和(TBDLMJ) = 4 551 344.94/350 103.51 ≈ 13.000 0。

步骤三:确认补划图斑

(1)核验平均质量等别指数:比较 $KS_{占用}$ 和 $KS_{补划}$,原则上要求 $KS_{占用} \geqslant KS_{补划}$。本次实习中 $KS_{占用}$ = 13.515 3 $\geqslant KS_{补划}$ = 13.000 0,符合要求。

(2)补充优质耕地图斑(如有必要):如果 $KS_{补划} < KS_{占用}$,则需要从"补划永久基本农田图斑.shp"中剔除利用等别低的图斑,并从"永久基本农田储备区.shp"中补充利用等别高的优质耕地图斑,直到 $KS_{占用} \geqslant KS_{补划}$ 为止。

(五)永久基本农田补划成果编制

1. 原理

永久基本农田补划成果包括文字成果、数据库、表册、图件及其他成果。

专栏8-10　永久基本农田补划成果

(1)文字成果:永久基本农田补划申请、方案、技术报告、论证意见及相关文字资料等。
(2)永久基本农田数据库。
(3)永久基本农田表册:永久基本农田现状登记表、永久基本农田现状汇总表、永久基本农田保护责任一览表、永久基本农田占用(减少)补划台账、永久基本农田占用(减少)补划一览表、年度永久基本农田占用(减少)补划汇总表等。
(4)永久基本农田图件:标准分幅永久基本农田保护图、乡级永久基本农田保护图、县级永久基本农田分布图。
(5)其他成果:永久基本农田保护责任书、永久基本农田保护标志等。

---

2. 操作流程

本次实习需要制作永久基本农田占用(减少)补划一览表以及更新"永久基本农田保护图斑.shp"和"永久基本农田储备区.shp"。

(1)制作永久基本农田调整补划平衡表(表8-3)。

表8-3 永久基本农田调整补划平衡表

行政区域		划定前永久基本农田			永久基本农田变化情况								变化原因	变化日期	补划后永久基本农田			备注
					占用(减少)永久基本农田				补划永久基本农田									
			地类构成			地类构成				地类构成						地类构成		
名称	代码	面积	耕地	其他地类	面积	耕地	其他地类	平均质量等级	面积	耕地	其他地类	平均质量等级			面积	耕地	其他地类	
1	2	3	4	5	6	7	8	9	10	11	12	13	14	15	16	17	18	19
合计																		

表内关系:3=4+5;6=7+8;10=11+12;16=17+18;16=3-6+10;9≤13;6≤10

注:地类构成一栏中:按照《国土空间调查、规划、用途管制用地用海分类指南》,耕地填至二级类:水田、水浇地、旱地;其他地类按照一级类填写,并在园地、林地、草地、水域及水利设施用地中列出其中的可调整地类面积。填表单位可根据实际存在的地类自行展开表项。

变化原因:指依法批准占用、非法占用、自然灾害损毁、农业结构调整等。

(2)更新"永久基本农田保护图斑.shp"和"永久基本农田储备区.shp"。

将"永久基本农田保护图斑.shp"擦除"重点建设项目选址.shp",得到"占后永久基本农田保留图斑.shp"(图8-43);将"占后永久基本农田保留图斑.shp"与"补划永久基本农田图

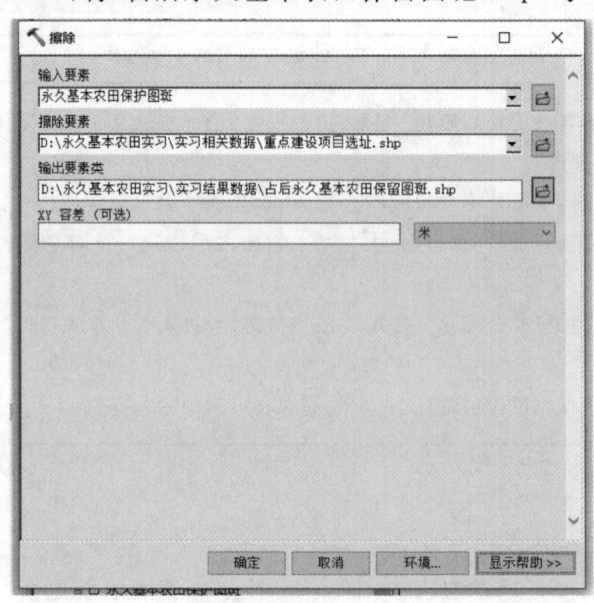

图8-43 获取重点建设项目占用后永久基本农田

斑.shp"合并,得到"调整后永久基本农田保护图斑.shp"(图8-44);将"永久基本农田储备区.shp"擦除"补划永久基本农田图斑.shp",得到"调整后永久基本农田储备区.shp"(图8-45)。

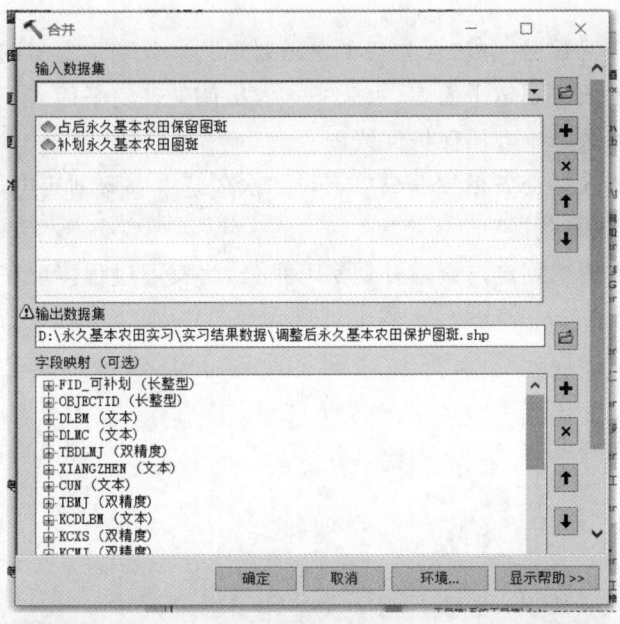

图 8-44　图层合并获取调整后永久基本农田保护图斑

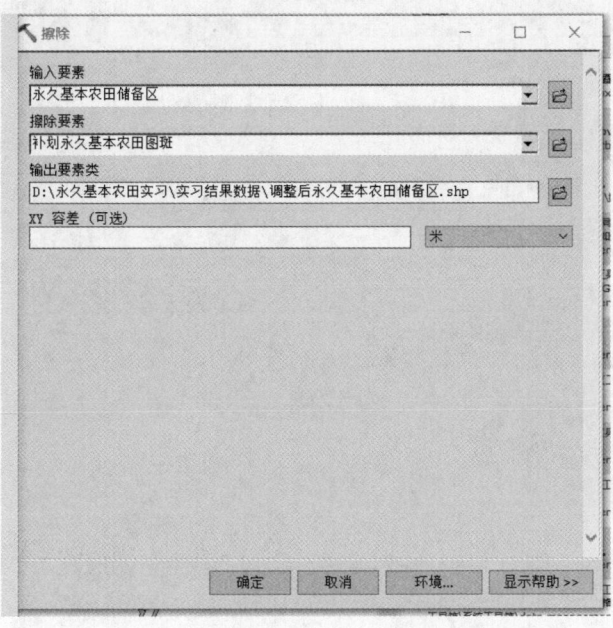

图 8-45　获取调整后永久基本农田储备区

(3)分别计算"调整后永久基本农田保护图斑.shp"与"调整后永久基本农田储备区.shp"中图斑地类面积,并补充其余相关字段。

第五节 实习作业与要求

(1)根据提供的实习数据完成"永久基本农田划定""永久基本农田调整补划"操作流程。

(2)制作永久基本农田划定平衡表、永久基本农田调整补划平衡表。

(3)制作耕地和永久基本农田保护红线图。

(4)按照数据库要求提交矢量数据成果,包括"永久基本农田划定电子成果数据""永久基本农田调整补划电子成果数据"。

(5)撰写永久基本农田划定与调整补划实习报告,将实习过程体现在实习报告中。

第九章 城市开发边界划定

第一节 实习目的与要求

【实习目的】掌握城市开发边界划定的总体要求、基本原则、操作步骤和成果要求等主要内容,包括城市开发边界划定中用地数量规模计算、开发边界划定、开发边界优化等具体内容。

【实习要求】完成城市开发边界划定实习内容,制作相关矢量图层,并撰写实习报告。

第二节 数据准备

城市开发边界划定涉及的数据资料类型主要有基础地理数据,如行政区划、河流、道路等线性地物数据;用地管理数据,如批而未用土地数据、重大项目规划数据等。划定过程还会用到其他在城市开发边界划定中所要考虑的基础评价类数据、控制底线、规划分区等,如"双评价"数据,永久基本农田保护红线、生态保护红线数据等。各项数据的详细信息如表 9-1 所示。

表 9-1 城市开发边界划定实习数据

数据名称	数据类型	时空分辨率	数据用途	数据存储位置
实习区范围	矢量	—	各项评价基础数据	第九章 城市开发边界划定\城市开发边界划定.gdb\A镇行政区
土地利用数据	矢量	—	各项评价基础数据	第九章 城市开发边界划定\城市开发边界划定.gdb\A镇三调数据
批而未用数据	矢量	—	用于确定城市开发边界必划要素	第九章 城市开发边界划定\城市开发边界划定.gdb\A镇批而未用
重大项目	矢量	—	用于确定城市开发边界必划要素	第九章 城市开发边界划定\城市开发边界划定.gdb\A镇重大项目
生态保护红线数据	矢量	—	城市开发边界需避让要素	第九章 城市开发边界划定\城市开发边界划定.gdb\生态保护红线

续表 9-1

数据名称	数据类型	时空分辨率	数据用途	数据存储位置
永久基本农田数据	矢量	—	城市开发边界需避让要素	第九章 城市开发边界划定\城市开发边界划定.gdb\永久基本农田保护图斑
线性道路数据	矢量	—	城市开发边界需依照的人工边界	第九章 城市开发边界划定\城市开发边界划定.gdb\线状地物道路
线性水系数据	矢量	—	城市开发边界需依照的自然边界	第九章 城市开发边界划定\城市开发边界划定.gdb\线状地物水系

第三节 基础知识点

一、城市开发边界

城镇开发边界是根据城镇未来开发建设的需要，以国土空间规划为依托所划定的，用于城市发展与城镇集中开发、建设的，发挥城市公共服务、商业、工业、居住等主要功能的集中建设范围。从划定范围上，主要包括城市、建制镇以及各类新区、开发区。从划定内容上，根据未来开发建设的实际需求，可划分为城镇集中建设区、城镇弹性发展区及特别用途区。

1. 城镇集中建设区

城镇集中建设区是根据城市未来建设与社会经济发展的实际需要，以生产、生活为主要功能，在不影响城市农业、生态等重要功能前提下，允许集中连片进行开发建设的城镇区域。

2. 城镇弹性发展区

城镇弹性发展区在城镇集中建设区外划定的，在一定条件下方可进行一定程度的开发建设的城镇区域。划定主要目的是应对在城镇开发所可能出现的不确定情况，增强规划的可操作性，确保城市发展的科学合理。弹性发展区规模同样受到城镇建设用地总规模约束，并与城镇集中建设区用地规模挂钩。

3. 特别用途区

特别用途区是在城镇集中建设区域以外，为保证城镇开发边界的连续性、完整性，并保证、维持城镇的生态功能所划定的特定城镇空间，主要承担着生态保育、隔离防护、自然历史文化遗产保护、休闲游憩等功能。特别用途区同样受到城镇建设用地总规模约束。在特别用途区内，除重要公共基础设施、民生工程、生态修复工程外，原则上不得开展集中建设等相关活动。

二、城市开发边界划定原则

(1) 底线约束，保护优先：以国土空间保护优先为原则，优先保证永久基本农田保护红线、生态保护红线。城镇开发边界不得与另两条保护红线交叉重叠，确保粮食安全、生态安全。

(2) 节约集约，高效发展：转变过往粗放发展方式，坚持集约高效高质量发展。以城镇开发边界为约束，以地均产出、开发强度等约束性指标为引导，提升城镇建设用地开发利用效率。

(3) 因地制宜，刚弹并济：遵循城市自然地理格局与边界，以资源环境承载力评价、国土空间开发适宜性评价等为重要参考，科学划定开发边界。合理确定城镇开发边界内的功能分区，合理布局留白用地，为城市未来的高质量发展预留合理弹性空间。

三、城市开发边界划定要求

(1) 守住自然生态安全边界。城镇开发边界不得侵占和破坏山水林田湖草沙冰的自然空间格局。

(2) 以资源环境承载力评价、国土空间开发适宜性评价等为重要参考，科学划定开发边界。边界内应尽量避让生态保护极重要区、地质灾害高易发区等不适宜开发建设区域。

(3) 以水资源承载力为重要参考，"以水定城、以水定地、以水定人、以水定产"，结合人口变化趋势与产业发展规划，科学布局未来城市建设范围与城市功能分区。

(4) 以确保粮食安全、生态安全为重要原则，科学划定开发边界。城镇开发边界应尽量避让集中连片的稳定耕地；无法避让的，应在城镇开发边界划定时，以"开天窗"的形式予以标注。此部分在城镇开发边界面积统计时可不予计入。

(5) 以第三次全国国土调查成果为划定的重要数据基础，以其中的城市、建制镇等现状城镇建设地类为划定基准，划定开发边界。

(6) 以城市周边生态用地、连片耕地、特别用途区为重要隔离，以国土空间总体规划为指引，明确城市主要发展方向与建设区域，避免"摊大饼"式无序发展。推动区域形成多中心、网络化、组团式的城市空间布局，推动区域协同发展。

(7) 以自然资源承载能力、人口发展变化趋势等为参考，合理测算城镇新增扩张规划。严格遵守国家对于新增城镇建设用地面积、倍数的相关要求，从严限制城镇开发边界无序扩张。

(8) 以节约集约为重要划定原则，优先消化、盘活批而未建用地、闲置土地。以人均城镇建设用地面积、土地开发强度等指标为约束，着力提升城镇开发边界内的土地开发利用效率。

(9) 城镇开发边界应遵循完整性、连续性原则。在划定时充分利用河流、道路等自然边界与地物边界，确保城镇开发边界的可用性。

四、城市开发边界划定流程

城市开发边界划定一般包括基础数据收集、评价研究开展、开发边界初划、边界协调优化、边界审核入库等环节。评价研究主要包括国土空间开发承载力评价、适宜性评价以及水资源承载力等，目的是明确目标地区土地、水等资源可承载的人口及建设规模上限，并明确适宜进行开发建设的空间范围。在评价研究基础上，遵循城市开发边界划定要求，从必须划入边界的要素、边界增长数量、空间约束底线等正向与反向对城市开发边界进行约束，并对城市开发边界进行初划。之后根据开发边界的边界完整性等具体划定原则，进一步优化开发边界。主要流程见图9-1。

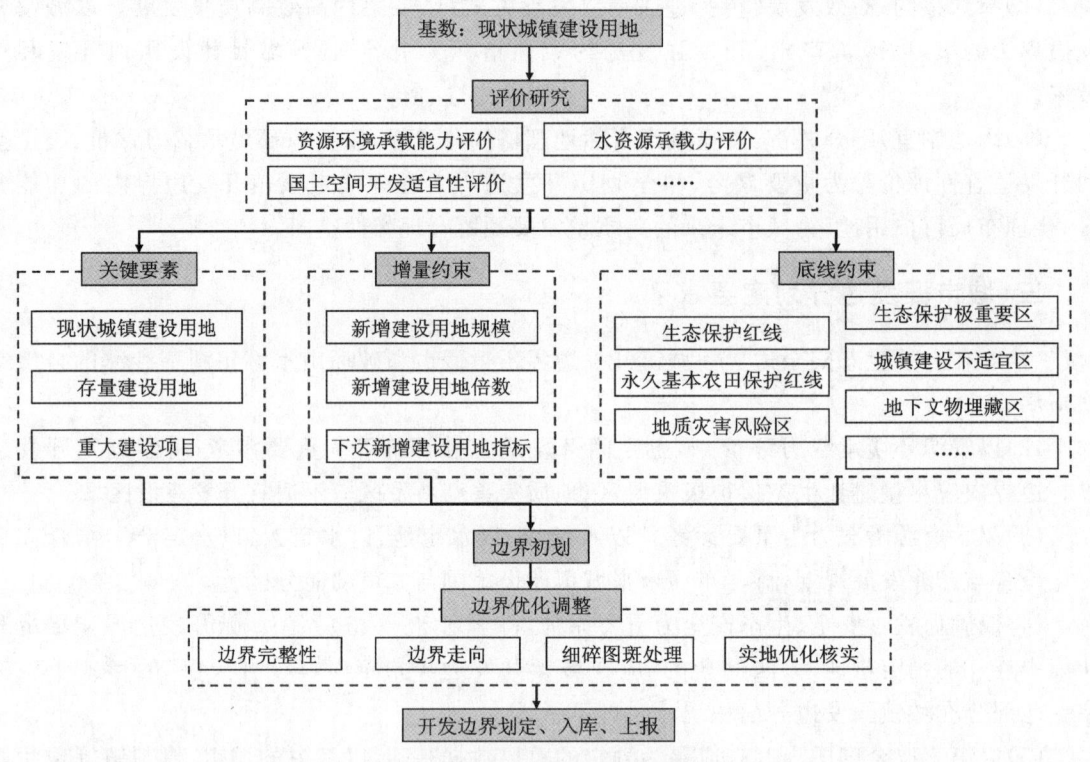

图9-1 城市开发边界划定流程图

五、城市开发边界划定要点

1. 评价研究

开展城市开发边界划定研究，目的是明确目标地区土地、水等资源可承载的人口及建设规模上限。在数量上，可根据"双评价"结果，确定适宜开发建设的空间范围，在此范围内进行开发边界划定，并避让生态保护极重要区等。在此环节，可初步确定城市开发边界的规模可行范围及可划为城市开发边界的空间范围。此外，可根据目标地区的国土空间总体规划、"十四五"总体规划等社会经济发展规划，确定未来城市发展的主要区域、主要发展方向与宏观发展目标。此举有助于将城市开发边界与地区社会经济发展统筹协调，形成发展合力。

2. 需划入城市开发边界的土地

城市开发边界划定需以城镇自然地理格局为基础，以社会经济发展规划、国土空间规划等城镇未来发展方向、目标为指引，科学划定城镇开发边界。划定时，以三调数据为本底，以三调所确定的集中连片的城市、建制镇、城中村、城边村等现状城镇建设用地为基准进行划定。根据国家对于土地节约集约发展的具体要求,存量建设用地,尤其是批而未用土地,则应尽量划入城市开发边界范围。此外,各级开发区,由国家、省、市批准的,城市产业发展、重要民生基础设施等重大建设项目用地等,在确保节约集约的原则下,应集中划入城镇集中建设区。而对于城镇功能已降低的零星城镇建设用地,目前呈逐步消失或衰减趋势的,可不划入城镇开发边界。

3. 城市开发边界的增量约束

在新增城市建设用地规模上,集中建设区内的新增建设用地规模应严格遵循上级下达的新增城镇建设用地指标要求。在城市开发边界的倍数上,城市开发边界扩展倍数不得超过原城镇建设用地的 0.4 倍。具体计算公式为

$$扩展倍数 = \frac{新划开发边界围合面积 - 边界内现状建设用地 - 划入边界的批而未用土地}{现状城镇建设用地}$$

式中:边界内现状建设用地包括划入边界的城市(201)、建制镇(202)、村庄(203)及其他建设用地地类;现状城镇建设用地为城市(201)、建制镇(202)两地类面积总和。

此外,城镇集中建设区内的新增城镇建设用地规模一般应占规划城镇建设用地总规模的 90% 以上。弹性发展区面积原则上不超过城镇集中建设区面积的 15%。

4. 城市开发边界的底线约束

底线约束是在空间上城市开发边界划定范围的进一步限制,主要包括以下几点。

(1)守住自然生态安全边界,不得侵占和破坏山水林田湖草沙冰的自然空间格局,避让重要山体山脉、河流湖泊、湿地、天然林草场等。

(2)划定城镇开发边界要基于"双评价"城镇适宜空间,避让永久基本农田保护目红线、生态保护红线。并尽量避让连片优质耕地及重点农业区等重要农业空间,已有政策法规明确禁止或限制人为活动的国家公园、自然保护区自然公园、饮用水水源保护区、风景名胜区、重要生态保护区等重要生态空间。

(3)开发边界需避让地质灾害极高风险区、高易发区、洪涝风险易发区、蓄滞洪区、地震断裂带、采煤塌陷区、重要矿产资源压覆区等城镇建设不适宜区;无法避让的,应当充分论证并说明理由,明确风险规避、缓解、不良影响减缓的具体措施及可行性。

(4)开发边界应尽量避开"双评价"所确定的生态保护极重要区;无法避让必须重叠的,需由地方政府充分论证并说明理由,并出具相关举证材料。

(5)加强历史文化遗产保护,避让大遗址保护区和地下文物埋藏区。

5. 边界优化调整

城市开发边界的划定应保持完整、连续。在划定时充分利用河流、山体等自然边界,各类地理边界线、行政管辖边界等界线,或道路、街区等地物边界,确保所划定的边界清晰可辨、便于管理。城镇开发边界由一条或多条连续闭合线组成,单一闭合线围合面积原则上不小

于 30hm²,确保城市开发边界的合理性与可用性。以确保粮食安全、生态安全为重要原则,科学划定开发边界。城镇开发边界应尽量避让集中连片的稳定耕地;无法避让的,应在城镇开发边界划定时,以"开天窗"的形式予以标注,此部分在城镇开发边界面积统计时可不予计入。

第四节 实习内容

根据上述城市开发边界划定规则与流程,本节以实习区域 A 镇为例,详细讲解城市开发边界划定的具体操作。

一、数据准备

步骤一:加载数据

打开 ArcMap,使用"添加数据"按钮,依次将城市开发边界划定数据库中的以下数据加载到地图中:"A 镇三调数据"以及"A 镇行政区""A 镇重大项目""A 镇批而未用"数据。

步骤二:提取 A 镇的三调数据

(1)打开三调数据属性表:右键点击"A 镇三调数据"图层,选择"打开属性表"。

(2)按属性选择提取 A 镇的图斑:在属性表中,点击左上角的"表选项"按钮,选择"按属性选择"。输入条件"XIANGZHEN" = 'A 镇',点击"应用",选择所有符合条件的记录。

(3)导出选中图斑:右键点击"A 镇三调数据"图层,选择"数据"→"导出数据"。将导出的图层命名为"A 镇三调 2020",选择保存路径,点击"确定"。

步骤三:提取 A 镇的现状城镇建设用地

(1)打开属性表:右键点击"A 镇三调 2020"图层,选择"打开属性表"。

(2)按属性选择提取现状城镇建设用地:在属性表中,点击"表选项"按钮,选择"按属性选择"。输入条件"CZCSXM" = '202' OR "CZCSXM" = '201',点击"应用",选择符合条件的记录。

(3)导出选中图斑:右键点击"A 镇三调 2020"图层,选择"数据"→"导出数据"。将导出的图层命名为"A 镇现状城镇建设用地",选择保存路径,点击"确定"。

步骤四:统计基期建设用地数据

(1)统计建制镇规模数据:在"A 镇三调 2020"图层中,右键点击图层,选择"打开属性表"。点击"表选项"按钮,选择"按属性选择"。输入条件"CZCSXM" = '202',点击"应用",选择符合条件的记录。显示所选记录后,选中"TBDLMJ"字段。右键点击"TBDLMJ"字段名,选择"统计",查看基期 202 地类的总面积。

(2)记录和换算面积:将统计得到的面积数值转换为公顷[1hm²(公顷)=10 000m²(平方米)]。将转换后的面积数据填写到表 9-2 中的相应位置。

(3)完成基期数据的统计:按照上述步骤,对"A 镇三调 2020"图层中其他地类的数据进行统计和记录,填入表 9-2 中的"基期数据(2020)"下的所有面积统计。

表 9-2 城镇开发边界划定统计表

类型	指标	面积统计/hm²
基期数据(2020 年)	城市(201)	0
	建制镇(202)	860.42
	城镇建设用地(201+202)	860.42
	村庄(203、203A)	2 484.38
基期要素	批而未用	19.70
	重大建设项目	205.03
划定规模	城镇开发边界围合面积	
	集中建设区	987.44
	弹性发展区	
	特别用途区	
开发边界内底图底数	边界内的城市(201)	0
	划入边界的建制镇(202)	856.38
	划入边界的村庄(203、203A)	113.21
	边界内 204、205	16.27
	划入边界的批而未用	19.70
	划入边界的重大项目	205.03
	边界内擦除 20 属性外其他建设用地	207.86
开发边界内增长值	边界内新增建设用地面积	
	倍数	
边界核查	2035 年边界内耕地	
	是否占用永久基本农田	
	是否占用生态保护红线	
	占用省级生态保护极重要区	
	占用地质灾害高易发区	

二、边界划定

按照第三节第五部分"2.需划入城市开发边界的土地"中所阐述的要求,需将现状城镇建设用地、批而未用土地、重大建设项目纳入城镇开发边界。

1. 集中建设区轮廓初定

步骤一:加载图层

在 ArcGIS 中,使用"添加数据"按钮,将以下图层加载到地图中:"A 镇现状城镇建设用地""A 镇批而未用""A 镇重大项目"。

通过加载的图层,可以初步了解 A 镇的集中建设范围(图 9-2)。

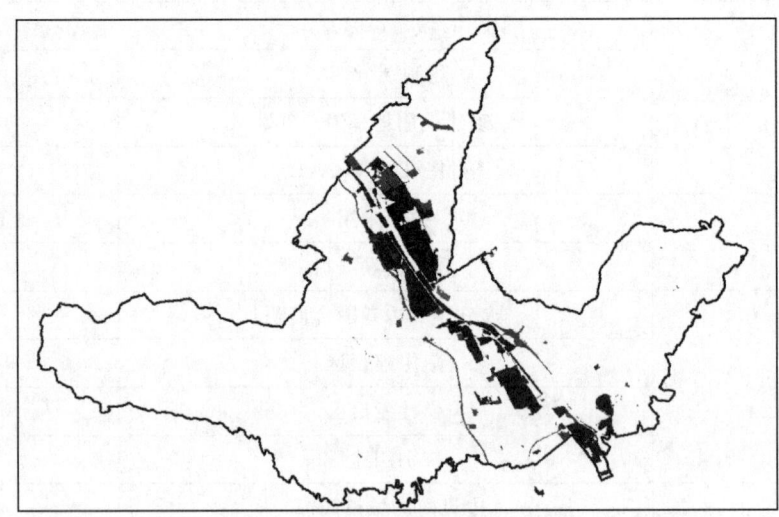

图 9-2 A 镇的集中建设范围示意图

步骤二:计算重大项目和批而未用用地面积

(1)计算批而未用用地面积:右键点击"A 镇批而未用"图层,选择"打开属性表";在属性表中,点击左上角的"表选项"按钮,选择"添加字段";添加一个名为"面积"的新字段,字段类型选择"双精度";右键点击新建的"面积"字段,选择"计算几何";在计算几何对话框中,选择单位为"公顷",点击"确定",将计算出各批而未用地块的面积。

统计批而未用用地的总面积,并将其记录在表 9-2 中。

(2)计算重大项目用地面积:右键点击"A 镇重大项目"图层,选择"打开属性表"。

重复上述步骤,为"重大项目"图层添加"面积"字段,计算各地块的面积。

统计重大项目的总面积,并记录在表 9-2 中。

步骤三:合并图层

(1)合并图层:点击"地理处理"→"合并"(Merge)工具,将"A 镇现状城镇建设用地""A 镇批而未用""A 镇重大项目"3 个图层拖入"输入数据集"框中。设置输出图层名称为"A 镇必划要素",并选择保存路径。确认 3 个图层之间不存在相互重叠情况,如果图层间存在重叠情况,应先处理重叠问题,确保图层间不重叠。点击"确定",合并 3 个图层为一个新图层。

(2)融合图层:点击"地理处理"→"融合"(Dissolve)工具,将"A 镇必划要素"作为输入图层,选择不保留任何字段,确保仅按空间要素融合。设置输出图层名称为"A 镇集中建设区初步范围",并选择保存路径。点击"确定",运行融合工具,生成"A 镇集中建设区初步范围"图层,表示 A 镇集中建设区的初步范围(图 9-3)。

2. 集中建设区轮廓约束与修改

按照本章第三节第二部分所阐述的城市开发边界划定原则,城市开发边界不得占用生态

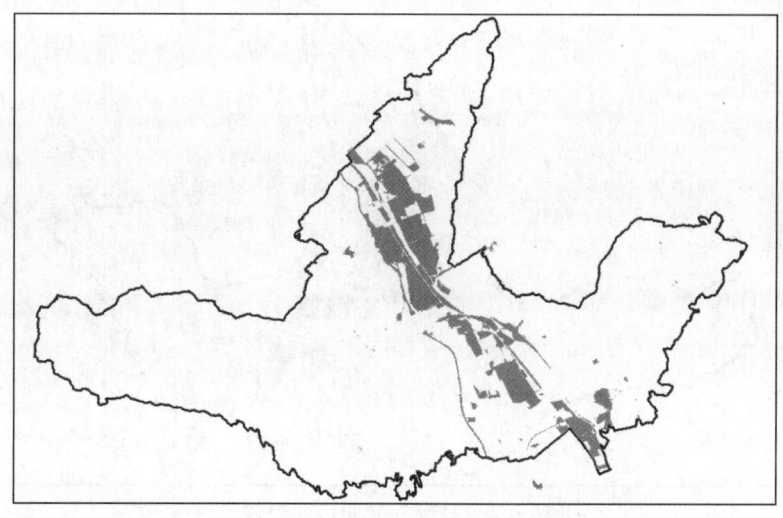

图 9-3　A 镇集中建设区初步范围

保护红线、永久基本农田保护红线等重要控制线。因此,对于集中建设区的初步轮廓,需将永久基本农田保护红线等重要控制线排除在外。

步骤一:擦除永久基本农田保护区

(1)加载图层:在 ArcMap 中,使用"添加数据"按钮,加载"永久基本农田保护图斑"图层以及其他需要排除的控制线图层,如生态保护红线等(在实际的城市开发边界划定中,可能还需要排除生态保护极重要区、城镇建设不适宜区等城市开发边界不允许、不适宜划定的空间,操作与本实验中排除生态保护红线等控制图层的方法一致)。

(2)使用擦除工具:打开"ArcToolbox"→"分析工具"→"叠加分析"→"擦除"工具。

• 输入要素:选择"A 镇集中建设区初步范围"图层。

• 擦除要素:选择"永久基本农田保护图斑"图层。

• 输出要素:设置输出文件路径,并命名为"排除永久基本农田的集中建设区范围"。

点击"确定",运行"擦除"工具,生成排除永久基本农田保护区的集中建设区范围。

步骤二:依次排除其他重要控制线

对于其他需要排除的重要控制线图层,包括生态保护红线、生态保护极重要区、城镇建设不适宜区等,重复上述擦除步骤:每次将输入要素设置为上一步的输出结果(如"排除永久基本农田的集中建设区范围");将擦除要素设置为需要排除的控制线图层;输出要素命名为对应的新文件(如"排除生态保护红线的集中建设区范围");点击"确定",生成逐步排除各控制线后的集中建设区范围。

检查最终生成的图层,确保所有重要控制线都已正确排除,且集中建设区满足所有约束条件。将满足所有约束条件的最终集中建设区范围命名为"初划 A 镇集中建设区"(图 9-4)。

3. 初划集中建设区规模计算

步骤一:计算初划集中建设区的围合面积

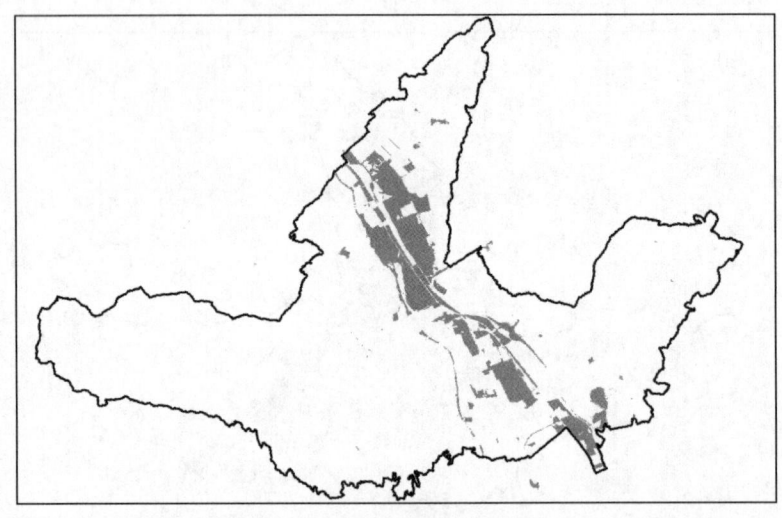

图 9-4 初划 A 镇集中建设区

在 ArcMap 中,右键点击"初划 A 镇集中建设区"图层,选择"打开属性表"。点击左上角的"表选项"按钮,选择"添加字段",命名为"面积",字段类型选择"双精度"。右键点击新建的"面积"字段,选择"计算几何",在计算几何对话框中选择单位为"公顷",点击"确定"。系统将计算初划集中建设区的合围面积,应得到 987.44hm²。将计算结果记录在表 9-2 中,以便下一步计算。

步骤二:测算新增建设规模

按照本章第三节第五部分"3.城市开发边界的增量约束"所述,城市开发边界新增建设规模=新划开发边界围合面积-边界内现状建设用地-划入边界的批而未用土地。

由于当前边界范围中并无属性字段,无法直接统计边界内现状建设用地等数据,因此需对数据进行进一步处理。以下以现状建设用地统计为例。

(1)计算现状建设用地面积:将"初划 A 镇集中建设区""A 镇三调数据 2020""A 镇批而未用""A 镇重大项目"等图层已加载到 ArcMap 中。点击"地理处理"→"相交"工具。

输入要素:选择"初划 A 镇集中建设区"图层和"A 镇三调数据 2020"图层。

设置输出图层名称为"初划集中建设区三调",选择保存路径,点击"确定"。右键点击生成的"初划集中建设区三调"图层,选择"打开属性表"。选择"按属性选择",输入条件"CZCSXM"='202' OR "CZCSXM"='201',选择符合条件的记录。统计选中记录的面积(字段名为"TBDLMJ"),并将结果转换为公顷,填入表 9-2 中。

(2)计算批而未用土地和重大项目面积:重复上述相交操作,将"初划 A 镇集中建设区"图层与"A 镇批而未用"图层、"A 镇重大项目"图层依次相交,生成相应的相交结果图层。统计每个相交图层中对应属性记录的面积,并转换为以 hm² 为单位,记录在表 9-2 中。

(3)计算新增建设规模:根据表 9-2 中的数据计算新增建设规模。

新增建设规模=划开发边界围合面积-边界内现状建设用地面积
-划入边界的批而未用土地面积

根据计算结果,新增建设规模应为 111.36hm²。

(4)计算新增倍数：

$$新增倍数＝新增建设规模／边界内现状建设用地面积$$

在本实验中，结果应为 0.13 倍。

(5)记录结果：将所有计算结果记录在表 9-2 中，确保数据完整准确，为后续分析和决策提供依据。

4. 集中建设区优化

在当前边界中，集中建设区内的新增建设用地规模为 111.36hm²，新增倍数为 0.13 倍，低于国家相关要求。在本研究中，我们假定国家本轮下达给 A 镇的新增建设用地指标为 200hm²。则排除不超过 15％的弹性建设区面积，及可能的特别用途区面积，则集中建设区仍有一定规模的扩展空间。在现有集中建设区初划结果的基础上，下一步的集中建设区扩展与优化应主要遵循以下步骤。

步骤一：加载区位要素与重要边界线

打开 ArcGIS，使用"添加数据"按钮，将以下图层加载到工作空间：水系图层、道路图层、行政区边界图层(图 9-5)。

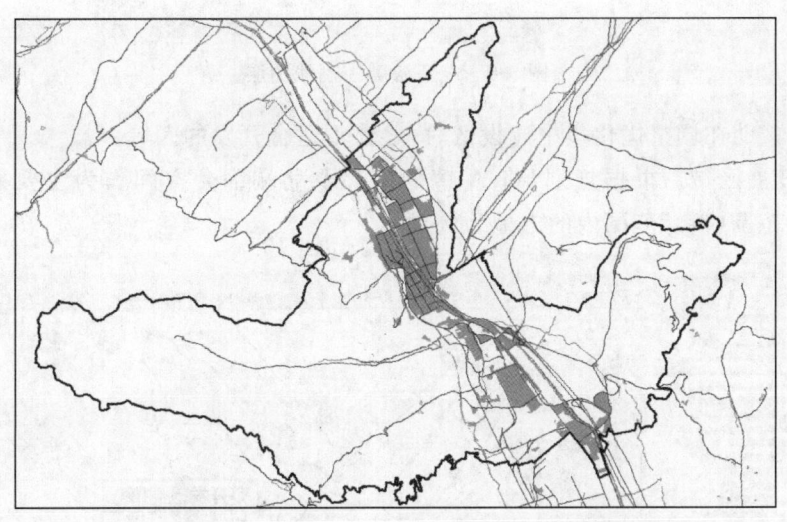

图 9-5　A 镇水系、道路及行政区边界要素

这些图层将在优化调整集中建设区边界时，明确各类地理边界线和行政管辖边界。

步骤二：避让重要控制线并加载各类控制线图层

在城市开发边界划定的原则及规则中多次提到，城市开发边界应避让永久基本农田保护红线、生态保护红线、地质灾害高易发区、生态保护极重要区及城市建设不适宜区。

在补划时可将上述图层统一加入工作空间，在划定时对存在此类空间的土地予以规避。此外，城市开发边界作为引领下一步城市建设发展的重要控制线，其划定应符合未来地区发展的战略规划以及社会经济发展规划要求。因此，在确定出可划定范围后，可对照未来本地区发展规划，合理选择优先划定的范围。

(1)加载控制线图层。使用"添加数据"按钮,将以下控制线图层加载到工作空间:永久基本农田保护红线、生态保护红线、地质灾害高易发区(如有)、生态保护极重要区(如有)、城镇建设不适宜区(如有)。A镇各类控制线图层见图9-6。

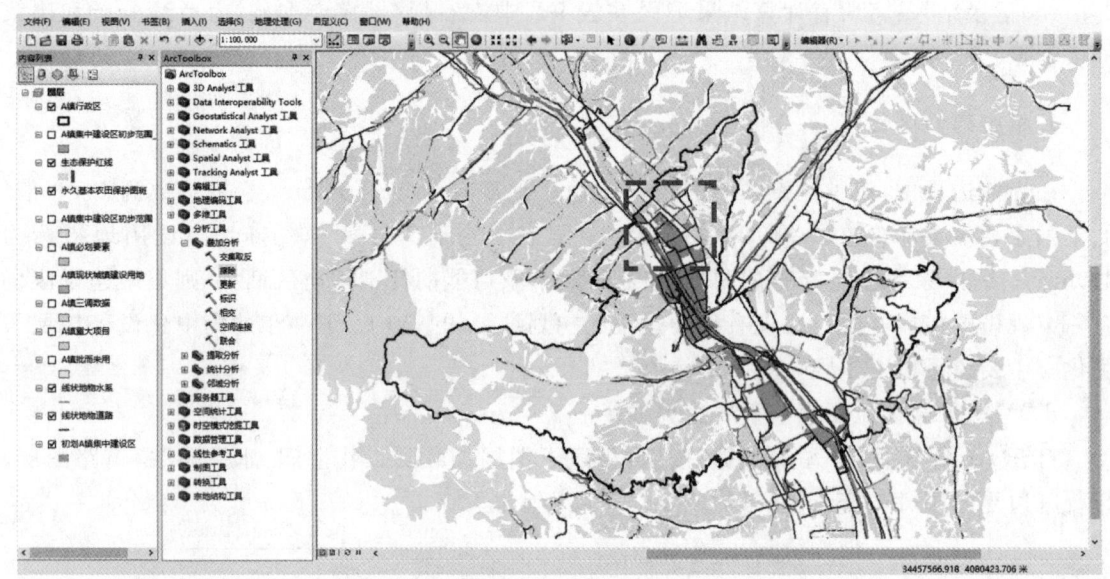

图9-6 A镇各类控制线图层

这些图层帮助在调整优化集中建设区时,避让不适合开发的区域。

(2)确定发展区域。根据规划,将A镇的南部及北端部分空间作为主要发展区域。以图9-7"可开发范围(例)"范围内的土地为例。

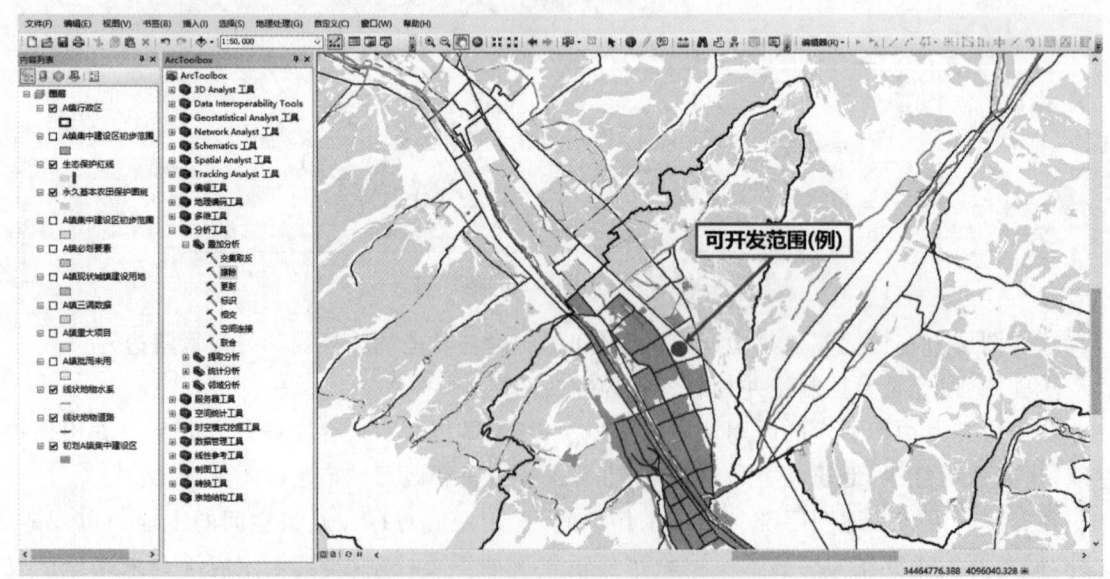

图9-7 A镇可开发范围

在工作空间中,利用添加的控制线图层,识别出不存在约束的空间,作为可开发的范围。

步骤三:扩展集中建设区边界

以图 9-8 虚线方框内的地块为例,将虚线方框中地块纳入开发边界,步骤如下。

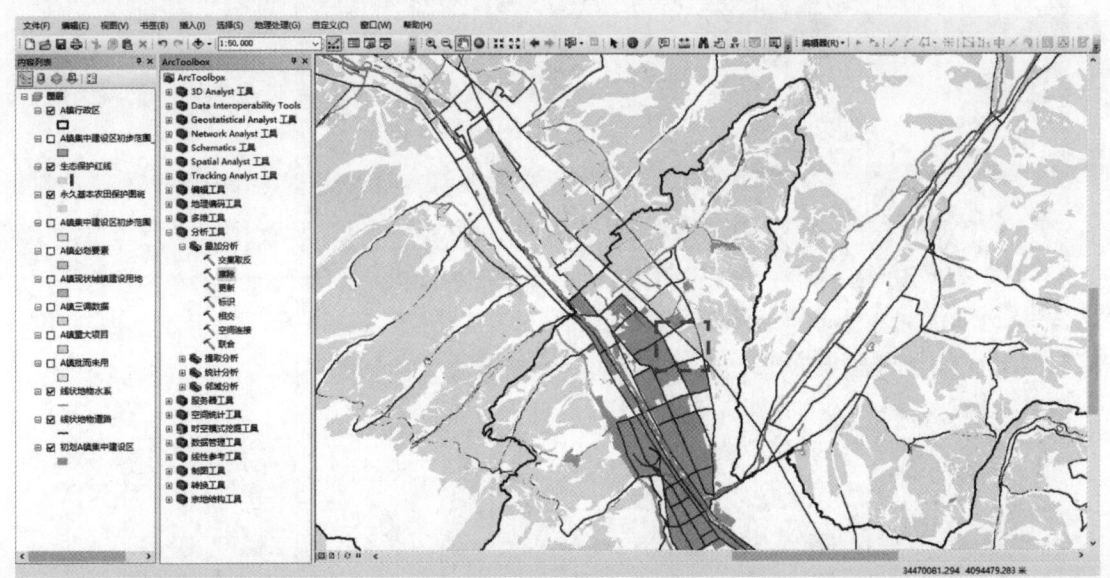

图 9-8　优化调整图斑示例

(1)启动编辑器工具:在 ArcMap 主页面右键点击,打开编辑器工具栏。点击编辑器下拉菜单,选择"开始编辑",并选择"初划 A 镇集中建设区"图层作为编辑图层。

(2)绘制新边界:在右侧弹出的"创建要素"工具栏中,选择"初划 A 镇集中建设区"图层,并在构造工具中选择"面"。在拟划入开发边界的土地上,沿现有初划边界开始绘制新的边界。

要注意的是,与原边界相邻的部分,ArcGIS 可自动捕捉拐点。因此在绘制图斑时,要保证捕捉上各个拐点,避免存在细小缝隙或重叠等拓扑错误的出现,沿原初划边界及道路等线性边界,绘制完成补划图斑(图 9-9)。

(3)完成绘制并保存:完成绘制后,点击右键,选择"完成草图",将图斑闭合,完成地块的绘制。

如果补划的规模已达预期或满足下一阶段发展要求,且不超过国家下达的指标,保存所绘制的所有图斑。

步骤四:更新图斑属性

由于开发边界本身存在一定属性,因此在完成图斑绘制后还应进行图斑属性的录入。

(1)打开属性表:右键点击"初划 A 镇集中建设区"图层,选择"打开属性表"。

(2)添加属性字段:在属性表中,点击"表选项"按钮,选择"添加字段"。添加"分区"字段,字段类型选择"文本"。添加"面积"字段,字段类型选择"双精度"。

(3)计算面积:右键点击"面积"字段,选择"计算几何"。在计算几何对话框中,选择单位为"公顷",点击"确定",系统将计算所有图斑的面积。

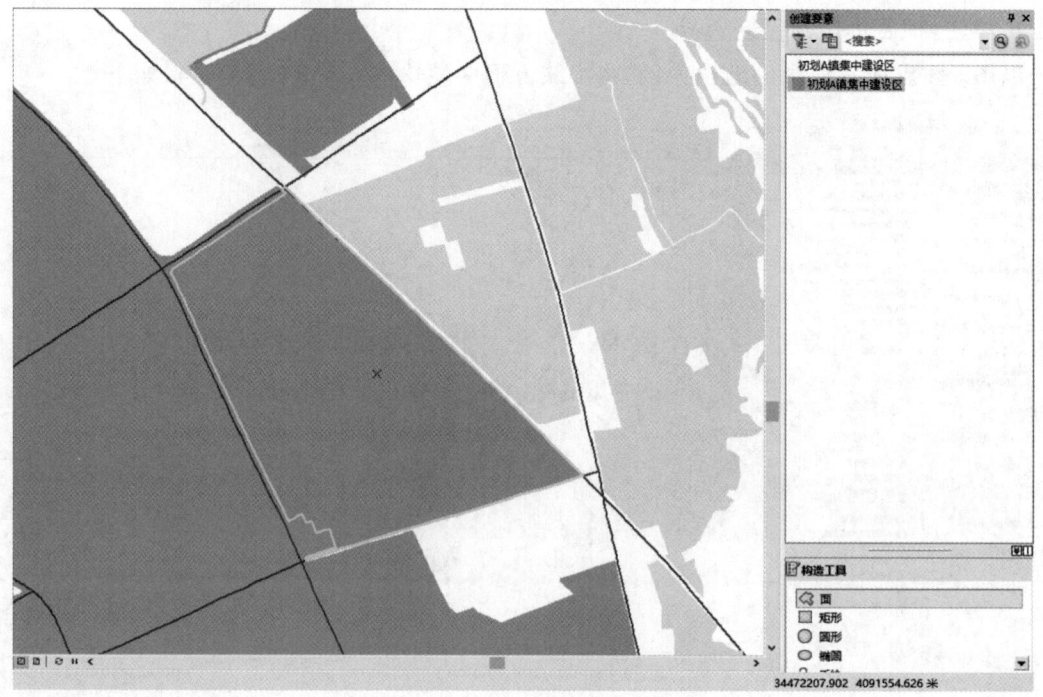

图 9-9　城市开发边界补划图斑

（4）批量赋值分区：在"分区"字段中，右键点击，选择"字段计算器"。在字段计算器中，输入 "集中建设区"（注意引号为英文字符），点击"确定"，系统将所有图斑批量赋值为"集中建设区"。

（5）保存结果：保存属性表中的修改，确保所有新划入的地块都被正确标识为"集中建设区"。

5. 弹性发展区划定

弹性发展区为在满足特定条件下方可进行城镇开发和集中建设的地域空间。在不突破规划城镇建设用地规模的前提下，城镇建设用地布局可在城镇弹性发展范围内进行调整，同时相应核减城镇集中建设区用地规模。因此，弹性发展区更多的是应对城镇发展中的不确定性等问题，其分布通常不位于城市发展的主要方向上。但是，弹性发展区与集中建设区一样，同样受规模、控制线等数量、空间分布约束。以 A 镇为例，在集中建设区划定时，其主要发展方向为其发展轴线的南北两端。但根据 A 镇的空间形态，其发展轴线中部的东、西两侧存在集中连片的可建设空间，虽与现有道路、已建成区相对较远，但仍然有发展的基础条件。因此，此空间可作为城市发展的后备用地，划为弹性发展区（如图 9-10 虚线方框所示）。

具体操作方式与集中建设区划定方式完全相同，此处不再赘述，可自行操作划定弹性发展区。

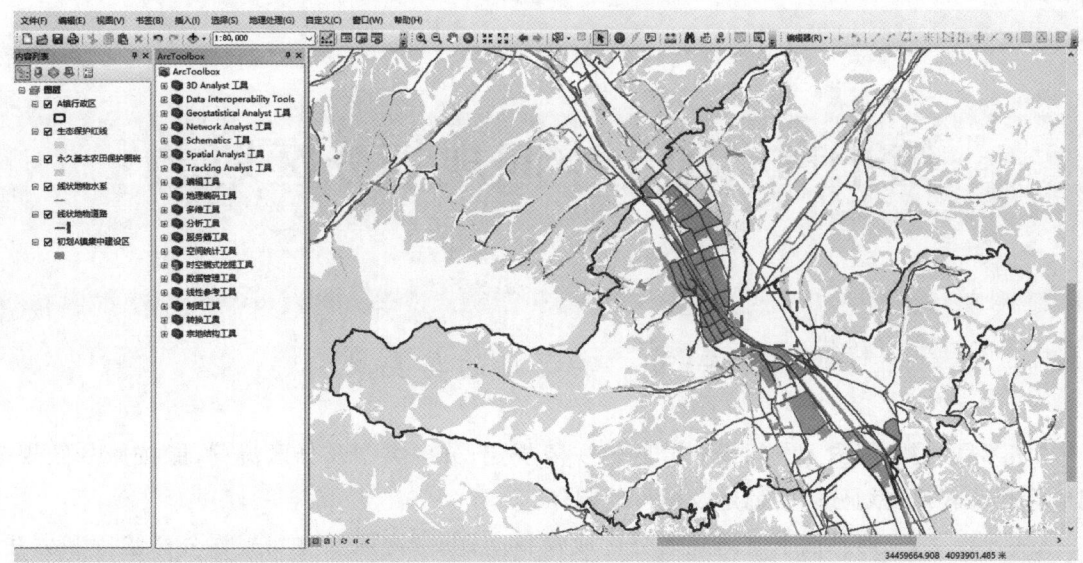

图 9-10 可划入弹性发展区图斑示意图

6. 特别用途区划定

在实际工作中,特别用途区更多的是为保持城镇开发边界的完整性,根据规划管理需划入开发边界内的重点地区,主要包括与城镇关联密切的生态涵养、休闲游憩、防护隔离、自然和历史文化保护等地域空间。因此,如在城镇开发边界划定中存在闭合边界范围内的重要生态绿地、廊道等,可自行操作酌情划入开发边界,以确保开发边界的完整性与连续性。

三、边界检查

开发边界的检查主要包括数量检查与空间核查。数量检查主要为确保城镇开发边界规模、新增规模、新增倍数不超过下达指标与国家相关要求,计算方式上文已多次提及。空间核查主要检查开发边界与重要控制线是否存在重合等情况。在所有检查通过后,城镇开发边界才可最终确定。

第五节 实习作业与要求

(1)完成集中建设区的划定操作流程,并在实习报告中体现。

(2)除必须划入集中建设区的区域外,自行选择地块划入城镇开发边界的集中建设区、弹性发展区,并从划定技术、地区发展需求等多角度阐述开发边界划定的原因。

(3)核查城市开发边界的合理性,并在实习报告中体现。

(4)撰写城市开发边界划定实习报告。

第十章　国土空间规划分区划定

第一节　实习目的与要求

【实习目的】掌握国土空间规划分区的一般规定、分区类型及分区流程,能按照分区规范完成行政辖区内规划分区的划定及图件的制作。

【实习要求】①熟悉国土空间规划分区政策指南;②掌握国土空间规划分区流程和方法;③掌握国土空间规划分区图绘制。

第二节　数据准备

国土空间规划分区涉及的数据资料包括基础地理数据、土地利用数据、三线数据、"双评价"数据等。各项数据的详细信息见表 10-1。

表 10-1　国土空间规划分区实习数据

数据名称	数据类型	时空分辨率	数据用途	数据存储位置
实习区范围	矢量	—	规划分区基础数据	第十章 国土空间规划分区划定\国土空间规划分区.gdb\行政区
土地利用数据	矢量	—	规划分区基础数据	第十章 国土空间规划分区划定\国土空间规划分区.gdb\土地利用数据
生态保护红线	矢量	—	生态保护区划定	第十章 国土空间规划分区划定\国土空间规划分区.gdb\生态保护红线
永久基本农田保护红线	矢量	—	农田保护区划定	第十章 国土空间规划分区划定\国土空间规划分区.gdb\永久基本农田保护红线
城镇开发边界	矢量	—	城镇发展区划定	第十章 国土空间规划分区划定\国土空间规划分区.gdb\城镇开发边界
生态保护重要性评价	矢量	—	生态控制区划定	第十章 国土空间规划分区划定\国土空间规划分区.gdb\生态保护重要性评价

第三节 基础知识点

1. 主体功能区与国土空间规划分区

主体功能区是指根据资源环境承载能力、经济社会发展水平、战略区位等综合比较优势，划定的具有某种特定主体功能、实施差别化管控的地域空间单元。按开发强度划分为优化开发、重点开发、限制开发和禁止开发四类地区，按主体功能划分为城市化地区、农产品主产区和重点生态功能区3类地区。

国土空间规划分区是以全域覆盖、不交叉、不重叠为基本原则，以国土空间的保护与保留、开发与利用两大管控属性为基础，根据主体功能区战略定位，结合国土空间规划发展策略，将全域国土空间划分为生态保护区、生态控制区、农田保护区、城镇发展区、乡村发展区、海洋发展区、矿产能源发展区7类基本分区，并确定各规划分区功能导向和主要用途，提出用途准入规则和管控要求。

2. 规划分区的一般规定

根据《市级国土空间总体规划编制指南（试行）》，规划分区应落实上位国土空间规划要求，为本行政区域国土空间保护开发做出综合部署和总体安排，应充分考虑生态环境保护、经济布局、人口分布、国土利用等因素。坚持陆海统筹、城乡统筹、地上地下空间统筹的原则，以国土空间的保护与保留、开发与利用两大功能属性作为规划分区的基本取向。

规划分区划定应科学、简明、可操作，遵循全域全覆盖、不交叉、不重叠，并应符合下列基本规定：①以主体功能定位为基础，体现规划意图与管制规则；②当出现多重使用功能时，应突出主导功能，选择更有利于实现规划意图的规划分区类型；③如市域内存在本指南未列出的特殊政策管制要求，可在规划分区建议的基础上，补充矿产资源保护和利用、历史文化保护、灾害风险等分区，并明确空间管理要求。

3. 规划分区的类型

根据《市级国土空间总体规划编制指南（试行）》，规划分区分为一级规划分区和二级规划分区。一级规划分区包括以下7类：生态保护区、生态控制区、农田保护区、城镇发展区、乡村发展区、海洋发展区、矿产能源发展区。同时将城镇发展区、乡村发展区、海洋发展区分别细分为二级规划分区，具体类型和含义见表10-2。

表10-2 规划分区建议

一级规划分区	二级规划分区	含义
生态保护区		具有特殊重要生态功能或生态敏感脆弱、必须强制性严格保护的陆地和海洋自然区域，包括陆域生态保护红线、海洋生态保护红线集中划定的区域

续表 10-2

一级规划分区	二级规划分区		含义	
生态控制区			生态保护红线外,需要予以保留原貌、强化生态保育和生态建设、限制开发建设的陆地和海洋自然区域	
农田保护区			永久基本农田相对集中需严格保护的区域	
城镇发展区	城镇集中建设区	居住生活区	以住宅建筑和居住配套设施为主要功能导向的区域	城镇开发边界围合的范围,是城镇集中开发建设并可满足城镇生产、生活需要的区域
		综合服务区	以提供行政办公、文化、教育、医疗以及综合商业等服务为主要功能导向的区域	
		商业商务区	以提供商业、商务办公等就业岗位为主要功能导向的区域	
		工业发展区	以工业及其配套产业为主要功能导向的区域	
		物流仓储区	以物流仓储及其配套产业为主要功能导向的区域	
		绿地休闲区	以公园绿地、广场用地、滨水开敞空间、防护绿地等为主要功能导向的区域	
		交通枢纽区	以机场、港口、铁路客货运站等大型交通设施为主要功能导向的区域	
		战略预留区	在城镇集中建设区中,为城镇重大战略性功能控制的留白区域	
	城镇弹性发展区		为应对城镇发展的不确定性,在满足特定条件下方可进行城镇开发和集中建设的区域。	
	特别用途区		为完善城镇功能,提升人居环境品质,保持城镇开发边界的完整性,根据规划管理需划入开发边界内的重点地区,主要包括与城镇关联密切的生态涵养、休闲游憩、防护隔离、自然和历史文化保护等区域	
乡村发展区	村庄建设区		城镇开发边界外,规划重点发展的村庄用地区域	农田保护区外,为满足农林牧渔等农业发展以及农民集中生活和生产配套为主的区域
	一般农业区		以农业生产发展为主要利用功能导向划定的区域	
	林业发展区		以规模化林业生产为主要利用功能导向划定的区域	
	牧业发展区		以草原畜牧业发展为主要利用功能导向划定的区域	

续表 10-2

一级规划分区	二级规划分区	含义	
海洋发展区	渔业用海区	以渔业基础设施建设、养殖和捕捞生产等渔业利用为主要功能导向的海域和无居民海岛	允许集中开展开发利用活动的海域以及允许适度开展开发利用活动的无居民海岛
	交通运输用海区	以港口建设、路桥建设、航运等为主要功能导向的海域和无居民海岛	
	工矿通信用海区	以临海工业利用、矿产能源开发和海底工程建设为主要功能导向的海域和无居民海岛	
	游憩用海区	以开发利用旅游资源为主要功能导向的海域和无居民海岛	
	特殊用海区	以污水达标排放、倾倒、军事等特殊利用为主要功能导向的海域和无居民海岛	
	海洋预留区	规划期内为重大项目用海用岛预留的控制性后备发展区域	
矿产能源发展区		为适应国家能源安全与矿业发展的重要陆域采矿区、战略性矿产储量区等区域	

4. 规划分区的图件绘制

根据《市级国土空间总体规划制图规范（试行）》，规划分区的图件绘制明确了图件必选要素、图件可选要素以及配色指引。

1）图件必选要素

（1）生态保护区。

（2）生态控制区。

（3）农田保护区。

（4）城镇发展区，可细化表达城镇集中建设区、城镇弹性发展区、特别用途区。

（5）乡村发展区。

（6）涉海城市应根据城市实际情况表达海洋发展区的二级分区，可包括渔业用海区、交通运输用海区、工矿通信用海区、游憩用海区、特殊用海区、海洋预留区。

2）图件可选要素

可根据实际情况，增加矿产能源发展区，或按《市级国土空间总体规划编制指南（试行）》细分和补充二级规划分区。

3）图件配色指引

规划分区配色指引见表 10-3。

表 10-3 规划分区配色指引表

规划分区类型		RGB
一级规划分区	二级规划分区	
生态保护区		RGB(77,151,87)
生态控制区		RGB(130,197,174)
农田保护区		RGB(255,255,195)
城镇发展区		RGB(228,139,139)
	城镇集中建设区 居住生活区	RGB(254,221,120)
	综合服务区	RGB(254,133,200)
	商业商务区	RGB(199,66,57)
	工业发展区	RGB(174,141,109)
	物流仓储区	RGB(139,93,215)
	绿地休闲区	RGB(13,123,62)
	交通枢纽区	RGB(108,109,109)
	战略预留区	RGB(255,255,255)
	城镇弹性发展区	RGB(230,230,230)
	特别用途区	RGB(141,204,110)
乡村发展区		RGB(244,177,192)
	村庄建设区	RGB(244,177,192)
	一般农业区	RGB(241,239,190)
	林业发展区	RGB(189,232,178)
	牧业发展区	RGB(197,232,211)
海洋发展区		RGB(148,213,235)
矿产能源发展区		RGB(125,102,79)

第四节 实习内容

1. 落实三区三线

步骤一：加载数据

(1)连接数据文件夹：打开 ArcMap，在目录窗格中右键点击"文件夹连接"，选择"连接到文件夹"（图 10-1）。选择数据目录"第十章 国土空间规划分区划定"并完成添加。

(2)添加图层数据：

在目录窗口中，找到连接的文件夹，拖放或点击左上方工具栏"添加数据"按钮，将以下数据依次添加到地图中:永久基本农田保护红线、生态保护红线、城镇开发边界。

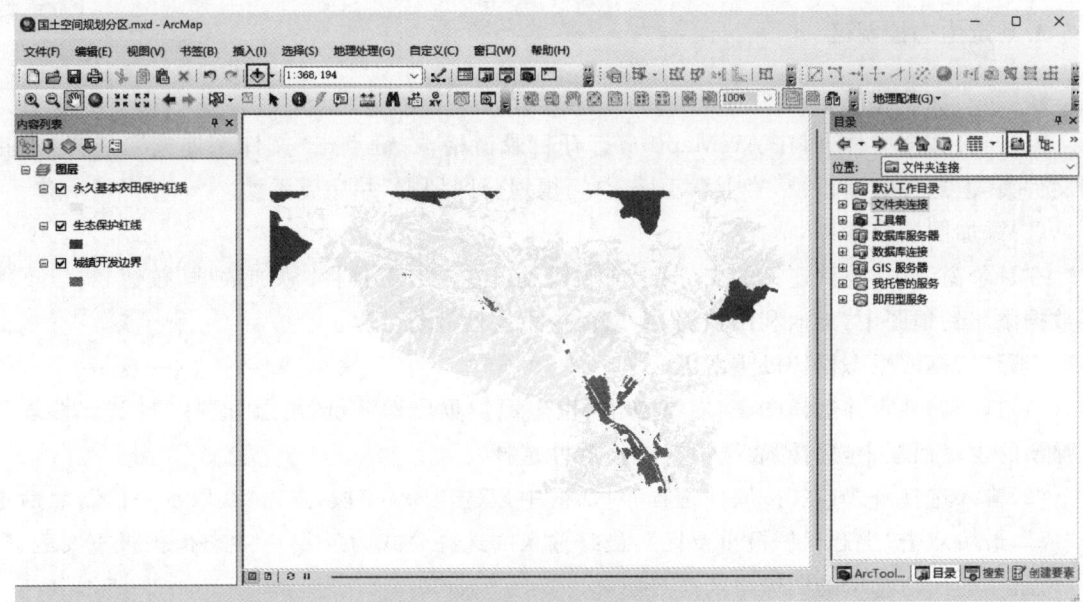

图10-1 加载数据

步骤二:新建文件地理数据库

在目录窗格中的"文件夹连接"下,选择需要新建文件地理数据库的路径。右键点击路径,选择"新建"→"文件地类数据库"。右键点击新建的文件地理数据库,选择"重命名",将数据库命名为"国土空间规划分区"。

再次右键点击该数据库,选择"设为默认地理数据库"。

步骤三:导出三线数据

(1)导出永久基本农田保护红线:右键点击"永久基本农田保护红线"图层,选择"数据"→"导出数据"。

(2)设置导出参数:

在弹出的"导出数据"对话框中,修改"输出要素类"的位置和名称:位置选择默认的"国土空间规划分区"数据库;名称输入"农田保护区"。

将"保存数据"对话框中的"保存类型"改为"文件和地理数据库要素类"。

点击"确定"完成数据导出。

(3)导出生态保护红线和城镇开发边界:重复上述步骤,右键点击"生态保护红线"图层和"城镇开发边界"图层,选择"数据"→"导出数据",分别将它们导出到"国土空间规划分区"数据库中,命名为"生态保护区"和"城镇发展区"。

2.落实矿产能源发展区和历史文化保护区

本实习数据未涉及矿产能源发展区和历史文化保护区,因此暂不考虑这两类规划分区。若实际规划过程中有所涉及,依据上级规划或当地政府部门提供的数据,按照上文"落实三区三线"的实习步骤划定落实这两类分区。

3. 划定生态控制区

步骤一：加载数据

(1)连接数据文件夹：在 ArcMap 中，打开目录窗格，右键点击"文件夹连接"，选择"连接到文件夹"。选择数据目录"第十章 国土空间规划分区划定"并完成添加。

(2)添加图层数据：

在目录窗口中，找到连接的文件夹，拖放或点击左上方工具栏"添加数据"按钮，将以下图层数据添加到地图中：土地利用数据、生态保护重要性评价数据。

步骤二：提取生态保护极重要区

(1)打开属性表并选择图斑：右键点击"生态保护重要性评价"图层，选择"打开属性表"。在弹出的表对话框中，选择"表选项"→"按属性选择"。

(2)输入选择公式：在"按属性选择"对话框中，双击"BZ"字段，点击"获取唯一值"，然后选择"＝"，最后双击"生态保护极重要区"，最终输入的选择公式为"BZ"＝'生态保护极重要区'。

点击"应用"，选中的图斑将高亮显示。

(3)导出选中的图斑数据：关闭属性表，右键点击"生态保护重要性评价"图层，选择"数据"→"导出数据"。在"导出数据"对话框中，修改"输出要素类"的位置和名称，位置选择默认的"国土空间规划分区"数据库，名称输入"生态保护极重要区"。

点击"确定"完成数据导出。

步骤三：提取生态用地

(1)打开属性表并选择图斑：右键点击"土地利用数据"图层，选择"打开属性表"。在弹出的表对话框中，选择"表选项"→"按属性选择"。

(2)输入选择公式：

在"按属性选择"对话框中，输入以下选择公式："DLBM" = '0301' OR "DLBM" = '0305' OR "DLBM" = '0307' OR "DLBM" = '0401' OR "DLBM" = '0404' OR "DLBM" = '1101' OR "DLBM" = '1103' OR "DLBM" = '1104' OR "DLBM" = '1104A' OR "DLBM" = '1106'。

点击"应用"，选中的图斑将高亮显示。

(3)导出选中的图斑数据：关闭属性表，右键点击"土地利用数据"图层，选择"数据"→"导出数据"。

在"导出数据"对话框中，修改"输出要素类"的位置和名称，位置选择默认的"国土空间规划分区"数据库，名称输入"生态用地"。

点击"确定"完成数据导出。

步骤四：划定生态控制区

(1)相交分析：在工具栏中，选择"地理处理"→"相交"。在相交工具对话框中，输入要素依次选择"生态用地"和"生态保护极重要区"。输出要素类选择默认的"国土空间规划分区"数据库，名称输入"生态控制区_初划"。

点击"确定"运行相交工具,生成初步的生态控制区图层。

(2)合并三线数据:在工具栏中,选择"地理处理"→"合并"。在合并工具对话框中,输入要素依次选择"生态保护区""农田保护区""城镇发展区"。输出要素类选择默认的"国土空间规划分区"数据库,名称输入"三线合并"。

点击"确定"运行合并工具,生成合并后的三线数据。

(3)使用擦除工具划定最终生态控制区:

点击工具栏中的"ArcToolbox",打开工具箱列表,选择"分析工具"→"叠加分析"→"擦除"。在擦除工具对话框中,输入要素选择"生态控制区_初划",擦除要素选择"三线合并"。输出要素类选择默认的"国土空间规划分区"数据库,名称输入"生态控制区"。

点击"确定"运行擦除工具,生成最终的生态控制区图层。若运行失败,可将生态控制区_初划数据导出为一个名称不含中文的数据再进行擦除。

4. 划定乡村发展区

步骤一:加载数据

(1)连接数据文件夹:打开 ArcMap,在目录窗格中右键点击"文件夹连接",选择"连接到文件夹"。选择数据目录"第十章 国土空间规划分区划定"并完成添加。

(2)添加图层数据:

在目录窗口中,找到连接的文件夹,拖放或点击左上方工具栏"添加数据"按钮,将以下图层数据添加到地图中:生态控制区、三线合并、行政区。

步骤二:数据合并

在工具栏中,选择"地理处理"→"合并"。在弹出的合并工具对话框中,输入要素依次选择"生态控制区"和"三线合并"。输出要素类选择默认的"国土空间规划分区"数据库,名称输入"规划分区_不含乡村发展区"。

点击"确定"运行合并工具,生成合并后的数据图层。

步骤三:划定乡村发展区

点击工具栏中的"ArcToolbox",打开工具箱列表,选择"分析工具"→"叠加分析"→"擦除"。在弹出的擦除工具对话框中,输入要素选择"行政区"图层,擦除要素选择"规划分区_不含乡村发展区"图层。输出要素类选择默认的"国土空间规划分区"数据库,名称输入"乡村发展区"。

点击"确定"运行擦除工具,生成最终的乡村发展区图层。

5. 整合规划分区

步骤一:加载数据

(1)连接数据文件夹:打开 ArcMap,在目录窗格中右键点击"文件夹连接",选择"连接到文件夹"。选择数据目录"第十章 国土空间规划分区划定"并完成添加。

(2)添加图层数据:

在目录窗口中,找到连接的文件夹,拖放或点击左上方工具栏"添加数据"按钮,将以下图层数据依次添加到地图中:生态保护区、农田保护区、城镇发展区、生态控制区、乡村发展区。

步骤二:新建规划分区字段

(1)新建"规划分区"字段:右键点击"生态保护区"图层,选择"打开属性表"。在属性表中,点击左上角的"表选项"按钮,选择"添加字段"。在弹出的"添加字段"对话框中,名称输入"规划分区",类型选择"文本",然后点击"确定"。

(2)使用字段计算器赋值:在属性表中找到新建的"规划分区"字段,右键点击该字段的标题处,选择"字段计算器"。在弹出的"字段计算器"对话框中,解析程序选择"Python",在下方代码块处输入"生态保护区"。注意:代码块中的引号必须是英文字符的引号,可以使用单引号或双引号。

点击"确定"进行赋值,将所有记录的"规划分区"字段值设置为"生态保护区"。

(3)对其他分区图层进行同样操作:按照上述步骤,在其余分区图层(农田保护区、城镇发展区、生态控制区、乡村发展区)分别新建"规划分区"字段,并使用字段计算器赋予对应的字段值(如"农田保护区""城镇发展区"等)。

步骤三:合并规划分区

在工具栏中,选择"地理处理"→"合并"。在弹出的合并工具对话框中,输入要素依次选择"生态保护区""农田保护区""城镇发展区""生态控制区"和"乡村发展区"(图10-2)。输出要素类选择默认的"国土空间规划分区"数据库,名称输入"规划分区",点击"确定"。

完成后,将生成一个包含所有规划分区的合并图层。

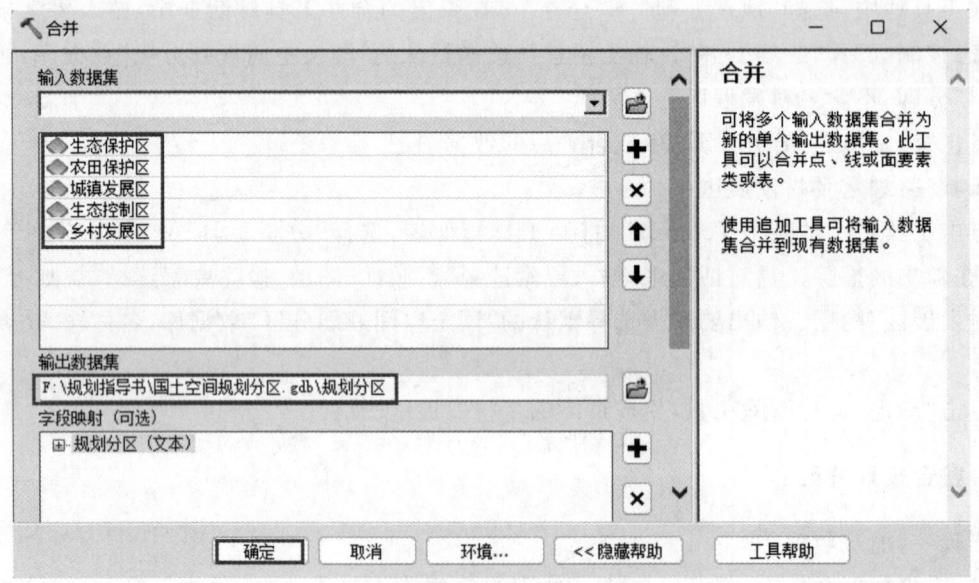

图10-2 合并规划分区

6. 制作规划分区图

依据本书"第四章 国土空间规划制图"及该章第三节第四部分"规划分区的图件绘制"中的指导,进行规划分区图的制作。加载合并后的"规划分区"图层,设置适当的符号化方案,区分不同的分区类型。添加必要的地图元素,如图例、比例尺、指北针和标题,确保地图的可读性和完整性。

第五节 实习作业与要求

(1)根据提供的实习数据完成××市国土空间总体规划分区划定。
(2)绘制××市国土空间总体规划分区图。
(3)撰写国土空间规划分区实习报告。

第十一章　中心城区用地布局调整

第一节　实习目的与要求

【实习目的】掌握中心城区概念,学习并掌握现行国土空间分类,了解各用地一般规定,能按照要求完成中心城区用地布局调整。

【实习要求】①掌握中心城区的概念;②学习并掌握国土空间分类;③制作用地布局规划图。

第二节　数据准备

中心城区用地布局调整涉及的数据包括用地用海现状数据、实习区中心城区范围数据（实习区 ZXCQFW）、近期建设项目。各项数据的详细信息见表11-1。

表 11-1　中心城区用地布局调整实习数据

数据名称	数据类型	时空分辨率	数据用途	数据存储位置
用地用海现状	矢量	—	提取中心城区用地布局基础数据	第十一章 中心城区用地布局调整\中心城区用地布局调整.gdb\用地用海现状
ZXCQFW	矢量	—	提取中心城区用地布局基础数据	第十一章 中心城区用地布局调整\中心城区用地布局调整.gdb\ZXCQFW
近期建设项目	矢量	—	修改需要改变国土用途的图斑	第十一章 中心城区用地布局调整\中心城区用地布局调整.gdb\近期建设项目

第三节　基础知识点

1. 什么是中心城区

中心城区是指城市建设用地集中分布区及其相关控制区域,相关控制区域包括城市的新城、新区及各类开发区,组团式城市的主城和副城等,不包括外围独立发展、零星散布城镇建成区。

2. 国土空间分类

本实习采用《国土空间调查、规划、用途管制用地用海分类指南》(自然资发〔2023〕234号)对国土空间进行分类。该指南适用于国土调查、监测、统计、评价,国土空间规划、用途管制、耕地保护、生态修复,土地审批、供应、整治、督察、执法、登记及信息化管理等工作。

指南依据国土空间的主要配置利用方式、经营特点和覆盖特征等因素,对国土空间用地用海类型进行归纳、划分,反映国土空间利用的基本功能,满足自然资源管理需要。用地用海分类设置不重不漏。当用地用海用岛具备多种用途时,应以其主要功能进行归类。

指南采用三级分类体系,共设置24个一级类、113个二级类及140个三级类;指南分类名称、代码、各类名称对应的含义见附表1规定。

3. 规划人均城市建设用地面积标准

根据《城市用地分类与规划建设用地标准(GB 50137—2011)》,规划人均城市建设用地面积指标应根据现状人均城市建设用地面积指标、城市(镇)所在的气候区以及规划人口规模,按表11-2的规定综合确定,并应同时符合表中允许采用的规划人均城市建设用地面积指标和允许调整幅度双因子的限制要求。新建城市(镇)、首都规划人均建设用地按专栏11-1的规定综合确定。

表11-2 规划人均城市建设用地面积指标　　　　　　　　　　　　单位:m²/人

气候区	现状人均城市建设用地面积指标	允许采用的规划人均城市建设用地面积指标	允许调整幅度		
			规划人口规模≤20.0万人	规划人口规模20.1万人~50.0万人	规划人口规模>50.0万人
Ⅰ、Ⅱ、Ⅵ、Ⅶ	≤65.0	65.0~85.0	>0.0	>0.0	>0.0
	65.1~75.0	65.0~95.0	+0.1~+20.0	+0.1~+20.0	+0.1~+20.0
	75.1~85.0	75.0~105.0	+0.1~+20.0	+0.1~+20.0	+0.1~+15.0
	85.1~95.0	80.0~110.0	+0.1~+20.0	-5.0~+20.0	-5.0~+15.0
	95.1~105.0	90.0~110.0	-5.0~+15.0	-10.0~+15.0	-10.0~+10.0
	105.1~115.0	95.0~115.0	-10.0~-0.1	-15.0~-0.1	-20.0~-0.1
	>115.0	≤115	<0.0	<0.0	<0.0
Ⅲ、Ⅳ、Ⅴ	≤65.0	65.0~85.0	>0.0	>0.0	>0.0
	65.1~75.0	65.0~95.0	+0.1~+20.0	+0.1~+20.0	+0.1~+20.0
	75.1~85.0	75.0~100.0	-5.0~+20.0	-5.0~+20.0	-5.0~+15.0
	85.1~95.0	80.0~105.0	-10.0~+15.0	-10.0~+15.0	-10.0~+10.0
	95.1~105.0	85.0~105.0	-15.0~+10.0	-15.0~+10.0	-15.0~+5.0
	105.1~115.0	90.0~110.0	-20.0~-0.1	-20.0~-0.1	-25.0~-5.0
	>115.0	≤110.0	<0.0	<0.0	<0.0

注:气候区应符合《建筑气候区划标准》(GB 50178—93)的规定。

> **专栏 11-1　新建城市(镇)、首都规划人均城市建设用地标准**
>
> 　　新建城市(镇)的规划人均城市建设用地面积指标应在 85.1~105.0m²/人内确定。
> 　　首都的规划人均城市建设用地面积指标应在 105.1~115.0m²/人内确定。
> 　　边远地区、少数民族地区城市(镇),以及部分山地城市(镇)、人口较少的工矿业城市(镇)、风景旅游城市(镇)等,不符合表 11-2 规定时,应专门论证确定规划人均城市建设用地面积指标,且上限不得大于 150.0m²/人。

4. 用地选择

1) 建设用地

应根据区位和自然条件、占地的数量和质量、现有建筑和工程设施的拆迁和利用、交通运输条件、建设投资和经营费用、环境质量和社会效益以及具有发展余地等因素,经过技术经济比较,择优确定。

> **专栏 11-2　建设用地规定**
>
> 　　(1)宜选在生产作业区附近,并应充分利用原有用地调整挖潜,同土地利用总体规划相协调。需要扩大用地规模时,宜选择荒地、薄地,不占或少占耕地、林地和牧草地。宜选在水源充足,水质良好,便于排水、通风和地质条件适宜的地段。
> 　　(2)应避开:河洪、海潮、山洪、泥石流、滑坡、风灾、发震断裂等灾害影响以及生态敏感的地段;水源保护区、文物保护区、自然保护区和风景名胜区;有开采价值的地下资源和地下采空区以及文物埋藏区。
> 　　(3)在不良地质地带严禁布置居住、教育、医疗及其他公众密集活动的建设项目。因特殊需要布置本条严禁建设以外的项目时,应避免改变原有地形、地貌和自然排水体系,并应制定整治方案和防止引发地质灾害的具体措施。
> 　　(4)应避免被铁路、重要公路、高压输电线路、输油管线和输气管线等所穿越。
> 　　(5)位于或邻近各类保护区的中心城区,宜通过规划,减少对保护区的干扰。

2) 居住用地

根据《城市居住区规划设计标准》(GB 50180—2018),居住区应选择在安全、适宜居住的地段进行建设,并应符合专栏 11-3 规定。

> **专栏 11-3　居住用地规定**
>
> 　　(1)不得在有滑坡、泥石流、山洪等自然灾害威胁的地段进行建设。
> 　　(2)与危险化学品及易燃易爆品等危险源的距离,必须满足有关安全规定。
> 　　(3)存在噪声污染、光污染的地段,应采取相应的降低噪声和光污染的防护措施。
> 　　(4)土壤存在污染的地段,必须采取有效措施进行无害化处理,并应达到居住用地土壤环境质量的要求。

3）消防安全布局

根据《城市消防站建设标准》（建标152—2017），消防站的布局一般应以接到出动指令后5min内消防队可以到达辖区边缘为原则确定。

专栏11-4　消防站辖区面积、选址规定

消防站的辖区面积确定原则如下。

(1) 设在城市的消防站，一级站不宜大于 $7km^2$，二级站不宜大于 $4km^2$，小型站不宜大于 $2km^2$，设在近郊区的普通站不应大于 $15km^2$。也可针对城市的火灾风险，通过评估方法确定消防站辖区面积。

(2) 特勤站兼有辖区灭火救援任务的，其辖区面积同一级站。

(3) 战勤保障站不宜单独划分辖区面积。

(4) 各类消防站的建设用地应根据建筑要求和节约用地的原则确定。建筑宜为低层或多层，容积率宜为 0.5～0.6，绿地率应符合当地城市规划行政部门的相关规定，机动车停车应符合当地城市行政管理部门的相关规定。小型消防站容积率可取 0.8～0.9，如绿化用地难以保证时，容积率宜控制在 1.0～1.1。在条件许可的情况下，本建设标准中的容积率宜优先选取下限值。

消防站的选址规定如下。

(1) 应设在辖区内适中位置和便于车辆迅速出动的临街地段，并应尽量靠近城市应急救援通道。

(2) 消防站执勤车辆主出入口两侧宜设置交通信号灯、标志、标线等设施，距医院、学校、幼儿园、托儿所、影剧院、商场、体育场馆、展览馆等公共建筑的主要疏散出口不应小于50m。

(3) 辖区内有生产、贮存危险化学品单位的，消防站应设置在常年主导风向的上风或侧风处，其边界距上述危险部位一般不宜小于300m。

(4) 消防站车库门应朝向城市道路，后退红线不宜小于15m，合建的小型站除外。

(5) 消防站不宜设在综合性建筑物中。特殊情况下，设在综合性建筑物中的消防站应自成一区，并有专用出入口。

(6) 消防站建设用地应能满足业务训练的需要。对建设用地紧张且难以达到标准的城市，可结合本地实际，集中建设训练场地或训练基地，以保障消防员开展正常的业务训练。

4）其他国土空间用地选择

其他各国土空间规模及布局的选择应符合国家现行有关标准的规定。

第四节　实习内容

通常，在操作中，首先绘制规划路网面，形成国土空间骨架，然后在国土空间用地用海现状的基础上修改需要改变国土用途的图斑，达到调整用地布局的目的。

一、数据准备与加载

步骤一：添加"现状用地用海"与"ZXCQFW"数据

在工具栏中，点击"添加数据"按钮。在弹出的对话框中，点击"连接到文件夹"，选择"第十一章 中心城区用地布局调整"文件夹并点击"确定"。双击"中心城区用地布局调整.gdb"数据库。选择"用地用海现状"与"ZXCQFW"数据图层，点击"添加"按钮完成数据加载操作。

添加完成后,数据图层将显示在内容列表中。

步骤二:设置"ZXCQFW"数据的符号样式

在内容列表中,单击"ZXCQFW"图层的符号(图 11-1 左),弹出"符号选择器"对话框。点击"样式引用",在弹出的"样式引用"对话框中点击"将样式添加至列表"。在"查找范围"中选择"第十一章 中心城区用地布局调整",双击"符号库"文件夹,选择"ZXCQ.style"文件,点击"打开"后再点击"确定"。在"符号选择器"中,输入"用地红线"进行搜索,选择左侧搜索结果中的"用地红线"样式并点击"确定"。符号设置完成后,如图 11-1 右所示。

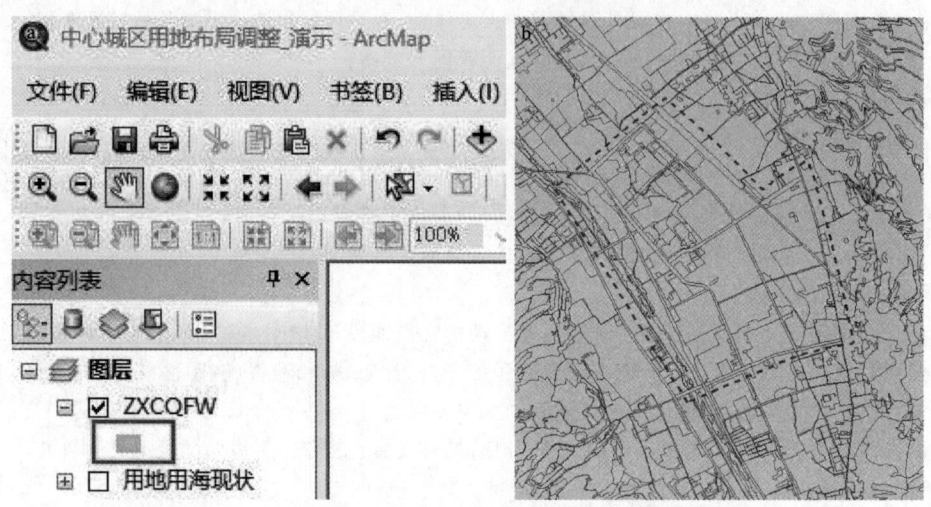

图 11-1 打开符号选择器(左)及匹配符号结果界面(右)

步骤三:裁剪规划区域

在工具栏中,点击"地理处理"菜单,并选择"裁剪"工具。

在弹出的"裁剪"对话框中:

输入要素:选择"用地用海现状"图层。

裁剪要素:选择"ZXCQFW"图层。

输出要素类:选择保存路径,并命名为"ZXCQYDYHXZ"。

点击"保存"后,点击"确认"按钮执行裁剪操作。

步骤四:设置"ZXCQYDYHXZ"数据的符号样式

在内容列表中,右键单击"ZXCQYDYHXZ"图层,选择"属性"。在弹出的"图层属性"对话框中,点击"符号系统"选项卡。在"与样式中的符号匹配"栏中,点击"符号库"按钮,浏览至"第十一章 中心城区用地布局调整\符号库"文件夹,选择"ZXCQ.style"文件并点击"打开"。点击"匹配符号"按钮,系统将自动匹配图层符号。匹配成功后,点击"确定"按钮完成操作,匹配效果如图 11-2 所示。

二、批量绘制规划路网面

道路红线是规划的道路用地的边界线,绘制道路红线是为接下来的绘制规划地块做准备,本次实习主要介绍用 GIS 制道路红线的方法。

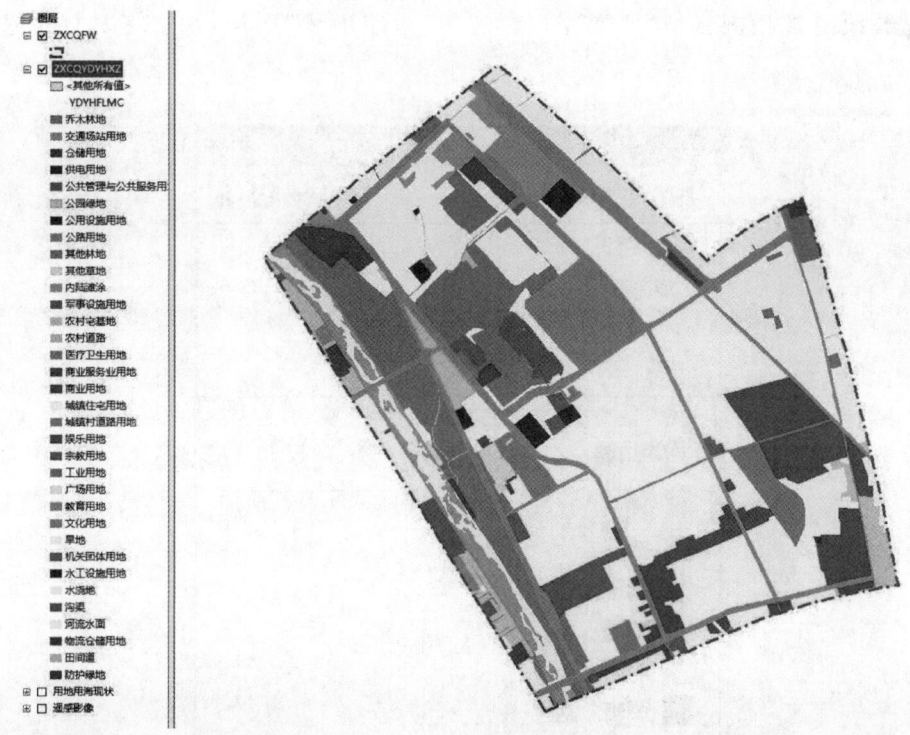

图 11-2 数据"ZXCQYDYHXZ"匹配符号效果图

1. 绘制道路中心线

步骤一:新建道路中线图层

(1)新建文件地理数据库:在个人文件夹中新建"文件地理数据库",选中后再次点击,修改名称为"中心城区数据.gdb"。

(2)新建要素类:右键单击"中心城区数据.gdb"数据库,选择"新建"→"要素类";在弹出的"创建要素类"对话框中"名称"栏输入"道路中线","类型"栏选择"线"要素类型;点击"下一页"。

在坐标系选择页面:选择当前图层的坐标系"CGCS2000 3 Degree GK Zone 34";点击"下一页"。

在容差设置页面:保留默认容差值;点击"下一页"。

在"配置关键字"页面:保留"默认"选项;点击"下一页"。

点击"完成"按钮,即成功创建"道路中线"图层。

步骤二:编辑道路中线图层

添加字段:选中"道路中心图层",右键点击图层,选择"打开属性表"→"表选项"→"添加字段"→"添加字段"对话框,名称命名为"DLKD"(道路宽度)。

同样步骤,添加"HCJL"字段,类型选择"浮点型"。

(2)创建要素:选中"道路中线"图层,右键点击选择"编辑要素"→"开始编辑",出现编辑器后点击"创建要素"。

(3)选择线要素:右侧创建要素窗口内选中"道路中线"图层,构造工具栏中选择"线"(图11-3)。

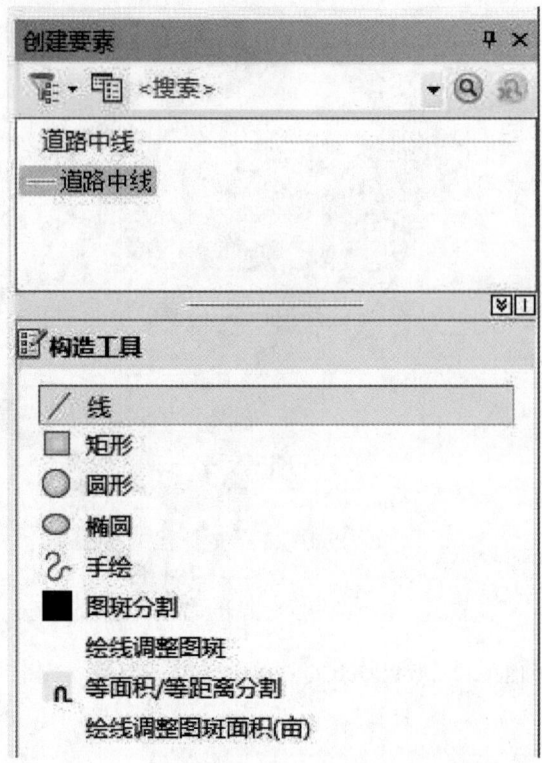

图11-3 "道路中线"图层中创建"线"要素

(4)绘制道路中线:基于现状用地用海,绘制直线段(端点弧段)规划道路。

绘制过程中注意以下技巧。

技巧一:调整"道路中线"符号。绘制道路中线过程中可以调整"道路中线"符号的颜色及宽度,提高可视化效果,调整前后效果如图11-4所示。

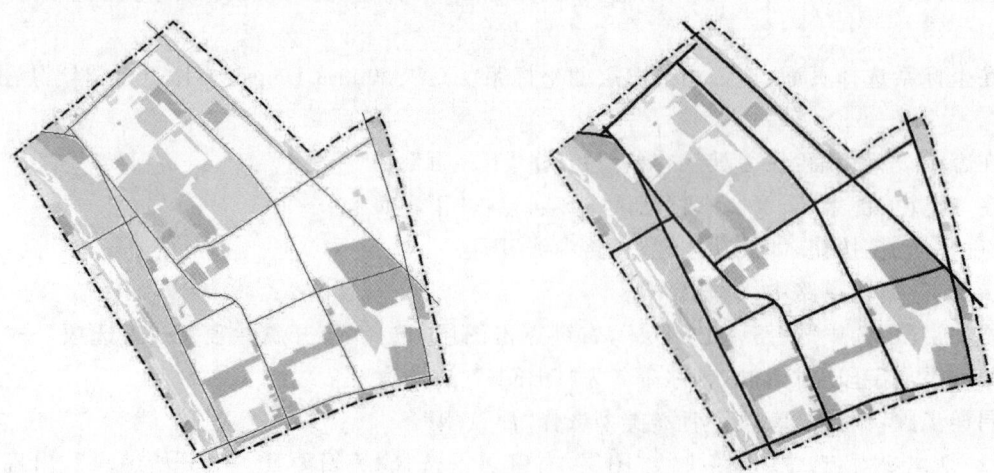

图11-4 更改"道路中线"符号前(左)及更改"道路中线"符号后(右)

技巧二：灵活切换直线段与端点弧段工具。当道路呈非直线型时，可借助"端点弧段工具"进行绘制，如图 11-5 所示。

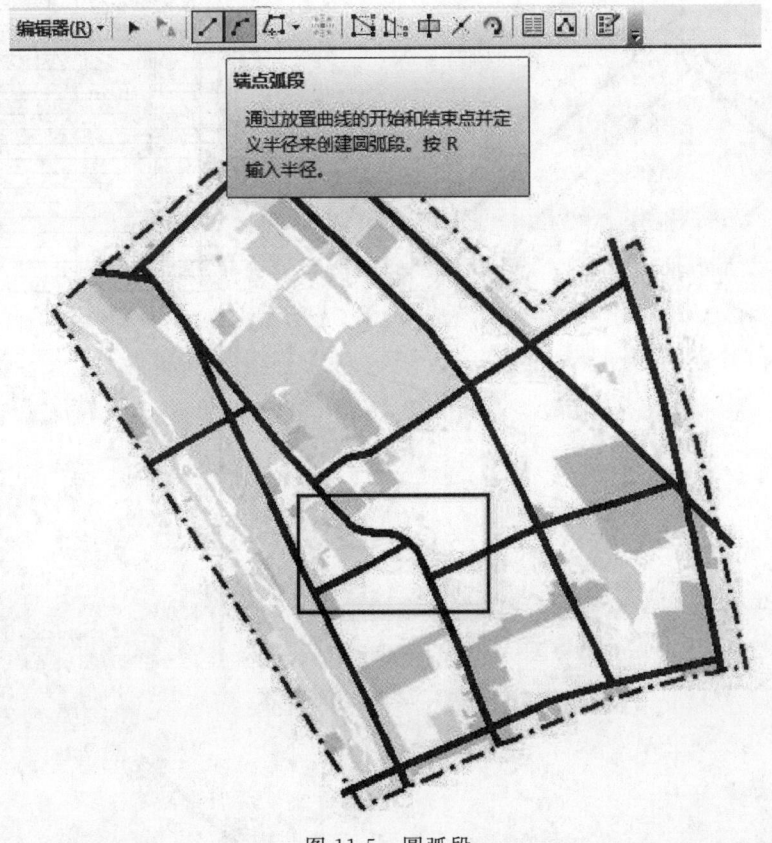

图 11-5　圆弧段

技巧三：修剪"道路中线"。修剪"道路中线"交点处多余线段，首先打开属性表选中要分割的要素（图 11-6），然后点击"编辑器"工具条中的"分割工具"，将鼠标移至交点处（图 11-7），点击交点即将所选折线分割为两个要素，选中拟删除线段，属性表中点击鼠标右键，点击"删除所选项"删除多余线段（图 11-8）。

2. 输入道路宽度与缓冲距离

（1）确定道路宽度：以现状为基础，过程中可借助测量工具，确定道路宽度，实际规划中可依规程及发展需求调整道路宽度。本实习中均以现状道路宽度作为规划道路宽度，依次选中"道路中线"中各要素，在属性表中输入道路宽度。

（2）计算缓冲距离：利用字段计算器将其赋值为道路宽度的一半。

属性表中选中"HCJL"列，点击鼠标右键，菜单栏内选择"字段计算器"。使 HCJL＝[DLKD]/2（图 11-9），点击"确定"执行命令。

3. 生成路网面

在工具栏中，点击"ArcToolbox"图标，打开"ArcToolbox"窗口。

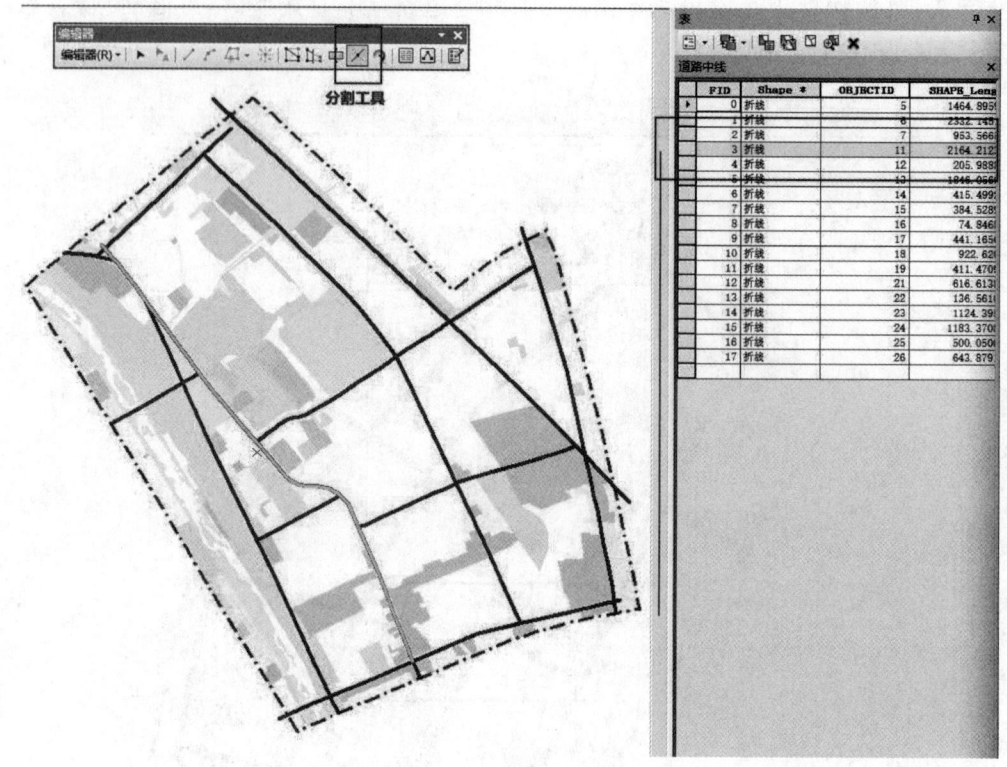

图 11-6 选中要编辑要素

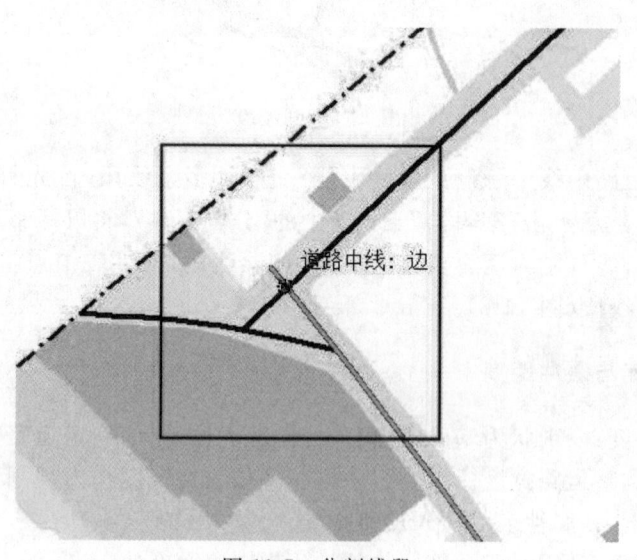

图 11-7 分割线段

在"ArcToolbox"窗口中,依次展开"分析工具"→"邻域分析"→"缓冲区",双击启动"缓冲区"工具。

在"缓冲区"工具对话框中:

输入要素:选择"道路中线"图层。

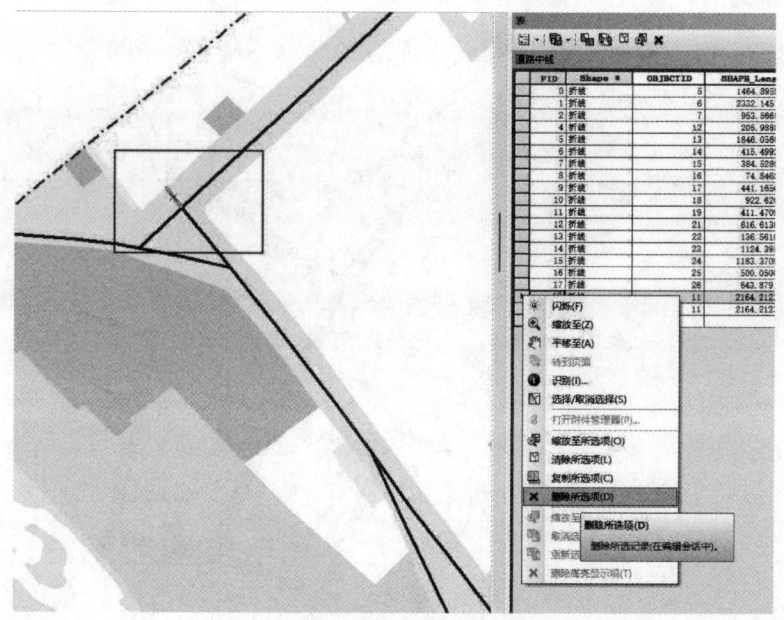

图 11-8　线段分割后

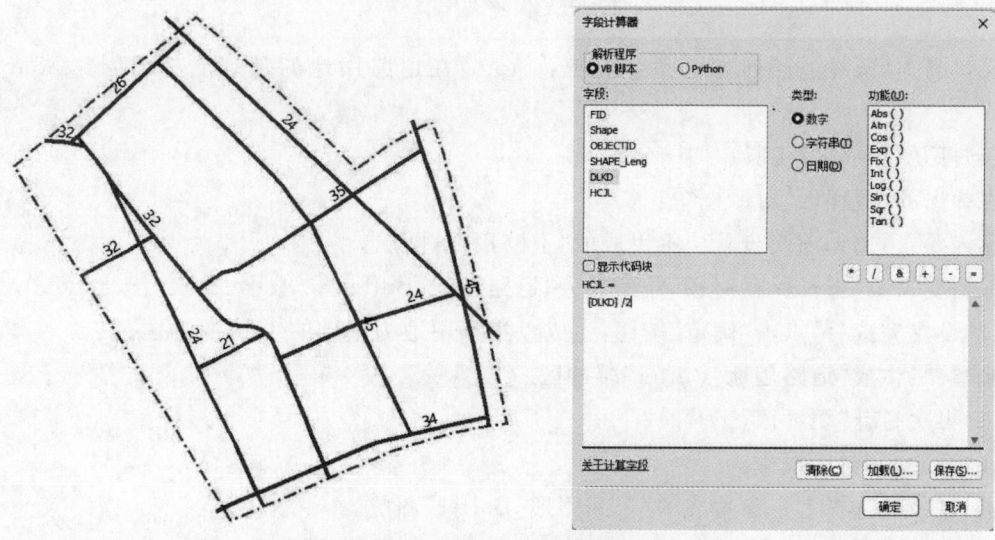

图 11-9　规划道路宽度及计算缓冲距离界面

输出要素类：选择保存位置，并将输出图层命名为"道路用地"。
距离字段：选择"HCJL"字段。
融合类型：选择"所有"选项。
设置完成后，点击"确定"按钮，执行缓冲区分析操作。缓冲效果如图11-10所示。

4. 绘制道路圆角

步骤一：生成"道路用地"缓冲区
前文"3.生成路网面"中生成的道路交叉口均为直角，没有转弯半径因此需要继续生成道

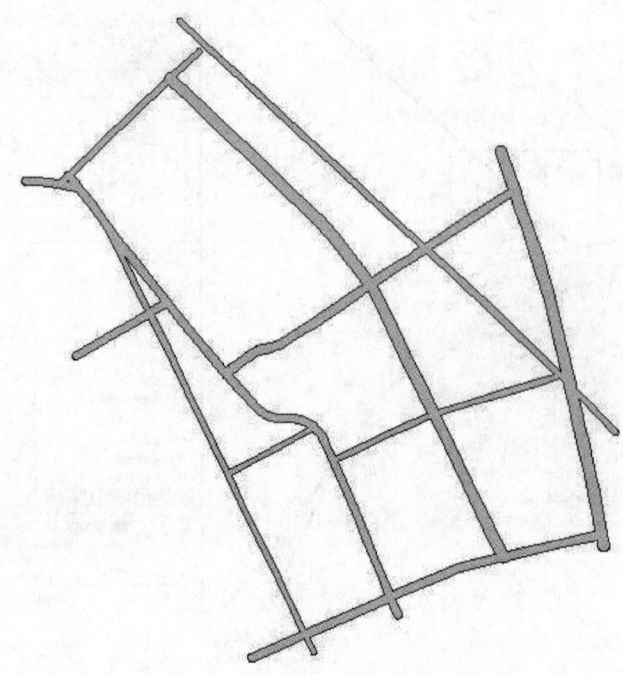

图 11-10 缓冲结果图

路交叉口圆角,假设道路转弯圆角半径都为 15m,在道路用地的基础上基础创建 15m 的缓冲区。

(1)打开"缓冲区"工具。

在弹出的"缓冲区"对话框中:

输入要素:选择前文步骤二中生成的"道路用地"图层。

输出要素类:选择保存路径,并命名为"道路用地_Buffer"。

(2)设置完成后,点击"确定"按钮,生成以道路用地为基础的 15m 缓冲区。

步骤二:生成"道路用地_Buffer"缓冲区

(1)再次打开"缓冲区"工具。

在"缓冲区"对话框中:

输入要素:选择上一步生成的"道路用地_Buffer"图层。

输出要素类:选择保存路径,并命名为"道路用地_交叉口圆角"。

线性单位:设置为"-15m"以生成内缩圆角效果。

(2)设置完成后,点击"确定"按钮,生成带有圆角的"道路用地_交叉口圆角"图层。生成后的"道路用地_交叉口圆角"图层将具有道路交叉口圆角效果,如图 11-11 所示。

5. 修改道路圆角

如果想对个别交叉口修改转弯半径可以先将面转线,然后打开编辑进行修改。规划过程中可结合实际需求调整转弯半径,本实习不对各道路交叉口进行逐一修改,仅以一处为例进行方法说明,后续过程仍以"4.绘制道路圆角"中生成的"道路用地_交叉口圆角"为道路用地。

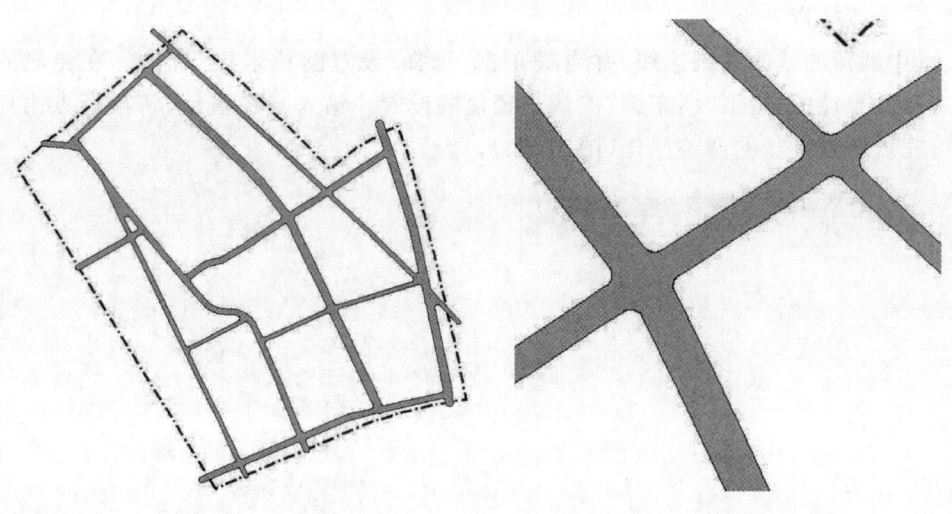

图 11-11 生成道路转弯圆角前(左)及生成道路转弯圆角后(右)

步骤一:打开要素转线工具

在 ArcToolbox 中依次展开"数据管理工具"→"要素"→"要素转线",双击启动"要素转线"工具。在弹出的对话框中,选择"道路用地_交叉口圆角"图层作为输入要素,设置输出路径和名称"道路用地_交叉口圆角_转线",点击"确定"按钮完成操作。

步骤二:打开内圆角工具

选中要编辑的道路图层。在编辑工具栏中,点击"高级编辑"选项,打开"内圆角工具"(图 11-12)。进入内圆角编辑模式,选择需要调整的道路交叉口。

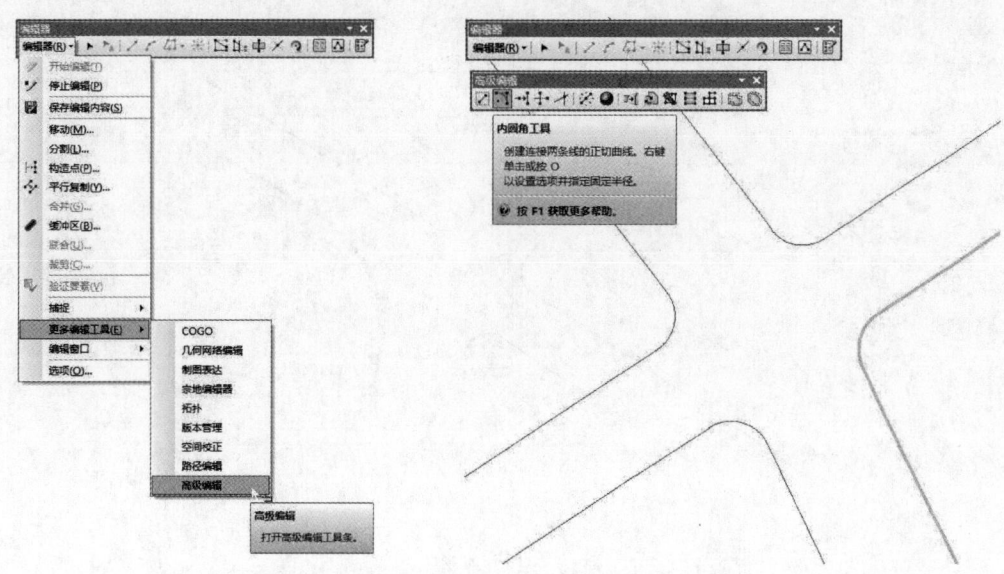

图 11-12 打开高级编辑及打开内圆角工具界面

步骤三:修改转弯半径

依次选中圆角曲线的两条边线,并右键单击,选择"设置圆角半径"选项。在弹出的输入框中,输入新的半径值,按下"回车键"确认半径值的设置。输入半径值后,将鼠标点击任意空白处,即可完成圆角半径的调整操作(图 11-13)。

图 11-13　修改内圆角曲线半径的值

修改完成后,如图 11-14 所示,道路交叉口的圆角半径将更新为新的值。确认所有修改无误后,点击"停止编辑"并保存编辑内容。

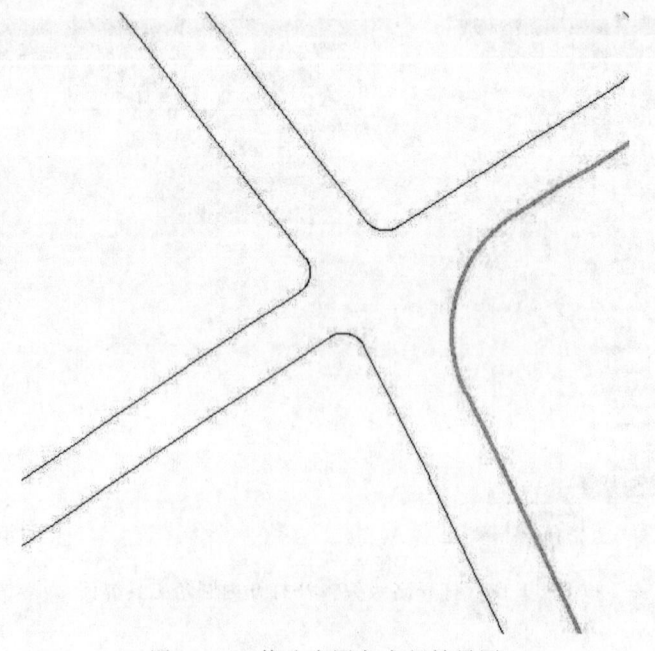

图 11-14　修改内圆角半径结果图

6.修剪道路用地面

对缓冲导致"道路用地_交叉口圆角"交点处突出部分进行剪裁。

步骤一:启动剪裁面工具

编辑器中单击"开始编辑",选择"道路用地_交叉口圆角",鼠标点击选中"道路用地_交叉口圆角"要素,鼠标单击启动编辑器中剪裁面工具(图11-15)。

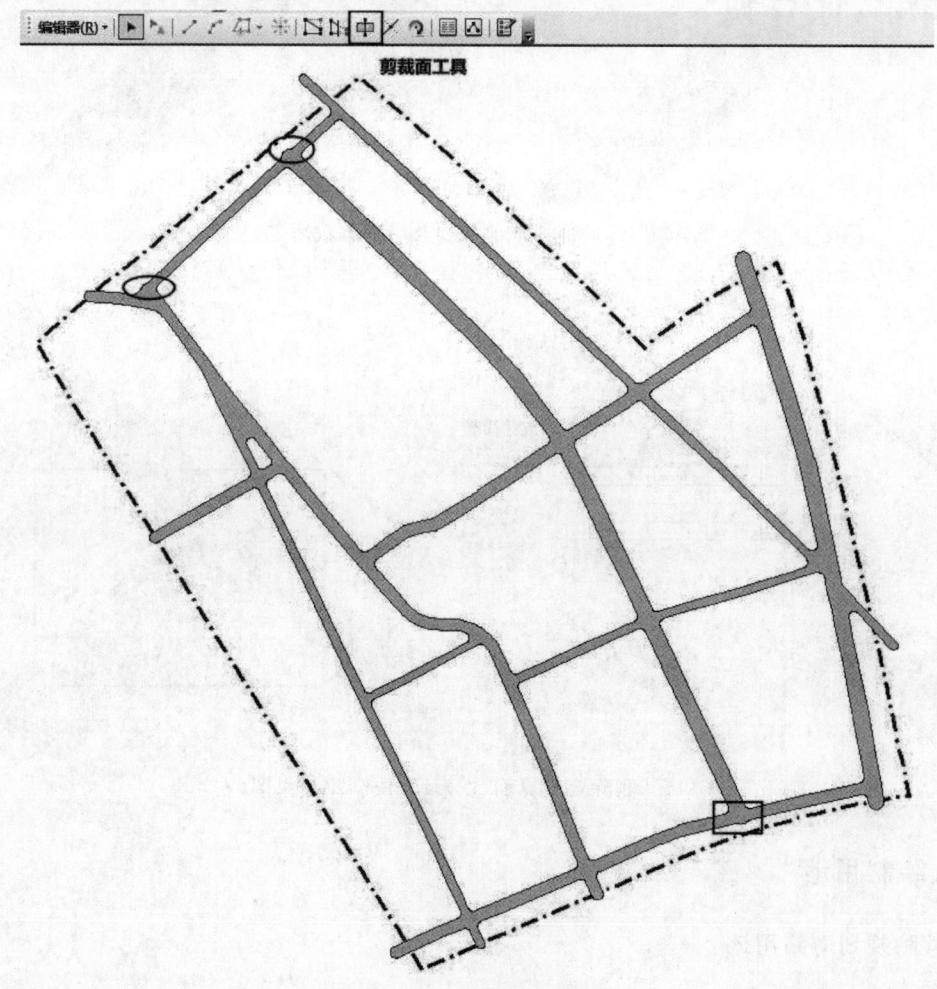

图11-15　需剪裁部分

步骤二:使用剪裁面工具进行剪裁

鼠标首先单击第一个折点,其次双击第二个折点完成剪裁(图11-16)。

步骤三:删除多余要素

打开属性表,选中多余要素进行删除,其余两处采取同样方式进行处理(图11-17),完成后停止编辑并保存。

图 11-16　局部剪裁前(左)及局部剪裁后(右)

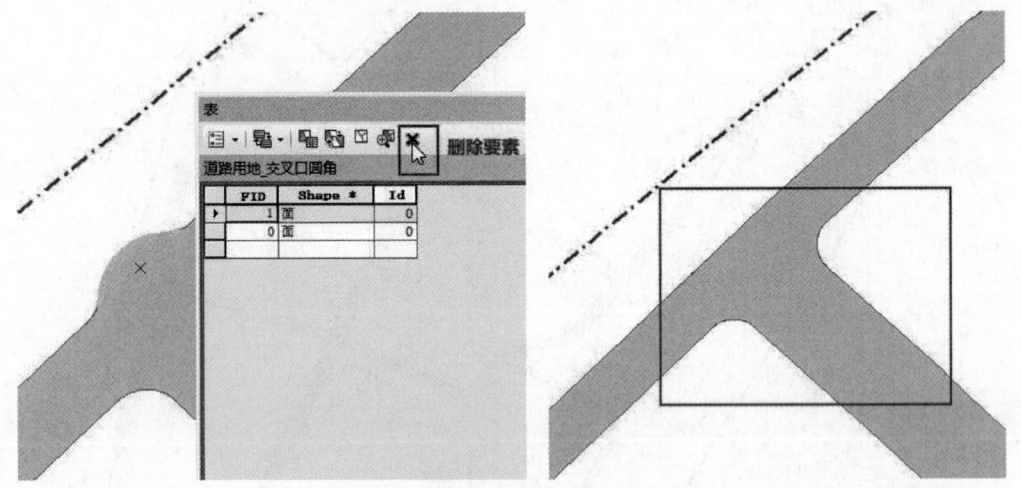

图 11-17　删除要素界面(左)及完成删除结果图(右)

三、绘制用地

1. 擦除规划道路用地

双击打开工具箱中"擦除"工具(分析工具/叠加分析/擦除),"输入要素"中选择"ZXCQYDYHXZ","擦除要素"选择"道路用地_交叉口圆角",选择保存位置并命名为"用地"(图 11-18)。

2. 处理稀碎图斑

步骤一:匹配符号

将"用地"数据中"YDYHFLMC"字段值与样式中的符号进行匹配。具体操作方法与本节第一部分数据准备与加载的步骤二:设置"ZXCQFW"数据的符号样式相同。

第十一章 中心城区用地布局调整

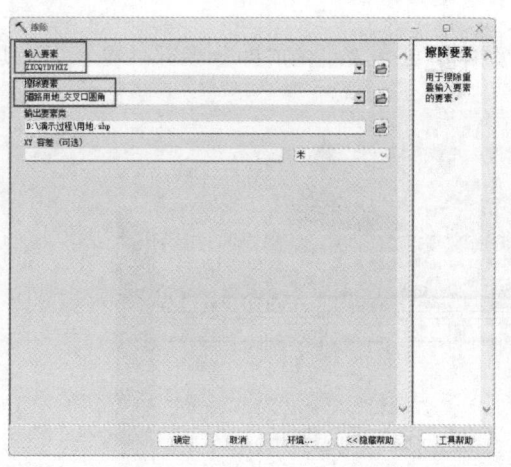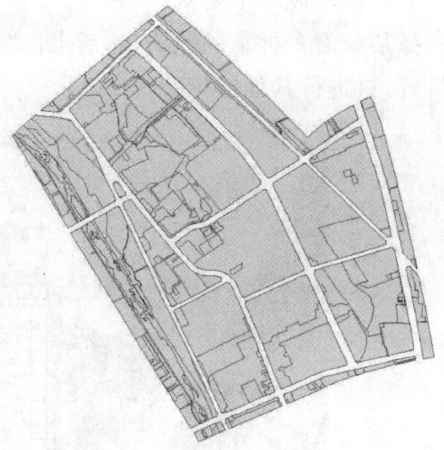

图 11-18 设置擦除界面（左）及擦除结果图（右）

步骤二：打开属性表

编辑器中点击"开始编辑"，选择"用地"数据。打开"用地"数据属性表。

步骤三：选择"YDYHFLMC"为"公路用地"的图斑

首先双击"YDYHFLMC"字段名→单击"等于"→单击"获取唯一值"，唯一值结果中双击选中"公路用地"，点击"应用"，完成选择。点击下方"显示所选记录"（图 11-19）。

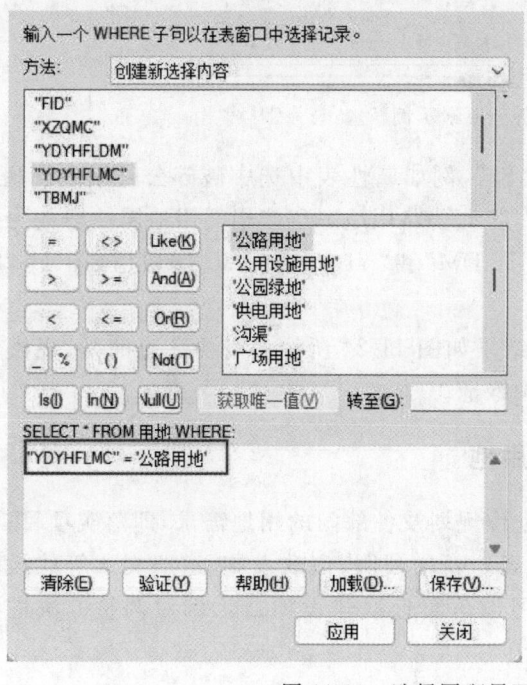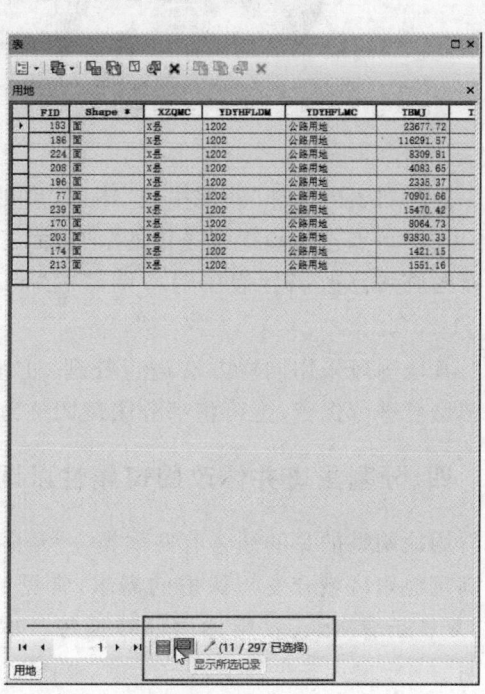

图 11-19 选择图斑界面（左）及选择结果图（右）

步骤四：编辑"用地"数据属性表

依次选择破碎公路用地图斑，将其属性修改为"相邻图斑用地类型"，过程中需要对部分图斑进行分割。如果一个图斑要素由多个分离地块构成（图 11-20），说明它是多部件要素，需要首先把它拆解成多个要素。

选择某个需要拆解的地块，然后点击"高级编辑"工具条上的"拆分多部件要素"工具完成地块拆解，再进行其他操作。

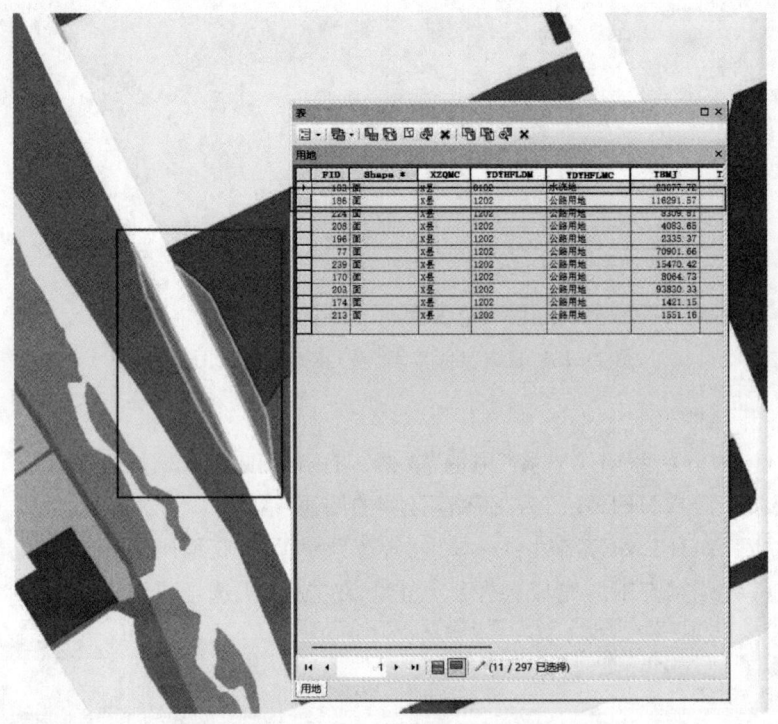

图 11-20　需拆分要素示例

内容列表内选择"其他用地"图层，启用"编辑"，例如属性表中选中破碎公路用地图斑 1（图 11-21），点击编辑工具条中的"剪裁面工具"，将此公路用地图斑按相邻用地属性剪裁为两个新图斑并修改属性表中对应图斑的"YDYHFLDM"和"YDYHFLMC"字段值（图 11-22、图 11-23）。

其他图斑采用同样方法进行处理，处理完结果如图 11-24 所示。需要注意的是，规模较大图斑可进行保留，也可将部分图斑调整为防护绿地。

四、分割图斑并修改图斑属性以调整用地

用地调整的目的通常有两大类：一是落实上位规划及各部门的用地需求，即落实项目；二是满足规划区域开发与保护的需求，常见的有规划新增公服、市政设施、道路交通等建设用地、复垦新增耕地、农用地内部转换等。本实习以落实近期建设项目为例对调整方法进行说明。

1. 添加"近期建设项目"数据

具体操作方法与第四节第一部分中"步骤一：添加'现状用地用海'与'ZXCQFW'数据"相同。

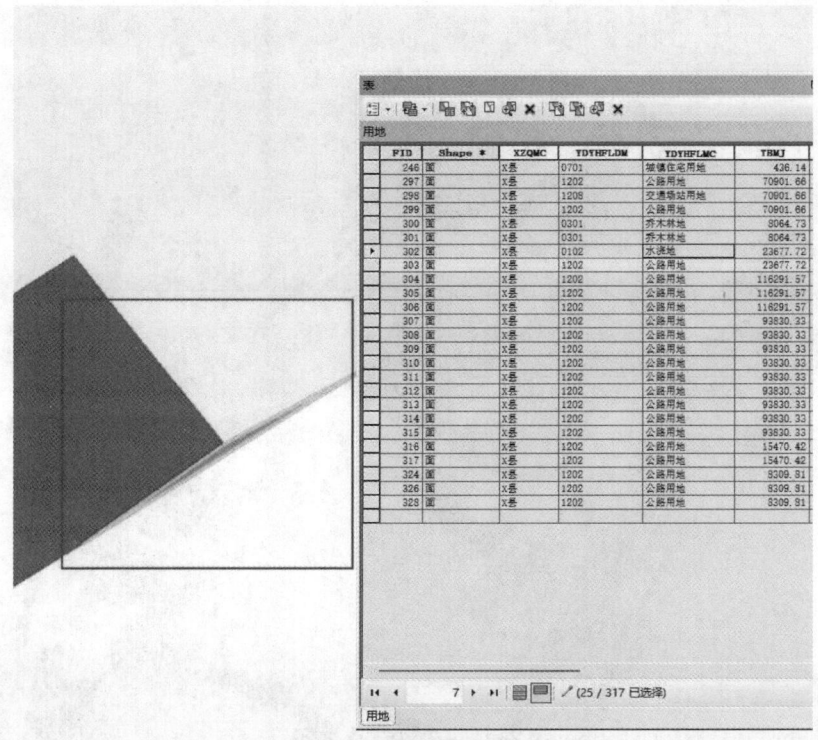

图 11-21 编辑图斑

	FID	Shape *	XZQMC	YDYHFLDM	YDYHFLMC	TBMJ	TBDLMJ	B
	339	面	X县	1202	公路用地	23677.72	0	
	303	面	X县	1202	公路用地	23677.72	0	

图 11-22 修改属性

	FID	Shape *	XZQMC	YDYHFLDM	YDYHFLMC	TBMJ	TBDLMJ	B
	339	面	X县	0701	城镇住宅用地	23677.72	0	
▶	303	面	X县	0801	机关团体用地	23677.72	0	

图 11-23 属性修改结果

2. 调整用地

步骤一：判断项目用地类型

打开属性表，其中"XMMC"字段的含义为项目名称，对照"附表1"用地用海分类名称、代码和含义"对拟新建项目用地分类名称与代码进行判断。以近期建设项目中"自来水加压站项目"为例，符合"1301 供水用地"的含义。

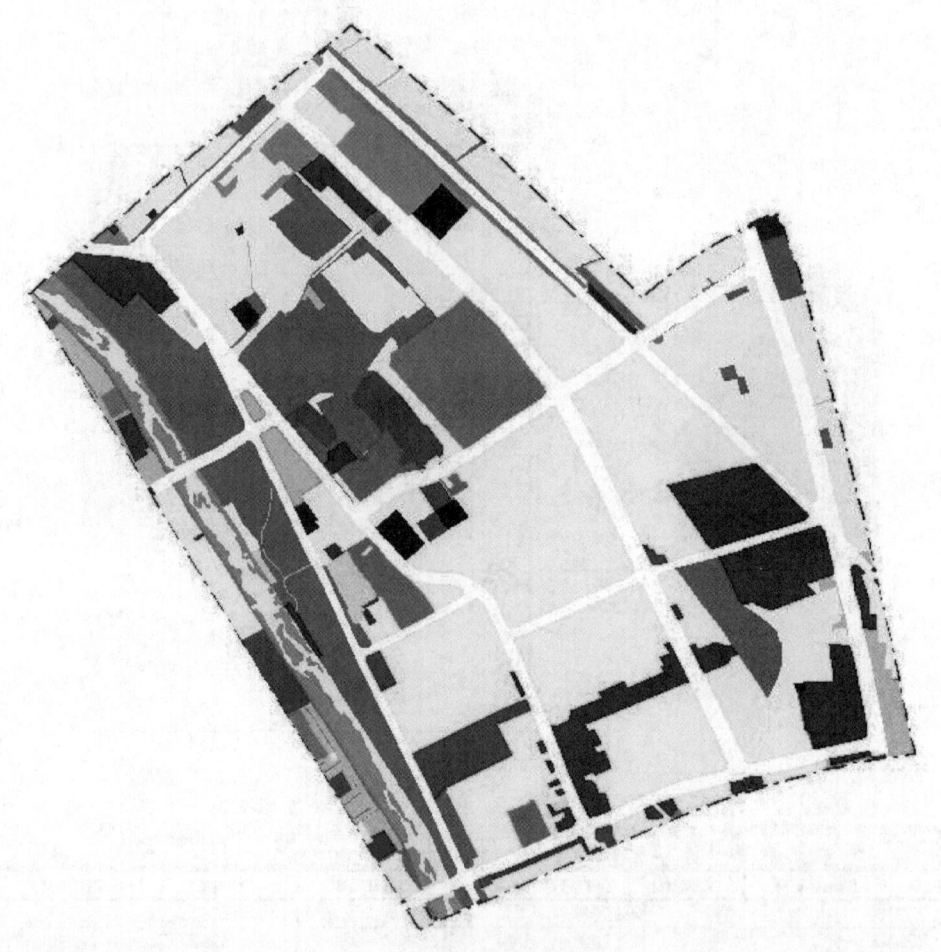

图 11-24 用地处理结果

步骤二：修改图斑要素属性

选中"用地"数据中对应图斑，在属性表中修改其"YDYHFLDM"和"YDYHFLMC"字段值。具体操作与第四节第三部分中"2.处理稀碎图斑"的步骤四相同。

第五节 实习作业与要求

(1) 完成"××中心城区用地布局调整"。

(2) 落实新建一处近期建设项目"全民健身中心"。用地布局调整步骤为绘制规划路网、绘制规划地块、调整用地布局。

(3) 撰写中心城区用地布局调整实习报告。

第十二章　国土空间规划数据库制作

第一节　实习目的与要求

【实习目的】①掌握国土空间规划数据库的定义、主要内容、基本要求及制作流程；②掌握矢量数据、表格数据入库方式；③掌握矢量数据的报错处理方式。

【实习要求】按照数据库制作要求完成不同类型规划成果数据的制作和入库。

第二节　数据准备

国土空间规划数据库制作涉及的数据资料包括生态保护重要性、乡级行政区主体功能定位的矢量图层。各项数据的详细信息如表12-1所示。

表12-1　数据准备

数据名称	数据类型	时空分辨率	数据用途	数据存储位置
生态保护重要性	矢量	—	矢量数据追加入库，并完善属性表	第十二章 国土空间规划数据库制作\国土空间规划数据库.gdb\生态保护重要性
乡级行政区主体功能定位	矢量	—	数据拓扑检查，修改拓扑错误后入库	第十二章 国土空间规划数据库制作\国土空间规划数据库.gdb\乡级行政区主体功能定位

第三节　基础知识点

1. 什么是国土空间规划数据库

国土空间规划数据库用于存储地理空间数据、图纸、文本及各类相关数据。它的主要结构包括规划文本、栅格图件、规划表格、矢量数据、数据说明文档等。其中，矢量数据为空间数据，其余为非空间数据。矢量数据包括全域矢量数据与中心城区矢量数据，包含现状矢量数据、规划矢量数据、双评价矢量数据等多种类型数据。

国土空间规划数据库是规划数据的集成。将数据纳入数据库内保证了数据的规范性和统一性。另外,将矢量数据存储于文件地理数据库(gdb)中可提高数据运行效率和读取速度。国土空间规划成果在汇交时,需要用数据库质检软件对规划数据库进行质检,确保数据的内容完备、坐标准确、信息无误以及空间拓扑无误。

2. 地理数据库类型

文件地理数据库(gdb):文件地理数据库是磁盘上指定文件夹中文件的集合,可以存储、查询以及管理空间数据和非空间数据,无空间大小限制。在国土空间规划数据库中,文件地理数据库用于存储矢量数据。

个人地理数据库(mdb):个人地理数据库所有的数据集都存储于 Microsoft Access 数据文件内,用于存储和管理空间数据和非空间数据,其最大容量为 2GB。在国土空间规划数据库中,个人地理数据库用于存储表格。

3. 国土空间规划数据库制作基本要求

要素图层以及字段都有其对应的约束条件取值,M 代表必选,即该要素图层或该字段是规划数据库必须具备的内容,若缺失该要素图层和字段,则会导致数据库质检报错。O 代表可选,即该要素图层或该字段是规划数据库中可选内容,若缺失该要素图层和字段,数据库质检不会报错。C 代表条件必选,需要结合规划区域的地方特色以及规划编制内容,若地方具有该内容的编制成果时,则该要素图层或字段是规划数据库必选内容。当 O(可选)、C(条件必选)图层中有数据时,则其空间拓扑、空间投影和属性表填写等多方面必须符合数据库规范要求。

4. 矢量数据图层类型

按照规划区域不同矢量数据可以分为全域矢量数据和中心城区矢量数据,按照几何特征矢量数据可以分为点数据、线数据、面数据,按照图层类别矢量数据可以分为"境界与行政区""评价分析""基期年现状""目标年规划"。其中,"境界与行政区"主要包括不同行政级别的行政区划矢量;"评价分析"主要包括"双评价"相关图层,如农业生产适宜性评价结果、城镇建设适宜性评价结果等;"基期年现状"主要包括规划基期的各项现状矢量数据,如现状用地用海、现状自然保护地分布等;"目标年规划"主要包括规划目标年的各项规划矢量数据。

第四节 实习内容

1. 建立国土空间规划数据库空库

根据自然资源部发布的《市级国土空间总体规划数据库规范(2022 修订版)》,建立一个国土空间规划数据库空库。

步骤一:构建数据库空库文件夹

(1)新建根目录文件夹:在系统中创建一个名为"市级国土空间总体规划电子成果数据"

的根目录文件夹,用于存储规划的空间数据和非空间数据。

(2)创建子文件夹:在根目录文件夹中,依次新建以下子文件夹。

"1 规划文本":用于存放规划文本、规划说明、专题研究报告、"双评价"报告等。

"2 栅格图件":用于存放栅格格式的规划图件,要求采用 jpg 格式,分辨率 300dpi。

"3 规划表格":用于存放规划成果中的表格数据,采用 mdb 文件格式。

"4 矢量数据":用于存放规划数据库中的矢量数据,采用 gdb 文件格式。

"5 数据说明文档":用于存放数据说明文档,如数据库建设报告、数据质量检查报告等,采用 pdf 文件格式。

(3)创建根目录文件:在根目录下创建一个 txt 文件,命名为"规划成果基本信息.txt",用于存放规划成果基本信息和成果报送清单等文档(图 12-1)。

图 12-1　数据库空库文件夹结构

步骤二:建立个人地理数据库"市级国土空间总体规划表格.mdb"并新建表格

(1)连接根目录文件夹:打开 ArcMap,在 ArcMap 目录中连接刚刚创建的根目录文件夹"市级国土空间总体规划电子成果数据"。

(2)新建个人地理数据库:在"3 规划表格"文件夹中,右键选择"新建"→"个人地理数据库",并命名为"市级国土空间总体规划表格.mdb"。

(3)新建表格:在"市级国土空间总体规划表格.mdb"中,新建表格,名称为"STBHZYXPJ",别名为"生态保护重要性评价结果"(图 12-2)。

按照《市级国土空间总体规划数据库规范(2022修订版)》第 51 页 6.4.5 生态保护重要性评价结果汇总表的属性结构,依次设置字段信息,包括字段名、字段别名、字段长度和字段类型。其中,字段名填写大写字母缩写,字段别名填写中文字段名称,Char 代表文本类型,Float 对应双精度类型。建立其他表格的操作类似,只需要对照《市级国土空间总体规划数据库规范(2022修订版)》对应的图层属性结构描述表建立正确的字段即可,此次实习中不重复操作。

步骤三:建立文件地理数据库"市级国土空间总体规划矢量数据.gdb"并新建空图层

(1)新建文件地理数据库:在"4 矢量数据"文件夹中,右键选择"新建"→"文件地理数据库",并命名为"市级国土空间总体规划矢量数据.gdb"。

表 74 生态保护重要性评价结果汇总表属性结构描述表（属性表名：STBHZYXPJ）

序号	字段名称	字段代码	字段类型	字段长度	小数位数	值域	约束条件	备注
1	要素代码	YSDM	Char	10			M	
2	行政区代码	XZQDM	Char	12			M	见注 1
3	行政区名称	XZQMC	Char	100			M	见注 1
4	区域类型	QYLX	Char	2		见代码表 1	M	
5	极重要面积	JZYMJ	Float	15	2	>0	M	单位：平方千米
6	极重要比重	JZYBZ	Float	15	2	>0	M	单位：%
7	重要面积	ZYMJ	Float	15	2	>0	M	单位：平方千米
8	重要比重	ZYBZ	Float	15	2	>0	M	单位：%
9	备注	BZ	Char	255			O	

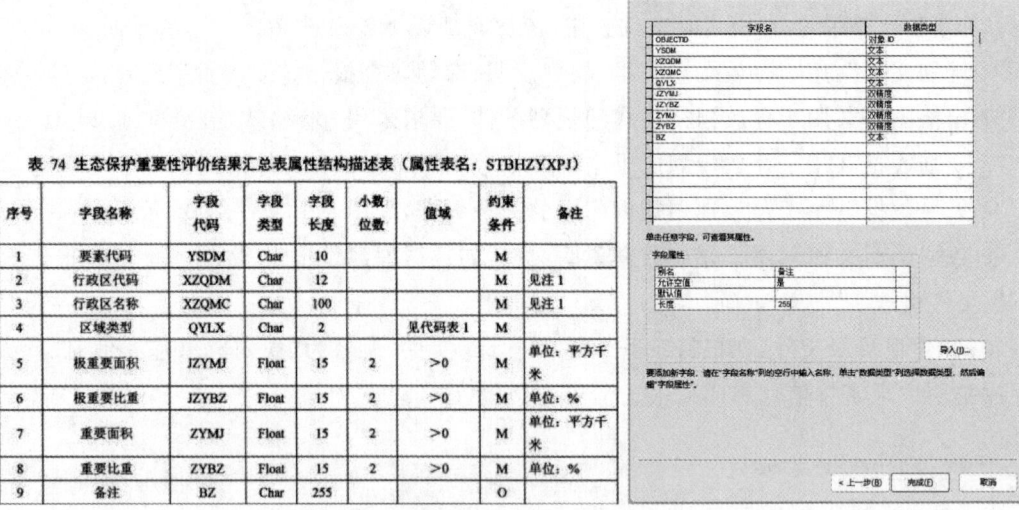

图 12-2　新建表格

（2）新建要素数据集：在"市级国土空间总体规划矢量数据.gdb"内，新建两个要素数据集。名称为"QY"，用于存储全域矢量数据；名称为"ZXCQ"，用于存储中心城区矢量数据。

设置 X、Y 坐标系为"CGCS2000_3_Degree_GK_Zone_34"，Z 坐标系为"Yellow_Sea_1985"（图 12-3）。

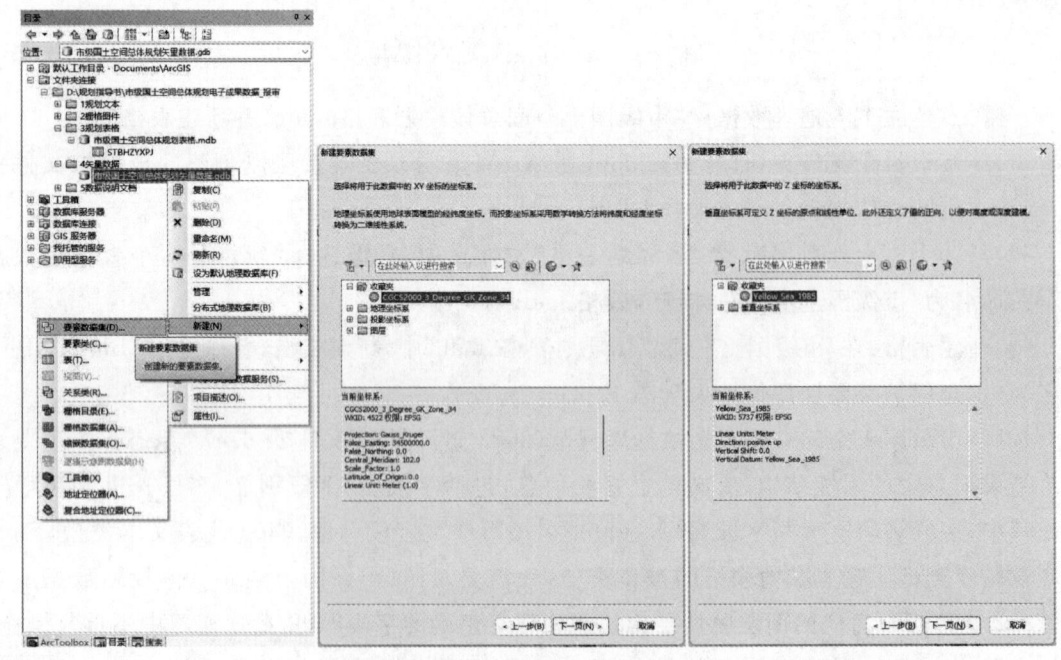

图 12-3　新建要素数据集

（3）新建面要素类：在"QY"要素数据集中，新建一个面要素类，名称为"STBHZYXPJJG"，别名为"生态保护重要性评价结果"。

第十二章 国土空间规划数据库制作

按照《市级国土空间总体规划数据库规范（2022修订版）》第15页6.2.2生态保护重要性评价结果的属性结构，设置字段信息。

数据库的空库需要将所有图层和表格都按照数据库规范新建，表格存储于个人地理数据库mdb中，全域矢量数据存储于文件地理数据库gdb的全域（QY）要素数据集中（图12-4），中心城区矢量数据存储于中心城区（ZXCQ）要素数据集中。此次实习中仅需新建有需要的图层，不用新建所有图层。

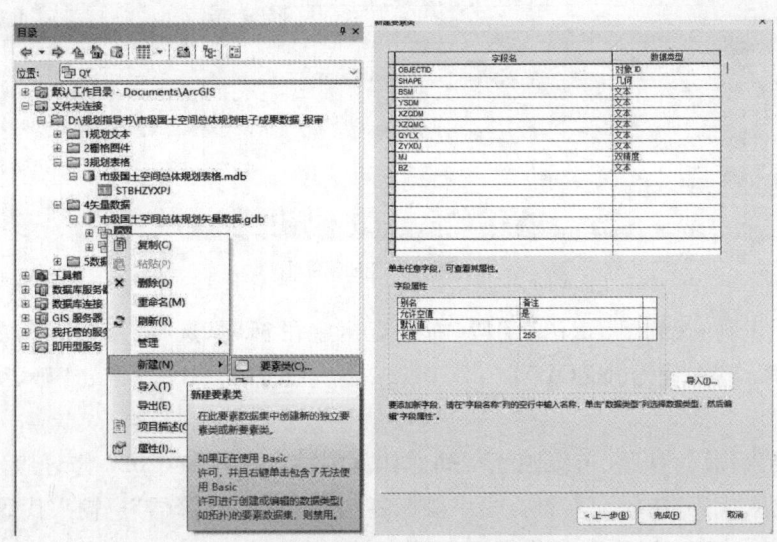

图 12-4　新建面要素

2. 将矢量数据纳入数据库

步骤一：将矢量数据复制或追加至数据库的图层中

（1）打开图层：在ArcMap中，打开提供的矢量数据"生态保护重要性"和数据库中的图层"生态保护重要性评价结果"。右键点击"生态保护重要性评价结果"图层，选择"开始编辑"。

（2）复制粘贴图斑：选择"生态保护重要性"图层中的所有图斑，右键选择"复制"。切换到"生态保护重要性评价结果"图层，右键选择"粘贴"以将图斑复制到数据库图层中。

（3）使用"追加"工具：如果无法直接复制粘贴，可以使用ArcToolbox中的"追加"（append）工具。

打开"ArcToolbox"→"数据管理"→"常规"→"追加"。在追加工具对话框中，选择"生态保护重要性"作为输入数据，选择"生态保护重要性评价结果"作为目标数据。方案类型选择"no_test"，点击"确定"将图斑追加到相应的图层中（图12-5）。

步骤二：按照《市级国土空间总体规划数据库规范（2022修订版）》完善图层属性表

（1）完善行政区代码：打开"生态保护重要性评价结果"图层的属性表，找到"XZQDM"字段。右键点击该字段标题，选择"字段计算器"。在字段计算器对话框中，选择Python作为解析程序，输入代码"000001"为所有记录赋值。点击"确定"，为所有记录的行政区代码字段统一赋值。

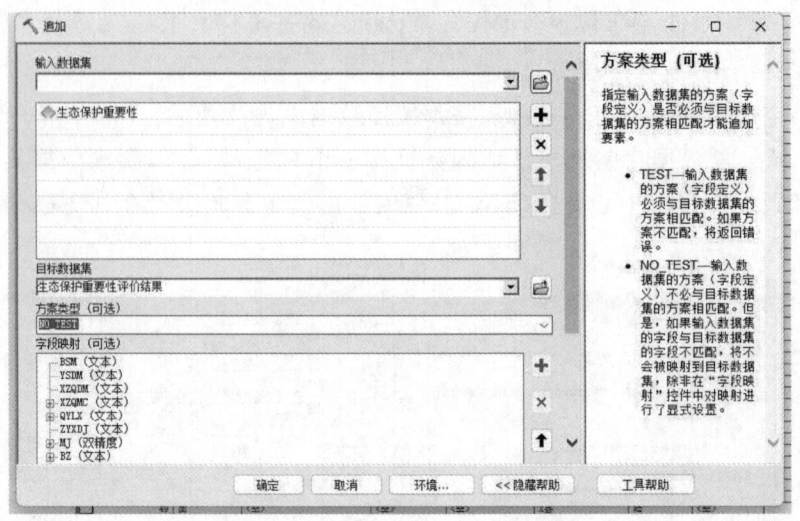

图 12-5 "追加"工具

(2)完善标识码:找到"标识码"字段,右键点击字段标题,选择"字段计算器"。选择 VB 脚本为解析程序,输入代码[XZQDM] & "0000" & [OBJECTID]。点击"确定",为标识码字段赋值。

(3)完善要素代码:参照《市级国土空间总体规划数据库规范(2022 修订版)》的表 1,在属性表中找到"要素代码"字段。右键点击字段标题,选择"字段计算器"。输入代码"2080050100"为字段赋值。点击"确定",为要素代码字段赋值。

(4)完善区域类型:根据数据库规范中的对应代码表,找到"区域类型"字段。右键点击字段标题,选择"字段计算器"。输入代码"10"为字段赋值。点击"确定",为所有记录赋值。

(5)完善重要性等级:打开"按属性选择",选择"BZ"字段,获取唯一值。选中"生态保护极重要区",右键点击"重要性等级"字段,选择"字段计算器"。输入代码"10"。点击"确定"为选中记录赋值。

对于"生态保护重要区"使用相同方法赋值,但将代码改为对应的值。

(6)完善面积字段:找到"面积"字段,右键点击字段标题,选择"字段计算器"。在解析程序中选择 Python,输入代码! shape.geodesicarea!。点击"确定",计算并填充各图斑的椭球面积。

(7)检查属性表:完成上述操作后,检查属性表,确保所有字段均已按照规范正确赋值。

按照上述步骤,可以将提供的矢量数据纳入数据库中,并依据《市级国土空间总体规划数据库规范(2022 修订版)》完善各个图层的属性表。每个图层的字段和代码要求可能不同,务必对照规范进行字段的设置和完善。

3. 完善表格

将"市级国土空间总体规划表格.mdb"中的"STBHZYXPJ"打开,并开始编辑。根据《市级国土空间总体规划数据库规范(2022 修订版)》第 51 页,表 74 生态保护重要性评价结果汇总表属性结构描述表的要求,完善 STBHZYXPJ 表格。要素代码、行政区名称、行政区代码、区域类型的字段完善方法已在上文提及,操作类似。极重要面积、极重要比重、重要面积、重要比重对应"生态保护重要性评价结果"图层属性表中的"重要性等级"字段。对"重要性等级"字段进行"汇总",即可得出不同重要性等级的面积。

步骤一:打开并开始编辑表格

(1)打开表格:在 ArcGIS 中,打开目录窗口,找到"市级国土空间总体规划表格.mdb"文件。双击打开其中的"STBHZYXPJ"表格。

(2)开始编辑:在打开的表格窗口中,点击上方的"开始编辑"按钮,进入编辑模式。

步骤二:完善表格字段

(1)完善要素代码、行政区名称、行政区代码、区域类型:使用字段计算器(类似于之前的操作),分别为要素代码、行政区名称、行政区代码、区域类型字段赋值。具体步骤如下:①右键点击相应字段的列标题,选择"字段计算器"。②在解析程序中选择 Python,输入相应的代码或文本内容,并点击"确定"。

(2)汇总"重要性等级"字段:打开与"STBHZYXPJ"表格相关联的"生态保护重要性评价结果"图层的属性表。在属性表中找到"重要性等级"字段,点击该字段标题,将其选中。右键点击字段标题,选择"统计",打开"统计"对话框。在统计结果中,可以查看不同"重要性等级"的面积汇总数据(图 12-6)。

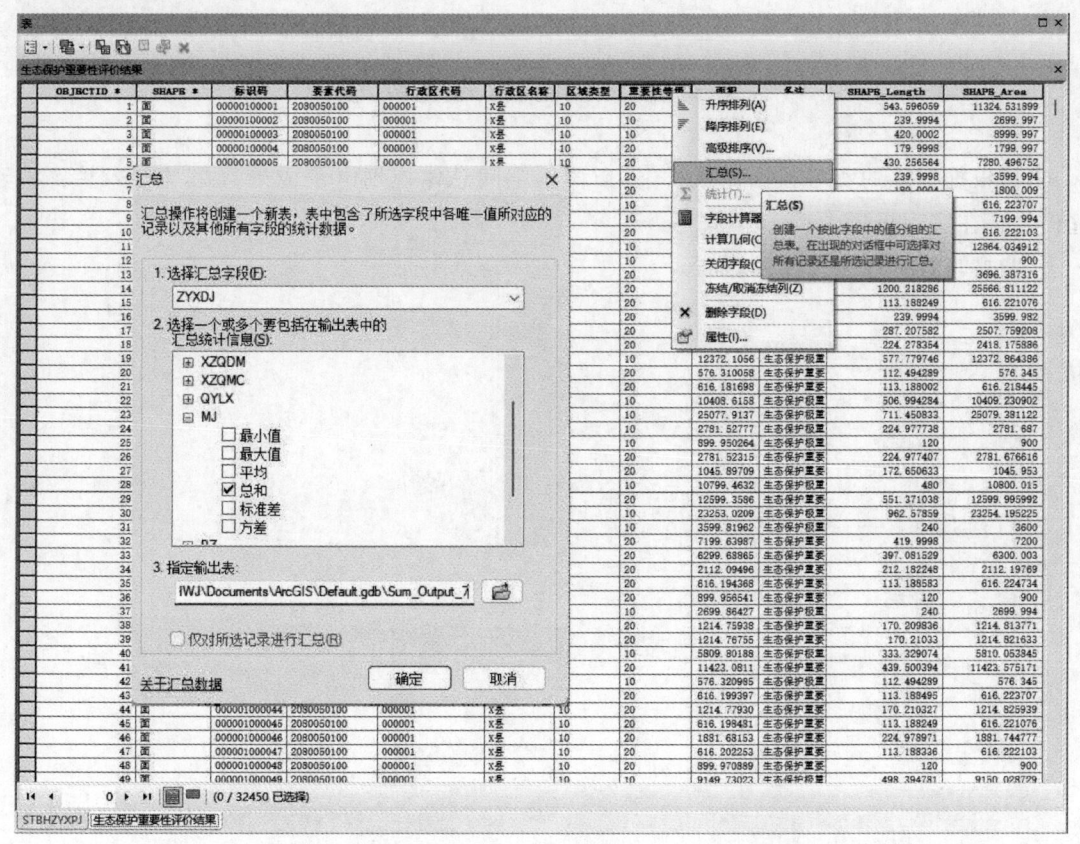

图 12-6　面积汇总

(3)填写面积和比重字段:根据汇总结果,将"极重要面积""重要面积"分别填写到表格的相应字段中。计算"极重要比重"和"重要比重",根据面积和总面积的比值,填写到表格的相应字段中。

步骤三:保存并检查表格

(1)保存编辑结果:完成字段的完善后,点击"停止编辑"并选择"保存"。

确保所有字段均已正确填写,表格内容符合《市级国土空间总体规划数据库规范(2022修订版)》的要求。

(2)检查表格:仔细检查表格,确保字段数据准确无误,格式符合规范要求。完善后的表格如图12-7所示。

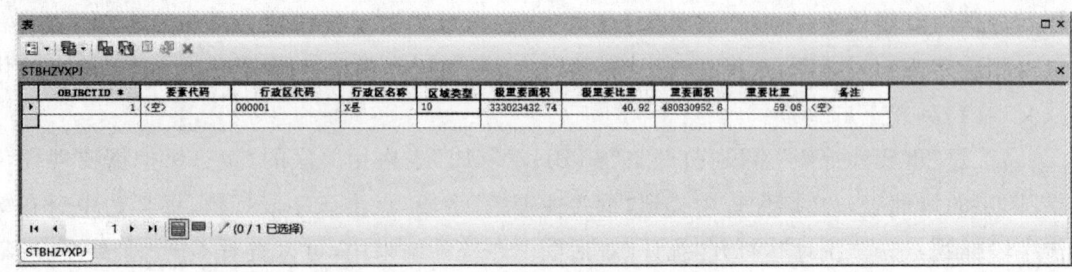

图 12-7　完善的表格

第五节　实习作业与要求

(1)根据提供的实习数据完成"××市国土空间总体规划电子成果数据"制作,并将实习过程体现在实习报告中。

(2)撰写数据库制作实习报告。

第十三章 国土空间规划文本与说明书编制

第一节 实习目的与要求

【实习目的】掌握国土空间规划文本和说明书的定义、包含的主要内容及编制要求,并按照规划文本的编制要求,将规划说明书的内容转换为规划文本的范式。

【实习要求】将规划说明书的内容转换为规划文本范式。

第二节 基础知识点

1. 国土空间规划文本

国土空间规划文本是国土空间规划逐级报批的成果之一,是一定时期各区域内国土空间保护、开发、利用、修复的政策和总纲,指导约束各级相关专项规划和低层级国土空间总体规划编制,具有战略性、综合性、协调性和约束性。规划文本主要内容一般包括:战略目标和任务;总体格局;农业生产空间保护;生态空间保护与修复;新型城镇化和乡村振兴;陆海空间协同(沿海省份);文化遗产和自然遗产保护利用;基础支撑体系;区域协调发展的空间指引;规划实施保障。

2. 国土空间规划说明书

规划说明书是对规划文本的补充和说明,主要包含以下内容。

(1)规划编制基础:包括编制背景、依据、编制过程、数据采集等。

(2)规划协调衔接:与重大战略、相关规划在发展定位、指标管控、空间格局上的衔接情况说明。

(3)规划目标定位:规划定位和战略的确定依据,规划目标确定和指标体系构建依据,规划指标测算和分解的依据。

(4)规划空间格局:国土空间格局的确定依据,主体功能区优化完善的确定依据。

(5)国土空间布局:农业空间、生态空间、城镇空间、海洋空间优化布局,以及陆海协同、区域协调的依据和分级分类管控的思路。

(6)历史文化传承:强化文化遗产和自然遗产保护和活化利用的思路和举措,包括构建遗产保护空间体系、完善空间保障和管控政策、合理利用风景名胜资源的综合价值等。

(7)基础支撑体系:强化空间统筹,完善综合交通、水资源供应、能源供应保障、基础设施、防灾减灾等支撑体系的确定思路。

(8)规划环境影响评价:分析该区域主要生态环境问题及成因,对规划实施可能造成的环境影响和风险进行分析、预测和评估,提出预防或减缓不良环境影响的对策和措施。

(9)其他:规划需要具体说明的其他重要问题。

3. 规划文本和说明书编制要求

规划文本的文字表达要聚焦空间,重点从空间约束管控、空间支撑保障角度表达规划内容,与发展规划、区域规划、行业专项规划等各有侧重,突出以空间布局优化、空间支撑保障等方面论述,特别要注重专题研究成果在规划中的应用,准确把握"问题挑战—目标战略—总体格局—规划对策—实施保障"的逻辑主线,做到前后呼应,相关定位、空间战略要契合地方实际。规划文本应清晰明确,增强针对性、政策性和可操作性,名词术语表达规范。正确处理规划文本的正文与文中专栏的关系,合理设置专栏,避免正文与专栏内容、专栏与附表等互相重复、不相匹配。政策表达应科学、简明、可操作性,相关术语表述应准确、规范。减少套话、规划原理的内容。

规划说明书应对规划重点内容的原因、理由、依据、思路等进行解释说明,至少应包括规划依据、规划编制历程、资源环境承载能力和国土空间开发适宜性评价、国家战略和规划落实情况、规划约束性指标和强制性内容、目标愿景,规划环境影响说明和国土空间规划"一张图"实施监督信息系统的核心内容等。规划说明书不是对规划文本条文的解释说明,也不是对规划文本内容的重复,应避免出现名词解释、文件摘抄等内容。

4. 规划文本和规划说明书的区别

国土空间规划文本和规划说明书的主要区别体现在内容、受众、表现形式、法律效力和措辞用句等方面。这些差异使得两者在规划中扮演不同的角色,起到不同的作用,提供不同的信息。规划文本主要描述规划的理念、目标和规划方案等,是一个高度凝练的政策性文件,重点在于规划思想的表述和规划方案的阐述;而规划说明书则更注重具体实施方案的细节和操作,如中心城区内部道路、建筑物高度、建筑用途等,是一个较为具体和细节的文件。规划文本内容一般较为简洁,主要阐述规划的主要内容和意图,按照法规条文格式编写,力求言简意赅;而规划说明书的内容则更为详尽和细致,篇幅一般要比规划文本长,分析现状、论证规划意图、解释规划方案,是对规划文本内容的解释和说明。在受众方面,规划文本主要是针对规划决策者、行业专业人士和公众,重点在于展示规划理念和方案,提高公众对规划的认知和理解;而规划说明书则主要是面向设计师和施工人员,重点在于提供具体实施方案的过程指导和具体操作。规划文本一般以条文的形式呈现,具有法律效力,语言比较确定,比较严谨,可能、建议的词语一般不用;而规划说明书一般为章节的表现形式,不具有法律效力,有较大的语言表达空间,可以根据实际需要灵活调整措辞。

第三节 实习内容

一、明确规划文本和说明书的编制范式

对规划重点内容的原因、理由、依据、思路等进行解释说明，形成规划说明书，并依据"问题挑战—目标战略—总体格局—规划对策—实施保障"的逻辑主线编制规划文本，将体现规划说明书中涉及空间布局优化、空间支撑保障等方面的结论和重点内容在规划文本中出来，思路部分仅在说明书中表达。

1. 规划说明书范式

规划说明书总体上可分为以下四大部分。

第一部分明确该区域内国土空间保护、开发、利用、修复的现状基础与形势、总体定位、目标与战略、总体格局。以《××国土空间总体规划（2021—2035年）》说明书为例（图13-1），第一章至第四章详细介绍了规划的背景、依据、编制过程、数据基础，并对该区域的现状基础和形势进行研判，依据区域重大战略、区域协调发展战略、主体功能区战略，落实上级党委政府发展战略，围绕粮食安全、生态保护、区域协调、城乡融合、陆海统筹、综合交通、自然文化遗产、基础支撑体系、整治修复等方面，统筹保护和利用，提出本区域国土空间开发保护目标和空间战略；将上级管控指标和要求逐个落实，明确本级规划管控指标并将主要指标逐个分解到下级行政区；围绕国土空间规划的目标与战略，明确国土空间规划开发、保护总体格局。

第二部分确立农业、生态、城镇空间及历史文化资源保护高质量发展的思路以及交通、能源等重大基础设施支撑体系。以《××国土空间总体规划（2021—2035年）》说明书为例，第五章至第十章根据农业、生态、城镇的现状特征和问题，统筹考虑耕地保护与利用、蓝绿生态网络、人口与城镇化等方面，优化完善农产品主产区布局、生态安全格局、城市化地区布局。通过梳理各级各类历史文化遗产现状分布、保护利用情况和存在问题，完善历史文化遗存本体及其环境的空间管控要求，综合分析不同区域的自然山水环境、地方文化民俗习惯、地域建筑整体风貌、文化和自然遗产资源禀赋等方面存在的特色差异，强化历史文化遗产保护与活化利用，塑造景观风貌系统，制定差异化的区域保护传承和活化利用的政策建议；落实各级重大基础设施网络布局和重大项目，结合本区域城镇发展、人口和产业集聚对重大基础设施的需求，考虑气候变化和地震、气象、地质灾害风险，按照适度超前、均衡通达、便捷高效、绿色智能、共建共享、安全有效的目标和原则，布局区域交通、能源、水利、通信、物流、防灾减灾等重大基础设施项目及建设时序安排。

第三部分主要阐述区域协调和规划协调衔接内容。以《××国土空间总体规划（2021—2035年）》说明书为例，第十一章和第十二章通过分析国家区域重大发展战略、区域协调发展战略和主体功能区战略等方面对本地区的要求，从承接上位规划、协调相关规划等不同角度，对行政区主体功能定位、城镇化和产业布局、耕地和生态保护、自然资源配置、土地综合整治和生态修复重大工程、区域基础设施和公共服务设施重大项目建设等方面，提出区域协调的

重点任务和政策措施和规划传导要求。

第四部分主要说明规划环境影响评价和国土空间规划"一张图"情况。以《××国土空间总体规划（2021—2035年）》说明书为例，第十三章和第十四章围绕生态环境与资源利用现状分析、环境影响预测评价、规划方案环境合理性论证和优化调整建议等内容，进行规划环境影响评价的介绍；并评估国土空间规划"一张图"实施监督信息系统的数据是否完备、是否符合有关数据库要求、是否具备规划审查初步功能，评价系统功能模块的完整性和实际管理应用情况以及支撑国土空间规划编制、审批、实施监管全周期管理的能力。

图 13-1　《××国土空间总体规划（2021—2035年）》说明书目录

2. 规划文本范式

1）规划文本总体要求

一是要聚焦空间，重点从空间约束管控、空间支撑保障角度表达规划内容，与发展规划、区域规划、专项规划等有所区别。要转换表述方式，突出从空间布局优化、空间支撑保障等方面论述，避免直接表述"如何发展"，精简或删除属于专项规划、区域规划内容。

二是文本术语表述应清晰明确，增强针对性、政策性、可操作性，名词术语表达规范，篇幅不宜过长，应适当精简，应用规划语言、规划措施，避免行政类语言、措施等。

三是规划文本应突出"干什么、怎么干、在哪干、干多少"的内容，相关原因、理由、依据、思路等解释性内容在规划说明中体现。

四是正确处理规划正文与专栏的关系。为了突出某些特定内容、强调重点信息，规划文本正文中可插入专栏，提高规划文本的可视化效果，增强信息传达的效果，使文本更具吸引力和可理解性。正文后还有附表，附表应包括规划指标表、耕地和永久基本农田保护面积指标表、生态保护红线面积表、城镇开发边界扩展倍数指标表、国家级和省级主体功能区名录、历史文化保护名录表、无居民海岛分区分类一览表、重点项目安排表、大陆自然岸线保有率指标表,自然保护地一览表、战略性矿产保障区名录一览表、特别振兴区名录一览表,各地可结合实际情况增加。值得注意的是,专栏和附表(图13-2)不可重复,仅保留一个。若正文中的专栏可以直接对文本内容进行补充说明的,选专栏即可。

专栏10:草畜平衡管控措施	附表 186
科学核定草原载畜量。健全目标考核,建立县—乡(镇)—村—护林员包干的网络化管理责任体系。结合当地草情、畜情、民情,把禁牧和草畜平衡制度纳入村规民约。 推行划区轮牧、返青期休牧,合理均衡利用草原。有补饲条件的地区,积极推行休牧制度,对纳入草畜平衡区管理的天然草原,实行以草定畜,草与畜动态平衡的常态化管理措施。 加强自然保护地草原管理。核心区原则上实行禁牧管理,一般控制区实行草畜平衡管理。	附表1-1: XXX耕地、永久基本农田规划指标分解表 ...... 186 附表1-2: XXX生态保护红线规划指标分解表 ...... 187 附表1-3: XXX城镇开发边界规划指标分解表 ...... 188 附表2: XXX国土空间功能调整表 ...... 189 附表3: XXX主体功能分区表 ...... 190 附表4: XXX自然保护地一览表 ...... 191 附表5: XXX中心城区城镇建设用地调整表 ...... 192 附表6: XXX片区单元详细规划指引 ...... 193 附表7: XXX文物保护单位名录及保护范围一览表 ...... 194 附表8: XXX国土综合整治与生态修复近期重大工程 ...... 198 附表9: XXX重点建设项目安排表 201

图13-2 专栏和附表的表达形式

五是相关定位、空间战略要结合地方实际,不宜定位过高。

六是强制性内容需用下划线表示(图13-3)。强制性内容的界定和要求细化如下:①"三区三线"的空间范围和规模;②涉及国防和外交的重大工程项目等空间安排;③落实遗产保护空间体系,包括文化遗产和自然遗产保护对象的数量、范围、空间管控引导要求,自然保护区、风景名胜区的数量规模和空间管控要求;④城市四线划定的内容、范围、管控引导要求,以及洪涝风险控制线、蓄滞洪区、地质灾害防控等灾害防治的空间管控要求;⑤生态、交通、水利、能源、防灾减灾、城乡公共服务等对城市空间结构有重大影响的设施安排和空间布局,特别是跨区域设施安排和空间布局;⑥其他底线管控、重大设施和空间安排等内容,地方认为有必要列入强制性内容的。

第一节 锚定高质量发展的空间底线

第21条 严保耕地和永久基本农田

<u>全县划定不低于XXX万亩的耕地和不低于XXX万亩的永久基本农田</u>,分别占县域国土面积的XXX和XXX,主要分布在XXX等乡镇。

图13-3 强制性内容的下划线表达示例

2)规划文本结构

根据"问题挑战—目标战略—总体格局—规划对策—实施保障"的逻辑主线,进行规划文本的编排。

"问题挑战—目标战略—总体格局"一般集中在前三章。其中,第一章规划背景部分(图13-4)从自然地理格局与资源禀赋出发,分析现状与成效、问题与风险、机遇与挑战。要区分现状与未来的关系,避免相互混淆。问题是已经客观存在需要在规划中予以解决的事项,而风险是目前尚未发生,但未来存在发生的可能性,需要在规划中提出预防或降低影响的事项。机遇是国家、省重大区域战略以及科技发展等因素给地区带来的发展机会,而挑战是面对未来新的更高标准因能力不足而无法支撑把握的事项。第二章目标与战略部分主要介绍规划的指导思想和基本原则,未来的发展愿景和城市性质,最后确定开发保护目标与空间战略。第三章是以"三区三线"为基础,构建国土空间开发保护新格局。国土空间开发保护格局应与农业、生态、城镇格局相呼应和匹配。此外还应做好总体格局与主体功能区定位、"双评价"及上位国土空间规划中相关格局的衔接和协调。

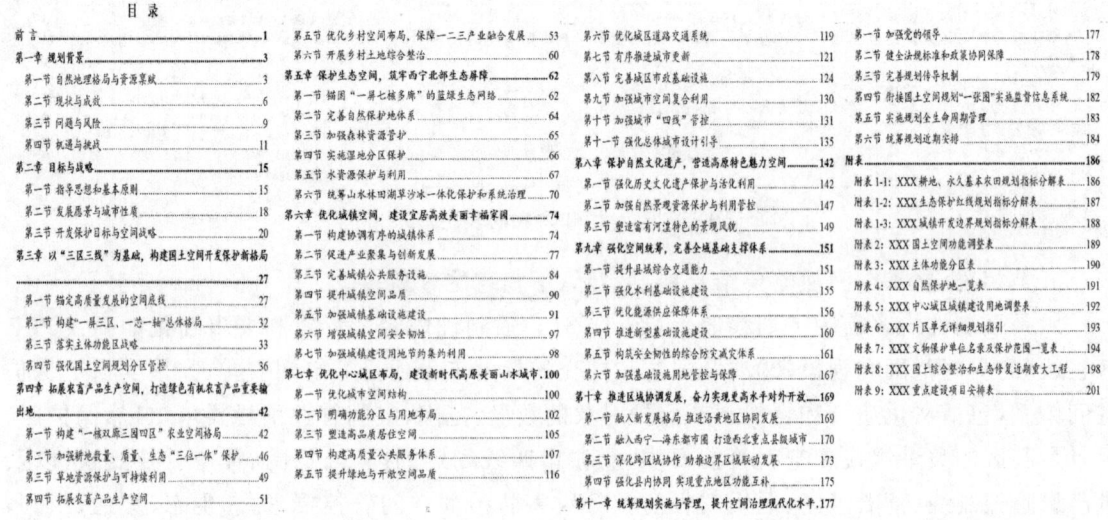

图 13-4 《××国土空间总体规划(2021—2035 年)》规划文本目录

规划文本会从农业、生态、城镇三类空间布局优化、中心城区布局优化、保护自然文化遗产、基础支撑体系、区域协调发展等方面,提出"规划对策"。并从健全法规和技术标准、完善配套制度政策、建立规划传导机制、健全国土空间用途管制、推进国土空间规划"一张图"实施监督信息系统建设、强化规划监测评估预警、做好近期规划安排等方面,提出规划实施激励和约束机制的思路,做好规划"实施保障"。

二、规划说明书改写为规划文本

1. 改写注意事项

将规划说明书改写为规划文本通常涉及提炼和抽象的过程。规划说明书包含了更为具体和操作性的内容,而规划文本则更倾向于提供战略性、总体性的指导。以下是规划说明书改写为规划文本需要注意的几点。

(1)坚持核心原则:首先需理解规划说明书中涉及的规划目标、基本原则以及总体战略方向等内容,识别其中核心原则和理念、规划布局优化结论等,提取用地保障措施、布局优化结论等核心观点是改写的第一步。另外,规划说明书中可能包含详细的政策措施和实施步骤。在转换为规划文本时,需要对这些政策进行梳理和总结,以确保它们被整合到更高层次的战略性描述中。

(2)提炼目标愿景、空间战略和城市总体定位:规划文本应当明确目标和愿景、未来发展战略和总体定位,因此需要从规划说明书中着重提炼出相关表述,并加以概括、归纳,确保其在文本中得到清晰的体现。

(3)简化技术性内容,突出重点领域:规划说明书包含技术性、具体数据和信息。在改写为规划文本时,需考虑简化这些内容,将其表述得更为概括,突出总体趋势和结论而非具体细节。识别规划说明书中的重点领域,即规划中需要特别关注的区域或议题。在规划文本中,突出这些领域并简洁地阐述其发展方向。

(4)确保逻辑连贯性:确保改写后的规划文本在逻辑上连贯、一致,无须按照说明书的逻辑范式编撰,可从“问题挑战—目标战略—总体格局—规划对策—实施保障”梳理规划文本框架,使读者能够理解规划的整体框架和思路。

(5)注重语言精练:在改写的过程中,需要舍弃一些不太重要或不必要的细节,文本术语表述应清晰明确,增强针对性、政策性、可操作性,名词术语表达规范,部分文本篇幅过长,应适当精简。

(6)表述聚焦空间:重点从空间约束管控、空间支撑保障角度表达规划内容,与发展规划、区域规划、专项规划等有所区别。要转换表述方式,突出从空间布局优化、空间支撑保障等方面论述,避免直接表述“如何发展”,精简或删除属于专项规划、区域规划内容。

2. 改写实例

以《××国土空间总体规划(2021—2035年)》规划说明书和规划文本其中第一节为例。

在规划说明书“三条控制线划定的基本思路”中,分别介绍了耕地和永久基本农田、生态保护红线和城镇开发边界的划定背景、划定思路、划定方案、管控规则和指标分解情况(图 13-5)。

但规划文本中仅将确定的三条控制线划定方案、管控规则放入正文中,以条目形式表达(图 13-6)。其中,管控规则用专栏形式表示,如图 13-7 和图 13-8 所示的耕地和永久基本农田保护红线划定方案和管理规则。

指标分解情况放入最后的附表中,变为耕地、永久基本农田规划指标分解表,生态保护红线规划指标分解表和城镇开发边界规划指标分解表。

- ▾ 第一节 三条控制线划定的基本思路
  - ▾ 一、耕地和永久基本农田
    - (一) 划定背景
    - (二) 划定思路
    - (三) 划定方案
    - (四) 管控规则
    - (五) 指标分解
  - ▾ 二、生态保护红线
    - (一) 划定背景
    - (二) 划定思路
    - (三) 划定方案
    - (四) 管控规则
    - (五) 指标分解
  - ▾ 三、城镇开发边界
    - (一) 划定背景
    - (二) 划定思路
    - (三) 划定方案
    - (四) 管控规则
    - (五) 指标分解

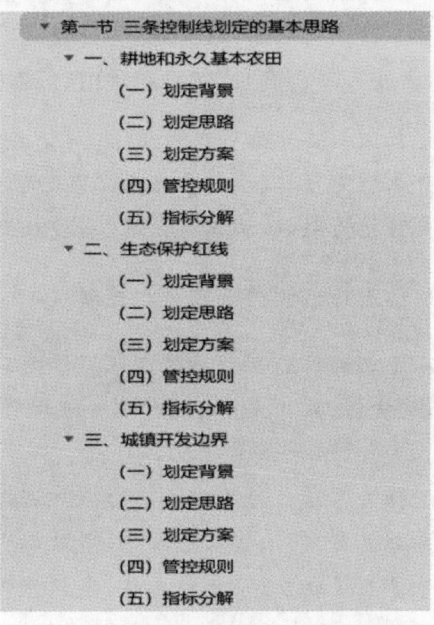

图 13-5 规划说明书中“三条控制线划定的基本思路”内容

- ▾ 第一节 锚定高质量发展的空间底线
  - 第 21 条 严保耕地和永久基本农田
  - 第 22 条 严守生态保护红线
  - 第 23 条 严控城镇开发边界

图 13-6 规划文本中“锚定高质量发展的空间底线”主体内容

第21条 严保耕地和永久基本农田

<u>XXX 划定不低于 XXX 万亩的耕地和不低于 XXX 万亩的永久基本农田,分别占县域国土面积的 XXX 和 XXX,主要分布在 XXX 等乡镇。</u>

图 13-7 规划文本中耕地和永久基本农田保护红线划定方案

专栏 3：耕地和永久基本农田保护红线管理规则
XXX
XXX
XXX

图 13-8 规划文本中耕地和永久基本农田保护红线管理规则

第四节　实习作业与要求

一、将规划说明节选改写为对应的规划文本表达形式

根据提供的规划说明书节选部分"优化农业空间格局的思路"改写成规划文本对应内容"构建'一核双廊三园四区'农业空间格局",可灵活运用专栏或者附表等形式表达。做到聚焦空间,表述清晰明确,请勿出现理由、依据、思路等解释性内容。说明书节选部分如下。

根据××县地形地貌特点,立足全县资源条件和现有发展基础,遵循资源禀赋优化配置、区域分工协同合作、生产生活生态"三生"协调共生的原则,按照现代农业发展要求,以高原特色产业种植为引领,构建××县"一核双廊三园四区"现代农业发展新格局。

1. 促进特色优势农牧产业发展

以绿色有机农畜产品输出地建设为载体,积极培育县域主导优势农牧产业;优化冷凉夏菜、高原青稞、牦牛藏羊、马铃薯、饲草等特色产业布局,持续扩大"菜篮子"生产规模和影响力。

增强××镇作为县城驻地的"核心"作用,打造农畜产品集散地。

充分发挥××、××沿线"Y型双廊"的重要联动和枢纽作用,促进周边地区种植、养殖、加工等产业互联互通、协同发展,强化生产要素交流,加快整合乡村产业,形成"串点成线、连线成面"的高原特色优势农牧产业发展布局。

2. 提升农业科技现代化水平

打造"特色农业产业园、产业融合示范园和现代农业科技园"三大高科技农业产业园区;围绕"三园"耦合,拓展以种养业、农产品加工业、乡村休闲旅游业等多领域全功能的多元拓展、统筹协调、互补互融、协同发展的现代农业产业示范区,提升农业科技现代化水平,通过以点带面,推动全县农业生产标准化、供给多元化、产业融合化发展。

1) 特色农业产业园

依托××青稞、××牦牛产业发展基础和优势，以龙头企业为载体，以科技创新为动力，以高标准、高品质、高端品牌化为路径，创建全国绿色食品原料标准化生产基地；重点加大青稞、牦牛产品与餐饮、农展相结合，推广独具地域特色的青稞、牦牛系列高端品质产品，打造特色农业产业园。

2) 产业融合示范园

以××蔬菜产业园、××现代农业示范园为基础，创新全产业链发展模式，建设牦牛产业园、一二三产融合发展产业园，打造集农产品标准化生产、精深加工、仓储保鲜、冷链物流、智慧营销、文旅休闲相结合的产业融合示范园。

3) 现代农业科技园

以××镇建设××蔬菜科技园为龙头，引领高原冷凉蔬菜科技研发和技术推广应用，推进蔬菜产业绿色循环优质高效发展，建设以"设施农业＋示范推广"为核心，集科技创新、农业生产、示范推广、技术培训于一体的现代农业科技园。

3. 引导特色农业集聚发展

依托三大高科技农业产业园区，推动形成"粮食生产功能区、特色农产品优势区、设施农业集聚区和生态循环养殖产业区"四大产业化示范区；围绕"四区"联动，在粮食生产、特色农产品供给、"菜篮子"建设、生态循环养殖产业发展等方面，开创特色鲜明、优势互补、联动发展的绿色示范引领新格局，加快推动乡村产业效能增益，进一步夯实全县粮食安全和重要农产品供给基础。

1) 粮食生产功能区

××、××、××、××等乡镇。按照"藏粮于地、藏粮于技"要求，在××、××、××、××等乡镇建立小麦生产功能区，实施优质粮食生产工程，实行精准化管理，确保粮食产业安全；以稳定粮食，扩大特色种植，提质增效为中心，综合考虑土地、水利、农机耕作等配套条件，建设优质高产高效粮食示范基地和高产示范区；提高单产、拓展功能、优化结构，积极推进高标准农田和农田水利建设，提高耕地质量，稳定粮食作物播种面积，统筹优化小麦、蚕豆、马铃薯等粮食作物布局。

2) 特色农产品优势区

××、××、××等乡镇。建设优质高效油菜标准化生产基地，提高单产、拓宽功能、优化结构，确保油菜生产优质、高产、稳产；打造××青稞高端保健食品研发生产基地和××、××牦牛养殖基地，升级完善甘蓝生产基地、巩固提升新庄镇绿色黄瓜生产基地、逊让乡油菜生产基地等，加快培育"一乡一业"特色农产品优势区。

3) 设施农业集聚区

××、××、××等乡镇。巩固提升××、××、××等××公路沿线设施农业区整体水平，充分发挥××蔬菜产业优势，结合全省菜篮子工程，实施蔬菜、食用菌良种工程，大力发展设施蔬菜和智慧农业大棚，新建设施蔬菜生产基地，实施设施蔬菜基地升级改造工程，持续增加蔬菜产品生产总量和品种，建成蔬菜科技园，提升蔬菜品种良种化、技术集成化水平；

优化设施农业结构,保障乡村旅游、休闲农业、民宿经济等配套设施用地需求,深度挖掘农业多种功能。

4)生态循环养殖产业区

××、××、××、××等乡镇。重点推广应用高产优质燕麦、饲用黑麦、紫花苜蓿和禾本科和豆科混播饲草等品种,建立优良牧草良种繁殖基地和饲草草料标准化、规模化生产基地;划定畜牧业禁养、限养和适养空间,实行草畜平衡机制,应用分群饲养、舍饲半舍饲等技术,在××、××、××、××等乡镇着力发展种养结合循环农业,促进秸秆饲料化加工利用,强化畜禽粪污资源化利用,遏制和减少农业面源污染,建设生态循环养殖产业区。

二、撰写国土空间规划实习课程结课报告

将前面各个章节的实习作业报告按照规划说明撰写要求合并改写为课程实习报告,要求图文并茂,逻辑清晰,结构合理。同时将合并后的课程实习报告按照规划文本撰写要求改写成对应的简本。

附 表

附表 1 用地用海分类名称、代码和含义

代码	名称	含义
01	耕地	指利用地表耕作层种植粮、棉、油、糖、蔬菜、饲草饲料等农作物为主,每年可以种植一季及以上(含以一年一季以上的耕种方式种植多年生作物)的土地,包括熟地,新开发、复垦、整理地,休闲地(含轮歇地、休耕地),以及间有零星果树、桑树或其他树木的耕地;包括南方宽度<1.0m,北方宽度<2.0m 固定的沟、渠、路和地坎(埂);包括直接利用地表耕作层种植的温室、大棚、地膜等保温、保湿设施用地
0101	水田	指用于种植水稻、莲藕等水生农作物的耕地,包括实行水生、旱生农作物轮种的耕地
0102	水浇地	指有水源保证和灌溉设施,在一般年景能正常灌溉,种植旱生农作物(含蔬菜)的耕地
0103	旱地	指无灌溉设施,主要靠天然降水种植旱生农作物的耕地,包括没有灌溉设施,仅靠引洪淤灌的耕地
02	园地	指种植以采集果、叶、根、茎、汁等为主的集约经营的多年生作物,覆盖度大于50%或每亩株数大于合理株数70%的土地,包括用于育苗的土地
0201	果园	指种植果树的园地
0202	茶园	指种植茶树的园地
0203	橡胶园地	指种植橡胶树的园地
0204	油料园地	指种植油茶、油棕、橄榄和文冠果等木本油料作物的园地
0205	其他园地	指种植桑树、可可、咖啡、花椒、胡椒、药材等其他多年生作物的园地,包括用于育苗的土地
03	林地	指生长乔木、竹类、灌木的土地,包括自然生长干果等林木的土地,不包括生长林木的湿地,城镇、村庄范围内的绿化林木用地,铁路、公路征地范围内的林木,以及河流、沟渠的护堤林用地
0301	乔木林地	指乔木郁闭度≥0.2 的林地,不包括森林沼泽
0302	竹林地	指生长竹类植物,郁闭度≥0.2 的林地

续附表1

代码	名称	含义
0303	灌木林地	指灌木覆盖度≥40%的林地,不包括灌丛沼泽
0304	其他林地	指疏林地(树木郁闭度≥0.1、<0.2的林地)、未成林地,以及迹地、苗圃和符合国家规定标准的用于培育、贮存种子苗木等直接为林业生产经营服务的设施用地等
04	草地	指生长草本植物为主的土地,包括乔木郁闭度<0.1的疏林草地、灌木覆盖度<40%的灌丛草地,不包括生长草本植物的湿地
0401	天然牧草地	指以天然草本植物为主,用于放牧或割草的草地,包括实施禁牧措施的草地
0402	人工牧草地	指人工种植牧草的草地,不包括种植饲草饲料的耕地
0403	其他草地	指天然牧草地、人工牧草地以外的草地,不包括可用于开发补充耕地的土地
05	湿地	指陆地和水域的交汇处,水位接近或处于地表面,或有浅层积水,且处于自然状态的土地
0501	森林沼泽	指以乔木植物为优势群落、郁闭度≥0.2的淡水沼泽
0502	灌丛沼泽	指以灌木植物为优势群落、覆盖度≥40%的淡水沼泽
0503	沼泽草地	指以天然草本植物为主的沼泽化的低地草甸、高寒草甸
0504	其他沼泽地	指除森林沼泽、灌丛沼泽和沼泽草地外、地表经常过湿或有薄层积水,生长沼生或部分沼生和部分湿生、水生或盐生植物的土地,包括草本沼泽、苔藓沼泽、内陆盐沼等
0505	沿海滩涂	指沿海大潮高潮位与低潮位之间的潮浸地带,包括海岛的滩涂,不包括已利用的滩涂
0506	内陆滩涂	指河流、湖泊常水位至洪水位间的滩地,时令河、湖洪水位以下的滩地,水库正常蓄水位与洪水位间的滩地,包括海岛的内陆滩地,不包括已利用的滩地
0507	红树林地	指沿海生长红树植物的土地,包括红树林苗圃
06	农业设施建设用地	指对地表耕作层造成破坏的,为农业生产、农村生活服务的乡村道路用地以及种植设施、畜禽养殖设施、水产养殖设施建设用地
0601	农村道路	指在村庄范围外,南方宽度≥1.0m、≤8.0m,北方宽度≥2.0m、≤8.0m,用于村间、田间交通运输,并在国家公路网络体系(乡道及乡道以上公路)之外,以服务于农村农业生产为主要用途的道路(含机耕道)
060101	村道用地	指用于村间、田间交通运输,服务于农村生活生产的硬化型道路(含机耕道),不包括村庄内部道路用地和田间道
060102	田间道	指用于田间交通运输,为农业生产、农村生活服务的非硬化型道路

续附表1

代码	名称	含义
0602	设施农用地	指直接用于经营性畜禽养殖生产设施及附属设施用地；直接用于作物栽培或水产养殖等农产品生产的设施及附属设施用地；直接用于设施农业项目辅助生产的设施用地；晾晒场、粮食果品烘干设施、粮食和农资临时存放场所、大型农机具临时存放场所等规模化粮食生产所必需的配套设施用地
060201	种植设施建设用地	指工厂化作物生产和为生产服务的看护房、农资农机具存放场所等，以及与生产直接关联的烘干晾晒、分拣包装、保鲜存储等设施用地，不包括直接利用地表种植的大棚、地膜等保温、保湿设施用地
060202	畜禽养殖设施建设用地	指经营性畜禽养殖生产及直接关联的圈舍、废弃物处理、检验检疫等设施用地，不包括屠宰和肉类加工场所用地等
060203	水产养殖设施建设用地	指工厂化水产养殖生产及直接关联的硬化养殖池、看护房、粪污处置、检验检疫等设施用地
07	居住用地	指城乡住宅用地及其居住生活配套的社区服务设施用地
0701	城镇住宅用地	指用于城镇生活居住功能的各类住宅建筑用地及其附属设施用地
070101	一类城镇住宅用地	指配套设施齐全、环境良好，以三层及以下住宅为主的住宅建筑用地及其附属道路、附属绿地、停车场等用地
070102	二类城镇住宅用地	指配套设施较齐全、环境良好，以四层及以上住宅为主的住宅建筑用地及其附属道路、附属绿地、停车场等用地
070103	三类城镇住宅用地	指配套设施较欠缺、环境较差，以需要加以改造的简陋住宅为主的住宅建筑用地及其附属道路、附属绿地、停车场等用地，包括危房、棚户区、临时住宅等用地
0702	城镇社区服务设施用地	指为城镇居住生活配套的社区服务设施用地，包括社区服务站以及托儿所、社区卫生服务站、文化活动站、小型综合体育场地、小型超市等用地，以及老年人日间照料中心（托老所）等社区养老服务设施用地，不包括中小学、幼儿园用地
0703	农村宅基地	指农村村民用于建造住宅及其生活附属设施的土地，包括住房、附属用房等用地
070301	一类农村宅基地	指农村用于建造独户住房的土地
070302	二类农村宅基地	指农村用于建造集中住房的土地
0704	农村社区服务设施用地	指为农村生产生活配套的社区服务设施用地，包括农村社区服务站以及村委会、供销社、兽医站、农机站、托儿所、文化活动室、小型体育活动场地、综合礼堂、农村商店及小型超市、农村卫生服务站、村邮站、宗祠等用地，不包括中小学、幼儿园用地

续附表1

代码	名称	含义
08	公共管理与公共服务用地	指机关团体、科研、文化、教育、体育、卫生、社会福利等机构和设施的用地,不包括农村社区服务设施用地和城镇社区服务设施用地
0801	机关团体用地	指党政机关、人民团体及其相关直属机构、派出机构和直属事业单位的办公及附属设施用地
0802	科研用地	指科研机构及其科研设施、企业科学研究和研发设施用地
0803	文化用地	指图书、展览等公共文化活动设施用地
080301	图书与展览用地	指公共图书馆、博物馆、科技馆、公共美术馆、纪念馆、规划建设展览馆等设施用地
080302	文化活动用地	指文化馆(群众艺术馆)、文化站、工人文化宫、青少年宫(青少年活动中心)、妇女儿童活动中心(儿童活动中心)、老年活动中心、综合文化活动中心、公共剧场等设施用地
0804	教育用地	指高等教育、中等职业教育、中小学教育、幼儿园、特殊教育设施等用地,包括为学校配建的独立地段的学生生活用地
080401	高等教育用地	指大学、学院、高等职业学校、高等专科学校、成人高校等高等学校用地,包括军事院校用地
080402	中等职业教育用地	指普通中等专业学校、成人中等专业学校、职业高中、技工学校等用地,不包括附属于普通中学内的职业高中用地
080403	中小学用地	指小学、初级中学、高级中学、九年一贯制学校、完全中学、十二年一贯制学校用地,包括职业初中、成人中小学、附属于普通中学内的职业高中用地
080404	幼儿园用地	指幼儿园用地
080405	其他教育用地	指除以上之外的教育用地,包括特殊教育学校、专门学校(工读学校)用地
0805	体育用地	指体育场馆、体育训练基地、溜冰场、跳伞场、摩托车场、射击场,以及水上运动的陆域部分等用地,不包括学校、企事业、军队等机构内部专用的体育设施用地
080501	体育场馆用地	指室内外体育运动用地,包括体育场馆、游泳场馆、大中型多功能运动场地、全民健身中心等用地
080502	体育训练用地	指为体育运动专设的训练基地用地
0806	医疗卫生用地	指医疗、预防、保健、护理、康复、急救、安宁疗护等用地
080601	医院用地	指综合医院、中医医院、中西医结合医院、民族医院、各类专科医院、护理院等用地
080602	基层医疗卫生设施用地	指社区卫生服务中心、乡镇(街道)卫生院等用地,不包括社区卫生服务站、农村卫生服务站、村卫生室、门诊部、诊所(医务室)等用地

续附表1

代码	名称	含义
080603	公共卫生用地	指疾病预防控制中心、妇幼保健院、急救中心（站）、采供血设施等用地
0807	社会福利用地	指为老年人、儿童及残疾人等提供社会福利和慈善服务的设施用地
080701	老年人社会福利用地	指为老年人提供居住、康复、保健等服务的养老院、敬老院、养护院等机构养老设施用地
080702	儿童社会福利用地	指为孤儿、农村留守儿童、困境儿童等特殊儿童群体提供居住、抚养、照护等服务的儿童福利院、孤儿院、未成年人救助保护中心等设施用地
080703	残疾人社会福利用地	指为残疾人提供居住、康复、护养等服务的残疾人福利院、残疾人康复中心、残疾人综合服务中心等设施用地
080704	其他社会福利用地	指除以上之外的社会福利设施用地，包括救助管理站等设施用地
09	商业服务业用地	指商业、商务金融以及娱乐康体等设施用地，不包括农村社区服务设施用地和城镇社区服务设施用地
0901	商业用地	指零售商业、批发市场及餐饮、旅馆及公用设施营业网点等服务业用地
090101	零售商业用地	指商铺、商场、超市、服装及小商品市场等用地
090102	批发市场用地	指以批发功能为主的市场用地
090103	餐饮用地	指饭店、餐厅、酒吧等用地
090104	旅馆用地	指宾馆、旅馆、招待所、服务型公寓、有住宿功能的度假村等用地
090105	公用设施营业网点用地	指零售加油、加气、充换电站、电信、邮政、供水、燃气、供电、供热等公用设施营业网点用地
0902	商务金融用地	指金融保险、艺术传媒、设计、技术服务、物流管理中心等综合性办公用地
0903	娱乐用地	指剧院、音乐厅、电影院、歌舞厅、网吧以及绿地率小于65%的大型游乐等设施用地
0904	其他商业服务业用地	指除以上之外的商业服务业用地，包括高尔夫练习场、赛马场、以观光娱乐为目的的直升机停机坪等通用航空、汽车维修站，以及宠物医院、洗车场、洗染店、照相馆、理发美容店、洗浴场所、废旧物资回收站、机动车、电子产品和日用产品修理网点、物流营业网点等用地
10	工矿用地	指用于工矿业生产的土地
1001	工业用地	指工矿企业的生产车间、装备修理、自用库房及其附属设施用地，包括专用铁路、码头和附属道路、停车场等用地，包括工业生产必需的研发、设计、测试、中试用地，不包括采矿用地
100101	一类工业用地	指对居住和公共环境基本无干扰、污染和安全隐患，布局无特殊控制要求的工业用地

续附表1

代码	名称	含义
100102	二类工业用地	指对居住和公共环境有一定干扰、污染和安全隐患,不可布局于居住区和公共设施集中区内的工业用地
100103	三类工业用地	指对居住和公共环境有严重干扰、污染和安全隐患,布局有防护、隔离要求的工业用地
1002	采矿用地	指采矿、采石、采砂(沙)场,砖瓦窑等地面生产用地及排土(石)、尾矿堆放用地
1003	盐田	指用于以自然蒸发方式进行盐业生产的用地,包括晒盐场所、盐池及附属设施用地
11	仓储用地	指物资存放及物流仓储和战略性物资储备库用地
1101	物流仓储用地	指国家和省级战略性储备库以外,城镇、村庄用于物资存储、中转、配送等设施用地,包括附属设施、道路、停车场等用地
110101	一类物流仓储用地	指对居住和公共环境基本无干扰、污染和安全隐患,布局无特殊控制要求的物流仓储用地
110102	二类物流仓储用地	指对居住和公共环境有一定干扰、污染和安全隐患,不可布局于居住区和公共设施集中区内的物流仓储用地
110103	三类物流仓储用地	指用于存放易燃、易爆和剧毒等危险品,布局有防护、隔离要求的物流仓储用地
1102	储备库用地	指国家和省级的粮食、棉花、石油等战略性储备库用地
12	交通运输用地	指铁路、公路、机场、港口码头、管道运输、城市轨道交通、各种道路以及交通场站等交通运输设施及其附属设施用地,不包括其他用地内的附属道路、停车场等用地
1201	铁路用地	指铁路编组站、轨道线路(含城际轨道)等用地,不包括铁路客货运站等交通场站用地
1202	公路用地	指国道、省道、县道和乡道用地及附属设施用地,不包括已纳入城镇集中连片建成区,发挥城镇内部道路功能的路段,以及公路长途客货运站等交通场站用地
1203	机场用地	指民用及军民合用的机场用地,包括飞行区、航站区等用地,不包括净空控制范围内的其他用地
1204	港口码头用地	指海港和河港的陆域部分,包括用于堆场、货运码头及其他港口设施的用地,不包括港口客运码头等交通场站用地
1205	管道运输用地	指运输矿石、石油和天然气等地面管道运输用地,地下管道运输规定的地面控制范围内的用地应按其地面实际用途归类

续附表1

代码	名称	含义
1206	城市轨道交通用地	指独立占地的城市轨道交通地面以上部分的线路、站点用地
1207	城镇村道路用地	指城镇、村庄范围内公用道路及行道树用地,包括快速路、主干路、次干路、支路、专用人行道和非机动车道等用地,包括其交叉口用地
1208	交通场站用地	指交通服务设施用地,不包括交通指挥中心、交通队等行政办公设施用地
120801	对外交通场站用地	指铁路客货运站、公路长途客运站、港口客运码头及其附属设施用地
120802	公共交通场站用地	指城市轨道交通车辆基地及附属设施,公共汽(电)车首末站、停车场(库)、保养场,出租汽车场站设施等用地,以及轮渡、缆车、索道等的地面部分及其附属设施用地
120803	社会停车场用地	指独立占地的公共停车场和停车库用地(含设有充电桩的社会停车场),不包括其他建设用地配建的停车场和停车库用地
1209	其他交通设施用地	指除以上之外的交通设施用地,包括教练场等用地
13	公用设施用地	指用于城乡和区域基础设施的供水、排水、供电、供燃气、供热、通信、邮政、广播电视、环卫、消防、水工等设施用地
1301	供水用地	指取水设施、供水厂、再生水厂、加压泵站、高位水池等设施用地
1302	排水用地	指雨水泵站、污水泵站、污水处理、污泥处理厂等设施及其附属的构筑物用地,不包括排水河渠用地
1303	供电用地	指变电站、开关站、环网柜等设施用地,不包括电厂、可再生能源发电等工业用地。高压走廊下规定的控制范围内的用地应按其地面实际用途归类
1304	供燃气用地	指分输站、调压站、门站、供气站、储配站、气化站、灌瓶站和地面输气管廊等设施用地,不包括制气厂等工业用地
1305	供热用地	指集中供热厂、换热站、区域能源站、分布式能源站和地面输热管廊等设施用地
1306	通信用地	指通信铁塔、基站、卫星地球站、海缆登陆站、电信局、微波站、中继站等设施用地
1307	邮政用地	指邮政中心局、邮政支局(所)、邮件处理中心等设施用地
1308	广播电视设施用地	指广播电视的发射、传输和监测设施用地,包括无线电收信区、发信区以及广播电视发射台、转播台、差转台、监测站等设施用地
1309	环卫用地	指生活垃圾、医疗垃圾、危险废物处理和处置,以及垃圾转运、公厕、车辆清洗、环卫车辆停放修理等设施用地

续附表 1

代码	名称	含义
1310	消防用地	指消防站、消防通信及指挥训练中心等设施用地
1311	水工设施用地	指人工修建的闸、坝、堤林路、水电厂房、扬水站等常水位岸线以上的建（构）筑物用地，包括防洪堤、防洪枢纽、排洪沟（渠）等设施用地
1312	其他公用设施用地	指除以上之外的公用设施用地，包括施工、养护、维修等设施用地
14	绿地与开敞空间用地	指城镇、村庄用地范围内的公园绿地、防护绿地、广场等公共开敞空间用地，不包括其他建设用地中的附属绿地
1401	公园绿地	指向公众开放，以游憩为主要功能，兼具生态、景观、文教、体育和应急避险等功能，有一定服务设施的公园和绿地，包括综合公园、社区公园、专类公园和游园等
1402	防护绿地	指具有卫生、隔离、安全、生态防护功能，游人不宜进入的绿地
1403	广场用地	指以游憩、健身、纪念、集会和避险等功能为主的公共活动场地
15	特殊用地	指军事、外事、宗教、安保、殡葬，以及文物古迹等具有特殊性质的用地
1501	军事设施用地	指直接用于军事目的的设施用地
1502	使领馆用地	指外国驻华使领馆、国际机构办事处及其附属设施等用地
1503	宗教用地	指宗教活动场所用地
1504	文物古迹用地	指具有保护价值的古遗址、古建筑、古墓葬、石窟寺、近现代史迹及纪念建筑等用地，不包括已作其他用途的文物古迹用地
1505	监教场所用地	指监狱、看守所、劳改场、戒毒所等用地范围内的建设用地，不包括公安局等行政办公设施用地
1506	殡葬用地	指殡仪馆、火葬场、骨灰存放处和陵园、墓地等用地
1507	其他特殊用地	指除以上之外的特殊建设用地，包括边境口岸和自然保护地等的管理与服务设施用地
16	留白用地	指国土空间规划确定的城镇、村庄范围内暂未明确规划用途、规划期内不开发或特定条件下开发的用地
17	陆地水域	指陆域内的河流、湖泊、冰川及常年积雪等天然陆地水域，以及水库、坑塘水面、沟渠等人工陆地水域
1701	河流水面	指天然形成或人工开挖河流常水位岸线之间的水面，不包括被堤坝拦截后形成的水库区段水面
1702	湖泊水面	指天然形成的积水区常水位岸线所围成的水面
1703	水库水面	指人工拦截汇集而成的总设计库容≥10万 m^3 的水库正常蓄水位岸线所围成的水面

续附表1

代码	名称	含义
1704	坑塘水面	指人工开挖或天然形成的蓄水量＜10万 m^3 的坑塘常水位岸线所围成的水面,含养殖坑塘
1705	沟渠	指人工修建,南方宽度≥1.0m、北方宽度≥2.0m用于引、排、灌的渠道,包括渠槽、渠堤、附属护路林及小型泵站
1706	冰川及常年积雪	指表层被冰雪常年覆盖的土地
18	渔业用海	指为开发利用渔业资源、开展海洋渔业生产所使用的海域及无居民海岛(含农、林、牧业用岛)
1801	渔业基础设施用海	指用于渔船停靠、进行装卸作业和避风,以及用以繁殖重要苗种的海域,包括渔业码头、引桥、堤坝、养殖厂房、看护房、渔港港池(含开敞式码头前沿船舶靠泊和回旋水域)、渔港航道、取排水口及其他附属设施使用的海域及无居民海岛
1802	增养殖用海	指用于养殖生产或通过构筑人工鱼礁、半潜式平台、养殖工船等进行增养殖生产的海域及无居民海岛
1803	捕捞海域	指开展适度捕捞的海域
1804	农林牧业用岛	指用于农、林、牧业生产活动所使用的无居民海岛
19	工矿通信用海	指开展临海工业生产、工业仓储、海底电缆管道建设和矿产能源开发所使用的海域及无居民海岛
1901	工业用海	指开展海水综合利用、船舶制造修理、海产品加工、滨海核电、火电、石化等临海工业所使用的海域及无居民海岛
1902	盐田用海	指用于盐业生产的海域,包括盐业码头、引桥及港池(船舶靠泊和回旋水域)、盐田取排水口、蓄水池,以及取排水管道、蒸发池、结晶池、坨台、生产道路等附属设施等所使用的海域和无居民海岛
1903	固体矿产用海	指开采海砂及其他固体矿产资源的海域和无居民海岛
1904	油气用海	指开采油气资源的海域及无居民海岛
1905	可再生能源用海	指开展海上风能、太阳能、潮流能、波浪能等可再生能源利用的海域及无居民海岛
1906	海底电缆管道用海	指用于埋(架)设海底通信光(电)缆、电力电缆、输水管道及输送其他物质的管状设施所使用的海域
20	交通运输用海	指用于港口、航运、路桥、机场等交通建设的海域和无居民海岛
2001	港口用海	指供船舶停靠、进行装卸作业、避风和调动的海域,包括港口码头、引桥、平台、港池、堤坝及堆场(仓储场)、铁路和公路转运场站及其附属设施等所使用的海域和无居民海岛

续附表1

代码	名称	含义
2002	航运用海	指供船只航行、候潮、待泊、联检、避风及进行水上过驳作业的海域
2003	路桥隧道用海	指用于建设连陆、连岛等路桥工程及海底隧道海域,包括跨海桥梁、跨海和顺岸道路、海底隧道等及其附属设施所使用的海域和无居民海岛
2004	机场用海	指用于建设海上机场及其附属设施所使用的海域和无居民海岛
2005	其他交通运输用海	指用于港口、航运、路桥、海上机场以外的交通运输用海。不包括油气开采用连陆、连岛道路和栈桥等所使用的海域
21	游憩用海	指开发利用滨海和海上旅游资源,开展海上娱乐活动的海域和无居民海岛
2101	风景旅游用海	指开发利用滨海和海上旅游资源的海域及无居民海岛
2102	文体休闲娱乐用海	指旅游景区开发和海上文体娱乐活动场建设的海域,包括海上浴场、游乐场及游乐设施使用的海域和无居民海岛
22	特殊用海	指用于军事、科研教学、海洋保护修复及海岸防护工程、排污倾倒、海洋水下文化遗产等用途的海域及无居民海岛
2201	军事用海	指建设军事设施和开展军事活动的海域及无居民海岛
2202	科研教育用海	指专门用于科学研究、试验及教学活动的海域及无居民海岛
2203	海洋保护修复及海岸防护工程用海	指各类涉海自然保护地所使用的海域,各类海洋生态保护修复工程实施需使用的海域,以及为防范海浪、沿岸流的侵蚀及台风、气旋和寒潮大风等自然灾害的侵袭,保障沿海河口海域水利、通航安全,建造海堤(塘)、防潮闸(含通航孔)、船闸、护岸设施、人工防护林等海岸防护工程及其他附属和管理设施等所使用的海域和无居民海
2204	排污倾倒用海	指用来排放污水和倾倒废弃物的海域
2205	水下文物保护用海	指用于发掘、保护各种水下文物和文化遗产所使用的海域
2206	其他特殊用海	指除军事用海、科研教学、海洋保护修复及海岸防护、排污倾倒、海洋水下文化遗产保护等以外的特殊用海用岛
23	其他土地	指上述地类以外的其他类型的土地,包括盐碱地、沙地、裸土地、裸岩石砾地等植被稀少的陆域自然荒野等土地以及空闲地、后备耕地、田坎
2301	空闲地	指城镇、村庄范围内尚未使用的建设用地。空闲地仅用于国土调查监测工作
2302	后备耕地	指现状为荒草地,可用于开发补充耕地的土地
2303	田坎	指梯田及梯状坡地耕地中,主要用于拦蓄水和护坡,南方宽度≥1.0m、北方宽度≥2.0m的地坎
2304	盐碱地	指表层盐碱聚集,生长天然耐盐碱植物,植被覆盖度≤5%的土地,不包括沼泽地和沼泽草地

续附表 1

代码	名称	含义
2305	沙地	指表层为沙覆盖、植被覆盖度≤5％的土地,不包括滩涂中的沙地
2306	裸土地	指表层为土质,植被覆盖度≤5％的土地,不包括滩涂中的泥滩
2307	裸岩石砾地	指表层为岩石或石砾,其覆盖面积≥70％的土地,不包括滩涂中的石滩
24	其他海域	指需要限制开发,以及从长远发展角度应当予以保留的海域和无居民海岛